Franz Prinz zu Sayn-Wittgenstein/Schlösser in Franken

Schlösser in Franken

Residenzen und Landsitze im Fränkischen

Von Franz Prinz zu Sayn-Wittgenstein
unter Mitarbeit von Marina Freiin von Bibra
Mit Aufnahmen von
Emmanuel Boudot-Lamotte

Verlag C. H. Beck München

Mit 19 Abbildungen im Text, einer Übersichtskarte
und 319 Abbildungen auf 160 Tafeln

ISBN 3 406 03575 2

Umschlag und Einband von Werner Rebhuhn, Hamburg

Gesamtherstellung bei Passavia Passau
Printed in Germany

Inhaltsverzeichnis

«Schwaben und Bayern sind Kräfte der Beharrung, die Franken aber Träger einer beweglichen Unruhe, entzündbar, begeisterungsfähig und unternehmungslustig.» *Theodor Heuß*

Zu Beginn unserer Zeitrechnung fehlte dem fränkischen Raum ein Name. Er hatte keine einheitliche Geschichte, und das ‹Fränkisch-Werden› vollzog sich durch politische und kirchliche Entwicklung. Die fränkischen Herrscher aus merowingischem Hause setzten sich 507 nach dem Sieg über die Alamannen in den Gebieten am Main zwischen Aschaffenburg und Steigerwald fest; die ihnen folgenden Karolinger dehnten ihre Herrschaft weiter nach Osten aus, bis in die von Slawen bewohnten Regionen.

Franken war Königsgut, also Reichsland. 1053 ist der Name ‹Franconia› für das heutige Franken erstmalig bezeugt, und der Bischof von Würzburg, so heißt es 1073, halte sämtliche Gaugrafschaften seines Bistums, somit auch das ‹Dukat›, das Herzogtum, in seiner Hand und übe das kaiserliche Landgericht aus. Kaiser Friedrich I. Barbarossa bestätigte 1156 in Würzburg die Herzogswürde, die der Bischof offiziell aber erst seit 1445 führte. Doch ist sie recht eigentlich ein Titel geblieben.

Das heutige Franken, wie wir es kennen, gliedert sich in die Regierungsbezirke Ober-, Mittel- und Unterfranken, welche durch die Verordnung König Ludwigs I. von Bayern vom Jahre 1837 festgelegt wurden und die Bezeichnungen Obermain-, Rezat- und Untermainkreis ersetzten. Diese Aufgliederung veranlaßte den preußischen Gesandten in München, den Grafen von Dönhoff, in einem Bericht an König Friedrich Wilhelm III. von Preußen festzustellen, daß die Neuordnung ganz unhistorisch sei. Nie hätte es ein Unter-, Mittel- und Oberfranken gegeben; man hätte besser getan, statt dieser Bezeichnung zum Beispiel Ansbach oder Bayreuth zu sagen.

Das fränkische Gebiet umfaßt die Mainlande vom Odenwald und Spessart bis zum Fichtelgebirge und Frankenwald, vom Fränkischen Jura bis zum Thüringerwald und zur Rhön. 1920 schloß sich der südliche Teil des Herzogtums Sachsen-Coburg und Gotha an Bayern an. Franken liegt also zwischen den natürlichen Grenzen seiner Waldgebirge und der Donau; in ihm entwickelten sich als Schwerpunkte die Fürstbistümer Würzburg, Bamberg und Eichstätt (das erst jetzt wieder Oberbayern zugeschlagen worden ist), die Markgrafschaften Brandenburg-Ansbach und Brandenburg-Bayreuth, welche kulturell nach Berlin tendierten, vor allem Bayreuth, wo wir eine Spielart des friderizianischen Rokoko erleben. Zudem gab es eine Vielfalt weltlicher Herrschaften, wie die Grafschaften Hohenlohe, Wertheim, Henneberg, Castell, Limpurg-Speckfeld, Schwarzenberg, Rieneck, Pappenheim, Giech, außerdem die Abteien Amorbach – das spätere Fürstentum Leiningen –, Ebrach, Münsterschwarzach und manch andere, schließlich die Reichsstädte Rothenburg ob der Tauber, Windsheim, Schweinfurt, Weißenburg in Bayern und Nürnberg.

Allenthalben zwischen diesen großen und größeren Herrschaftsbereichen verstreut lagen Besitzungen des Deutschen Ordens, wie Ellingen, Sitz der Ballei Franken, und der Reichsritterschaft. Der Deutsche Orden, 1190 gegründet, 1191 von Papst Clemens II. bestätigt, wurde von Kaiser Friedrich II. außerordentlich gefördert. Er wurde 1199 von Papst Innozenz III. als selbständiger Orden privilegiert und verlegte 1226 sein Tätigkeitsfeld nach Preußen, wo er als Reichslehen das Kulmerland erhielt. Nach der Schlacht bei Tannenberg 1410, in der der Orden von den Polen vernichtend geschlagen wurde, kam das Ordensland unter polnische Hoheit und konstituierte sich 1525 als weltliches Herzogtum. So blieben dem Orden nur noch die Besitzungen im Reich. Der Landmeister im Reich, der sich nun Deutschmeister nannte und dessen Residenz seit 1526 Mergentheim war, erhielt 1530 von Kaiser Karl V. die Würde eines Hochmeisters. 1809 ist der Orden aufgelöst worden. In Österreich lebte er weiter, erfuhr aber 1834 durch Kaiser Franz I. eine Umgestaltung mit neuen Statuten. Als Hoch- und Deutschmeister standen nun Mitglieder des Erzhauses an seiner Spitze.

Franken ist eine Adelslandschaft par excellence, stärker vom Adel geprägt als sonstwo in der Weite des Reichs. Staat, Kirche, Gesellschaft waren vom Adel beherrscht, so daß selbst die Fürsten an ‹Rat und Willen› des grundherrlichen Adels gebunden waren. Daher gleicht die Landkarte des 18. Jahrhunderts in Franken einem bunten Teppich einander überschneidender staatlicher und halbstaatlicher Räume.

Gegen Ende des 6. Jahrhunderts begann sich hier eine neue Aristokratie zu bilden, die die eigentliche Vorläuferin des mittelalterlichen deutschen Adels wurde, denn das fränkische Reich war, zumal unter den Karolingern, Ausgangspunkt mittelalterlicher Staats- und Gesellschaftsordnung. Aber erst um die Wende zum 10. Jahrhundert bildete sich in Deutschland ein Stand aus, der mit erblichem Grundbesitz ausgestattet war. Zum Teil ist er aus dem Stand der Ministerialen hervorgegangen, die ursprünglich noch unter den Gemeinfreien gestanden hatten. Durch Verleihung von Lehen entwickelte sich diese Schicht zum Stand der Ritterschaft, die in Franken politisch eine andere Rolle spielte als zum Beispiel in Altbayern.

Der Zusammenbruch des staufischen Reichs und seiner politischen Konzeption hatte in Franken statt eines Kristallisationskerns ein Gewirr kleinräumiger und in ihrem Wesen personale Herrschaftsgebilde hinterlassen. Selbst das alte Kronherzogtum, das Reichsland, hatte sich nicht zu staatlicher Geschlossenheit entwickeln können, und auch der Bischof von Würzburg blieb auf sein Stiftsgebiet beschränkt. Beim ritterschaftlichen Besitz handelte es sich damals meist um kleinere Güter, die zumeist an den Rändern größerer Herrschaftsgebiete, wie der Hochstifte, der Markgrafschaften oder einer Grafschaft wie Wertheim, lagen. Ihre Herren hatten zwischen Landes- und Lehensherren zu lavieren, und das gelang ihnen, weil die meisten dieser Familien hohe Ämter im hochstiftischen Kapitel und beim Deutschen Orden innehatten oder als fürstliche Räte und Offiziere sehr einflußreich waren.

Noch zu Beginn des 16. Jahrhunderts hielt der Adel zum fürstlichen Territorialstaat; dann schwand diese Bindung und an die Stelle der Fürsten trat die Reichsunmittelbarkeit, welche zum Teil auf der hohen Gerichtsbarkeit beruhte. 1555 wurde die Reichsritterschaft vom Kaiser den reichsunmittelbaren Ständen gleichgestellt, doch gelangte sie merkwürdigerweise nie zur Reichsstandschaft; sie unterstand unmittelbar dem Kaiser selbst, an dem sie auch stets einen festen Rückhalt hatte. 1577 schuf sich die Ritterschaft die Körperschaft der drei Reichskreise Franken, Schwaben und Rhein, aber noch am Ende des 18. Jahrhunderts war man sich nicht einig, ob die Reichsritterschaft nun volle Landesherrlichkeit habe oder nicht, und behalf sich mit dem Begriff ‹Landesherrlichkeit› als einer minderen Form der Landeshoheit, mit der Ausnahme, daß sie nicht grundsätzlich über die Kriminalgerichtsbarkeit verfügte.

In Bayern nahm die Entwicklung einen ganz anderen Weg, denn dort galt für die landgesessene Ritterschaft, die ja gleichen Ursprungs ist wie die fränkische, allein das Landsassenrecht eines geschlossenen Landesstaates. Hier hatten die Herzöge alles unter ihre Verfügungsgewalt gebracht, besaßen schon im 16. Jahrhundert alle Herrschaftsrechte, und der Adel hatte ein wohlgestuftes Maß von Rechten und Gerechtsamen. Bayern war ‹geschlossener Landesstaat›, Franken bestand aus ‹ungeschlossenen› Reichsterritorien.

Die Korporation der Reichsritterschaft war eine merkwürdige Mischung von Herrschaft und Genossenschaft; in den Ritterkantonen lag ihre Kraft beschlossen. Eine interessante Schilderung reichsritterschaftlicher Bräuche gibt Hanns Hubert Hofmann in seinem Buch ›Adelige Herrschaft und souveräner Staat‹ für Obernzenn bei Uffenheim, Besitz der Grafen von Seckendorff-Aberdar. Es handelt sich um die feierliche Aufrichtung des Galgens, nachdem der Markgraf von Ansbach dem Freiherrn Christoph Ludwig von Seckendorff-Aberdar, dem Herrn des Blauen Schlosses zu Obernzenn, den Blutbann über seine beiden Dörfer eingeräumt hatte: «... Drei Tage dauerte das Werk und täglich rollten die Karossen der Herrschaft und der adligen Nachbarn herbei, ihm wohlgefällig zuzusehen. Denn der Galgen war das ragende Symbol der hohen Gerichtsbarkeit ... Mitten in das staatliche und soziale Leben Frankens im sterbenden Alten Reich führt dieses Bild, das den Rechtskreis einer der vielen kleinen Adelsherrschaften zeigt.»

1792 hatte Markgraf Carl Alexander von Ansbach-Bayreuth der Regierung entsagt und seine Länder dem Königreich Preußen übergeben. Die Markgrafschaften bedeuteten für Preußen einen Machtzuwachs von politischer Bedeutung. Preußen stand nun als ‹geschlossener Landesstaat›, wie Bayern, der Reichsritterschaft gegenüber, deren staatliche und rechtliche Verhältnisse dem preußischen System diametral entgegengesetzt waren, denn dort hatte König Friedrich Wilhelm I. «den Junkers ihre Autorité ruiniert und die souveraineté stabilisiert wie ein rocher de bronce». Kabinettsminister Carl August Freiherr von Hardenberg, welcher selbst der Reichsritterschaft angehörte und später Staatskanzler von Preußen war, wurde mit fast vizeköniglichen Vollmachten ausgestattet, um die neuen Länder Preußen einzuverleiben. Aus diesem Grund war er gezwungen, einschneidende Maßnahmen zu ergreifen; er empfand die Reichsritterschaft als Staat im Staate und lehnte daher jede Anerkennung der ritterschaftlichen Korporationen, der Ritterkantone Odenwald, Gebirg, Rhön-Werra, Steigerwald, Altmühl und Baunach, ab. Man rief die Hilfe des Kaisers an, und Wien intervenierte, jedoch vergeblich. 1796 befahl der König von Preußen, Protestanten kein Gehör zu schenken und im Falle von Widersetzlichkeiten Truppen einzusetzen. Der Adel wurde zur Huldigung befohlen; preußische Forderungen wurden mit Waffengewalt durchgesetzt.

Ähnlich ging Montgelas in Franken vor, als die Markgrafschaften 1805 und 1809 bayerisch geworden waren. Nach heftigen Kämpfen mußte sich der Adel beugen; die korporative Reichsunmittelbarkeit wurde abgeschafft. Dazu berichtete Staatsminister Graf Montgelas selbst: «... fast alle Rittergüter waren bischöfliche Lehen; es erschien also nichts natürlicher, als daß der Kurfürst, welcher an die Stelle der Bischöfe getreten war, seine Besitzergreifung der Landeshoheit und dem hiemit stattgefundenen Wechsel in der Person der Lehensherren durch eine äußerlich wahrnehmbare Handlung zu erkennen gab. Hiernach wurde denn auch das bayerische Wappen in allen Gemeinden angeschlagen, wo die Grundherren im Lehenverband zu den Fürsten standen, deren Gebiete an Bayern gefallen waren ...» 1804 war die Reichsritterschaft in Franken mediatisiert worden. Aus einem politischen war ein sozialer Stand geworden. Damals sagte der Besitzer von Irmelshausen, Freiherr von Bibra, traurig: «Nun sind wir nur noch große Bauern!» Im übertragenen Sinn sind diese Herren ja auch stets große Bauern gewesen, mit dem gleichen beharrlichen, zähen Festhalten am Besitz, der selbst in schwersten Notzeiten zu halten versucht wird, heute so gut wie einst.

Der Historiker Götz Freiherr von Pölnitz führt aus, daß jeder Wandel einer Herrenschicht, die Träger einer Burg, eines Schlosses oder einer Residenz war, untrüglich zugleich die Ablösung einer Machtordnung, eines Wirtschaftsgefüges, wenn nicht gar des menschlichen Lebensgefühles der früheren Oberschicht und den Aufstieg einer nachdrängenden Klasse anzeige. Er schreibt: «Der Ablauf der Schlössergeschichte Frankens ist somit nur zum wenigsten regionale Baugeschichte, vielmehr Teil der Geistes-, Wirtschafts- und Sozialgeschichte der gesamten Nation. Die Betrachtung von Burgen, Schlössern und Residenzen, sofern man diese als Emanation bestimmter Zeit- und Lebenstypen begreifen will, ist nicht in Befassung mit vorgeschichtlichen Urgebilden, einer Art erratischer Blöcke, vergleichbar, die in eine bessere geordnete Zeit hineinragen. Ihr Begreifen erlaubt vielmehr überzeugender als jedes archivalische Studium die unmittelbare Beobachtung eines inneren und äußeren gesellschafts- und kulturgeschichtlichen Entfaltungs- und Ablösungsprozesses, zu dem die politische und ökonomische Geschichte untrennbar gehören, und der anderweitig kaum ähnlich greifbar zutage tritt.» So sind die drei fränkischen Regierungsbezirke Unter-, Mittel- und Oberfranken zwar landschaftlich verschieden, kulturell und soziologisch jedoch einander sehr ähnlich.

Machen wir uns also auf, durchs Frankenland zu ziehen. Vielleicht wird es uns ergehen wie Wilhelm Heinrich Wackenroder im Jahre 1793, der schrieb: «In ganz Franken wird man, wenn man nach dem Wege frägt, mit einem breiten, vollen Munde zurecht gewiesen: ‹Do gechts immer kerzengrod 'nunter, nit rechts und nit links!›»

Mittelfranken

Mittelfranken ist ein Gebiet von großen landschaftlichen Schönheiten, sei es, daß wir durch die Flußtäler von Altmühl oder Tauber fahren, sei es, daß wir die Wälder um Weißenburg, das vielgestaltige Hügelland um Ansbach oder den großen Reichswald um Nürnberg aufsuchen. Dieser Regierungsbezirk umfaßt die Landschaften von Dinkelsbühl bis Rothenburg ob der Tauber, vom Regierungssitz Ansbach bis nach Nürnberg, von Ellingen bis zum ehemals noch zu Franken gehörenden Nordgau.

In Nürnberg wollen wir unsere Frankenreise beginnen. Es gibt nicht mehr viele Städte, die den Geist des Mittelalters noch in reiner Form verkörpern. Nürnberg, das diese Form einst am kraftvollsten und eindrücklichsten repräsentierte, läßt uns aber trotz der verheerenden Zerstörungen des letzten Krieges noch am anschaulichsten das ‹Mittelalterliche› einer Reichsstadt erahnen, vor allem dank seines wohlerhaltenen Mauerrings, dank der Kaiserburg, die über der Stadt steht. Wenn wir durch die Straßen der Stadt wandern, wenn wir uns mit ihrer Geschichte vertraut machen, vermögen wir noch heute den Reiz zu verspüren, der nicht nur in dem festgeschlossenen Festungsgürtel liegt, sondern auch in der Weltläufigkeit einer sehr reichen und mächtigen Stadt, deren internationale Handelsbeziehungen einst das Patriziat garantierten und bis heute bedeutende Industrien fördern. Die hohen, kraftvollen Rundtürme, die langen Mauerzüge, die Bastionen und Tore sind der Rahmen für ein arbeitsames, menschenreiches Gemeinwesen, das Generationen hindurch seine Lebenstüchtigkeit bewiesen hat und noch beweist.

Von welcher Seite wir uns auch Nürnberg nähern, immer müssen wir die dichten Kiefernforste des alten Reichswaldes durchfahren, ehe wir den Gürtel der Industrien und Vorstädte erreichen. Dann passieren wir eine gewaltige Torburg und sind in der Stadt, die vor den Zerstörungen als eine der schönsten in Deutschland galt. Gehen wir gleich zum Hauptmarkt, dem Herzen der Stadt. An diesem reizvollen Platz wird noch heute der Markt abgehalten. Hier steht auch die Frauenkirche, deren Fassade mit Giebel und Vorhalle ein einzigartiges spätgotisches Schmuckstück ist. Um den golden schimmernden Schönen Brunnen mit seinem gotischen Turmhelm drängen sich die Stände mit Blumen, Gemüsen, Früchten im vielfarbigen Kontrast zum roten Sandstein der Kirche, und zur Weihnachtszeit ist hier der Christkindelmarkt Schauplatz des heitersten Lebens. Auch die herrlichen Kirchen St. Sebald und St. Lorenz zeugen mit der Frauenkirche von der schöpferischen Kraft bürgerlichen Wesens, denn trotz der Kaiserburg und einer festen Bindung an die Reichsgewalt – die Reichsinsignien ruhten von 1424 bis 1796 in der Heiliggeistkirche – ist Nürnberg das Inbild einer Stadt geblieben, die klug und gewissenhaft von ihren patrizischen Geschlechtern regiert worden ist. Daher wirkt die Stadt auch so vornehm mit ihren schönen Plätzen, Kirchen, prächtigen Stadthäusern, alles das umschlossen von der monumentalen Stadtmauer, durchflossen von der Pegnitz.

Nürnberg ist aus dem 1025 von Konrad II. gegründeten Königshof entstanden, der dort lag, wo später die Komturei des Deutschen Ordens sich niederließ, also im Südwesten der Lorenzervorstadt. Der nächstälteste Siedlungskern, der auf dem Burgfelsen, war wohl schon vorhanden, als Kaiser Heinrich III. 1050 einen Hoftag in Nürnberg abhielt. Von diesen beiden Punkten aus begannen die Stadtteile einander entgegenzuwachsen, getrennt durch die Pegnitz, bis sie im 14. Jahrhundert endgültig zusammenschmolzen. Damals nämlich wurden beide Viertel von der gemeinsamen Mauer umgeben.

Innerhalb dieser Befestigung entstand die bürgerliche Stadt, bezogen auf die beiden stolzen

Pfarrkirchen St. Lorenz und St. Sebald und auf das Rathaus. Um 1250 hatte Nürnberg die Reichsfreiheit erlangt, die durch die Urkunde Kaiser Friedrichs II. von 1219 eingeleitet worden war, durch den großen Freiheitsbrief, mit dem die Herauslösung der Stadt aus dem Verband des Reichsgutes begann.

Politische und kulturelle Bedeutung fanden machtvollen Ausdruck in den großen öffentlichen Bauten. Um 1240 wird die St.-Sebaldus-Kirche begonnen, die 1274 vollendet war, als Rudolf von Habsburg seinen ersten Reichstag in Nürnberg hielt. Der Überlieferung nach soll in demselben Jahr der Bau von St. Lorenz geplant worden sein, als Pfarrkirche des südlichen jüngeren Stadtteils. An beiden Kirchen wurde im 14. Jahrhundert weitergebaut: Erweiterung der Seitenschiffe und Bau des herrlichen Hochchors von St. Sebald, Westportal und große Fensterrose an St. Lorenz, und um 1355 entstand die elegante Frauenkirche mit ihrer prächtigen Vorhalle, älteste Hallenkirche Frankens, wohl von Peter Parler gebaut.

Die Fassade von St. Lorenz, mit reichem Portal, mit der großen wundervollen Rose und dem durchbrochenen, luftigen Giebel, ist eingespannt in den strengen Rahmen der kompakten Türme. Treten wir ein, sind wir in einer versunkenen Welt, denn hier umgibt uns das alte Nürnberg mit all seiner Kraft und Frömmigkeit. Überraschend öffnet sich das Schiff in die überwältigende Weite und Helle des Hallenchors mit seinem üppigen Sterngewölbe. Ringsum ein ganzes Bilderbuch Nürnberger Geschichte und Kunst. Eine Fülle von Totenschilden zeigt uns den Anteil patrizischer Familien an der Kirche: Imhof, Tucher, Volckamer, Löffelholz, Stromer, Rieter, Kreß, Pirckheimer, Haller und andere, deren viele noch heute blühen, deren Privatkapellen die Seitenschiffe begleiten, deren Munifizenz die Kirche mit Kunstwerken schmückte, mit Altären, Schnitzfiguren, Tafelbildern, Reliefs, Epitaphien, Glasmalereien, darunter das Kruzifix des Veit Stoß von 1500, das herrliche Sakramentshaus Adam Kraffts, gestiftet von den Imhofs, der Englische Gruß des Veit Stoß, im Auftrag von Anton II. Tucher geschaffen.

Ähnlich ist es in St. Sebald, wo sich, wie in St. Lorenz, die gleichen Familien im Wettstreit wahrhaft fürstlicher Stiftungen überboten haben. Auch hier sei aus der Fülle nur einiges herausgegriffen: die Kreuzigungsgruppe des Veit Stoß auf dem Hochaltar, im Auftrag des Losungers Paul Imhof 1499 ausgeführt, das Epitaph des Hans Sueß von Kulmbach für Propst Lorenz Tucher nach Dürers Entwurf geschaffen, die Glasmalereien, welche die Stromer, Pfinzing, Fürer, Haller, Tucher, Schürstab stifteten, die Behaim, Holzschuher, Grundherr, Volckamer, Imhof, Geuder, Welser, Pömer und Paumgartner, und schließlich das berühmte Sebaldusgrab Peter Vischers, 1509/19 entstanden. Daß der Geist der alten Nürnberger Geschlechter nicht erloschen ist, zeigt die Haltung des von den Kreß abstammenden Amerikaners Rush Kreß, dessen großzügige Spenden den Wiederaufbau von St. Lorenz ermöglicht haben.

Wenn auch die Verluste an alten Architekturen sehr schwer sind, gibt es dennoch viele Gebäude über das ganze Altstadtgebiet verstreut, die vom reichsstädtischen Charakter der Stadt Zeugnis geben. Da ist das Nassauer Haus des 13. Jahrhunderts mit dem Oberteil von etwa 1420 in der Karolinenstraße, das Pilatushaus, ein reicher Fachwerkbau von 1489, die Häuser am Platz des Tiergärtnertors mit dem Dürerhaus des 15. Jahrhunderts oder das Harrersche Haus in der Karlstraße mit seinem schönen Renaissancegiebel und Chörlein, das Fembohaus von 1591, eines der schönsten Patrizierhäuser Nürnbergs, jetzt Altstadtmuseum, in der Burgstraße. Bei St. Sebald steht das Rathaus. Der patrizische Stadtbaumeister Philipp Groß ließ bis 1340 den noch heute existierenden Saalbau errichten; hinzuerworbene Bürgerhäuser wurden um 1500 von Hans Behaim d. Ä. umgestaltet, von ihm auch 1514/15 der Erweiterungsbau des Ratsstubengebäudes durchgeführt. 1616 erfolgte die Grundsteinlegung zu einem einheitlichen Erweiterungsbau (nach dem Plan Jakob Wolffs d. Ä.), der 1617 zur Vierflügelanlage ausgestaltet wurde. Nach schwersten Kriegszerstörungen – die Innenausstattung konnte gerettet werden – ist das Rathaus wieder aufgebaut worden.

Hier steht auch der Gänsemännchenbrunnen mit der um 1550 wohl von Pankraz Labenwolf gegossenen Brunnenfigur eines Bauern, der zwei Gänse unter den Armen hält.

Die Zeit der Entstehung der beiden Hauptkirchen St. Sebald und St. Lorenz ist auch die Zeit, in der der Nürnberger Handel sich zum Welthandel entwickelte und Nürnbergs mustergültige Stadtverfassung geschaffen wurde. Reichtum und Selbstbewußtsein der Bürgerschaft führten zum Bau des dritten und letzten Befestigungsrings, der monumentalsten Anlage auf deutschem Boden.

Die Nürnberger Geschlechter hatten ihre Handelsgesellschaften und damit überall ihre Interessenverbindungen. Die patrizischen ‹alten› Familien bildeten den kleinen Rat, sie stellten den Bürgermeister und den Losunger. Einer der bedeutendsten war Anton II. Tucher, Freund Luthers und des Kurfürsten Friedrich des Weisen von Sachsen. Unter ihm erreichte Nürnberg die Höhe seiner Macht und seines Einflusses. Patrizier stellten die Steuerbeamten, sie befehligten in Kriegsfällen die städtischen Truppen, sie gingen als Gesandte zu den Reichstagen und an die Höfe. Die Zünfte wurden streng kontrolliert und erlangten nie Anteil am Regiment. Eneo Silvio Piccolomini, der spätere Papst Pius II., stellte fest, der König von Schottland mache kein solches Haus wie mancher vornehme Nürnberger Bürger.

Während der Reichstage sah das Patriziat hohe Gäste in seinen wohnlichen Häusern, selbst der Kaiser zog diese Gastfreundschaft dem Aufenthalt auf der unbequemen Burg vor. «Gleich für mehrere Jahre stieg die verschwenderische, stets geldbedürftige Herzogin von Görlitz bei Tucher am Milchmarkt ab», schreibt Ludwig Grote in seinem Tucherbuch. «Sie nahm am Reichstag ihres Onkels Kaiser Sigismund teil, blieb aber weit länger als notwendig und hielt in ihrem Quartier glänzend und kostspielig Hof, ohne ihre Aufwendungen zu bezahlen. Berthold II. [Tucher] mußte ihr beträchtliche Gelder vorschießen und ‹stundt in großen Sorgen um sein Guth›. Er war genötigt, den Schmuck seiner Frau zu versetzen, und erlangte schließlich nur mit Hilfe des Rates sein Geld von der Herzogin zurück.»

Seit dem 16. Jahrhundert fingen die Geschlechter an, sich vom Handel zurückzuziehen und von den Einkünften ihrer Landgüter zu leben, Hofdienste zu nehmen, oder Gelehrtenberufe zu ergreifen. Sie bemühten sich um Anerkennung ihrer adligen Herkunft, um Nobilitierung. 1521 stellte der Rat fest, welche Geschlechter von jeher auf dem Rathaus getanzt hatten, und bestimmte, wer zu den alten Familien zählen sollte: Pfinzing, Ebner, Haller, Stromer, Tucher, Holzschuher, Behaim, Muffel, Schopper, Volckamer, Groß, Koler, Schürstab, Nützel. Diesen ältesten Familien gleichgestellt wurden: Geuder, Groland, Tetzel, Pirckheimer, Imhof, Kreß. Dann folgten die Welser, Fürer, Schlüsselfelder, Löffelholz von Colberg, Harsdörffer, Hirschvogel, Topler und andere. 1697 verlieh der Kaiser allen Patriziern das Prädikat ‹Edel›. Unter den Grabplatten der Kirchen und des sehenswerten Johannisfriedhofs ruhen die klugen Geschlechterherren; ihre Wappenschilde an Häusern und in Kirchen sprechen von der großen Vergangenheit der Reichsstadt, aber «was zeitlich ist, vergeht auch mit der Zeit», und so mußte die regierende Oligarchie 1806 abtreten, als Nürnberg bayerisch geworden war.

Man sollte von Nürnberg einen Abstecher nach Erlangen machen, in die einstige zweite Hauptstadt der Markgrafschaft Bayreuth, eine wohlerhaltene Stadt des 18. Jahrhunderts und Sitz einer Universität, die Markgraf Friedrich 1743 gegründet hat. Aber nicht nur eine regelmäßig angelegte Barock- und Universitätsstadt ist Erlangen, sondern auch Sitz einer kräftig entwickelten Industrie. «Sucht euer Heil zu Erlangen», sagte man scherzhaft.

Das Dorf Erlangen gehörte 1017 bis 1361 dem Bistum Bamberg, war dann bis 1402 Hausgut Kaiser Karls IV., des Luxemburgers, der um 1364 neben dem Dorf die heutige Altstadt anlegte und ein Schloß baute, das im Dreißigjährigen Krieg zerstört wurde. 1402 fiel Erlangen an die Burggrafen von Nürnberg und kam dadurch an die Markgrafschaft Bayreuth. Man baute 1700/04 das neue Residenzschloß, einen schlichten Quaderbau mit kräftig vortretendem Mittelrisalit und Dreiecksgiebel, den die preußische Königskrone, ein Hinweis auf die Herkunft der Markgräfin, und Statuen, wohl von Elias Räntz, schmücken. Baumeister war anfangs Antonio Porta, Gottfried von Gedeler stellte den Bau fertig. Die schöne Orangerie im Halboval baute Gedeler 1705/06. Die Residenz brannte 1814 im Innern aus und gehört heute zur Universität. Auf dem Schloßplatz steht das Denkmal Markgraf Friedrichs, das Ludwig von Schwanthaler 1843 geschaffen hat.

Wir wollen nun von Nürnberg auf der Bundesstraße 2 über Schwabach – sein Königsplatz zählt dank der vortrefflichen alten Bebauung zu den besten des Landes – nach Roth fahren, wo wir Schloß Ratibor besuchen. Weiter geht es durch hügeliges, mit Föhren- und Fichtenwäldern bedecktes Land, den sogenannten ‹Sand›, nach Pleinfeld, über dem das Schloß Sandsee der Fürsten von Wrede steht, nach Ellingen, einem der schönsten barocken Städtchen, das man sehen kann, mit dem riesigen Schloß des Deutschen Ordens, und von dort nach Weißenburg in Bayern.

Hier befinden wir uns in einer ebenso alten wie ansprechenden einstigen Reichsstadt, hervorgegangen aus einem karolingischen Königshof, an dem damals eine Römerstraße vorbeiführte; und weil diese alten Straßen als königliche Verkehrswege weiter benutzt wurden, lag Weißenburg an der von Paris nach Wien führenden Straße als wichtiger Durchgangsort. Die Stadtentwicklung ist zwischen 1070 und 1188 anzusetzen. Damals schon bestand die Ummauerung, denn für das Spitaltor ist die Jahreszahl 1101 gesichert. 1376 erhielt Weißenburg das Recht, die Neustadt in den Mauerring einzubeziehen, und 1241 war es laut Siegel des königlichen Maiers mit dem Reichsadler dem Reich bereits fest verbunden.

Es ist eine wohlerhaltene Stadt mit ihrem zum größten Teil noch vorhandenen türmereichen Mauerzug. Von den drei Toren stehen allein das Spitaltor und das prachtvolle, kräftige Ellingertor mit seinem zu Beginn des 16. Jahrhunderts angefügten turmbewehrten Vorwerk, dessen Brüstung schönes Fischblasenmaßwerk trägt. Die Gestaltung des Marktplatzes in der Stadtmitte ist von reichsstädtischer Großräumigkeit und köstlicher Farbigkeit. Das Rathaus steht frei am Schnittpunkt der beiden Hauptstraßen, schaut über den sacht zu ihm aufsteigenden, von stattlichen hochgiebligen Häusern gesäumten Markt und auf den Holzmarkt. Alles das zusammen hat viel von der alten bayerischen Straßenmarktanlage, aber die Seitengassen, seien es Postgasse, Brunnen- oder Klostergasse, sind durchaus fränkisch im Vor und Zurück der Hausfronten, dem Abwechslungsreichtum der Bauformen, all das beherrscht vom Turm der Andreaskirche beim Ellingertor.

In geringer Entfernung von Weißenburg liegt das hübsche Schloß Syburg in einem Waldtal. Von hier aus ist es nicht mehr weit nach Eichstätt, das seit der letzten Gebietsreform nicht mehr zu Franken gehört und jetzt Oberbayern angeschlossen ist. Aber dieser ganze Landstrich war weder dem Bayerischen noch dem Fränkischen wirklich verbunden, sondern hatte als Nordgau Jahrhunderte hindurch seine eigene Geschichte. So mag es erlaubt sein, das Hochstift Eichstätt und die übrigen Gebiete des einstmaligen Nordgaus, wie etwa Pappenheim, in dem vorliegenden Franken-Band zu behandeln.

Unternehmen wir also eine Fahrt in das Bistum Eichstätt, und zwar von Weißenburg aus durch die schönste waldreiche Landschaft, hügelauf und -ab. Eichstätt, dessen Häuser sich in der Altmühl spiegeln, war einst römische Siedlung; nur wenige Kilometer nördlich verläuft der stellenweise noch gut sichtbare Limes. Im 6. Jahrhundert ließen sich hier die Bajuwaren nieder, und bis zur ersten urkundlichen Erwähnung 740 hatte Eichstätt sich zum Hauptort des westlichen Nordgaus entwickelt. Für die Gründung des Bistums werden politische Motive angenommen. Nach der Vita des hl. Willibald kam dieser von Rom über den Hof des bayerischen Herzogs Odilo zum Nordgaugrafen Suidger, der Bonifatius und Willibald die ‹regio Eihstat› schenkte, wo Willibald, von Bonifatius 740 zum Priester geweiht, ein Jahr später erster Bischof von Eichstätt wurde. Seither ist Eichstätt mit dem hl. Willibald eng verbunden. Sogar die Gebeine seiner Schwester, der hl.

Walburga, wurden 875 aus dem Kloster Heidenheim nach Eichstätt gebracht und in der Klosterkirche St. Walburg, die 1626/31 von Domenico Barbieri neu gebaut worden ist, beigesetzt.

Die hl. Walburga wirkt immer noch Heilungen und machte auch in neuester Zeit von sich reden. Eines Tages, vor wenigen Jahren, erschien im Kloster der Benediktinerinnen ein Franzose mit seiner Familie. Er wollte das Grab der Heiligen besuchen. Warum er das wollte, erzählte er folgendermaßen: «Ich lebe in Paris und bin Kohlenhändler. Da das Geschäft seit einiger Zeit schlecht ging, war ich in Schwierigkeiten geraten. Der Verzweiflung nahe, den sicheren Ruin vor Augen, starrte ich eines Tages aus dem Fenster meines Büros auf die Seine und sah dort einen Schleppkahn aus Belgien mit dem Namen Ste. Walburge. Wenn diese Dame mir hilft, dachte ich mir, will ich zu ihr wallfahrten. Was soll ich Ihnen sagen? Kurz darauf konnte ich meine Kohlen verkaufen; ich war gerettet. Nun machte ich mich auf den Weg, mein Versprechen einzulösen. Vertrag ist Vertrag, wie es sich für einen anständigen Geschäftsmann gehört! Niemand in Paris hatte mir etwas über die hl. Walburga sagen können; man riet mir, nach Freiburg im Breisgau zu reisen. Dort würde man mir wohl helfen können. Um die Mittagszeit trafen wir in Freiburg ein. Alles hielt Siesta, und ein Geistlicher, den ich endlich sprechen konnte, sagte: ‹Hier gibt's keine Walburga. Da müssen Sie schon nach Eichstätt reisen.› Da bin ich nun also und will die Heilige besuchen und ihr danken.» So geschah es auch.

Reste des alten Willibalddoms sind vermutlich in den Umfassungsmauern des Querhauses und des Ostchors enthalten. Die Türme stammen aus der Mitte des 11. Jahrhunderts, der Westchor – aus dem 10. Jahrhundert – wurde 1256 anläßlich der Erhebung der Gebeine des hl. Willibald neu gebaut. Um die Mitte des 14. Jahrhunderts erfolgte die Erneuerung des Ostchors und bald darauf die des Langhauses. Der feierliche, große Innenraum ist reich ausgestattet mit Altären, Skulpturen und Gemälden.

Das 18. Jahrhundert hat Eichstätt in eine barocke Stadt verwandelt, eine durch und durch geistliche Barockstadt mit Stadt- und Sommerresidenz, mit den eleganten Kurien der Domherren, dem schönen Marktplatz am Dom, alles das zum großen Teil von drei Baumeistern geschaffen: Jakob Engel (gest. 1714) Gabriel de Gabrieli (gest. 1747) und Maurizio Pedetti (gest. 1799). Eichstätt ist eine der anmutigsten geistlichen Residenzen Süddeutschlands, in der sich fränkisches, altbayerisches und schwäbisches Wesen mischen. Zwar hatte es nicht die barocke Fülle von Würzburg oder Bamberg, aber es ist reich an schönen Kirchen, und es hat vor der Residenz einen Platz, der den Vergleich mit großartigeren Stätten nicht zu scheuen braucht. Dieses kleine geistliche Fürstentum besitzt nicht nur seinen herrlichen Dom, es schuf sich im 18. Jahrhundert sein ganz eigenes Gesicht. Um 1700 war die Stadt durch den Dreißigjährigen Krieg noch recht verwüstet. Sechs Kirchen und vier Fünftel der Häuser waren niedergebrannt worden, daher kam der Wiederaufbau nur langsam in Gang. Die Fürstbischöfe suchten durch größzügige Verordnungen die Baulust der Bürger zu wecken. Noch 1685 heißt es: «... wer behufs Wegräumung der vielen Brandstätten dann zur schönen Erneuerung der Stadt, stadtgemäße, von Grund auf gemauerte dreistöckige Häuser erbaut, dem gewähren wir den Bauplatz zu billigem Preis, das Holz unentgeltlich, und dann noch fünfzehn bis zwanzig Jahre volle Freiheit von Steuern.»

Die Bischöfe gingen selbst mit gutem Beispiel voran. 1714 – in Eichstätt regierte Johann Knebel von Katzenellenbogen – wurde Gabriel de Gabrieli berufen, der schon die Ansbacher Residenz in Angriff genommen hatte. Hier baute er zunächst die neue Westfassade des Doms, sodann die Stiftskirche Notre Dame du Sacré Cœur, das Schönbornpalais, heute Bischofssitz, und manch anderes Gebäude.

Wir setzen unsere Fahrt längs der Altmühl fort. Still zieht der Fluß in vielen Windungen unter den Jurahängen mit bizarren Felsbildungen dahin, vorüber am Kloster Rebdorf, das zu besuchen sich lohnt, an Dollnstein und Solnhofen, deren Häuser vielfach mit dem silbrig schimmernden Legschiefer gedeckt sind, vorüber an Pappenheim mit der gewaltigen Burgruine der Reichserbmarschälle und dem eleganten Klenzeschloß. Die Stadt liegt auf einer von der Altmühl umflossenen Geländezunge. Nach der Pracht und Anmut von Ellingen gibt sie sich ausgesprochen mittelalterlich mit ihrer gut erhaltenen Stadtmauer, dem kräftigen Oberen Tor, den Kirchen, Schlössern und breiten, behäbigen Bürgerhäusern. Auf einem Rundgang wird uns der Charakter einer kleinen Residenz deutlich. Die entschneidendste Veränderung erfuhr der Marktplatz, denn als Leo von Klenze 1818 das neue Schloß baute, mußten zwei Renaissanceschlößchen und der Brückentorturm dem Neubau weichen.

Von Pappenheim fahren wir über Treuchtlingen nach Gunzenhausen, einem schönen alten Städtchen im weiten Altmühltal. Drei Kilometer weiter in Richtung Ansbach geht es links ab nach Altenmuhr mit seinem Schloß, das höchst anmutig in den Wiesen an der Altmühl liegt, die hier nicht breiter ist als ein Bach. Wir fahren durch die herrlichen Alleen des ehemaligen markgräflichen Jagdschlosses Triesdorf, heute Landwirtschaftsschule, und machen von hier auf dem Wege nach Ansbach den kleinen Umweg, der uns nach Wolframs-Eschenbach führt. Es ist, wie es der Ortsname seit 1917 sagt, der Geburtsort des großen Minnesängers, der auch hier in der Pfarrkirche begraben wurde. Sehenswert ist das ehemalige Deutschordensschloß vom Anfang des 17. Jahrhunderts; es dient seit mehr als hundert Jahren dem hübschen Orte als Rathaus.

Ansbach, die Hauptstadt der einstigen Markgrafschaft, ist heute der Sitz des Regierungsbezirks Mittelfranken. Hier wurde 748 auf der Frankenhöhe ein Benediktinerkloster gegründet, dem sich die Siedlung Onoldsbach oder Onolzbach anschloß. 1012 wurde das Kloster in ein Chorherrenstift umgewandelt, und die mehrfach umgebaute Stiftskirche St. Gumbert mit einer Krypta des 12. Jahrhunderts ist der älteste Bau der Stadt. Der Burggraf von Nürnberg kaufte 1331 Ansbach den Grafen von Oettingen ab, die 1288 die Obervogtei über die Stadt erworben hatten. 1456 verlegte Markgraf Albrecht Achilles die Residenz von der Cadolzburg nach Ansbach und erweiterte die Stadt. Die lange Reihe der ansbachischen Markgrafen schließt mit Karl Alexander, dem Geliebten der berüchtigten Lady Craven, der 1791 sein Land an Preußen abtrat und dazu bemerkte: «Ich habe den Mut gehabt, einer Fürstenkrone zu entsagen.»

Den Markgrafen verdankt Ansbach sein schönes Stadtbild. Im 16. Jahrhundert waren als Baumeister die beiden Blasius Berwart, Vater und Sohn, aus Stuttgart, und der Ulmer Gideon Bacher tätig. Um Stiftskirche und Schloß liegt die Stadt, eine wahrhaft fränkische Stadt voller schöner Bauten, die hier vom 16. bis 18. Jahrhundert als Akzente gesetzt worden sind. Das 18. Jahrhundert brachte dann den Ausbau zur veritablen Residenzstadt. «Steht Gabrieli mit seinem im italienisch-österreichischen Barock wurzelnden Schaffen am Anfang der Epoche, so führten die Markgrafen mit den ihn ablösenden Brüdern von Zocha, Leopold Retti und Johann David Steingruber die künstlerische Umorientierung nach dem Westen herbei; sie legten damit den Grund für den klassizistisch-kühlen ‹Ansbacher Spätbarock›, den sogenannten Markgrafenstil» (Erich Bachmann).

Dazwischen aber, wenn wir der am Herrieder Tor beginnenden Utzstraße folgen, ist noch viel Altfränkisches zu finden. Jedes Haus trägt sein eigenes Gesicht, die ganze Straße scheint in Bewegung zu sein, denn die Fassaden springen bald vor, bald treten sie zurück; Fachwerkgiebel wechseln mit Rokokofronten in bunter Folge. Das Schloß liegt am Rand der Bürgerstadt und schaut auf den im 18. Jahrhundert neu erbauten Stadtteil um den Karlsplatz. Alles in allem hat Ansbach durchaus den Charakter einer Residenz bewahrt, und ihr Einfluß erstreckte sich auch auf das flache Land und seine Architektur, wie das die Schloßbauten des Adels zeigen. Ganz in der Nähe von Leutershausen, in Richtung Rothenburg, liegt das Schlößchen Rammersdorf der Freiherren von Eyb, nach Norden zu, in Richtung Neustadt an der Aisch, das Schloß Rügland und nahe der Stadt im Nordosten Bruckberg.

Wir können von Ansbach durch das wellige Hügelland weiterreisen über Leutershausen nach

Rothenburg ob der Tauber, wenn wir es nicht vorziehen, von München aus auf der ‹Romantischen Straße› über Nördlingen, Dinkelsbühl, Feuchtwangen dorthin zu gelangen. Fahren wir also von Ansbach in südwestlicher Richtung weiter nach Rothenburg.

«Ich glaubte plötzlich ins Mittelalter versetzt zu sein, als ich in die Herberge trat», schrieb der Maler Ludwig Richter, als er zu Beginn des vorigen Jahrhunderts nach Rothenburg kam. Hoch auf dem Bergsporn über der Tauber liegt die Stadt, deren Geschichte mit dem Bau der Burg durch die Grafen des Kochergaus, die sich auch ‹von Rothenburg› nannten, beginnt. Als sie 1116 ausstarben, zog der Stauferkönig Konrad III. die Grafschaft ein und vereinigte sie mit dem Herzogtum Schwaben. Schon im 12. Jahrhundert war Rothenburg ummauert, und es hat vermutlich 1172 Stadtrecht erhalten. Zwei Jahre später kam es zur Stadterweiterung, wurden die heutigen starken Befestigungen gebaut, denen im 16. Jahrhundert die Spitalvorstadt und weitere bastionsartige Verstärkungen des Berings folgten. Im 14. Jahrhundert, der Blütezeit der Reichsstadt, umfaßte ihr Territorium sieben Quadratmeilen – mehr als Nürnberg besaß – und das Gebiet war durch die Landhege geschützt, die noch in Teilen besteht, eine lebende Mauer von Hecken, Bäumen und Warttürmen im Umkreis der Stadt.

Es ist ein prachtvoller Ort, eines der großen mittelalterlichen Denkmäler, dessen vieltürmige Silhouette Berühmtheit erlangt hat. Neben dem stattlichen, 1572 gebauten Rathaus beherrscht die Stadtpfarrkirche St. Jakob das Bild, ein Bau des 14. und 15. Jahrhunderts, für dessen Heiligblutkapelle Tilman Riemenschneider den großen Altar gearbeitet hat. Um dieses Zentrum Rathaus–Kirche liegt die Stadt, in der es zur Reisezeit von Menschen aller Nationalitäten wimmelt. Besucht man sie außerhalb dieser Zeit, wird man sie beinahe so sehen wie Ludwig Richter. Von hohen Mauern umschlossen, von starken Türmen geschützt, liegt Rothenburg um uns da, mit Straßen und Plätzen, in der festen Ordnung städtischer Form. Fachwerkgiebel wechseln mit festen Steinhäusern und Barockfassaden, alles das in wunderbarer Geschlossenheit dem hügeligen Gelände angepaßt. In stets sich verändernden Bildern zeigt sich die kräftige Prägung reichsstädtischen Wesens.

Und drunten im Tal der Tauber, die eilig zwischen Erlen und Weiden durch die schmale Wiesensohle fließt, steht ein Türmlein, das Topplerschlößchen, auch Kaiserstuhl genannt, weil König Wenzel, der Sohn Kaiser Karls IV., hier gerne zu Gast war. Da steht es in einem mäßig großen Obstgarten, und ein zierliches Steinbrückchen führt zur Pforte, über der steinerne Wappenschilde in die Mauer eingelassen sind. Es ist ein schlichtes, kleines Turmhaus, einst in einem Weiher gelegen, der heute Wiese ist. Ein behaglicher Zug ist um das Ganze her; es ist genau das, was unsere Phantasie sich ausmalt, wenn wir von alten Schlössern sprechen. Zwar ist es kein Schloß, sondern ein kleiner wehrhafter Sitz, charaktervoll und pittoresk inmitten der mauerumhegten Wiese, den sich Bürgermeister Heinrich Toppler 1388 als Sommersitz und Schutz seines Landguts baute *(Abb. 24)*. Sicherlich hat er die Schönheit des Tals geliebt und seine graziöse kleine Schöpfung mit ihr in Verbindung zu bringen gesucht. Der Hausherr selbst war der berühmteste Bürgermeister der Reichsstadt, die er fünfunddreißig Jahre lang regiert hat, als energischer Politiker, Truppenführer, Kaufmann und Führer des Städtebundes. Als die Kurfürsten König Wenzel wegen Unfähigkeit abgesetzt hatten, hielt Toppler zu ihm, was den Burggrafen von Nürnberg verdroß. Aus 1408 abgefangenen Briefen ging hervor, daß Toppler noch immer mit Wenzel in Verbindung stand. Deshalb ließ ihn der Rat festnehmen und ins Gefängnis werfen, wo er bald darauf gestorben ist. Doch noch heute spricht man von ihm als einem der Größten in der Geschichte der Stadt.

Südlich von Rothenburg, am Ende eines das Tal beherrschenden Bergrückens, liegt Schloß Schillingsfürst, Sitz der Fürsten zu Hohenlohe, das wir besuchen werden, um dann nach Feuchtwangen zu fahren, das ebenfalls zu den sehenswerten alten Städten gehört und wo wir nicht versäumen dürfen, den spätromanischen Kreuzgang der Stiftskirche zu besichtigen. Dann geht es weiter nach Dinkelsbühl, das im Tal der Wörnitz liegt und in der gleichen Zeit und aus der gleichen bürgerlichen Gesinnung erwachsen ist wie Nördlingen und Rothenburg. Es ist die bescheidenste, die stillste der drei Städte, doch hat ihr architektonisches Bild nicht minderen Rang: die spätmittelalterliche Silhouette der Stadt mit dem türmereichen Mauergürtel, mit der herrlichen Pfarrkirche St. Georg unter ihrem mächtigen Dach. Noch im 12. Jahrhundert ist die Altstadt entstanden, Ende des 13. Jahrhunderts waren die Befestigungen vollendet, die im ausgehenden 14. Jahrhundert erneuert worden sind. 1273 ist Dinkelsbühl Reichsstadt geworden. Das Antlitz der Stadt trägt im wesentlichen den Stempel des späten Mittelalters. Die Renaissance ließ einige prachtvolle Häuser entstehen, wie das Hetzelhaus, das Schwarzländerhaus, die Goldene Rose mit dem schönen, reichgeschnitzten Fachwerkgiebel, Stammhaus der Grafen von Drechsel, die den alten städtischen Geschlechtern entstammen.

1806 kam Dinkelsbühl an Bayern und teilte das Los seiner Nachbarn Nördlingen und Rothenburg. Hätte nicht König Ludwig I. denkmalpflegerische Gesetze erlassen, darunter das Verbot, «die Ringmauern, Türme und Gräben altdeutscher Städte als Zeugen nationaler Vergangenheit» abzubrechen, so wäre nichts geblieben von dem Bild dieser langsam gewachsenen, wehrhaften kleinen Reichsstadt; wir wären um viele historische und ästhetische Eindrücke ärmer, und die ‹Romantische Straße› bestünde nicht.

Die Burg, des ‹Heiligen Reichs Veste›, stand länger im Mittelpunkt der deutschen Geschichte als alle anderen königlichen Burgen; sie blieb bis über das spätere Mittelalter hinaus Kaiserburg, Residenz. Nürnberger Geschichte und Stadtbild sind ohne die Burg nicht denkbar. Aber nicht nur als geschichtlicher Ort ist sie bedeutsam, sie ist es auch als Wehrbau und als solcher neben Burghausen an der Salzach eine der größten Vesten Deutschlands.

Kaiser Heinrich VII. übergab die Burg 1313 für die Zeit des jeweiligen Interregnums in die Obhut der Stadt, der später auch der gesamte bauliche Unterhalt übertragen wurde. Kaiser Karl IV. bestimmte durch die Bulle von 1356, daß jeder neu gewählte König seinen ersten Reichstag in Nürnberg abzuhalten habe, und daran hielt man bis zur Zeit Kaiser Maximilians I. fest. Insgesamt verzeichnet die Burg zweihundertachtzig Besuche von zweiunddreißig Herrschern. Königliche Beamte verwalteten und verteidigten die Veste. Dieses Amt wurde ein erbliches Lehen; die ersten Burggrafen sind die bayerischen Grafen von Raabs gewesen; ihnen folgte 1192 Graf Friedrich I. von Zollern, vermählt mit der Tochter des letzten Raabs.

Der Burggrafensitz, aus der salischen Königsburg hervorgegangen, zu der der Fünfeckturm gehört, lag zwischen diesem Turm und der zerstörten Walburgiskapelle im Osten des Bergrückens. Der Grafensitz war verhältnismäßig klein, stellte aber doch eine selbständige Burg innerhalb der Kaiserburg dar. Von hier aus setzten sich die Zollern, die sich dann Hohenzollern nannten, allmählich in den Besitz der späteren Markgrafschaften Kulmbach-Bayreuth und Ansbach. Das Verhältnis zur Reichsstadt war schlecht. In langwierigen, zähen Kämpfen gelang es dem Rat, die Burggrafen aus Nürnberg zu verdrängen und damit den angestrebten Zusammenschluß von Stadt und zollernschem Territorium zu verhindern. Schritt für Schritt hatte der Rat den Burggrafensitz eingekreist; er ließ den Zugang von der Burg zur Stadt vermauern, eine Mauer auf der Stadtseite vor der Burg errichten und baute 1377 dicht dabei auf der östlichsten Bergspitze den hohen Luginsland, von dem aus die Burg der Grafen beobachtet werden konnte. Der Burggraf beschwerte sich bitter, er sei nicht mehr Herr seiner selbst, so eingemauert sitze er da. 1388/89 besetzte Nürnberg sogar vorübergehend den Burggrafensitz. Schließlich verkauften die Zollern, seit 1415 Markgrafen von Brandenburg, ihre Behausung 1427 an die Stadt. Sie lag damals schon in Trümmern, denn im Jahre 1420 hatte der mit Nürnberg im Bund stehende Landpfleger Herzog Ludwigs VII. von Bayern-Ingolstadt den Burggrafensitz nächtlicherweise überrumpelt und niedergebrannt. Er wurde nie wieder aufgebaut.

Die Burg besteht aus zwei Teilen: der einstigen salischen Königsburg des 11. Jahrhunderts am östlichen Burgfelsen, aus der dann der Burggrafensitz hervorging, und der eigentlichen Kaiserburg mit Vorburg. Von der salischen Königsburg steht noch der wuchtige Fünfeckturm von 1040, ‹Alt-Nürnberg› genannt. Die erste Bauetappe liegt in salischer, die zweite in staufischer Zeit, die dritte im 15. und 16. Jahrhundert. Als 1138 Konrad III. König wurde, beschloß er, die Nürnberger Burg durch eine große Neuanlage nach Westen zu erweitern, und baute zwischen 1138 und 1140 die eigentliche Kaiserburg, bestehend aus Palas mit Heidenturm und Kapelle. Der Staufer, Kaiser Friedrich I., ließ bedeutende Um- und Neubauten durchführen. Dieser Bauabschnitt, der sich bis nach 1200 hinzog, gab der Burg das Aussehen, das sie im wesentlichen noch heute zeigt. Eine geschlossene Gruppe bilden Heidenturm mit kaiserlicher Kapelle und der Palas mit Eingangshalle und Wohnräumen. Daran stößt die hohe Kemenate. Unter Kaiser Friedrich III. erfolgte zwischen 1440/42 als dritter Bauabschnitt der Umbau des Rittersaals und des darüberliegenden Kaisersaals im Palas. Auf der Südseite des Palas legte der Kaiser, der ein großer Gartenfreund war, die seinerzeit berühmten ‹Hängenden Gärten› an, die auf Stützpfeilern ruhten und Obstbäume, Weinstöcke und Blumenbeete trugen. Sie waren zu Beginn des 17. Jahrhunderts noch vorhanden. Zwischen 1559 und 1560 fügte man an die Westseite des Palas, der 1487 schon einmal verlängert worden war, einen weiteren Verlängerungsbau an, der aber nur einen Wohnraum für den Lieblingssohn Kaiser Ferdinands I., Erzherzog Karl, enthielt. Die Vorburg wird von dem hohen, runden Sinnwellturm beherrscht, dem Bergfried aus dem 12. Jahrhundert, mit oberem Abschluß aus der Zeit um 1560/70. Zu Füßen des Turms stehen einige hübsche Fachwerkbauten.

Die Reichsstadt ließ ebenfalls auf der Burg bauen, und zwar, wie wir schon gehört haben, 1377 den Luginsland, sodann 1494/95 von Hans Behaim d. Ä. die eindrucksvolle, mächtige Kaiserstallung zwischen Luginsland und Fünfeckturm und schließlich 1538/45 an der Nordseite der Burg nach Plänen von Antonio Fazuni die starken Basteien. Auf der Großen Bastei liegt der Burggarten.

Der Palas ist 1440/42 unter Verwendung des Baues aus der zweiten Hälfte des 11. Jahrhunderts um- und neu gebaut worden. Er enthält den zweischiffigen Rittersaal mit schwerer Balkendecke auf Eichensäulen. Die Fresken um den Eingang zur Kapelle zeigen Kaiser Maximilian I. und seine Gemahlin Maria von Burgund mit ihren Wappen, im Scheitel Christus als Weltenrichter. Heute enthält der Saal Rüstungen des 16. Jahrhunderts, Wirkteppiche des 15. und 16. Jahrhunderts. Der Kaisersaal, die alte Dürnitz, ist überspannt von einer schwarz-gelb getönten Holzdecke. Der prächtige grüne Kachelofen im Stil Peter Flötners stammt aus dem 16. Jahrhundert. An den Wänden hängen Bildnisse der Kai-

Die Kaiserburg zu Nürnberg
Aquarellierte Zeichnung von
J. G. Erasmus, 1677

ser und Angehöriger des Erzhauses Österreich. Das Empfangszimmer zeigt eine blau-rot-goldene Vertäfelung aus der Zeit Friedrichs III., während die 1520 von dem Dürerschüler Hans Springinklee ausgeführte hölzerne, mit Wappen geschmückte Decke 1945 vernichtet wurde und heute durch eine Kopie ersetzt ist. Der ‹Kaiserofen› des 17. Jahrhunderts ist von den Hafnern Johann und Georg III. Vest aus Creußen gearbeitet worden. Im Wohnzimmer des Kaisers sind die Wände mit Vertäfelungen verkleidet, die Grün in Grün gehaltene Renaissancegrotesken tragen, wahrscheinlich 1520 von Springinklee ausgeführt. Das Fresko zeigt die Abdankung Kaiser Karls V. Die Holzdecke ist in ganzer Ausdehnung von einem riesigen Adler ausgefüllt. Der doppelköpfige Adler erscheint zum ersten Mal unter Kaiser Ludwig dem Bayern als Reichsadler. Merkwürdigerweise steht der Adler gelb auf schwarzem Grund, anstatt umgekehrt. Schon dem Kaiser Maximilian I. konnte man diese Farbgebung nicht erklären. Der zeitgenössische Nürnberger Kirchenmeister Sebald Schreyer deutete sie so, daß diese Tönung so lange beibehalten werden sollte, als das ‹Heilig Land in den Händen der Ungläubigen› sei.

Der schönste Raum von tiefer Eindrücklichkeit aber ist die Kapelle; sie zeigt die großartigsten architektonischen Elemente und bildete einst mit dem staufischen Palas eine Einheit. Sie ist eine doppelgeschossige Kapelle, wie sie die staufischen Pfalzen besaßen, zum Beispiel Gelnhausen oder Eger. Ihr Bau wurde im letzten Viertel des 12. Jahrhunderts begonnen, doch ist sie wohl erst nach der Jahrhundertwende fertig geworden. Stilelemente verschiedener Herkunft sind hier vereinigt: Westempore aus dem Bereich bayerisch-böhmischer Herrschaftskapellen, Chorturm (Heidenturm) von dem schwäbisch-fränkischen Chorturmkirchentypus, Ornamentik aus dem rheinischen und regensburgischen Gebiet (Schottenkirche in Regensburg). Die Unterkapelle mit starken, gedrungenen Säulen gleicht einer Krypta. Die schweren Kapitelle tragen Schmuck von Palmetten und Tieren, besonders schön ist ein Adlerkapitell. Dieser Raum wurde 1216 von Kaiser Friedrich II. den Deutschordensherren zugewiesen und barg 1485/95 vorübergehend die Reichsinsignien, die vorher in der Heiliggeistkirche in der Stadt aufbewahrt worden waren.

Die obere Kapelle ist ein heller, hoher, sehr eleganter Raum mit schlanken grauen Marmorsäulen, deren Kapitelle mit Köpfen, Palmetten und Flechtbändern verziert sind. Über dem Triumphbogen sitzt ein ausdrucksvoller Christuskopf. Der als Chorturm dienende Heidenturm trägt an der Ostwand verwitterte spätromanische Skulpturen: das Kaiserpaar Heinrich II. und Kunigunde (?), drei Löwen und ein gekröntes Haupt. Die Statuen an der Kapellen- und Palas-Ostwand von 1487 stellen die Apostel Petrus und Paulus dar.

Die Burg ist 1934 durch die Staatliche Verwaltung der Schlösser, Gärten und Seen von der Heideloffschen Restaurierung des 19. Jahrhunderts befreit und nach dem letzten Krieg erneut instand gesetzt worden. Sie liegt wieder als geschlossene Anlage machtvoll über der Stadt. *Abb. 1 bis 3*

Nürnberg / Tucherschloß

Man weiß nicht, seit wann die Tucher in Nürnberg angesessen sind. Fest steht, daß sie ritterbürtige Vasallen der Grafen zu Castell waren. Der erste bekannte Herr des Hauses ist der 1326 gestorbene Conrat Tucher, der bereits zum Nürnberger Patriziat gehörte; seine Familie war versippt mit dem Landadel und den vornehmsten, ältesten Geschlechtern der Reichsstadt, wie Kreß, Ebner, Stromer, Pfinzing, Harsdörffer, Imhof.

Ein großer Teil der bedeutendsten Kunstwerke Nürnbergs, Bauten, Gemälde, Glasmalereien, Skulpturen, ist mit dem Hause Tucher verbunden. Große Meister haben für sie gearbeitet, darunter Michael Wolgemut, Albrecht Dürer, Peter Vischer, Veit Stoß, Peter Flötner, Wenzel Jamnitzer, Augustin Hirschvogel. Nach dem Krieg hat die Familie einen beträchtlichen Teil ihres Kunstbesitzes im Tuchersaal des Germanischen Nationalmuseums der Öffentlichkeit zugänglich gemacht – ein wahrer Familienschatz, und seit 1969 ist das Tucherschloß selbst als Museum eingerichtet und kann besichtigt werden.

Lorenz II. Tucher war es, der mit seinem Schloßbau in der Stadt dem Geiste der Renaissance das Tor öffnete. Er baute 1533/40 vor dem inneren Laufertor, noch ehe es durch Vorverlegung der Stadtmauer in die Stadt einbezogen wurde, wohl nach Plänen Peter Flötners, das Schloß. Es ist im letzten Krieg sehr schwer beschädigt, aber inzwischen wieder aufgebaut worden. Der Hirschelgasse zu zeigt es einen Giebel und einen Erker, im Hof trägt es reiche architektonische Gliederung. Den Hauptakzent setzt das turmartige, halbrunde Stiegenhaus mit zwei kleinen Nebentürmen am oberen Abschluß, so daß sich eine bewegte Dreiergruppe unter Zwiebelhelmen ergibt. Neben dem Treppenturm liegt das Portal mit zwei Bogenöffnungen, getrennt durch eine Mittelsäule; im Bogenfeld sitzt das Ehewappen Tucher-Straub und über der Portalanlage ein Relief mit dem Fischzug Petri. Kräftige halbrunde Säulen mit Kapitellen gliedern das Hauptgeschoß. Die Gartenfassade zeigt einen gotischen Staffelgiebel, dem die über ihn hinauswachsenden runden Säulchen den Charakter der Frührenaissance geben. Diese Verquickung spätgotischer Elemente mit Renaissanceformen läßt das Haus so reizvoll erscheinen. Ludwig Grote nimmt an, daß Lorenz Tucher seinen Baumeister mit nach Lyon genommen hat, wo dieser die Formen der französischen Frührenaissance studieren konnte.

Im Erdgeschoß liegt die zweischiffige Halle, deren Rippengewölbe infolge der Kriegseinwirkungen von 1945 nur noch teilweise erhalten ist; ein schöner Schlußstein mit der Darstellung des hl. Abendmahls blieb unbeschädigt. Die Vertäfelung im großen Saal des Obergeschosses, ein Meisterwerk Peter Flötners, ist ebenfalls durch die Bomben des letzten Krieges zerstört worden. Wieder angebracht hat man die Rücklaken der Sitzbänke, gewirkte Teppiche mit Blumen, Kräutern und Tieren, die Tucher 1543 in Enghien bestellte; die Fenster zeigen Glasmalereien, wohl von Augustin Hirschvogel. Die heutige Kassettendecke des Saales stammt aus dem alten, von Jakob Wolff d. J. erbauten Rathaus. So spricht das Tucherschloß heute wieder von der fürstlichen Opulenz des berühmten Handelshauses. *Abb. 4*

Nürnberg / Schoppershof

Schoppershof ist eines der wenigen noch erhaltenen typischen patrizischen Schlößchen Nürnbergs. Schon 1267 wurden die Schopper als Besitzer genannt. 1575 gelangte es an Bartholomäus Viatis, unter dem nach der Zerstörung im zweiten Markgrafenkrieg 1591 ein Wiederaufbau stattfand. Von 1616 bis 1870 war es im Besitz der Peller und gehört seit 1875 den Freiherren Tucher von Simmelsdorf.

Das Schlößchen liegt auf einem Plateau im Nordosten der Altstadt, heute von einem modernen Vorstadtviertel umgeben. Es ist ein dreigeschossiger Bau aus Sandsteinquadern mit Ecktürmchen und einem runden Treppenturm in der Mittelachse der Rückseite. An der Hauptfassade befindet sich über dem Stichbogenportal ein Holzerker mit Groteskenmasken und Fruchtgehängen, darüber ein Balkon mit durchbrochener, vergoldeter Brüstung. Die Seitenfassaden mit ihren gestuften Giebeln sind mit ähnlichen Balkonen auf volutenförmigen Kragsteinen geschmückt.

Die Eingangshalle im Erdgeschoß hat eine Balkendecke auf Unterzug, die von einer achteckigen Holzsäule getragen wird. Weitere Felder- und Balkendecken finden sich noch in den Obergeschossen. Im ersten Obergeschoß enthält der Mittelraum eine Wandvertäfelung mit Pilastergliederung und eingebauten Schränken.

Westlich zur Elbingerstraße hin liegt ein rechteckiger Vorhof, der auf drei Seiten von niedrigen Wirtschaftsgebäuden eingerahmt wird. An der Ostseite steht in einer Gartenanlage ein Pavillon um 1750. Das Innere zeigt Rokokostuck am Muldengewölbe und an den Wandfeldern. *Abb. 5*

Fischbach

Fischbach oder Vischpach, wie es früher hieß, nach dem gleichnamigen Bach benannt, der im umliegenden Wald entspringt, liegt elf Kilometer südöstlich von Nürnberg. Der Ort war von Beginn an ein Zeidelgut für die Imkerei im Reichswald. Es gab hier im 15. Jahrhundert mehrere Herrensitze Nürnberger Patrizier, die sich an dem hübschen, noch heute zum Erholungsgebiet der Nürnberger zählenden Fleckchen niedergelassen hatten. Von ihnen haben sich drei bis heute erhalten.

Das Pellerschloß. Am Ortseingang linker Hand steht der typisch fränkische Weiherhaus-Bau des Pellerschlößchens. Viele Nürnberger Familien waren einst Besitzer dieser kleinen ehemaligen Wasserburg. Um 1400 saßen hier die Holzschuher, aber auch die Welser, Imhoff und Paumgartner haben das Haus bewohnt. Nach der Zerstörung 1552 im markgräflichen Krieg wurde es 1573 neu errichtet, dreigeschossig mit steil proportioniertem Giebel. Das Erdgeschoß ist aus unverputzten Sandsteinquadern erbaut. An der Südseite befindet sich das Allianzwappen seiner Erbauer Thomas Philipp von Murach und Felicitas von Murach geborene von Redwitz. Über dem Stichbogeneingang an der Nordseite sieht man das Wappen der Peller von Schoppershof, die das Haus 1687 erwarben. Nach ihnen wird es noch immer genannt, obwohl es inzwischen der Stadt Nürnberg gehört, die darin Kunstausstellungen veranstaltet.

Das Scheurl-Schloß. Abseits der Straße hinter dem Gasthaus zum ‹Goldenen Hahn› liegt das Scheurl-Schloß, das seit 1535 im Besitz der Familie von Scheurl ist. Der aus dieser Familie stammende Humanist Christoph Scheurl (1481–1542) erwarb das Zeidelgut in Fischbach für die Witwe seines von einem Raubritter ermordeten Bruders Albrecht. Neben den bekannten Nürnberger Familien gehörte das Scheurl-Schloß von 1532/35 dem berühmten Buchdrucker und Verleger Anton Koberger, dem Herausgeber der Koberger Bibel (1483) und der Schedelschen Weltchronik (1493). Das Schlößchen ist ein unverputzter, zweigeschossiger Quaderbau mit Satteldach und einem Zwerchhaus im Fachwerkstil. Das Torhaus trägt das Scheurl-Wappen mit der Jahreszahl 1729. Der ältere Schloßbau war im Dreißigjährigen Krieg zerstört aber 1650 schon wieder bezogen worden. Den Besucher empfängt eine geräumige Erdgeschoßhalle, deren Wände mit gemalten Sinnsprüchen geschmückt sind. In der Diele des Obergeschosses sind noch hölzerne Türrahmen mit kannelierten Pilastern erhalten. Einer der Räume besitzt eine einfache Wandverkleidung mit Intarsien aus dem 17. Jahrhundert.

Das alte Harsdorfsche Schloß. Das alte Harsdorfsche Schlößchen, hinter dem neuen 1723 bis 1740 errichteten Barockschloß gelegen, war bereits 1348 erbaut worden. Nach seiner Zerstörung im Markgrafenkrieg 1552 durch den Markgrafen Albrecht Alcibiades von Kulmbach-Bayreuth wurde es auf den alten Fundamenten neu erbaut. Seit 1537 ist es im Besitz der Familie von Harsdorf, nachdem es zuvor nacheinander den Vischpecken, Pfinzing und Holzschuher gehört hatte. 1943 brannte das Harsdorfsche Schloß aus, ist jedoch inzwischen wieder instand gesetzt worden. Das Erdgeschoß besteht aus unverputzten Sandsteinquadern mit drei Rundbogentüren. Das sich darüber erhebende Obergeschoß ist an der Süd- und Ostseite in Fachwerk gehalten, das Satteldach besitzt Gauben und einen Dacherker ebenfalls in Fachwerk. Die Räume des Schlößchens, das heute zur Familienstiftung der Freiherren von Harsdorf gehört, sind mit altem Mobiliar ausgestattet.

Stein bei Nürnberg

Zwei Kilometer westlich von Nürnberg liegt in einem gepflegten Park am Rande des Ortes Stein eine umfangreiche Schloßanlage mit zinnenbesetzten Türmen. Der ältere Schloßbau, das sogenannte Alte Schloß – 1843 bis 1846 von Lothar Faber errichtet – erhielt seine jetzige Form durch den Umbau im Jahre 1878. Lothar Faber, der Urgroßvater des heutigen Besitzers Roland Graf von Faber-Castell, wurde 1861 Ehrenbürger der Stadt Nürnberg. Maximilian II. verlieh ihm 1862 den persönlichen Adel, Ludwig II. erhob ihn 1881 in den erblichen Freiherrenstand, und Prinzregent Luitpold ernannte ihn 1891 zum erblichen Reichsrat der Krone Bayerns.

Lothar von Faber gehörte zu den großen Wegbereitern von Industrie und Wirtschaft im 19. Jahrhundert. Die Gründung des bayerischen Landesgewerbsmuseums, der heutigen Landesgewerbeanstalt, der Vereinsbank Nürnberg und der Nürnberger Lebensversicherung gehen auf ihn zurück. Soziale Verbesserungen lagen ihm ebenso am Herzen wie technischer Fortschritt, und so war die 1761 gegründete Bleistift-Firma A. W. Faber in Stein schon hundert Jahre nach ihrer Gründung ein internationales Unternehmen mit vielen Niederlassungen, so in New York, London und Paris. Lothar Faber erwarb zu dieser Zeit auch Graphitgruben in Sibirien. Das sogenannte ‹schwarze Gold› war 1856 im Gebiet von Saian unweit der chinesischen Grenze gefunden worden. Es wurde in großen Blöcken auf Rentierrücken durch das weite Land zum Meer und von dort auf dem Schiffswege nach Europa transportiert. Erste Erzeugnisse von Graphitminen und frühe Beistiftprodukte finden sich im Firmen-Archiv.

Das ältere Schloß, aus rötlichen und gelben Sandsteinquadern erbaut, besteht aus drei Flügeln, die einen viergeschossigen Turm umschließen. Rundbogige Fenster sind nach Nordosten zu Dreiergruppen zusammengefaßt und von einachsigen Fenstern flankiert. Die Anordnung erinnert an italienische Renaissancepaläste mit bisweilen romanischen Formelementen.

Im Jahre 1903 wurde nach Plänen des Nürnberger Professors Theodor von Kramer der Bau des Neuen Schlosses für Friedrich Lothar Alexander Graf von Faber-Castell begonnen. Die Grundsteinlegung fand am 5. Dezember 1903 statt. Es wird erzählt, daß bei dieser Feier ein Storch über die Festversammlung flog; sein Konterfei ist in einem Relief am hohen Turm über der Einfahrt festgehalten. Die Einweihung des Schlosses und der neuromanischen Kirche fand 1906 statt. Die in der Schloßkapelle erhaltenen Glasgemälde tragen die Namen der Stifter Ottilie und Alexander Graf von Faber-Castell. Dieser hatte als Graf Castell-Rüdenhausen Ottilie von Faber geheiratet und im Jahre 1900 die Firma A.W. Faber übernommen. Er führte von nun an mit Genehmigung des Prinzregenten den Namen Graf von Faber-Castell.

Das Alte Schloß wurde mit dem Neuen durch den fünfgeschossigen Turm verbunden, durch den der Torweg führt. Der aus Kalksteinquadern errichtete Bau mit Kreuzgang und Kapelle im Westen lehnt sich an Vorbilder der deutschen Romanik an. Die Rolandsstatue an der Außenfassade nimmt Bezug auf Alexanders jüngsten Sohn Roland. Der Bau wird durch gekoppelte Fenster und Blendfelder gegliedert. Eckerker setzen besondere Akzente. Romanische Rundbogenfriese bilden ein schmückendes Detail. Die einzelnen durchwegs dreigeschossigen Trakte der beiden Schlösser und die Kapelle gruppieren sich um einen schmalen Innenhof.

Im Innern des Neuen Schlosses befindet sich ein großzügig angelegtes Treppenhaus aus hellem italienischem Marmor. Zusätzlichen Wandschmuck bilden die in Marmor eingelegten buntfarbigen Mosaikfelder. Das Treppenhaus schließt mit einer Stuckdecke im Jugendstildekor ab. Im ersten Obergeschoß liegt eine im neuromanischen Stil mit Wandvertäfelungen ausgestattete Halle, Lüster und geschnitzte Möbel auf Drachenfüßen und Löwenpranken bilden die Einrichtung. Die ehemalige Wohnsuite besteht aus dem Zitronenzimmer, dessen Möbel aus Zitronenholz gearbeitet sind, dem Monatszimmer, dessen Plafond die Tierkreiszeichen zeigt, und dem Louis-seize-Zimmer mit Möbeln, die aus der Zeit der Erbauung stammen. Es folgt ein Vogelzimmer mit marmornem Wandbrunnen, an den sich ein Wintergarten anschloß, der aber heute nicht mehr vollständig erhalten ist. Kunsthandwerklich bemerkenswert sind hübsche Glasdecken aus bunten Scherben, hinter denen die Beleuchtungskörper angebracht sind, sowie die schön gearbeiteten Türgriffe und Türschlösser im gesamten Schloß. Drei Festsäle, in denen einst glanzvolle Bälle stattfanden, enthält das zweite Obergeschoß: zuerst der Gobelinsaal, dessen Gobelins leider nicht mehr vorhanden sind. Es schließt sich der Musik- oder Ballsaal an, der einen schönen Stuckplafond und einen Relieffries im Jugendstil besitzt. Türen und Wandpaneele zeigen Intarsien aus kostbaren Hölzern. Über der Musikempore schmückt ein Relieffries mit Putten und musizierenden Engeln den hohen Raum, von dessen Pracht auch noch die teilweise erhaltenen Seidentapeten mit ihren Jugendstilmustern zeugen. Im dritten und letzten Saal, dem ehemaligen Speisesaal, tragen die Wände umlaufend große Temperagemälde, die die menschlichen Lebensalter darstellen. Die Bilder stammen von Karl von Marr, einem 1858 in Amerika geborenen Künstler. Marr war ein Schüler Wilhelm Lindenschmitts in München, wurde 1890 Professor an der dortigen Akademie und 1919 ihr Präsident. Seit 1915 war er auch Präsident der Künstlergenossenschaft und langjähriger Leiter der Ausstellungen im Glaspalast.

Man muß sich diese großen Säle im Geist möbliert vorstellen. Das Mobiliar der beider Schlösser, die lange von einem amerikanischen Hauptquartier besetzt waren, ist zum größten Teil verlorengegangen. Trotzdem bildet der gesamte Schloßkomplex, vor und nach der Jahrhundertwende entstanden, besonders im Hinblick auf die qualitätvolle, kunsthandwerkliche Ausgestaltung des Neuen Schlosses eine künstlerische Besonderheit und ist in ihrer Gesamtanlage ein bemerkenswertes Beispiel für die Kunst des Historismus in Franken.

In den Räumen des Neuen Schlosses wurden verschiedene Male Kunstausstellungen gezeigt. Als Vorsitzender der Albrecht-Dürer-Gesellschaft ist Roland Graf von Faber-Castell ein Förderer der alten wie auch der modernen Kunst. So wurden beispielsweise im Dürer-Jahr 1971 auf seine Initiative hin junge Künstler auf die Reise geschickt, um die von Dürer festgehaltenen Ansichten in Deutschland, Italien und den Niederlanden aus ihrer Sicht zu zeichnen. *Abb. 9 bis 13*

Neunhof bei Kraftshof

Der zeitliche Ursprung des Ansitzes ist unbekannt. Er wurde 1449 im Markgrafenkrieg zerstört und in der folgenden Zeit, angeblich 1484, durch einen Hans Kreß neu erbaut. Er wurde hauptsächlich als Jagdschloß verwendet. Im Verlauf des 18. Jahrhunderts ist die Gesamtanlage durch den Schloßgarten erweitert worden. Das Schlößchen ist jetzt vom Besitzer (Erbengemeinschaft des Familiengutes Neunhof) an das Germanische Nationalmuseum verpachtet, das hier ein Jagdmuseum eingerichtet hat.

Der am Südostrand des Ortes gelegene Herrensitz – ursprünglich als Wasserschloß erbaut – ist einer der besterhaltenen Nürnberger Patriziersitze in der Umgebung der Stadt.

Der Kernbau ist ein dreigeschossiger, steiler, rechteckiger Trakt von turmartigem Charakter, der zum Typ der sogenannten Weiherhäuser gehört. Durch eine Anzahl zusätzlicher Zwerchgiebel-Dachausbauten aus dem Jahre 1508 kündet er bereits die beginnende Deutsche Renaissance an. Über der rechteckigen Eingangstür befindet sich das Kalksteinwappen Kreß-Koler mit der Jahreszahl 1633. Die beiden Untergeschosse bestehen aus Sandsteinquadern, darüber erhebt sich ein oberes Geschoß in verputztem Fachwerk. Sämtliche Fenster haben rot-weiß bemalte Läden.

Über der Treppentür im Erdgeschoß befindet sich das geschnitzte Wappen der Kreß. Im ersten Obergeschoß steht ein schöner, bunt glasierter Kachelofen mit der Darstellung der Menschenalter und weiblichen Allegorien, angeblich von 1642. Im Treppenhaus, dessen Geländer aus gedrehten Balustern besteht, stehen Zierobelisken aus gebranntem Ton (2. Hälfte 17. Jahrhundert).

Im zweiten Obergeschoß sieht man an der oberen Dielenwand einen Wappenfries der Schloßbesitzer seit 1246; er datiert aus dem 18. Jahrhundert. Eine hölzerne Wandverkleidung zeigt eine Darstellung des Herakles, auch sie wurde im 18. Jahrhundert gemalt, ebenso wie die darunter befindliche Ansicht von Schloß Neunhof mit der Inschrift: adhuc stat. Der schöne Saal enthält mehrere mit Tieren bemalte gefelderte Türen. Das Deckengemälde ist eine Allegorie auf die Jagd mit der Göttin Diana (Öl auf Leinwand). Die Eckmedaillons zeigen in rotem Farbton Engel als Allegorien, vermutlich der vier Tageszeiten.

Im zweiten Obergeschoß liegt die Schloßkapelle. Das Deckengemälde an der Flachdecke stellt die Verehrung des auferstehenden Christus mit Moses und dem Satan (1743) dar. Der grau marmorierte Altar aus der ersten Hälfte des 18. Jahrhunderts mit einem Kruzifix auf geschnitztem Sockel enthält die Wappen Kreß und Stromer. Auch die ähnlich gefaßte Schrankorgel von der Mitte des 18. Jahrhunderts zeigt das Stifterwappen der Kreß. Die Kapelle birgt verschiedene Epitaphien dieser Familie, außerdem zwei farbig gefaßte Holzreliefs, ehemalige Altarflügel mit der Stifterfigur und dem Wappen der Kreß (gegen 1500), auch mehrere Glasgemälde mit Wappen der Kreß, Harsdorf und Holzschuher.

Die gesamte mobile jetzige Ausstattung stammt noch aus vorhandenem Inventar, vor allem aus Beständen des Germanischen Nationalmuseums. Von besonderer Wertschätzung sind die Gläser- und Fayencesammlungen sowie die Gemälde und Jagdgegenstände.

Zum Schloß gehört eine umfangreiche Wehranlage. Das Gebäude wird von einem hofartigen Zwinger umgeben. In der Zwingmauer sind noch die ursprünglichen, rechteckigen Schießlöcher vorhanden. An der Seite zum Wirtschaftshof befindet sich eine überdachte Holzbrücke. *Abb. 6*

Großgründlach

Der Ort Großgründlach wird 1021 zum ersten Mal als Teil des Königshofs Aurach genannt. Seit 1140 ist das hier angesessene Ministerialengeschlecht der Herren von Gründlach nachgewiesen, das 1314 ausstarb. Die Burg ging 1343 durch Kauf in den Besitz der verwitweten Gräfin Kunigunde von Orlamünde über und wurde von dieser 1348 in das Zisterzienserinnenstift Himmelkron umgewandelt, dessen Äbtissin sie dann gewesen ist. Die letzte Äbtissin übergab Großgründlach der Stadt Nürnberg, die das Stift durch ihr Almosenamt verwalten ließ. Später wurde der Ort vom Rat selbst übernommen und seine Verwaltung dem Landpflegamt der Stadt übertragen.

Im Markgrafenkrieg von 1552 ist die Klosterburg zum ersten Mal ausgebrannt. Die Stadt verkaufte das Gut 1572 dem Nürnberger Patrizier Philipp Geuder, der die Ruine wieder aufbauen ließ. Von den Geudern erbten die patrizischen Pfinzing von Henfenfeld das Gut, aber das Schloß brannte im Dreißigjährigen Krieg erneut aus. Erst 1685/90 erfolgte ein Neubau nach Plänen des Nürnberger Baumeisters Johann Trost auf dem Grundriß der alten Klosterburg. 1764, nach dem Tod des letzten Pfinzing von Henfenfeld, fiel Großgründlach an den mit ihm verwandten Johann Sigmund Haller von Hallerstein, Ratsherrn, Kriegsrat, Alter Bürgermeister und letzter Reichsschultheiß der Reichsstadt Nürnberg. Dieser ließ 1776 die prachtvollen Stuckdecken in den beiden Repräsentationsräumen neben dem großen Saal von Michael Krieger ausführen. Die Jahreszahl 1723 über dem Portal bezieht sich wohl auf die Vollendung der Innenausstattung des Theatersaals.

Die uradligen Haller von Hallerstein – sie wurden 1790 in den Reichsfreiherrnstand erhoben und waren Mitglieder der fränkischen Reichsritterschaft – gehören zu den patrizischen Familien Nürnbergs, die vom 13. Jahrhundert bis zur Aufhebung der Reichsfreiheit 1806 ununterbrochen in der Reichsstadt regiert haben. Zu diesen Geschlechtern gehören auch die noch bestehenden Familien der Kreß, Stromer, Ebner, Welser, Volckamer, um nur einige zu nennen. 1697 hatte der Kaiser den alten regierenden Geschlechtern Nürnbergs das Prädikat ‹Edel› verliehen. Sie nahmen in der Welt des Adels einen besonderen Platz ein, da sie ohne Unterbrechung an der Spitze der Reichsstadt geblieben waren und auf Grund ihrer Landsässigkeit teilweise sogar zur Reichsritterschaft gehörten.

Das Schloß von Großgründlach ist eine wohlproportionierte Vierflügelanlage mit Mansardendach, gegliedert durch einen Mittelrisalit, der sich im Zwerchhaus des Daches fortsetzt. Die Fassaden des Innenhofs sind durch Lisenen gegliedert. In der Torfahrt befinden sich Grabmäler, darunter das schöne Epitaph des Bartholomäus Haller, Kaiserlicher Rat,

‹Das Kirchdorf› (Heroldsberg) Federzeichnung von Albrecht Dürer, 1510

Reichsschultheiß zu Frankfurt († 1551), das vom St.-Johannis-Friedhof in Nürnberg kommt.

Um den Hof läuft im Obergeschoß ein Korridor, von dem aus man die Räume betritt, die mit kostbarem Mobiliar und interessanten Erinnerungen an die Geschichte des Hauses Haller ausgestattet sind.

Das Jagdzimmer im Erdgeschoß hat Deckenstuck, nach 1750, stuckierte Jagdembleme und die Allegorien der Vier Jahreszeiten schmücken hier die Wände. Der Plafond des Saals im Obergeschoß trägt eine gefelderte Stuckdecke mit Akanthusdekor, um 1700.

Die anschließenden Wohnräume sind mit Rocaillestuck von Michael Krieger versehen und mit Supraporten von Johann Eberhard Ihle, die Kinder und Neffen des Besitzers, sowie Ansichten von Großgründlach und Henfenfeld zeigen.

Heroldsberg

Verläßt man wenige Kilometer nördlich von Nürnberg die Autobahn, so erreicht man nach kurzer Fahrt durch den landschaftlich sehr hübschen Sebalder Reichswald den Marktflecken Heroldsberg. 1391 wurden hier die Nürnberger Patrizier Heinrich und Konrad Geuder ansässig, die sich fortan ‹Geuder von Heroldsberg› nannten. Das Geschlecht der Geuder wanderte aus Böhmen nach Franken ein, wo es sich Ende des 13. Jahrhunderts in Nürnberg niederließ. Dort zählten die Geuder bald zum Patriziat der Stadt und bekleideten hohe Ämter. Gelehrte und Wissenschaftler sind aus dieser Familie hervorgegangen, aber auch hohe Offiziere im Dienste Gustav Adolfs von Schweden und Friedrichs des Großen. Heroldsberg war eine reichsfreie Hofmark mit eigener Gerichtsbarkeit, die erst 1810 bayerisch wurde. Seit 1822 sind die Geuder bayerische Freiherren; direkte Nachkommen von ihnen leben heute in den USA.

Heroldsberg besteht aus dem Unteren Markt mit einer lebhaften Geschäftsstraße und dem oberhalb einer Talsenke liegenden Oberen Markt, der durch einen markanten Kirchturm und vier umliegende noch wohlerhaltene Geuder-Schlösser eine Besonderheit in dieser Gegend bildet. Die vier Schlösser sind nach den ursprünglichen Farben ihrer Fensterläden benannt – so gibt es das Weiße, das Grüne, das Gelbe und das Rote Schloß.

Der steile Kirchenweg führt zur evangelischen Pfarrkirche empor, die mit ihrem Spitzturm und den vier kleinen Ecktürmchen sowie dem gotischen Chor zu einer der schönsten Dorfkirchen Mittelfrankens zählt. Etwas unterhalb der Kirche steht das Weiße Schloß mit seinem viergeschossigen

Treppenturm, das seit 1928 als Rathaus Verwendung findet. Auf der anderen Straßenseite vis à vis von Kirche und Rathaus liegt in einem Park das Stammschloß der Familie Geuder, das Grüne oder auch Rabensteiner Schloß, das so genannt wurde, nachdem im 17. Jahrhundert Philipp Carl von Geuder eine Rabensteiner von Dölau zur Frau genommen hatte und nun den Namen Geuder, genannt Rabensteiner, trug. Das Schloß wird 1478 als erstes der vier Häuser erwähnt. Es ist 1552 im zweiten Markgrafenkrieg zerstört, aber anschließend wieder aufgebaut worden. Den hohen Schloßbau mit Walmdach und Erkervorbauten schmücken weiß-blaue Fensterläden – die Hausfarben der Familie.

Etwas erhöht hinter dem Pfarrhaus steht das Gelbe Schloß, das 1550 auf den Mauern eines älteren Sitzes erbaut worden ist. 1957 ging es in den Besitz der Nürnberger Verlegerfamilie Glock über, die es vollständig renovieren ließ. Das hübsche mit einem barocken Dacherker versehene Schloß wird von einem gepflegten Garten umgeben. Das Schloß besitzt eine Anzahl schöner Räume. Die Decke des Gartenzimmers zeigt in Stuckumrahmung die Wappen der Patrizier Geuder und Koler mit der Jahreszahl 1680. Einzelne Räume dienen seit 1958 dem Willibald-Pirckheimer-Kuratorium und dem Internationalen Kardinal-Newman-Kuratorium.

Auf einem eigenen Hügel oberhalb eines Weihers, umgeben von einer starken Umwallung, steht das Rote Schloß, das von der Arztfamilie Dr. Brunel-Geuder bewohnt wird. Durch einen Torbogen mit dem Geuder-Wappen kommt man zunächst in den Vorhof mit alten Gebäuden und schöner Scheuer. Am Ende des Hofes erhebt sich der stattliche Renaissancebau mit einem Erkervorbau, der mit einem Giebel abschließt. Das Schloß wurde 1487 erbaut, brannte ebenfalls im zweiten Markgrafenkrieg ab und ist vermutlich 1589 neu errichtet worden. Südlich wurde in der Barockzeit ein Terrassengarten angelegt, wie wir ihn in der Nürnberger Gegend selten finden. Vor dem Eingang zum Schloßhof steht ein idyllischer Ziehbrunnen aus dem Jahre 1572.

Den Besucher empfängt im Innern eine Halle mit Fachwerkwänden und alter Balkendecke, wobei zwei hohe Steinsäulen nach altem Vorbild erst um 1900 eingezogen wurden. Das Schloß hat eine sehr behagliche Atmosphäre. Es enthält eine reiche Ausstattung an Möbeln und Gemälden, unter anderem von Kupezky, Ihle und Sandrart. Im zweiten Obergeschoß weist die Gerichtsstube mit einer Stuckdecke, die die Göttin der Gerechtigkeit zeigt, noch auf die Gerichtsbarkeit der Hofmark hin. Anschließend folgt ein Raum, dessen Wände mit reizvollen Leinwandgemälden von Magnus Brasch aus dem Jahre 1788 verkleidet sind. Sie haben sich ehemals im Grünen Schloß befunden und stellen Ideallandschaften Geuderscher Besitzungen dar.

Blickt man aus diesen Räumen aus dem Fenster, so eröffnet sich einem ein schöner Blick über die alten Dächer des Marktes. Mit einiger Sicherheit hat aus einem der Fenster des Roten Schlosses Albrecht Dürer in einer Federzeichnung Heroldsberg festgehalten. Das Blatt, das die Bezeichnung ‹Das Kirchdorf› trägt und mit der Signatur Dürers und der Jahreszahl 1510 versehen ist, zeigt denselben kantigen Kirchturm mit den kleinen Ecktürmen. Die umliegenden Geuder-Schlösser sind noch in ihrer gotischen Bauweise zu sehen. An Dürer erinnert im Roten Schloß heute das im Stil der Zeit eingerichtete Dürer-Zimmer, in dem eine Kabinettscheibe das Wappen Dürers trägt.

Dürer weilte vermutlich öfters in Heroldsberg, wo er seinen Freund, den Nürnberger Ratsherrn Martin von Geuder, besuchte. Auch der Humanist Willibald Pirckheimer, ebenfalls mit Dürer befreundet, war mit Heroldsberg verbunden, da Martin von Geuder mit Pirckheimers Schwester Felicitas vermählt war. So ist Heroldsberg ein Treffpunkt Dürers und seiner gelehrten Freunde gewesen. In Erinnerung daran pflegt das Willibald-Pirckheimer-Kuratorium in Heroldsberg die Begegnung von Künstlern und Schriftstellern und verleiht hier bei einem Festakt im Gelben Schloß alle zwei Jahre die Pirckheimer-Medaille. *Abb. 8*

Neunhof bei Lauf

Zu den etwa 43 patrizischen Familien Nürnbergs, die bis 1806 Stadt und städtisches Territorium regiert haben, gehörten seit dem 15. Jahrhundert die 1713 in den Freiherrnstand erhobenen Welser aus dem berühmten Augsburger Handelshaus. Sie sind die Besitzer des Schlosses Neunhof, einer der zahlreichen patrizischen Sitze des Nürnberger Umlands. Einst lagen diese Sitze außerhalb der Stadt, heute sind sie meist von modernen Siedlungen eingeschlossen. Zum Teil sind sie aus Burgen und festen Häusern hervorgegangen, zur Mehrzahl aber vom Stadtadel zwischen dem 16. und 18. Jahrhundert als Landhäuser errichtet worden. Keiner dieser Sitze geht über das 16. Jahrhundert zurück, da sie im Kriege mit Markgraf Albrecht Alcibiades von Ansbach-Bayreuth 1552/53 zerstört wurden; auch sind nicht wenige den Luftangriffen des letzten Krieges zum Opfer gefallen. Alle diese Schlösser und Schlößchen haben die für Nürnberg typische Gestalt meist quadratischer Häuser mit Fachwerkgeschossen über gemauertem Erdgeschoß, oder sie sind durchaus aus Sandstein gebaut. Charakteristisch sind die noch vielfach vorhandenen spitzdachigen Erker an den Ecken der steilen Dächer. Ihre älteste Form ist das Weiherhaus des 15. Jahrhunderts, turmartiger Mittelpunkt des Landguts, von den Augsburgern ‹Freßgütel› genannt. Manchmal in Dörfern gelegen, manchmal für sich allein stehend setzen diese Häuser reizvolle Akzente in die Landschaft. Im 16. Jahrhundert gab es rings um Nürnberg etwa sechzig solcher Sitze, im 17. Jahrhundert

Schloß Neunhof bei Lauf
Ausschnitt aus einem
Kupferstich von
G. D. Heumann, um 1730

verwandelte sich der burgartige Typus zur verkleinerten Nachbildung fürstlicher Sommerhäuser.

Eines der hübschesten und größten Schlösser dieser Art ist Neunhof bei Lauf. Es liegt an den Vorbergen der Fränkischen Schweiz, östlich vom Reichswald. Seit 1688 gehört es den Welsern, die im gleichen Jahr mit dem Umbau zum repräsentativen Schloß begannen; im ersten Viertel des 18. Jahrhunderts ist es fertig geworden.

Kurz vor Lauf biegt die Straße links ab und führt durch Föhrenwälder und Felder zum Dorf Neunhof, wo über den Laubmassen des kleinen Parks das ganz aus Sandstein aufgeführte Schloß aufragt. Eine große offene Durchfahrtshalle empfängt uns, geschmückt mit Hirschgeweihen und Wappenkartuschen über den Türen. Die sehr behaglichen Räume atmen noch die noble Atmosphäre patrizischen Lebensstils mit Würde, Einfachheit, Lebensfreude und Kunstsinn.

Im Schloß ist alles das zu sehen, was zur unmittelbaren Tradition und Geschichte der Familie Welser gehört, in einer Fülle, die jeden Besucher mit Sinn für das historisch Gewachsene erfreuen muß. Eleganter Deckenstuck um 1700 von Donato Polli schmückt den Weißen Saal und in der ‹Götterstube› zeigen die Wände auf gemalter Leinwand Szenen aus der griechischen Mythologie. Der Steinsaal im Erdgeschoß ist durch gemalte Architekturelemente gegliedert und trägt als Deckenfresko eine zum Himmel geöffnete Säulenhofarchitektur. Auch gibt es hier eine Sammlung interessanter Rechtsaltertümer, die sich auf die Gerichtsbarkeit der Familie beziehen.

Das ganze Schloß Neunhof ist ein Abbild der übernationalen Bedeutung des Welserschen Handelshauses. «Es ist wichtig», sagt Hubert Freiherr von Welser, «daß Schloß und Archiv sich heute noch wie früher in den Händen der gleichen Familie befinden, noch im Kraftfeld unmittelbarer Tradition des Lebens stehen, was eine unschätzbare Überlegenheit gegenüber allen Aufbewahrungen in Museen bedeutet, die daneben wie anatomische Sammlungen wirken müssen.» Wir können ihm nur zustimmen. *Abb. 14 bis 16*

Simmelsdorf

Die Nürnberger Patrizier suchten ihr Geld auch außerhalb der Stadt in Ländereien anzulegen. Sie kauften sich, wie es hieß, ‹Untertanen›, das heißt Bauernhöfe, Dörfer und einzelne Grundstücke, die Pachtgelder einbrachten. Im 15. Jahrhundert kauften und erbten die Tucher Landsitze, wo sie im Sommer Wohnung nahmen. Es waren feste Häuser – Weiherhäuser oder Burgstalle genannt –, ein Typus, wie er sich so nur um Nürnberg ausgebildet hat, mit Ausnahme des Topplerschlößchens zu Füßen von Rothenburg. Der Bau solcher Sitze durfte nur mit Genehmigung des Rats vorgenommen und mußte in gutem Verteidigungszustand gehalten werden.

Die Tucher gehörten als eines der vornehmsten Geschlechter zu den etwa dreiundvierzig Familien, die bis 1806 die Geschicke der Stadt in ununterbrochener Folge geleitet haben. Einer der Herren dieser Führungsschicht, Dr. Christoph Scheurl, verfaßte 1516 die Epistel über die Nürnberger Ratsverfassung, in der es heißt: «Darumb ist es bei uns ein Großes ein Ratsherr zu sein, viel Größer ists zu sein ein alter Bürgermeister, aber am Größten ists so einer ein alter Herr oder Losunger werden kann ...» Von den zwei Losungern war der ältere Repräsentant der Stadt, und dieses Amt haben viele Tucher bekleidet. Als Kaiser Friedrich III. im Jahre 1471 feierlich von Anton I. Tucher in die Stadt eingeholt wurde, fragte er, wie man solch eine Volksmenge regieren könne. Der Tucher antwortete: «Mit guten Worten und harten Strafen.»

Die erste Nachricht von Tucherschen Handelsgeschäften haben wir aus dem Jahre 1350; die eigentliche Handelsgesellschaft wird 1471 aktenkundig, hat aber wohl schon vorher bestanden. Die Söhne wurden schon als Dreizehn- und Vierzehnjährige zur Ausbildung ins Ausland geschickt, mußten also früh lernen, sich durchzusetzen. Die Tucher waren bekannt für Ausdauer, Zähigkeit, Wagemut und Klugheit, und vom kaiserlichen Rat Lazarus Tucher sagte der englische Finanzier Sir Thomas Gresham: «A very extreme and very open mouthed man.» So klug und umsichtig wie im Handel waren die Tucher auch als Mäzene der Kunst für ihre Vaterstadt, als Auftraggeber berühmter Künstler, darunter Dürer und Veit Stoß.

Im Jahre 1598 kauften Christoph Herdegen und Endres Tucher das Schloß Simmelsdorf und erhielten es von Kaiser Rudolf II. zum Lehen. Sie wurden im 18. Jahrhundert Mitglieder des reichsritterschaftlichen Kantons ‹Gebirg› und erhielten 1815 den bayerischen Freiherrntitel. Das Schloß liegt in einem prächtigen Park am Rand des Dorfes. Bis zum 16. Jahrhundert ist die Baugeschichte unbekannt, doch handelte es sich sicherlich um eine kleine Wasserburg, deren heute noch stehender Teil fast quadratischen Grundriß zeigt. Sie lag auf einem Inselchen im Weiher und war über die Zugbrücke aus dem Vorhof zu erreichen, dort, wo heute das ‹Forsthaus› steht. Das Weiherhaus, wie es ein Kupferstich von 1650 zeigt, ging wohl im wesentlichen auf das 14. und 15. Jahrhundert zurück. 1751 wurde dann im Vorhof das neue Herrenhaus gebaut, das ‹Forsthaus›, das 1808 als Vogt- und Amtshaus ausgebaut wurde. Es ist bis heute im wesentlichen in dieser Form erhalten geblieben.

Seit etwa 1835 erfolgte eine Modernisierung der Gesamtanlage. Das Hauptschloß, das alte Weiherhaus, wurde nach Plänen des Nürnberger Stadtbauinspektors L. Schmidtner 1830–1841 in gotisierenden Formen umgebaut. Dabei wurden an das dritte Fachwerkgeschoß vier Ecktürmchen gesetzt, wie das an Nürnberger Herrensitzen der Renaissance üblich war. Die Nordseite erhielt einen Treppenturm. Im Erdgeschoß liegt die Halle mit Balkenunterzug auf Holzsäule; im Eckzimmer des ersten Obergeschosses (Archiv) findet sich eine Stuckdecke mit zartem Rankenwerk, 1848 wohl nach älterem Vorbild ausgeführt.

Der Bau des Amtshauses erfolgte 1844/45. Es erhielt 1877 ein oberes Stockwerk an beiden Seitenflügeln sowie einen Treppengiebel in der Mitte der Südfassade (1894). Gute Möbel und Familienbilder vervollständigen den Charakter eines behaglichen patrizischen Landsitzes. Wenn Simmelsdorf auch nicht zu den bedeutenden Schlössern des Landes zählt, so ist es doch als Sitz eines der größten Nürnberger Geschlechter, der Tucher, von Interesse. *Abb. 19*

Kirchensittenbach

Das Kirchdorf liegt unweit der ehemals hohenstaufischen Burg Hohenstein am Sittenbach, einem Seitenbach der Pegnitz. Dort saß schon 1395 das Geschlecht der Erlbecken von Siming auf einem von Wasser umgebenen Burgstall. 1569 erwarb der Patrizier Jobst Tetzel Kirchensittenbach. Die Tetzel gehören einem bedeutenden Geschlecht an, das schon 1343 im Rat der freien Reichsstadt Nürnberg erscheint. Namhafte Männer im Dienste der Vaterstadt und im Heere des Kaisers – nicht aber der Ablaßprediger aus der Lutherzeit – sind aus ihm hervorgegangen und wohltätige Stiftungen an die Kirchen und Spitäler der Stadt sind ihm zu danken. Es erwarb umfangreichen Landbesitz und sein Einfluß reichte bis nach Kuba; die Erschließung der dortigen Kupferlager ist nach neueren Forschungen einem Tetzel zuzuschreiben.

Jobst Tetzels Sohn Jobst Friedrich ließ den Burgstall abbrechen und ein geräumigeres, als Landsitz gedachtes Schloß neben dem Weiher errichten. Der Bau wurde 1590/95 von dem Ratsbaumeister und Patrizier Jakob Stromer entworfen und ausgeführt. Er ist eine Zweiflügelanlage mit Treppenturm unter einer Kuppelhaube. Das Portal der Schutzmauer vor dem Eingang ließ Jobst Friedrich Tetzel von Kirchensittenbach, wie das Geschlecht sich nunmehr nannte, mit dem Wappen seines Hauses samt denen seiner beiden Ehefrauen Groland und Schlüsselfelder schmücken. – Im Jahre 1612 errichtete er, da er ohne Leibeserben war, zur Erhaltung seines Namens und seines Besitzes die Familienstiftung, die seinen Namen trägt.

Das Hauptgebäude ist im Äußeren nie verändert worden. Der Saal im zweiten Obergeschoß hat 1822 eine klassizistische Ausstattung erhalten. Die Vorplätze in beiden Obergeschossen haben Balkendecken und Fachwerkwände. Schöne Renaissance-Türen führen in die Räume. In der Küche des ersten Stockwerks blieb bis heute der rot-weiße Klinkerboden erhalten. Die wertvollsten Stücke des alten Inventars werden jetzt im Germanischen Nationalmuseum in Nürnberg als Leihgaben aufbewahrt. Unter ihnen befindet sich das von Jobst Friedrich von Tetzel 1593 angelegte Gästebuch, das bis 1875 geführt worden ist. Es enthält manchen interessanten Eintrag, dabei eine Malerei, welche die Tafelrunde bei der Einweihungsfeier des Neubaues am 20.9.1596 zeigt.

Das im Jahre 1612 von Jobst Friedrich von Tetzel errichtete Testament begünstigte die damals noch blühende ältere Linie der Tetzel und die Nachfahren des Vaters seiner zweiten Frau, die Schlüsselfelder, die sich nunmehr ebenfalls «von Kirchensittenbach» nannten. Als Administratoren bestimmte er die jeweils Ältesten der im Genusse stehenden beiden Familien im Wechsel. Für den Fall des Aussterbens eines dieser beiden Geschlechter sah der Stifter das Nachrücken der Volckamer vor, da seine Mutter dieser Familie angehörte. Dies geschah 1694 nach dem Aussterben der stiftungsberechtigten älteren Linie der Tetzel. Weitere Nachfolgen waren aus dem Patriziat von Nürnberg durch Los zu bestimmen. So nahmen im Laufe der Jahrhunderte außer dem Geschlecht der Volckamer von Kirchensittenbach die Patriziergeschlechter Pfinzing von Henfenfeld seit 1710, die Freiherren Behaim von Schwartzbach und Kirchensittenbach seit 1764 und die Freiherren Stromer von Reichenbach seit 1944 im Wechsel an der Stiftung teil. Den ins Einzelne gehenden Bestimmungen des Testaments, zu deren Einhaltung die Administratoren und der Familienrat verpflichtet sind, ist es zu danken, daß der heute unter Denkmalschutz stehende Schloßbezirk durch die Jahrhunderte, oftmals unter Opfern, erhalten blieb. *Abb. 20*

Eschenbach

Eschenbach ist eine kleine ehemalige Wasserburg, die zwischen der Pegnitz und dem hier einmündenden Hirschbach liegt. Eine Steintafel am Schloß nennt die vormaligen Besitzer: Schenken von Reicheneck, 1382 Grafen von Wolfstein, 1405 Harsdorffer, 1508 Ebner. Die Freiherren Ebner von Eschenbach besitzen das Schloß noch heute.

Der Wiederaufbau des 1552 durch Markgraf Alcibiades von Brandenburg-Kulmbach zerstörten mittelalterlichen Schlosses erfolgte 1554. Die Anlage blieb bis heute unverändert, nur der Treppenturm wurde 1855 ersetzt. Wegen der ständigen Hochwassergefahr der Pegnitz ist der rechteckige Palas aus verputzten Kalkbruchsteinen mit Eckquadern über einer Holzkonstruktion von fünf starken Eichenstämmen mit Balkenunterzügen errichtet. An den Palas schließen sich ein gleichhoher Flügelbau und der Torturm an. Über dem Portal sieht man die Wappen Harsdorf und Ebner, am Turm sind noch die Rollen sichtbar, über die die Ketten der einstigen Zugbrücke liefen. Der kleine Innenhof, der nach Osten und Süden von einer hohen Mauer begrenzt wird, hat einen Wehrgang, der mit einer in gotischen und Renaissanceformen geschnitzten Balustrade abschließt. Die Wasserburg war von einer Mauer mit vier Rundtürmen aus dem 16. Jahrhundert umzogen, von denen heute nur mehr einer steht. Auch der Wassergraben wurde in den dreißiger Jahren des 19. Jahrhunderts eingeebnet. Wie Eschenbach mit vollständiger Umwallung einstmals ausgesehen hat, zeigt der Delsenbach-Stich aus dem Jahre 1720. Das Obergeschoß des Hauptbaus ist hier im Fachwerkstil zu sehen. Das langgezogene Nebengebäude im Vorhof aus dem 18. Jahrhundert (Umbau im 19. Jahrhundert) verdient wegen seines herrlichen Daches mit zahlreichen Ochsenaugen, wie sie in dieser Gegend noch ab und zu anzutreffen sind, einige Aufmerksamkeit.

Unter den Stuckdecken in den Räumen der Obergeschosse ist die im Ahnensaal um 1730 mit Laub- und Bandelwerk hervorzuheben. Der Ahnensaal enthält eine Bildergalerie von etwa 30 Ölbildnissen der Nürnberger Patrizierfamilie Ebner, vom 16. bis ins frühe 19. Jahrhundert reichend, darunter hervorragende Arbeiten vermutlich von Georg Pencz, Johann Kupezky und Johann E. Ihle. Neben dem Ahnensaal ist das Familienarchiv untergebracht.

Eine umfangreiche Gemälde- und Kupferstichsammlung sowie eine Bibliothek, die auf Hieronymus Wilhelm Ebner zurückgeht, der zweiter Losunger der Reichsstadt Nürnberg war (gestorben 1752), wurde 1813/20 öffentlich versteigert. Die in ihrer Zeit sehr gerühmte Bibliothek enthielt vierhundertzwölf Handschriften und etwa zweiundzwanzigtausend Bände.

Die bekannte, aus Mähren stammende Dichterin Marie von Ebner-Eschenbach, eine geborene Gräfin Dubsky (1830–1916), war mit dem späteren Feldmarschall-Leutnant Moritz Frhr. von Ebner-Eschenbach verheiratet, der jedoch zur österreichischen Linie der Familie gehörte. *Abb. 18*

Reichenschwand

Schloß und Dorf Reichenschwand im wiesenreichen Hügelland des Pegnitztales hießen ursprünglich Richoldswant. 1312 wird das Schloß als Sitz der Herren von Stralenfels erwähnt. Mitte des 15. Jahrhunderts kam es mit Oberndorf und Leutzenberg an die Familie von Ratz, die den Besitz an die Seckendorff veräußerte. Aber schon 1515 verkaufte Hans von Seckendorff Reichenschwand an Bonaventura I. von

Furtenbach, einen Patrizier, dessen Familie aus Feldkirch im Vorarlberg stammte. Er war es, der Reichenschwand neu und prächtig erbauen ließ. Auf einer Reise nach Hersbruck im Jahre 1548 übernachtete hier sogar Kaiser Karl V. Er bewilligte 1555 für die Furtenbachs das Hoch- und Nieder-, Blut- und Halsgericht.

1632 wurden Schloß und Dorf Reichenschwand auf Befehl Wallensteins geplündert und in Brand gesetzt, und es vergingen sechzig Jahre, bevor die von Bonaventura errichtete Kapelle und die «große neue Stube» im Schloß wieder ausgebaut waren.

Während der napoleonischen Feldzüge drangen französische Truppen in das Nürnberger Gebiet vor und bedrohten auch Reichenschwand. Napoleon soll zu dieser Zeit in einem der Turmzimmer gewohnt haben.

Nach 1815 wechselte das Schloß verschiedentlich den Besitzer. Der bayerische Medizinal- und Regierungsrat Franz Otto von Stranski ließ Reichenschwand 1832 durch Prof. Carl Alexander von Heideloff aus Nürnberg gänzlich umbauen. Seit 1854 gehört es der Familie Thon, jetziger Besitzer ist Oskar Thon auf Schloß Guggenberg in Schwaben.

Das ehemalige Wasserschloß liegt auf einer Insel der Pegnitz. Ein Gemälde im Schloß zeigt das ursprüngliche Aussehen mit hohem Turm und rundbogiger Durchfahrt, die heute noch im Mauerwerk erkennbar ist. Ein ebenerdiger, gewölbter Raum gehört zu dem ältesten Bestand, das sogenannte Kapellchen. Die Ansicht zeigt ferner einen Mauerring, der 1553 im zweiten Markgrafenkrieg zerstört, aber Ende des 16./Anfang des 17. Jahrhunderts neu angelegt wurde. Davon sind heute nur noch die vier Rundtürme mit Spitzhelmen erhalten: der Gefangenenturm, der Folterturm, der Gerichtsturm und der Kapellenturm. Das Schloß, das im Kern auf noch mittelalterlichen Mauern steht, erhielt durch Heideloff eine phantasievolle neugotische Fassade mit zwei polygonalen Ecktürmchen; Zinnen und Fialen bekrönen das Dachgesims. Das Portal trägt einen dreiteiligen Aufbau mit Maßwerkrosetten. Das aus Sandstein erbaute Schloß, das heute als Seniorenheim eingerichtet ist, zeigt sich dem Besucher inmitten seines Parkes in strahlendem Weiß. Man erreicht es am Ende einer Auffahrtsallee mit schönen alten Bäumen.

Im Innern gab es ursprünglich eine durchgehende Halle mit Renaissancetreppe und Söllern. Heute wird die Halle von vier korinthisierenden Säulen gestützt; an der Wand plätschert ein marmornes Brunnenbecken. Die rückwärtig eingebaute schöne Treppe mit einem in gotischen Formen geschnitzten Balustergeländer führt in das Hauptgeschoß. Die geräumige Vorhalle ist mit alten Schränken wohnlich eingerichtet. An der Fassadenseite liegen drei Repräsentationsräume mit neugotischer Ausstattung aus der Heideloff-Zeit. Die Decke des Mittelsaales ist kassettiert und mit Eckrosetten und neugotischem Maß- und Stabwerk ornamentiert. Die Flügeltüren tragen Füllungen mit vergoldeten Blattornamenten. Neben Vertäfelungen wurden zur Heideloff-Zeit auch Möbel neu entworfen, wie sie in dem heutigen Fernsehraum und in den beiden Turmerkern erhalten sind. Das rechte Turmzimmer – hier soll Napoleon logiert haben – besitzt eine in Weiß und Gold gefaßte Täfelung. Der andere Erker enthält eine in Braun getönte Wandverkleidung und ist als Bibliothek eingerichtet. Beide Räume sind seit ihrer Entstehung unverändert geblieben. Alte Gemälde und Öfen gehören zum weiteren Mobiliar des Schlosses. *Abb. 17*

Wenzelschloß in Lauf

Schon im Jahre 1100 stand hier eine kleine Burg auf der Pegnitzinsel, 1275 wird sie als wittelsbachischer Besitz genannt. Als Kaiser Karl IV. von Böhmen die wichtige Verkehrslage der Burg als Stützpunkt an der Länderbrücke zwischen Nürnberg und dem Egerland erkannte, kaufte er 1353 die Burg. Er machte den Markt Lauf zur Stadt, begründete eine Münze und bestätigte die alte Zollstätte. Für den Neubau der Burg können die Jahre zwischen 1350 und 1360 nachgewiesen werden. Zahlreiche Steinmetzzeichen sind noch erhalten. Auch ist anzunehmen, daß Kaiser Karl IV. erfahrene Bauleute aus Böhmen hinzuzog. Die unregelmäßige Form der Burg am Südufer der Pegnitz wird durch die Form der Insel bestimmt. Die einzelnen Bauten sind durch eine starke Ringmauer mit Wehrgang verbunden. Die Dürnitz lag im Erdgeschoß des Saalbaus. Die Stallungen waren im Zwinger und auf der Vorburg untergebracht. Die eigentliche Burgkapelle, die dem hl. Wenzel geweiht war und von der das Burgschloß seinen Namen bezieht, ist nicht mehr erhalten.

Von besonderem Interesse sind die in Flachrelief gearbeiteten Wappenschlußsteine sowie die Wappen an den Wänden der ehemaligen Kaiserkammer in der Südhälfte, im sogenannten Wappensaal. Die flach in die Wand eingemeißelten und kolorierten Wappen mit Inschriften bilden in zwei Reihen einen umlaufenden Wappenfries. Dieser Fries ist ein hohes Kunstwerk und zugleich ein historisches Dokument. Als Entstehungszeit kommen die Jahre 1360/64 in Betracht, nachdem man unter den Bistumswappen von Prag, Olmütz und Breslau die Familienwappen der damals regierenden Bischöfe ermitteln konnte.

Bereits 1373, dreizehn Jahre nach Fertigstellung der Anlage, übernahmen die Wittelsbacher die Burg als Pfand. Sie kam 1504 in den Besitz der freien Reichsstadt Nürnberg, die hier mancherlei Veränderungen vornahm. Noch heute sind von den damaligen Dekorationen ornamentale Ranken und Blütenmalereien in der Fensterlaibung erhalten. Auch der Nürnberger Wappenadler wurde damals am Burgtor angebracht, unter Paul Behaims Leitung die ganze Anlage erneuert.

Glücklicherweise verschonte der Dreißigjährige Krieg die Burg. Ende des 17. Jahrhunderts erhielt die Herrenstube eine reiche Stuckdecke, die vermutlich von Donato Polli stammt, der auch die Putten im Weißen Saal des Welser-Schlosses Neunhof schuf. 1806 gelangte Lauf an Bayern, 1814 zog hier das Landgericht ein, um 1900 wurde der letzte entscheidende Umbau an der Burg durchgeführt. Der Wappensaal, der 1938/40 renoviert worden ist, wird heute als Sitzungssaal des Gerichts verwendet. *Abb. 7*

Pfinzingschloß bei Feucht

Seit dem ausgehenden 15. Jahrhundert wurde dieser ehemalige Ansitz der Waldstromer von den Pfinzing von Henfenfeld bewohnt, einer Nürnberger Patrizierfamilie, aus der auch Melchior Pfinzing stammt, kaiserlicher Rat und Propst zu St. Sebald, der 1517 für Kaiser Maximilian den Theuerdank in eine druckfertige Form gebracht hat. Im Markgrafenkrieg sowie im Dreißigjährigen Krieg wurde das Pfinzingschloß zerstört. Es ging 1682 in die Hände der Nürnberger Patrizier von Scheurl über, aber Johann Pfinzing (1712/64) konnte von 1753 bis 1764 die gesamten Pfinzingschen Besitzungen noch einmal vereinen. Dazu gehörten damals außer dem Pfinzingschloß auch Henfenfeld, Kirchensittenbach, Gründlach und Reutless.

Unter dem Kaufherrn Morne, einem späteren Besitzer, waren schöne Gartenanlagen geschaffen worden, die jedoch nicht mehr vorhanden sind. 1942 kaufte der bekannte Raketenforscher und Lehrer Wernher von Brauns, Hermann Oberth, das Schloß. Der aus Siebenbürgen stammende Gelehrte lebte hier während der letzten Kriegsjahre, und hier hat man nun das Hermann-Oberth-Museum eingerichtet. Es bietet für alle Interessenten der Weltraumforschung eine Fundgrube an ungewöhnlichen Apparaturen. Darunter befinden sich das rotierende Modell einer Weltraumstation, ein Mondauto und die erste Flüssigkeitsdüse, die Kegeldüse, mit der es Hermann Oberth als erstem gelang, flüssigen Treibstoff zu mischen und einen Schub zu erzeugen. Außerdem werden Modelle Hermann Oberths von 1926 bis zum Zweiten Weltkrieg hin gezeigt.

Die ehemalige Wasserburg am Gauchsbach ist ein charakteristischer Nürnberger Patriziersitz, ein hochgebauter Sandsteinbau, der der Wetterbeständigkeit halber erst vor kurzem verputzt wurde. Das Satteldach mit Gauben und Schleppluke wird von vier quadratischen Eckerkern mit abschließenden Spitzhelmen begrenzt. Die einstige Eingangshalle wird von sechs polygonalen Holzstützen getragen, von denen heute nur noch zwei sichtbar sind. Über dem Eingang sind innen die Wappen der Fütterer, Pfinzing und Tetzel und die Jahreszahl 1568 angebracht. Von den drei Schlössern, die Feucht aufweist, nämlich dem Tucherschloß (heute Gasthof Nürnberger Hof) und dem sehr verfallenen Zeidlerschloß an der Altdorfer Straße – letzteres war früher Sitz des Zeidelgerichts (mit Zeidlerei war die Bienenzucht gemeint) –, ist das Pfinzingschloß zweifellos der stattlichste Herrensitz.

Kugelhammer

Das Schloß wurde wahrscheinlich zum Schutz eines neben ihm gelegenen Hammerwerkes um die Mitte des 14. Jahrhunderts erbaut. Von diesem Hammerwerk, das im 19. Jahrhundert einging, erhielt das Schlößchen seinen Namen. Als erster Besitzer wird um 1330 ein Creutzer genannt, der hier ein Zeidelgut betrieben hatte. Nach mancherlei Besitzerwechsel kam es 1678 in den Besitz des Johann Carl Schlüsselfelder, der Kugelhammer 1709 in seine Familienstiftung einbrachte, von der das Schloß noch heute verwaltet wird. Gegenwärtig ist Friedrich Jobst von Volckamer ihr Administrator.

Schloß Kugelhammer ist in seiner jetzigen Gestalt 1607 bis 1608 durch Hans Nützel von Südersbühl erbaut worden, nachdem es 1552 im zweiten markgräflichen Krieg zerstört worden war. Hieran erinnert noch die Jahreszahl 1608 über der Fensterreihe des ersten Stockwerks. Das Schloß liegt in romantischer Umgebung auf einem steilen natürlichen Sandsteinfelsen, den ehemals der stark gestaute Gauchsbach völlig umfloß. Es ist eine dreigeschossige Anlage auf quadratischem Grundriß, aus roten Sandsteinquadern gefügt.

Im Untergeschoß liegt die Eingangshalle, mit mächtigem Balkendurchzug auf einer jetzt teilweise eingemauerten Säule ruhend. Die Räume im ersten Obergeschoß haben nicht mehr den alten Charakter. Dagegen befindet sich im zweiten Obergeschoß ein flachgedeckter Saal, dessen Decke zarten Rankenstuck und Muschelwerk zeigt, in der Mitte stuckierte Wappen der Schlüsselfelder, Kreß und Welser. Die Wände sind bis zur Höhe der Fenster mit Holz verkleidet, die Füllungen mit Blumengirlanden bemalt. Die Ausgestaltung des Saales stammt vom Ende des 18. Jahrhunderts. Ein anderer Raum enthält Brokattapeten mit Adler- und Blumenmotiven vom Ende des 17. Jahrhunderts. Im sogenannten Stifterzimmer steht ein Baldachinbett, dessen Fußwand das Schlüsselfelder Wappen in einer Muschelwerkkartusche zeigt (um 1750).

Der Bau des Ludwig-Donau-Main-Kanals 1836/45 hat das Besitztum durchschnitten und den Kugelhammer zum Erliegen gebracht. Der Bau der Autobahn, des Südzubringers und der Überlandleitungen zerteilte den bis dahin geschlossenen Waldbesitz. Der letzte Weltkrieg hinterließ böse Spuren an den Gebäuden. Aber immer wieder grünt der Wald,

Schloß Kugelhammer
Ausschnitt aus einem Stich um 1680, wahrscheinlich nach dem Gemälde von Wilhelm von Bemmel

auch dank der Hege der Vögel, grüßen die roten Läden mit dem weißen Knospenkreuz durch die hohen Linden im Schloßhof. Wer ihn betritt, sieht ringsum ein von allen Beteiligten liebevoll gepflegtes Stück Alt-Nürnberger Landschaft.

Grünsberg

Tief im Wald versteckt auf einem Bergsporn, liegt die Burg ‹Grundesberg›, die 1255 im Besitz der Rindsmaul als Lehen Herzog Ludwig des Strengen von Bayern war und 1315 Seyfried Schweppermann zu Pfand gegeben wurde. Im bayerischen Erbfolgekrieg wurde die Burg 1504 von den Nürnbergern niedergebrannt. Man baute sie aber 1530 bis 1561 wieder auf, und seitdem ist sie im Besitz patrizischer Nürnberger Familien. Das Schloß hat noch den Charakter einer Burganlage mit erhaltenem Wehrgang. Vom Wiederaufbau des Schlosses nach 1504 stammen der Hauptbau, das Torhaus und die Burgkapelle. Um die Mitte des 17. Jahrhunderts wurden Vogtshaus und Billardbau aufgestockt. Den Turm erbaute J. P. Paumgartner auf vermutlich älterem Mauerkern um 1710/25. Damals ist auch der Palas zu einem Schloß umgebaut worden und der Treppenturm des Hauptbaus entstanden. 1945 ist das Schloß durch Kriegseinwirkung beschädigt, aber in den Jahren 1945/55 wieder instand gesetzt worden.

Der durch die Tormauer geschlossene Wirtschaftshof ist dem Schlosse westlich vorgelagert. Um den Hof stehen im Zuge des Mauerrings die Wohngebäude: nördlich der Hauptbau mit dem über den Bering vorspringenden Turmbau, östlich Wirtschaftsgebäude und nach außen vorspringender Billardbau, westlich das Torhaus. Die gesamte Stuckausstattung des Hauptbaus stammt aus den Jahren 1720/25; sie ist vermutlich eine Arbeit Donato Pollis.

Im Turmbau enthält das ‹Himmelbettzimmer› eine gefelderte Stuckdecke jener Zeit. Den Saal, in dem Konzerte veranstaltet werden, haben die Paumgartner und Stromer mit Gemälden, schönen Totenschilden und prächtigen Möbeln eingerichtet. Das umfangreiche Archiv enthält unter vielen für die Familien und die Stadt Nürnberg wichtigen Urkunden Briefe Melanchthons. 1928 wurde dort das Handlungsbuch der Holzschuher von 1303 bis 1307, das älteste Deutschlands, entdeckt, das jetzt im Germanischen Nationalmuseum zu sehen ist. Am Treppenturm befindet sich in einer Nische eine bronzene Brunnengruppe, Herkules und Antäus, aus der Mitte des 16. Jahrhunderts, vielleicht von Georg Labenwolf aus Nürnberg. Die Wehrmauer um den Hof zeigt an Ost-, Nord- und Südseite vorwiegend spätmittelalterlichen Bestand mit überdachtem, erneuertem Wehrgang und kleinem Rundturm unter Spitzhelm am Nordwesteck.

1754 kam Grünsberg in den Besitz des Carl Christoph Stromer von Reichenbach und gehört heute noch dieser freiherrlichen Familie. Die Stromer sind eines der ältesten Nürnberger regierenden Geschlechter gewesen; ihr Handelshaus hatte im 14. und 15. Jahrhundert eine ähnliche Bedeutung wie das der Fugger. Peter Stromer, der im 14. Jahrhundert lebte, entwickelte die Nadelwald-Saat; Ulman Stromer gründete die erste deutsche Papiermühle 1389; Sigmund Stromer brachte im Auftrag Kaiser Sigismunds 1424 die Reichskleinodien aus Ungarn nach Nürnberg.

Die Reichskleinodien spielten eine große Rolle im Leben des deutschen Volkes; fromme Scheu und tiefe Verehrung waren ihnen zugewandt, denn erst durch ihren Besitz wurde der erwählte König und Kaiser rechtmäßiger Inhaber der höchsten weltlichen Macht. Die Insignien wurden von den Herrschern an festen Plätzen aufbewahrt, zur Zeit der Ottonen in Merla oder Tilleda und Kyffhausen, dann auf der Nürnberger Kaiserburg, in der Pfalz zu Hagenau im Elsaß, auf der rheinischen Burg Hammerstein, auf dem Trifels im Pfälzer Wald. König Rudolf von Habsburg verwahrte sie auf der Kyburg in der Schweiz, Kaiser Karl IV. errichtete für sie die Burg Karlstein bei Prag, deren Betreuer Friedrich Stromer war. Kaiser Sigismund ließ sie von dort vor den Hussiten in die ungarische Kronveste Visegrad bringen, vertraute sie aber schließlich der Reichsstadt Nürnberg an. Am 22. März 1424 trafen Sigmund Stromer und Georg Pfinzing, beide dem ältesten Patriziat angehörend, mit den Insignien aus Ungarn in Nürnberg ein. Die Überführung war mit größter Heimlichkeit, getarnt als Warentransport des Handelshauses Stromer unter einer Ladung gesalzener Fische durchgeführt worden, nur sechs Personen hatten davon Kenntnis gehabt. Als der Fuhrmann hörte, welch kostbares Gut er befördert hatte, fiel er auf die Knie und betete es an. In feierlicher Prozession, an der die Geistlichkeit, Rat und Bürgerschaft teilnahmen, wurde der Schatz in die Stadt eingeholt. Als Engel verkleidete Knaben mit brennenden Kerzen saßen auf dem Wagen, neben dem die Bürgermeister gingen, gefolgt von Stromer und Pfinzing zu Pferd.

Der Reichsstadt Nürnberg wurde auch durch päpstliche Bullen von 1424, 1452 und 1457 sowie vom Kaiser selbst das Recht der ewigen Verwahrung zugesichert. Abgesandte des Rats brachten die Kleinodien zu den Krönungen nach Aachen, später nach Frankfurt. Volle 372 Jahre hütete Nürnberg die Reichskleinodien, die in der Heiliggeistkirche in der ‹Heiltumstruhe› lagen, die an Ketten über dem Hochaltar schwebte. Als 1796 der französische General Jourdan in Nürnberg einrückte und die Kleinodien an sich nehmen wollte, mußte er zu seinem Ärger feststellen, daß die Heiltumstruhe leer war. In der Nacht vor dem Einmarsch der Franzosen hatte der Losunger von Haller alles nach Prag abführen lassen. Von dort kamen die Insignien über Regensburg, Passau, Linz nach Wien, wobei einiges verlorenging. Da der Schatz im Kriege mit Napoleon auch dort nicht sicher war, brachte man ihn 1805 auf die Burg in Budapest, vier Jahre später nach Temesvar, und seit 1828 ist er in der Wiener Schatzkammer aufgestellt.

Im Jahre 1880 war Henriette Feuerbach, Stiefmutter des Malers Anselm Feuerbach, in Grünsberg zu Gast. Sie schrieb einer Freundin: «Ich war neulich einen Tag in Grünsberg, dem Stromerschloß mit sieben Fuß dicken Mauern, Giebeln, runden Scheiben und hundertjährigen Linden, in einer Waldeinsamkeit, wie ich noch keine gesehen habe. Ich blieb die halbe Nacht an meinem offenen Fenster sitzen, rings ganz nahe Waldmauern, ein kleines Stück Himmel mit Mond und Sternen, Baum- und Wasserrauschen und der heiße Duft von Heliotrop und Rosen aus dem kleinen Garten ...»

Schwarzenbruck

Die Anlage wurde nach der Zerstörung im zweiten Markgrafenkrieg 1552 unter Sigmund Pfinzing errichtet; im 17. Jahrhundert fand ein Ausbau des Schlosses statt. Seit 1876 ist es im Besitz der Herren Petz von Lichtenhof.

Das ehemalige Wasserschloß liegt am Ostrand des Ortes auf einem Felsen über dem Steilhang zum Schwarzachtal. Es ist ein dreigeschossiger Hauptbau mit schmalen zweigeschossigen Flügelbauten, im Westen von einem überdachten Wehrgang mit kleinen Luken begrenzt. Der Bau besteht aus rötlichen Sandsteinquadern mit Zanglöchern, die Fensterlaibungen sind gekehlt. Der äußere Hof des Schlosses wird halbkreisförmig von einer Reihe alter, wohlerhaltener Gesindehäuser eingerahmt, die in ihrer Art den Häusern in der Augsburger Fuggerei en miniature gleichen.

Das Erdgeschoß des Schlosses besitzt im Innern in der Nordhälfte Kreuzgratgewölbe, die auf vierkantigen Pfeilern ruhen. In der Südhälfte liegt die Eingangshalle, in der sich eine freitragende Treppe mit hübschem geschnitztem Geländer durch alle Stockwerke schwingt. Eine Stichbogentür führt zur Kapelle in der eine kleine bemalte Schrankorgel vom Ende des 18. Jahrhunderts steht.

Mehrere Salons des ersten Obergeschosses sind Ende des 19. Jahrhunderts im Stil des zweiten Rokoko eingerichtet. Im zweiten Obergeschoß liegt ein Saal, der eine mit Eleganz stuckierte Flachdecke um 1720/30 besitzt, während der Stuckdekor an den Wänden ebenfalls aus dem 19. Jahrhundert stammt. Bemerkenswert sind zwei bemalte Tischplatten vom Ende des 16. Jahrhunderts, deren eine Szenen aus dem Paradies zeigt, während auf der anderen die Arche Noah, Sodom und Gomorrha und die Opferung Isaaks abgebildet sind.

Im Dachgeschoß befindet sich ein Raum mit klassizistischer, ornamentaler Bemalung an Wänden und Türflügeln und allegorischen Figuren in den Rautenfeldern. Nördlich davon ist eine dreiräumige, private Freimaurerloge eingebaut mit origineller Ausmalung um 1803/05. Die Türflügel sind mit allegorischen Szenen und Sinnsprüchen bemalt. Die Loge besitzt einen geheimen Treppenaufgang und ist einzigartig in dieser Gegend.

Von alten Bäumen umgeben liegt Schloß Schwarzenbruck über der Schwarzach wie verwunschen in einer Gegend, die nur bisweilen von Wanderfreunden und Anglern besucht wird. *Abb. 25*

Obernzenn und Unternzenn

Eine der staatlichsten Schloßanlagen in dem landschaftlich so besonders reizvollen Gebiet des Steigerwaldes ist Obern- und Unternzenn. Hier sind seit dem 13. Jahrhundert die Seckendorff ansässig, heute mit den Linien der Grafen von Seckendorff-Aberdar und der Freiherren von Seckendorff-Gutend, wobei die Aberdar-Linie in Unternzenn, die Linie der Gutends in Obernzenn sitzt. Die Anlage, die von einem breiten, jetzt trockengelegten Graben umgeben ist, besteht aus dem Blauen und dem Roten Schloß, die ihre Namen dem ursprünglichen Farbton der Fassaden verdanken.

Ältester Teil des Blauen Schlosses (Seckendorff-Aberdar) ist der 1696 errichtete Nordtrakt, dem 1711 bis 1718 der repräsentative, künstlerisch bedeutende Ostflügel angefügt wurde. Johann Michael Haßbacher baute ihn vermutlich nach Plänen Gabriel de Gabrielis. Dieser Flügel ist durch Pilaster und Lisenen gegliedert, trägt unter dem Mittelfenster der Ostfassade ein Seckendorffsches Ehewappen mit der Jahreszahl 1711 und über dem Portal der Hofseite ein Ehewappen Seckendorff um 1745. Im Innern des Ostflügels liegen zwei Säle; im Erdgeschoß der Ahnensaal – mit Stuckdecke von 1740/50 – hat eine türkisfarbene, marmorierte Boiserie, in die Ahnenbilder eingelassen sind. Der Saal auf der Nordseite, heute unterteilt, zeigt eine Wandgliederung durch Pilaster und Bandelwerkstuck am Plafond. Die übrigen Räume tragen Deckenstuck der Jahre 1711/13, ausgeführt von Casparus de Gabrieli, einem Bruder des Baumeisters, und dem Bamberger Markus Greipner.

Das Rote Schloß (Seckendorff-Gutend) wurde bis 1745 von Maurermeister Johann Jakob Fraas errichtet, nach Rissen von Leopold Retti und vermutlich unter Hinzuziehung Johann David Steingrubers. Bauherr war der österreichische Gesandte am Hofe Friedrichs des Großen, Feldmarschall Graf von Seckendorff-Gutend. Die Fassaden sind durch Lisenen und Putzfelderung gegliedert. Im Innern befinden sich zwei Stiegenhäuser, deren Treppen von Balustergeländern begleitet werden. Die Deckenbilder, Öl auf Leinwand, zeigen wappenhaltende Genien und Schriftbänder mit den Jahreszahlen 1743 und 1745. Beide Schlösser, die jetzt nach und nach instand gesetzt werden, sind gute Beispiele Ansbacher Hofkunst.

Auf der Nordseite des Blauen Schlosses liegt eine breite Terrasse, deren Brüstung im Wechsel von statuenbesetzten Pylonen und gegossenen Rocaillegittern (1747 von Faktor Remy aus Bendorff entworfen) geschmückt wird. Die Statuen stellen weibliche allegorische Figuren mit sommerlichen Attributen dar. Ein Gittertor, flankiert von zwei Pylonen, führt zu einer Eisengußbrücke von 1747 – es ist die früheste Eisengußkonstruktion in Deutschland – über den Graben in den Park.

Ullstadt

Etwa in der Mitte zwischen Würzburg und Bamberg liegt im Ehegrund Schloß Ullstadt, dessen Name schon 816 urkundlich bezeugt ist. Im Dorf teilten sich im 14. Jahrhundert die Familien von Kropf, von Sugenheim, von Seinsheim und von Seckendorff in Güter und Rechte, bis am Ende des Jahrhunderts die Seckendorff alleinige Eigentümer der Herrschaft wurden, die sie 1662 an die Freiherren von Francckenstein verkauften. Dieses in der Wetterau, in der badischen Ortenau und an der Bergstraße begüterte Haus führte ursprünglich den Namen Breuberg, nannte sich seit 1268 aber nach seiner Burg an der Bergstraße Francckenstein. Die Francckenstein waren Fürstbischöfe von Bamberg, Würzburg und Speyer, sie saßen in den Domkapiteln jener Stifte, auch dem von Mainz, waren Diplomaten, hohe Offiziere und Beamte.

Die junge Witwe des Freiherrn Johann Philipp Adolf beschloß 1718 mit ihrem Bruder Freiherrn von Eyb, Bamberger Domdekan und Vormund ihrer Kinder, das Schloß neu zu bauen. Als Architekt wurde Johann Dientzenhofer gewonnen, der auch Pommersfelden und Reichmannsdorf bei Bamberg gebaut hat. 1725 war der Bau vollendet. Das schlichte Haupthaus hatte ein reich ausgeführtes Portal, darüber einen Balkon, alles das ist verschwunden, und auch das Mansarddach ist verändert worden.

1747 ließ der Sohn der Bauherrin, Fürstbischof Philipp Anton von Bamberg, seinen Ingenieurhauptmann Johann Michael Küchel, Schüler Balthasar Neumanns und Maximilians von Welsch, nach Ullstadt kommen, damit er die Hofanlage mit den Wirtschaftsgebäuden baue. Die beiden Wirtschaftsflügel schwingen in je zwei Viertelkreisen aus und ihre Fassaden an der Einfahrt sind reich durchgebildet durch Rustizierung, hohe Figurennischen und geschweifte Giebel in den gebrochenen Dächern. Diese Anlage gehört zu den elegantesten Schöpfungen Küchels. Der Fürstbischof beauftragte nun seinen Hofbildhauer Ferdinand Tietz, der die berühmten Gartenplastiken für Seehof und Veitshöchheim geschaffen hat, auch für Ullstadt zu arbeiten. Er kam 1750 dorthin und führte an Ort und Stelle die Sandsteinwappen für die Flügelbauten, Trophäen und Vasen der Torpfeiler aus, vor allem aber die großen allegorischen Frauengestalten in den Nischen der Seitenflügel. Im Park wurde anläßlich einer Hochzeit ein Salettl, ein Gartenhaus, gebaut, wie es ähnlich in Thurn bei Forchheim zu sehen ist. Es wurde 1764 glänzend ausgestattet, und zwar von Wessobrunner Wanderstuckatoren.

Das Schloß enthält kostbare Möbel, so den intarsierten Schreibschrank des Bamberger Kunstschreiners Servatius Brickardt, aus dem Besitz des Domdekans Johann Philipp von Franckenstein. Aus dem Besitz des Fürstbischofs und seines Bruders, des Würzburger Dompropstes, stammen weitere Möbel, darunter ein eleganter Schreibtisch und das schöne Augsburger Meßgerät in der Kapelle. Aus dem Nachlaß des Mainzer Domherrn Johann Gottfried von Franckenstein kam die Gemäldesammlung nach Ullstadt; unter den Familienbildnissen sind gute Maler vertreten. So ist Ullstadt mit seiner Einrichtung ein eindrucksvolles Denkmal fränkischer Kultur durch die Jahrhunderte. *Abb. 54 bis 58*

Schwarzenberg

Unweit von Scheinfeld liegt auf einem Bergsporn in beherrschender Lage Schloß Schwarzenberg. Das Hauptschloß mit vier Flügeln ist auf zwei Seiten noch von der alten Mauer mit Türmen umzogen. Um den weiten äußeren Hof liegen die Wirtschaftsgebäude. Bestimmend ist die einheitlich durchgebildete Südostfront des Schlosses mit den Giebelaufbauten und zwei polygonalen Eckerkern. Mehrere Türme, vor allem der hohe ‹Schwarze Turm›, vervollständigen das eindrucksvolle Bild eines Schlosses aus dem 16. und 17. Jahrhundert.

Im 13. Jahrhundert war die Herrschaft Schwarzenberg Eigentum der Grafen zu Castell, dann der Grafen zu Hohenlohe, bis 1421 Erkinger von Seinsheim Besitzer der Herrschaft wurde. Die im 19. Jahrhundert ausgestorbenen Grafen von Seinsheim waren eines Stammes mit den Fürsten zu Schwarzenberg. Gemeinsamer Ahnherr ist ebendieser Erkinger, der sich schon von Schwarzenberg nannte. Adolf Freiherr von Schwarzenberg wurde 1566 Reichsgraf, Johann Adolf 1670 Reichsfürst mit Sitz und Stimme im Reichsfürstenrat sowie als Herr der reichsunmittelbaren, 1671 zur Reichsgrafschaft erhobenen Herrschaft Schwarzenberg Mitglied der fränkischen Grafenbank. Die Familie verlegte jedoch ihren Schwerpunkt mehr und mehr nach Österreich-Böhmen, denn sie erwarb Güter in Österreich und Böhmen und erbte 1719 vom letzten Fürsten von Eggenberg das Herzogtum Krumau in Böhmen. Eduard Vehse stellt in seiner «Geschichte der kleinen Höfe» fest, daß das Haus Schwarzenberg «von mächtigem Erwerbstrieb» geleitet worden sei.

Die Schwarzenberg haben in der Geschichte des Reichs und Österreichs eine bedeutende Rolle gespielt. Johann Freiherr von Schwarzenberg, geboren 1463, war ein vorzüglich gebildeter, kluger Mann, der seit dem Jahre 1500 an der Spitze der bischöflich bambergischen Regierung stand und bei der Neuordnung des bambergischen Rechtswesens die Constitutio Criminalis Bambergensis, die Mater Carolinae, schuf. Er war mit Ulrich von Hutten befreundet, schrieb den «Trostspruch um abgeschiedene Freunde» und brachte die Schriften römischer Autoren in ein ‹Hof-Fränkisch›, durchsetzt mit deutschen Rechtssätzen und Beispielen aus eigener Erfahrung. Sein «Teutscher Cicero» wurde Volksbesitz; auch ist er mit einer glänzenden Kampfschrift für Luther eingetreten. 1522/24 war er im Reichsregiment tätig, zeitweise als Statthalter des Kaisers. Einer der bekanntesten Herren der Familie war Fürst Karl, der als Oberbefehlshaber der alliierten Armeen die Schlacht bei Leipzig 1813 gegen Napoleon gewann.

Unter Graf Wolfgang Jakob (geb. 1560) vernichtete 1607 ein großer Brand die ganze Südwestseite und einen Teil der Nordwestfront des Schlosses. Im selben Jahr ließ der Graf Elias Holl aus Augsburg nach Schwarzenberg kommen, und von ihm stammt die Planung des repräsentativen heutigen Baues. Neben Holl waren die Nürnberger Jakob Wolff und sein gleichnamiger Sohn beteiligt. Wir wissen nicht, ob sie Holls Pläne – sie sind nicht erhalten – änderten. Jedenfalls dürfte es sich um eine gemeinsame Schöpfung dieser drei Baumeister handeln, die zwischen 1607 und 1618 ausgeführt worden ist.

Der Hauptbau mit sieben Giebeln und seitlichen Erkertürmchen steht möglicherweise auf den Resten der alten Schildmauer, die innen im Erdgeschoß in Laubengängen geöffnet ist. Der Zugang zu diesem Bau führt durch den ‹Schwanenturm›, dessen Dachspitze die Helmzier der bayerischen Schwarzenberg, den Schwan trägt. Der mittelalterliche Rundturm neben der verschwundenen Zugbrücke erhielt ein umlaufendes Balustergeländer und eine geschweifte Haube.

Von den beiden nach dem Brand gebauten Bastionen flankiert die an der südöstlichen Breitseite der beiden Halsgräben stehende mit der gegenüberliegenden Terrasse den Zugang in den äußeren Hof und schützte einst das Untere Tor, das gegen Ende des 18. Jahrhunderts dem ‹Großen Beamtenbau› weichen mußte. Der sogenannte ‹Hungerturm› auf der Seite des Bergsporns gehört in seinem untersten Teil dem Mittelalter an, in den oberen Stockwerken dem 16. Jahrhundert. Die Schloßkirche ist 1610/16 als tonnengewölbter Saalbau errichtet und 1616 unter Julius Echter von Mespelbrunn, Bischof von Würzburg, geweiht worden. 1615 wurde der Hochaltar geschaffen; die Altarblätter stammen aus dem Jahre 1616.

Graf Wolfgang Jakob ließ die Wände der Säle im Hauptbau mit Fresken schmücken, von denen aber nur eine Lukretia erhalten ist. Der Ecksaal enthält eine Kassettendecke mit dem Wappen Schwarzenberg und denen ihrer Gemahlinnen. 1654 begann Graf Johann Adolf I. mit Instandsetzungsarbeiten am Schloß und mit dem Ausbau des alten, baufälligen Palas an der Nordwestfront. Hier wurde der ‹Rollsaal› eingebaut. 1658 ließ der Graf die beiden großen Säle im dritten Geschoß des südöstlichen Hauptbaus, die Ahnensäle, mit Darstellungen aus der griechischen und römischen Mythologie und mit Szenen aus dem Alten Testament ausmalen. Die Deckenbilder malte der Niederländer Wilhelm van der Creutz. In Gängen und Zimmern hängen Bildnisse Schwarzenbergischer Ahnen, in den Sälen Portraits Kaiser Maximilians und der spanischen Habsburger, die Peter Sporkmans für den Grafen nach in Brüssel befindlichen Originalen kopierte. Den baufällig gewordenen Bergfried ließ Johann Adolf I. 1670/72 abtragen und nach den Plänen des Würzburgers Wilhelm Schneider, genannt Treu, sowie des Ansbachers Melchior Beck 1672/74 wieder aufbauen. Es ist der ‹Schwarze Turm›, durch den die Einfahrt in den inneren Hof führt, eine prächtige barocke Architektur mit Bossenquaderung, einem Balkon mit schweren Voluten und Kuppelhaube. Die Vorderfront trägt das große Schwarzenberg-Wappen unter dem Fürstenhut, die Hofseite das Stammwappen.

Noch zu Lebzeiten des Fürsten Johann Adolf II. (gestorben 1888) wurde mit den Instandsetzungsarbeiten an der zum Teil eingestürzten Schloßkirche begonnen. Der Münchner Maler Gabriel Schachinger schuf mit Martin Wiegand und Christian Keller 1901 die Deckengemälde der neu errichteten Kirche.

1940 wurde Schwarzenberg von der Geheimen Staatspolizei konfisziert. Das Schloß wurde Gauschulungsburg, 1945 mit amerikanischen Truppen, dann mit Litauern belegt. 1949 ist der Besitz an die Familie zurückgegeben worden; das Schloß dient seit 1951 als Landschulheim. Um eine weitere Senkung der Mauern zu verhindern, wurden die Fundamentmauern des nordwestlichen Hochschlosses nach dem letzten Krieg unterfangen, und Erbprinz Karl begann 1973 mit der großen Renovierung der Außenfassade. *Abb. 44*

Adelsdorf

1130 wird erstmals ein Meingoz de Otlohesdorf (= Adelsdorf), ein Edelfreier, erwähnt, der hier seinen Stammsitz hatte, ein Vorfahr der Schlüsselberger. Das Wappen von Adelsdorf zeigt im oberen Feld einen Schlüssel, das Sinnbild der Schlüsselfelder, deren Familie 1347 ausstarb. Nach häufigem Besitzerwechsel wird 1578 Erhard von Künsberg als Eigentümer genannt. Zur Zeit des Dreißigjährigen Krieges sollen dann die Stiebar die Rittersitze Aisch und Adelsdorf vereint haben. 1690 kam Adelsdorf an das Bistum Bamberg und gehörte kurze Zeit bis 1696 den Schönborn. Am 10. April 1696 wurde Adelsdorf von Lothar Franz von Schönborn gegen die Rittergüter Obereuerburg und Untereuerheim an Christoph Erhard von Bibra vertauscht. Das Adelsdorfer Wappen zeigt seitdem auch einen schwarzen Biber, das Wappentier der Freiherren von Bibra, die das Schloß noch heute bewohnen.

Man erreicht Adelsdorf über die Autobahn Nürnberg-Würzburg, die man bei Höchstadt verläßt. Völlig unerwartet findet man dann das Schloß mitten im Dorf. Es ist eine stattliche Renaissanceanlage – von dem damaligen Schloßherrn Erhard von Künsberg errichtet – mit einem Fachwerkobergeschoß und rundbogiger Tordurchfahrt. Bei der Renovierung in unserer Zeit wurde an dem südlichen Schloßtrakt die Jahreszahl 1593 entdeckt, wobei es sich wohl um den ältesten Bauteil handelt. Zur Straße hin schließt sich der nördliche Schloßflügel von 1595 an, dessen ehemaliges Fachwerkgeschoß 1826/40 massiv umgestaltet worden ist. Die mehrflügelige Anlage schließt an der Rückseite einen idyllischen Hof mit schönem Baumbestand ein, an den auch noch ein kleiner Park angrenzt. Im Winkel der aneinanderstoßenden beiden Hauptflügel steht ein massiver Treppenturm. An den ältesten Schloßflügel grenzt, den Hof einrahmend, ein ehemaliges Stallgebäude, das seit 1816 als Beamtenwohnung diente. Daran angebaut ist das «Sängerhaus», die frühere Gerichtsdienerwohnung. Das Innere des Schlosses vermittelt mit seiner schönen Einrichtung das typische Bild eines fränkischen Landsitzes, umso mehr, als mehrere der großen Räume noch alte und sehr beachtenswerte Balken- und Stuckdecken besitzen. Den Abschluß der ganzen Anlage bildet die aus Sandstein erbaute barocke Schloßkapelle aus dem Jahre 1763.

Weingartsgreuth

Die frühe Baugeschichte des Schlosses ist ungeklärt. Es heißt, daß im Jahre 1574 das ehemalige Wasserschloß von den Marschalken von Ebneth errichtet worden sei. Dazu gehörten vier Rundtürme an der Ringmauer, von denen allein der Glockenturm am Eingang zum Hof erhalten ist, der 1613 erhöht wurde und 1767 seine Bedachung erhielt. Das Schloß selbst wurde 1726 von dem Marschalken von Ebneth umgebaut und mit Anbauten versehen. Im selben Jahr kam das Gut durch die letzte Ebneth an Christoph Friedrich Freiherrn von Seckendorff-Aberdar. Er war ansbachischer Premierminister, der es sich gefallen lassen mußte, daß er König Friedrich II. von Preußen wenig gefiel.

Die Markgrafen von Ansbach und Bayreuth hatten einen Erbvertrag geschlossen, da in Bayreuth kein männlicher

Schloß Weingartsgreuth
Gouache eines unbekannten Malers, 1851

Erbe mehr zu erwarten war. Markgräfin Wilhelmine, von einer schweren Krankheit genesen, hatte 1753 beschlossen, eine Italienreise anzutreten. Dieser Reise gingen unerfreuliche Auseinandersetzungen mit der ansbachischen Regierung voraus. Minister von Seckendorff hatte keinen leichten Stand, da sein Herr, der ‹Wilde Markgraf›, Schulden hatte, zudem beunruhigten ihn die hohen Ausgaben für den Bau des Neuen Schlosses in Bayreuth. In einer Denkschrift rügte er scharf die Mißstände am Bayreuther Hof. Die Vorwürfe waren berechtigt, aber König Friedrich II. von Preußen ärgerte sich über die Einmischung in die Angelegenheiten seiner geliebten Schwester und sandte einen sehr ungnädigen Brief an seinen Minister Podewils, in dem es heißt, daß Seckendorffs Schrift lächerlich sei, daß der Schurke die beiden Fürsten gegeneinander aufhetze.

Weingartsgreuth ist architektonisch eine interessante Anlage, da die der Straße zu gelegene Hauptfront mit halbrund vorschwingendem Mittelrisalit von turmartigen, trapezförmigen Erkerbauten flankiert wird, die an die Ecktürme des im frühen 17. Jahrhundert erbauten Schlosses Walkershofen bei Uffenheim erinnern und daher vielleicht im Kern noch aus jener Zeit stammen könnten. Das Innere des Schlosses war durch häufige Belegungen während und nach dem letzten Krieg sehr mitgenommen, ist aber von Freiherrn von Seckendorff vorbildlich instand gesetzt worden. Aus der großen, fast das ganze Erdgeschoß einnehmenden Halle führt die Treppe mit schönem Balustergeländer nach oben. Die Räume mit schlichtem Rahmen- oder Bandelwerkstuck aus der Zeit des Umbaus sind mit sehr gutem Mobiliar des 18. und vor allem des frühen 19. Jahrhunderts eingerichtet.

Abb. 32

Frankenberg

Unterhalb der Überreste der ehemaligen würzburgischen Veste Hinterfrankenberg liegt auf einem schmalen Ausläufer des Steigerwaldes, zwischen Kitzingen und Uffenheim, Schloß Frankenberg (Vorderfrankenberg) beherrschend über dem Uffenheimer Gau im Wald. Dem von einem breiten, gefütterten Graben umzogenen Schloß ist im Osten die einflügelige Vorburg vorgelagert. Burggraf Friedrich d. J. von Nürnberg hatte den ersten Bau als Trutzburg gegen das würzburgische Hinterfrankenberg errichtet und in die Hut der Herren von Seinsheim gegeben. 1281 kaufte das Hochstift Würzburg die Burg, verpfändete sie drei Jahre später an die Grafen zu Hohenlohe, und zwischen 1390 und 1423 war sie im Besitz des Herrn Burkard von Seckendorff. Es folgten verschiedene Besitzer aus fränkischem Adel, bis Frankenberg 1520 Eigentum der Herren von Hutten wurde, die um 1530 das Hauptschloß erbauten und um 1590 die Vorburg vollständig erneuern ließen. Unter Johann Philipp Friedrich Freiherrn von Hutten erfolgte, wohl um 1720, der innere Ausbau des Schlosses. Seit 1783 war es im Besitz der Freiherren von Pölnitz, von denen es 1971 die Freiherren von Lerchenfeld erbten.

Wir sehen das Schloß schon von weitem, aber es ist gar nicht leicht zu erreichen, da sich die Landstraße in Feldwegen und Waldwegen verliert, ehe wir endlich zur Vorburg gelangen. Sie ist ein langgestreckter Bau mit Stallungen und einer im frühen 19. Jahrhundert ausgebauten Kapelle, mit Torfahrt und runden Ecktürmen, deren südlicher eine Schrifttafel mit verwittertem Wappen und der Jahreszahl 1465 trägt.

Das Portal von 1593 mit rahmenden Rustikaquadern und Kämpfergesims mit Zahnschnitt führt uns in den Vorhof mit seinen alten Bäumen und hier stehen wir vor der prachtvollen Ostfassade des Schlosses, das sich mit drei Flügeln – der nördliche brannte ab und wurde nicht wiederaufgebaut – um einen geräumigen Hof gruppiert. Drei der mächtigen runden Ecktürme mit schönen rundbogigen Staffelgiebeln und Kegeldächern stehen noch. Die Außenmauern des Schlosses steigen unmittelbar aus der Grabensohle auf, sehr schön aus gelblichem Sandstein gefügt. Über eine steinerne Brücke und durch die tiefe Torfahrt mit dem Huttenwappen kommen wir in den inneren Schloßhof. Am Südflügel sehen wir wieder das Huttenwappen und die Jahreszahl 1528. Vorhangbogenfenster sitzen in der sonst schmucklosen Fassade, und im Dach stehen schöngeformte Zwerchhausgiebel. Auf der Westseite betreten wir, wieder über eine Brücke, eine schmale Bastei, heute Terrassengarten, und den Wall jenseits des tiefen Grabens, der ebenfalls als Garten benutzt wird. Tief unter dem Schloß verläuft auf der Grabenseite ein gewölbter, glattgefügter Wehrgang, dort liegen Keller und Verliese.

Uralter Efeu rankt über die Mauern; alles ist leicht verwahrlost, aber unglaublich malerisch, und vom Wall schaut man weit hinaus ins Land. Im Südflügel und seinen beiden Ecktürmen gibt es noch reiche Stuckdecken des frühen 18. Jahrhunderts, an der Hofseite verlaufen breite geflieste Korridore, bestellt mit Truhen und prächtigen Renaissanceschränken. Kostbare Möbel füllen die weiten Räume. Es gibt noch eine schöne alte Schloßküche, einen alten Backofen, der noch heute in Betrieb ist. Es gibt tief unter der Erde gewaltige Keller, in denen der neue Wein geräuschvoll gärt.

Als ich Frankenberg besuchte, waltete noch eine uralte, verhutzelte Köchin ihres Amtes, deren ausgezeichnete Speisen der alte Kellermeister auftrug, und dazu tranken wir ebenso ausgezeichneten Frankenberger Wein. Was nun aus dem großen schönen Schloß werden soll, ist nicht sicher, die Kosten für eine durchgreifende Instandsetzung werden sehr hoch sein. Möge es den neuen Eigentümern trotzdem gelingen, Schloß Frankenberg der Nachwelt zu erhalten.

Abb. 26 bis 28

Walkershofen

Unweit von Uffenheim, in der fruchtbaren Landschaft zu Füßen des Steigerwaldes, erhebt sich ein hoher, imposanter Bau mit Volutengiebeln und trapezförmigen Ecktürmen unter Mansardendächern – Walkershofen. Es erscheint 1284 als Lehen des Hochstifts Würzburg, gehörte im 17. Jahrhundert den Freiherren Echter von Mespelbrunn, Vettern des Bischofs von Würzburg, Julius Echter, dann den Freiherren von Würtzburg, durch die es an die Freiherren von Cramer-Klett kam, die es 1935 verkauften. Seit 1973 ist Walkershofen im Besitz des Herrn Horst Steinmetz aus Bad Windsheim.

Walkershofen ist einer der bedeutenden Schloßbauten Frankens, den die Echter neu gebaut haben dürften. Der Baumeister ist nicht bekannt, aber es wäre möglich, daß der Würzburger Festungsbaumeister Michael Kaut den Schloßbau entworfen hat. Die Echter ließen auch den Batterieturm am Eingang zum inneren Hof errichten. Das außerordentlich eindrucksvolle Hauptgebäude besteht aus zwei Flügeln; es wird heute von einem trockengelegten Graben umzogen. Das Portal am Nordflügel mit Säulenrahmung auf hohen Volutensockeln und mit gesprengtem Giebel zeigt das später eingefügte Wappen Würtzburg. Im Giebel des Kapellenportals sitzt das Echterwappen. Aus der Herrschaftsloge des Saales im ersten Stock geht der Blick in die Kapelle, deren Tonnengewölbe sparsame Stuckdekorationen des frühen 18. Jahrhunderts trägt. Das Schloß befindet sich in schlechtem baulichem Zustand, da viele Jahre nichts für seine Erhaltung getan worden ist, und wir müssen dankbar sein, daß nun der neue Besitzer, Herr Steinmetz, bemüht ist, dieses bedeutende Baudenkmal instand zu setzen, ein Unternehmen, das viel Arbeit und Geld kosten wird.

1 – Nürnberg · Kaiserburg, Blick vom Fünfeckturm

2 – Nürnberg · Kaiserburg, Unterkapelle St. Margareten

3 – Nürnberg · Kaiserburg, Oberkapelle St. Ottmar

4 – Nürnberg · Das Tucherschloß in der Hirschelgasse

5 – Nürnberg · Der Herrensitz Schoppershof

6 – Schloß Neunhof bei Kraftshof

7 – Lauf · Wenzelschloß

8 – *Heroldsberg · Das sogenannte ‹Rote Schloß›*

9 – *Stein bei Nürnberg · Neues Schloß, Parkseite*

12 – Stein · Neues Schloß
Musik- und Ballsaal

13 – Stein · Neues Schloß
Jugendstil-Decke im Musiksaal

10 – Stein · Neues Schloß, Wandbrunnen im Vogelzimmer

11 – Stein · Neues Schloß
Speisesaal mit Wandgemälden von Karl von Marr

16 – Schloß Neunhof bei Lauf
Götterstube mit gemalten Tapeten

14 – Schloß Neunhof bei Lauf
Weißer Saal mit Stuckdecke von Donato Polli

15 – Schloß Neunhof bei Lauf
Durchfahrtshalle mit Balkendecke und Jagdtrophäen

17 – *Schloß Reichenschwand*
Parkseite mit neugotischem Anbau

18 – *Eschenbach, Südansicht der ehemaligen Wasserburg*

19 – *Simmelsdorf, Hauptschloß, im Hintergrund das neugotische Amtshaus*

20 – *Schloß Kirchensittenbach*

21 – *Schloß Rammersdorf*

22 – *Schloß Mörlach*

23 – *Roth am Sand*
Schloß Ratibor, Innenhof

24 – *Topplerschlößchen*

25 – *Schloß Schwarzenbruck*

26 – Schloß Frankenberg Ostflügel mit Portal von 1593

27 – Schloß Frankenberg Innenhof

28 – Schloß Frankenberg, Luftaufnahme

29 – Schloß Schillingsfürst
Treppenhaus

30/31 – Schloß Schillingsfürst
Salons im Hauptgeschoß

32 – *Schloß Weingartsgreuth*

33 – *Schloß Rügland, Altes Schloß von 1611, dahinter Südflügel des Neuen Schlosses von 1713*

34 – Schloß Rügland, Mittelsaal

35 – Schloß Rügland
Ausschnitt aus dem Deckengemäide im Mittelsaal

36 – Ansbach · Residenz, Spiegelkabinett

37 – Ansbach · Residenz, Marmorkabinett

38 – Ansbach · Residenz, Fassade des Gabrielibaus

39 – Ansbach · Residenz
Saal mit Deckengemälden von Carlo Carlone

40 – Ansbach · Residenz, Galerie

41/42 – Ansbach · Residenz, Stuck-Kartusche und stuckiertes Wandfeld

43 – Ansbach · Residenz, Gobelinzimmer

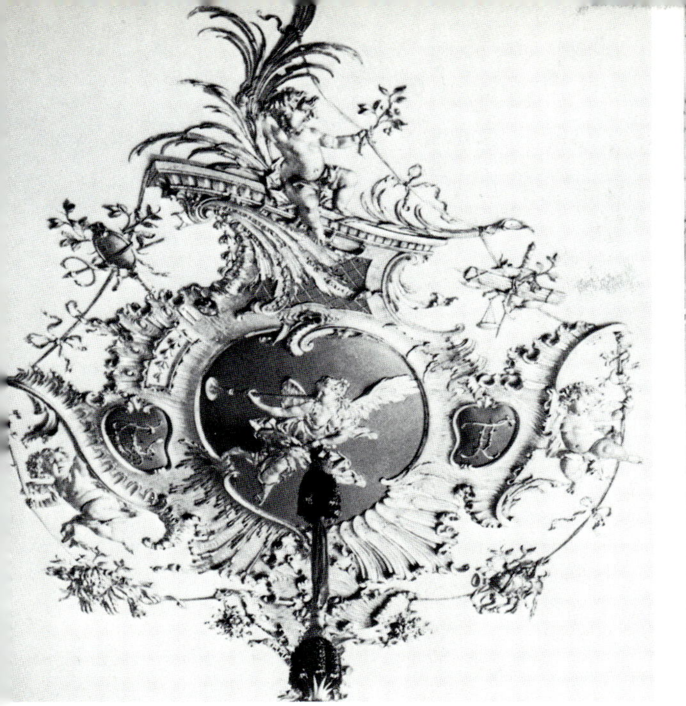

44 – Schloß Schwarzenberg mit Kapelle und ‹Schwarzem Turm›

45 – Schloß Sommersdorf

Dort, wo die alte Augsburger Straße die von West nach Ost führende Verbindung Wimpfen–Nürnberg überquerte, liegt das Schloßdorf Gebsattel. Als die Grafen von Rothenburg die Komburg zu einem Benediktinerkloster stifteten (1088), soll der Stifter seiner Gemahlin Geba einen Bauhof zum Witwensitz (Gebae sedele) bestimmt haben, woher sich der heutige Name herleitet. Als Komburger Ministerialen sind die Herren von Gebsattel seit dem Ende des 12. Jahrhunderts nachweisbar, unsicher ist jedoch, wie lange sie dort ansässig waren. Die staufische Reichsplanung baute damals die nahe Rothenburg zu einem Verbindungsweg zur Reichsburg Nürnberg aus. 1370 wurde der Markt von Gebsattel nach Rothenburg verlegt. Das stark anwachsende Rothenburg entzog Gebsattel viele Kräfte. Vermutlich ließen sich die Herren von Gebsattel an anderen Orten nieder, wie in Acholshausen und später in Trennfeld. Bis zur Säkularisation war Gebsattel Komburger Besitz, danach wurde es württembergisch, 1810 kam es zu Bayern. 1901 von den Freiherren von Gebsattel erworben, wurde es von Gabriel von Seidl neu instand gesetzt.

Das gegenwärtige Schloß ist ein Bau aus dem 16. und 17. Jahrhundert. Ob ein besonders massives Mauergeviert im Keller des Schlosses ursprünglich das Erdgeschoß eines Turmschlosses war, ist nicht gesichert. Der Hauptbau – über einem T-förmigen Grundriß errichtet – ist zweigeschossig und hat nach Nordosten ein achteckiges Türmchen mit flachem Zwiebeldach. Die beiden leicht vorkragenden Obergeschosse und der Giebel der Südwand sind in verputztem Fachwerk aufgeführt. Zum westlichen Flügelbau führt südlich ein Verbindungstrakt mit gewölbter Durchfahrt. Der Westflügel hat ein mit Gauben besetztes Satteldach.

Das Treppenhaus im östlichen Trakt enthält ein aus Eichenholz in Rocailleformen geschnitztes Balustergeländer, um 1770. In dem im Westflügel gelegenen Speisezimmer mit einer Stuckrosette an der Decke steht ein interessanter Ofen in einer Nische. Er trägt an einem der geschmiedeten Gitterfüße das Monogramm F. v. G., das an Johann Gottfried Lothar Franz von Greiffenclau erinnert, der Dekan der Kirche zu Komburg war. Auch auf einer der Reliefplatten steht der Name Greiffenclaus mit der Jahreszahl 1771. Der Rocailleaufsatz aus gebranntem Ton ist mit Wappen von Komburger Chorherren geschmückt.

Außer den Wirtschaftsgebäuden und dem Torhaus ist vor allem der sehr stattliche Bau der Zehntscheune zu nennen, die im rechten Winkel zu den anderen Nebengebäuden nach außen gegen die Straße gelegen ist und so das Gesamtbild mitbestimmt. Das Gebäude ist zweigeschossig mit Staffelgiebel und Gurtgesimsen versehen, über dem rundbogigen Tor ist noch das Wappen Komburg-Neustett zu sehen.

Das Haus Hohenlohe gehört zu den ältesten deutschen Dynastengeschlechtern und war mit den Geschicken des Reiches eng verbunden. Seine Mitglieder waren Staatsmänner, Feldherren, hohe Geistliche und Diplomaten. Bis 1806 regierten sie als reichsunmittelbare Souveräne.

Als treue Anhänger der Staufer zogen die Hohenlohe mit diesen nach Italien, und Kaiser Friedrich II. machte 1221 die Brüder Konrad und Gottfried zu seinen Statthaltern und Grafen der Romagna mit der Hauptstadt Ravenna. Das Grabmal des Bischofs Friedrich zu Hohenlohe im Bamberger Dom gehört zu den edelsten Schöpfungen des 14. Jahrhunderts. Es gab einen Hohenlohe, der als Schwiegersohn Wilhelms von Oranien und als Generalleutnant von Holland, Seeland und Westfriesland gegen die Spanier kämpfte. Sein Sohn tat das gleiche und focht auch im Türkenkrieg. Ein Fürst zu Hohenlohe-Kirchberg zeichnete sich als kaiserlicher Generalfeldzeugmeister im Türkenkrieg des 18. Jahrhunderts aus; Fürst Friedrich Ludwig zu Hohenlohe-Ingelfingen gehörte zum engen Kreis Friedrichs des Großen und verlor als alter Herr die Schlacht bei Jena gegen Napoleon. Fürst Chlodwig zu Hohenlohe-Schillingsfürst war zuerst bayerischer Ministerpräsident, dann Statthalter des Elsaß und nach Bismarcks Sturz deutscher Reichskanzler.

Der «Schillingsfürst» bildete im Jahre 1000 die Wildbanngrenze des Reichsforstes bei Burgbernheim. Die Hohenlohe erheirateten die Herrschaft, die etwas außerhalb des Hohenloher Landes liegt, von den mit ihnen verwandten Herren von Schillingsfürst und sind hier seit 1313 als Besitzer nachgewiesen. Im Bauernkrieg wurde die Burg niedergebrannt, aber wohl bald wiederhergestellt. Wir haben einen Stich von Merian, der ihr damaliges Aussehen zeigt. Es war eine stattliche Anlage mit zahlreichen Türmen. Der Burgberg war mit Reben besetzt, deren Qualität nicht besonders hochwertig gewesen sein dürfte, denn ein alter Vers meldet:

> Holzäpfeltrank vergleichbar war er, herb und sauer,
> Und ihn hinabzuwürgen ohne kalten Schauer,
> Ja gar aus schlechtem Jahrgang einen Trunk zu wagen,
> Verlangte Mut und einen eisenfesten Magen.

Ende des 17. Jahrhunderts ist wohl der Plan zum Neubau des Schlosses gefaßt worden, jedenfalls beabsichtigte der bischöfliche Baumeister Joseph Greising damals, nach Schillingsfürst überzusiedeln. Seit 1705 war das Schloß im Bau, aber es erfolgte eine Unterbrechung durch die Reise des Bauherrn, des Grafen Philipp Ernst, nach Spanien. Er berichtete 1724 dem Fürstbischof von Würzburg, Johann Philipp Franz von Schönborn, er habe «Mr. la Fosse, Darmstädtischer Major und Oberbauinspektor ... als einen sehr habilen Architekt zur Fortsetzung des Schloßbaues anhero berufen.»

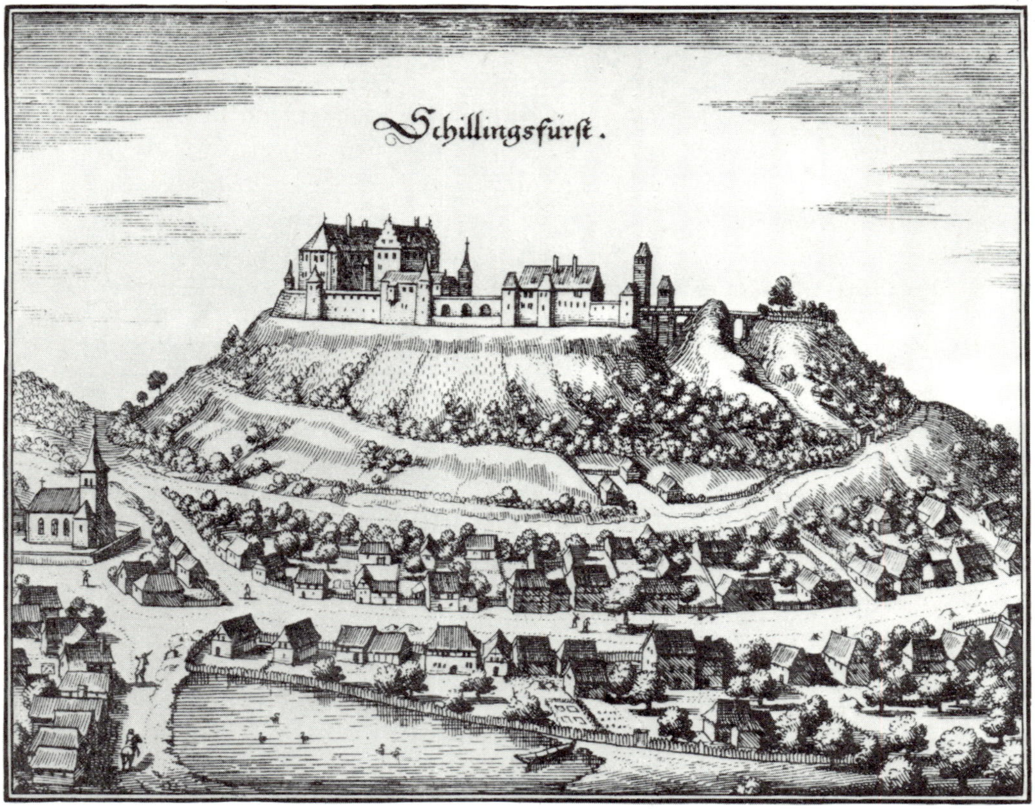

Schloß Schillingsfürst
Kupferstich von M. Merian
1648

Das Schloß geht also wohl im wesentlichen auf die Planung Remy de la Fosse's zurück, und die Arbeiten dürften um 1740 in der Hauptsache abgeschlossen gewesen sein, denn 1744 wurde der Bauherr in den Reichsfürstenstand erhoben. Fürst Philipp Ernst wetteiferte mit seinem Vetter in Öhringen an Üppigkeit der Hofhaltung, hatte aber auch enorme Schulden. Dieser prachtliebende Herr gründete 1757 den ‹Hausorden von der Goldenen Flamme›, um den Glanz des Gesamthauses Hohenlohe noch zu heben. Sein Sohn fügte später den ‹Ritterorden vom Phönix› hinzu mit dem Wahlspruch ‹Ex flammis orior›. Er wurde nur an Personen von altem Adel verliehen, und selbst König Ludwig XVIII. von Frankreich war Ritter des Phönixordens. Dieser jüngere Ordensstifter lebte schließlich in großer Armut, weil er an den väterlichen Schulden schwer zu tragen hatte. Ein Zeitgenosse, der 1789 auf einer Fußwanderung nach Schillingsfürst kam, berichtet, daß das Schloß gar groß und weitläufig, aber unvollendet und kaum möbliert gewesen sei. «Man sieht in diesen neuen Gebäuden Ruinen und fürstliche Armut. Den Eigner drückt eine ungeheuere Schuldenlast, seine nicht unansehnlichen Revenuen sind alle verpfändet und beschlagen, so daß es ihm oft an den ersten Nothwendigkeiten mangelt, da ihm nur 300 Gulden jährliches Taschengeld ausgesetzt sind.» «Der Fürst», fährt er fort, «hat Kenntnisse und Lebensart, spricht mit guten Einsichten von manchen Gegenständen und nimmt sich immer wie ein ausgebildeter Weltmann. Schade! denn bei seiner Armut hat er noch das schwere Unglück, ein böses Weib zu haben, die ihm das Maß seiner Leiden voll macht.»

Das Schloß bildet eine geräumige Dreiflügelanlage um einen tiefen Ehrenhof, der sich gegen die Brücke zu halbkreisförmig erweitert. Vor der Brücke stehen zwei steinerne Schilderhäuschen des 18. Jahrhunderts. Die Mittelachsen der Trakte sind risalitartig vorgezogen und tragen Lisenengliederung. Der Mittelbau hat einen eleganten Balkon und einen schön geschweiften Rundgiebel, auf dem zwei riesige Löwen das fürstliche Wappen halten.

Die Ausstattung der Räume ist gut, die Holzarbeiten im Schlosse hat der Hofschreiner Karl Maximilian Mattern ausgeführt. Die Stuckarbeiten entstammen der Zeit um 1730, Bandelwerk mit Vögeln, an den Wänden des Treppenhauses Reliefbüsten heidnischer und christlicher Kaiser. Die Dekkenstuckaturen sind Arbeiten der Italiener Francesco und Gabriel Gabrieli, die Wandstuckaturen in den Treppenhäusern schuf ein deutscher Stuckateur namens Steinbrecher. Gute Möbel und Bilder vervollständigen den Eindruck einer vornehmen kleinen Landresidenz.

Als ich das erste Mal nach Schillingsfürst kam, erschrak ich beim Betreten des Vestibüls, denn dort stand im Dämmerlicht ein riesiger Bär, aber er war ausgestopft und trug auf der Brust ein Schild, auf dem zu lesen stand, daß er von Fürst Ludwig zu Sayn-Wittgenstein in Rußland geschossen worden war. Fürst Wittgenstein war der Schwiegervater des Reichskanzlers Hohenlohe.

Schillingsfürst gehört zu den Objekten, deren Instandsetzung der Bayerische Staat in seinen zweiten Fünfjahresplan aufgenommen hat. «Uns macht heute Sorgen», sagte einer meiner Kollegen, «was Reichskanzler Fürst Chlodwig Hohenlohe in seinen ‹Denkwürdigkeiten› einmal liebenswürdig ausgedrückt hat, als er Schillingsfürst einen alten Steinkasten nannte.» Die besondere kunsthistorische Bedeutung des Schlosses besteht aber nicht allein in den Gebäuden und ihrer großartigen Architektur, sondern auch in der Konzeption der Gesamtanlage, zu welcher Hofgarten, Schloßkapelle, Brunnenhaus, Wasserturm und manch anderes gehören.

Abb. 29 bis 31

Rügland

Seit 1584 bis heute ist Rügland Eigentum der Freiherren von Crailsheim. Das alte Schloß wurde 1611 erbaut, das neue, das mit dem alten Bau eine stattliche Dreiflügelanlage bildet, 1713 nach Plänen von Karl Friedrich von Zocha errichtet. Es ist ein Wasserschloß, dem im Norden der Wirtschaftshof mit meist zweigeschossigen Fachwerkbauten des 17. Jahrhunderts vorgelagert ist. Der alte Bau mit Fachwerkobergeschoß bildet den nördlichen Flügel der Anlage. Zur Torfahrt führt eine wohl um 1713 erbaute steinerne Brücke. Am Portal sehen wir die Wappen Crailsheim-Dölzkau, 1611, darüber das große Crailsheimwappen, 1713.

Im Erdgeschoß des Schlosses liegt die Kapelle, die heute als katholische Pfarrkirche dient. Im ersten Obergeschoß dieses Traktes liegen Räume mit schwerem italienischem Stuck aus der 2. Hälfte des 17. Jahrhunderts. In einem der Zimmer umrahmen Hermen und Adler, Knorpelwerk, Blätter und Früchte einen fast vollplastischen Reiter in antiker Rüstung. Ein anderer Raum trägt ebenfalls schweren Deckenstuck mit allegorischen Darstellungen der vier Jahreszeiten.

Der Haupt- und Südflügel mit Mansarddach trägt auf der Hofseite einen Mittelrisalit mit Balkon über toskanischer Säulenstellung. Im Giebel sitzt das große Wappen Crailsheim-Beck von 1717. Über den Türen des Vestibüls befinden sich Stucksupraporten mit Voluten, Muschel- und Blumenzier. Das Stiegenhaus ist mit einem Deckenbild geschmückt: Fama mit allegorischen Figuren und Wappen. Die Stuckdecke des Ahnensaals zeigt Vasen und Bandelwerk. Die Supratoren stellen Schäferszenen dar; das große in Öl gemalte Deckenbild zeigt Zeus als Vater der Götter. Über den Kaminen befinden sich Stuckaufsätze und darüber hängen Bildnisse Kaiser Karls VI. und Franz' I., ferner sehen wir hier Bildnisse der Kaiserin Maria Theresia und der Ansbacher Markgrafen.

Der Schloßhof wird durch eine elegante Sandsteinbalustrade abgeschlossen, der Park, eine regelmäßige Anlage, ist mit schönen Sandsteinskulpturen geschmückt.

Abb. 33 bis 35

Rammersdorf

Die Freiherren von Eyb, eine sehr alte reichsritterschaftliche Familie, bekleideten im 15. und 16. Jahrhundert einflußreiche Stellungen in den Markgrafschaften und in den Bistümern Eichstätt, Bamberg und Würzburg. Sie waren sehr gebildete Herren, wie zum Beispiel Ludwig d. Ä. (1417–1502) oder sein Bruder Albrecht (1420/75), beide aus Sommersdorf, das damals noch Eybisch war. Ludwig, Minister und Obersthofmeister des Markgrafen von Ansbach, schrieb «Denkwürdigkeiten brandenburgischer Fürsten», eine Art politisches Testament für die jungen Hohenzollern und eine wichtige Quelle für die fränkische Geschichte des 15. Jahrhunderts. Albrecht, der in Bologna, Padua und Pavia studiert hatte, Doktor beider Rechte und Domherr von Bamberg und Eichstätt war, spielte eine Rolle im literarischen Leben seiner Zeit. Er liebte vor allem Bamberg und sagte: «Wenn Nürnberg mein wäre, wollt ich's zu Bamberg verzehren.» Seine beiden wichtigsten Werke sind die «Margarita Poetica», eine Anleitung zur Rhetorik (seiner Mutter Margarethe zu Ehren benannt) und zugleich ein Nachschlagewerk, eine Zitatensammlung antiker Stil- und Lebenskunst – eine Art ‹Büchmann› seiner Zeit. Das andere Werk ist das deutsch geschriebene «Ehestandsbuch», das bis zum Jahre 1540 zwölfmal aufgelegt wurde. Auch einen «Spiegel der Sitten» hat er geschrieben. Die Neffen dieses Humanisten, Ludwigs Söhne, waren Gabriel, Fürstbischof von Eichstätt, und Ludwig d. J., Vicedom der Oberpfalz, der ein Buch über seine Pilgerreise ins Heilige Land, ein Turnierbuch (1519) und ein Wappen- und Kunstbuch geschrieben hat.

Das kleine Wasserschloß Rammersdorf erscheint 1293 als ‹Ramungsdorf› und hat seinen Beinamen ‹Vogelsburg› von einem Rittergeschlecht «dictus Vogel», dessen einer Sproß, Fritz Vogel, 1336 als «zu Rammersdorf» genannt wird. Seit 1571 ist es im Besitz der Freiherren von Eyb. Das heutige Schloß, ein schlichter, vornehmer Bau, ist im Auftrag Albrecht Ludwig von Eybs 1712/13 von einem Schüler Gabriel de Gabrielis, Johann Georg Schmidt aus Ansbach, erbaut worden. Der Mitteltrakt des Schlosses wird durch kräftige ionische Pilaster gegliedert, das Dach von einem eleganten kleinen Dachreiter bekrönt. Über dem Portal sitzt das Ehewappen Eyb-Schertlin von Burtenbach. Den Balkon darüber mit dem hübschen Rokokogitter ließ der Vater des jetzigen Besitzers anbringen. Das Haus ist sehr wohnlich eingerichtet. Aus den Fenstern des hübschen Ahnensaals geht der Blick über den kleinen Park, der sich in einem bewaldeten Hügel verliert, und über zahlreiche Fischweiher in die Wiesen der fränkischen Landschaft. *Abb. 21*

Ansbach / Residenz

Die Herrschaft Ansbach war 1288 mitsamt der Stadt an die Grafen zu Oettingen gefallen, 1331 jedoch an den Burggrafen von Nürnberg verkauft worden. Noch als Friedrich VI. erbaute der spätere Kurfürst von Brandenburg, als solcher Friedrich I. genannt, am Ostrand der wohlerhaltenen schönen Stadt eine Wasserburg, mit der die Geschichte der Residenz und Ansbachs als Hauptstadt des ‹Landes unter dem Gebirg› ihren Anfang nahm. Das Erdgeschoß des geräumigen Palas ist zu großen Teilen im Nordwestflügel des heutigen Schlosses erhalten. Friedrichs I. Sohn, Kurfürst Albrecht Achilles, verlegte 1456 seine Residenz hierher. Er war ein einflußreicher Fürst, hielt in Ansbach glänzend hof und stiftete hier einen süddeutschen Zweig des Schwanenritterordens, von dem die Ritterkapelle in der Stiftskirche noch Zeugnis ablegt. Wahrscheinlich legte der Kurfürst noch vor 1460 einen neuen Stadtteil an, der in einer Flucht mit dem Schlosse steht. Die Burg selbst ist wohl von der Stadt durch Mauern und Gräben getrennt gewesen und hatte als ‹Zwingburg› für Ansbach ähnliche Funktion wie die von den bayerischen Herzögen in München errichtete Neuveste.

Das Wasserschloß wurde im wesentlichen wohl zwischen 1522/30 von den beiden Nürnbergern Hans Behaim, Vater und Sohn, umgebaut. Damals wurde dem Nordwestflügel ein langer Trakt angefügt, dessen Erdgeschoßwölbung ein durchlaufendes reiches Netzgewölbe füllt. Dieser prächtige Festsaal ist vor kurzem glänzend wiederhergestellt worden und enthält eine bedeutende Sammlung Ansbacher Fayencen und Porzellane. Die Obergeschosse des Bergfrieds hat erst Leopold Retti im Jahre 1733 abgebrochen, «weil sich solcher in einem gar übel gebauten Zustand» befand. Die gotische Wasserburg hatte am Ende des Mittelalters einen größeren Umfang als die heutige Residenz.

Markgraf Georg Friedrich (1543–1603), der beide fränkischen Markgrafschaften sowie das im Jahr 1548 konstituierte Herzogtum Preußen in seiner Hand vereinigte, war ein großer Bauherr. Er ließ von Blasius Berwart aus Königsberg 1586 die Umgestaltung des Schlosses in den Formen der Renaissance beginnen. 1590 folgte diesem der Ulmer Baumeister Gideon Bacher. In die entscheidende Phase ihrer Baugeschichte trat die Residenz aber erst ein Jahrhundert später ein, und hier sind drei Etappen zu unterscheiden, deren jede einem anderen Architekten angehört.

Markgraf Georg Friedrich d. J. (1692–1703), den Liselotte von der Pfalz, die berühmte Herzogin von Orléans, «schön wie ein Engel vom Haupt bis zu den Füßen» nennt, berief 1694 den in Italien und Wien geschulten Graubündner Gabriel de Gabrieli als Baumeister des ersten Abschnittes; Gabrieli wirkte hier bis 1715. Ab 1719 bis 1730 leitete Karl Friedrich von Zocha unter Markgraf Wilhelm Friedrich (1703/23) den zweiten Bauabschnitt, während den dritten Leopold Retti aus Stuttgart 1731/49 für den ‹Wilden Markgrafen› und Schwager Friedrichs des Großen, Carl Wilhelm Friedrich (1729/57), durchführte. Mit Carl Wilhelm Friedrich begann die glanzvollste Zeit des kleinen Hofes.

Gabrieli begann den Umbau der Residenzanlage, allerdings unter Verwendung der alten Mauern, im Hof, wo er die Galerien erneuerte und Arkaden vorlegte, um dem Hof ein zeitgemäßes barockes Aussehen zu geben. Markgraf Georg Friedrich fand großen Gefallen daran und übertrug Gabrieli 1709 die gesamte Bauleitung. Dieser begann, ehe der Hof vollendet war, mit der Errichtung der vornehmen, von Pilastern gegliederten Front vor dem Südosttrakt, verließ aber 1715, wie erwähnt, Ansbach, weil es zu Spannungen mit dem Markgrafen gekommen war, und ging nach Eichstätt. Der Kavaliersarchitekt Karl Friedrich von Zocha folgte, doch blieb der Bau bis zum Jahre 1723 liegen.

Zocha begann im Südwesten mit dem Bau eines neuen Flügels und der Einrichtung der markgräflichen Wohnung in dem von Gabrieli nicht vollendeten Bauteil. Dazu gehört nicht allein die Ausstattung des Bilderkabinetts mit bemerkenswertem Regencestuck von einem unbekannten Meister und dem Deckenbild ‹Aurora und Kephalus› des Bayreuther Hofmalers Johann Franz Gout (hinzugefügt 1771), sondern auch Teile der heutigen Galerie und andere Räume. Die Deckenbilder der Galerie sowie die Supraporten malte 1728 der Ansbacher Hofmaler Johann Peter Feuerlein.

Das Motiv des Arkadenhofs gab Zocha auf, behielt dafür den alten Südostflügel bei und versah ihn mit kühl-nüchterner Front. Von Zochas Bauten war keiner wesentlich über die Sockelzone gediehen, als der ‹Wilde Markgraf› 1729 die Regierung antrat. Unter ihm begann der letzte Bauabschnitt 1730 mit Leopold Retti, der ein Jahr zuvor Baudirektor geworden war. Retti hat bis 1749 in Ansbach gewirkt. Er vollendete den von Zocha begonnenen Südwestflügel und fügte den noch fehlenden Teil an das Gabrielische Corps de logis. Der Trakt in der Westecke der Residenz wurde abgebrochen, der älteste Teil des Schlosses auf der Nordwestseite in gleiche Flucht mit Zochas Südwestflügel gebracht. Die Außenfront des verlängerten Nordwestflügels erhielt Säulenportal und wappengeschmückten Giebel. Ob das oberste Halbgeschoß im Hof auf Retti zurückgeht, weiß man nicht.

Die eigentliche künstlerische Leistung Rettis ist die Ausstattung der Innenräume; sie entstand in der Hauptsache zwischen 1723/45 und gehört zu den schönsten und kostbarsten des 18. Jahrhunderts in Deutschland. «Das Ergebnis dieser spezifisch fränkischen Synthese von französischen, italienischen und bayerischen Elementen», schreibt Erich Bachmann, «war das ‹Ansbacher Rokoko›, das sich durch seinen maßvollen, ja strengen Charakter von den meisten Spielarten dieses Stils in Deutschland unterscheidet, sowohl vom phantasievollen bayerischen und hitzigen Würzburger wie vom empfindsamen Bayreuther Rokoko.»

Retti bat François Cuvilliés in München um Vermittlung eines Stuckators aus der Werkstatt des Johann Baptist Zimmermann. Er schickte den Bildhauer Johann Kaspar Wetzlar mit dem Architekten Maurizio Pedetti nach München, damit diese «uffs genaueste ... Risse von den Wänden, Decken und Böden» in den ‹Reichen Zimmern› der Residenz und in der Amalienburg fertigten. Charakteristisch für das Ansbacher Rokoko sind die flachen, mit Malereien geschmückten Plafonds, die braunen, mit ungefaßtem Holz vertäfelten oder mit Stuckmarmor verkleideten Kabinette. Retti holte sich die meisten Künstler von auswärts, Italiener, Franzosen, Deutsche. 1734/35 arbeiteten in Ansbach die Brüder Diego und Carlo Carlone, der eine als Stuckator, der andere als Maler. Diego stuckierte Festsaal, Vorsaal und Einfahrt. 1736 kamen vom Hof des Kurfürsten Clemens Wenzel von Köln der Bildhauer Paul Amadeus Biarelle und sein Bruder, der Maler Johann Adolf Biarelle, nach Ansbach. Unter ersterem, der auch Möbel entwarf, arbeitete eine Gruppe in München geschulter Künstler, darunter Johann Kaspar Wetzlar und Johann Georg Wölflein als Bildhauer. Stuckmarmorarbeiten schuf der Wessobrunner Johann Schnell, den man aus Brüssel holte; die Bronzearbeiten stammen von Joseph Bianchini und Ange Guillard, und die schönsten Möbel arbeitete der Ansbacher Hofschreiner Johann Matusch, dessen Vorbild England war. So entstand im Zusammenspiel von Kunsthandwerkern und Künstlern verschiedener Nationalitäten das kostbare Interieur der Residenz. 1749 ging Retti nach Ludwigsburg, um dort für den Herzog von Württemberg zu arbeiten. Unter dem letzten Markgrafen Alexander, der wieder beide Markgrafschaften beherrschte, die er dann an Preußen abtrat, wirkten in Ansbach in den siebziger Jahren vor allem Bayreuther Künstler, und zwar ganz im Stil des Bayreuther Rokoko.

Einige der Räume seien hier näher beschrieben. Da ist der Festsaal, von Pilastern gegliedert, 1734 von Diego Carlone stuckiert. Über den Türen der Schmalseiten sehen wir vier große Reliefs, die die vier Hauptflüsse der Markgrafschaft versinnbildlichen, in der Hohlkehle Reliefs von Putten und Tierkreiszeichen, die zwölf Monate, die Elemente, die Jahreszeiten; das Deckengemälde von Carlo Carlone zeigt Chronos, das ‹gute Regiment›, die Künste in allegorischer Darstellung. Die Räume der markgräflichen Wohnung sind von hohem künstlerischem Rang, von Retti entworfen. Da ist zum Beispiel das Schlafzimmer des Markgrafen, dessen Dekorationsprogramm sich auf Falkenjagd und Reiherbeize bezieht. Reiher und Falken sehen wir auf den Spiegelrahmen, an den Alkoventüren in der mittleren Deckenstuckrosette und in der Randzone des Plafonds sowie auf den Supraportengemälden von J.A. Biarelle. Die eleganten Schnitzereien der Boiserien stammen vermutlich von P.A. Biarelle, die lebhaft bewegten Spiegelrahmen und Rahmungen der Supraporten von einem Münchner Kunsthandwerker. Früher waren die Wände mit ‹Fauconnerie-Gobelins› bespannt, die vor 1786 durch grünen Seidendamast ersetzt wurden; die heutige Wandbespannung stammt aus dem 19. Jahrhundert. Gute Möbel und Bildnisse der markgräflichen Familie vervollständigen das Interieur. Besonders schön ist das Marmorkabinett. Es gehört zu den vollkommensten Raumkunstwerken des deutschen Rokoko, mit vergoldeten Stuckaturen auf hellem Grund von zartem Rosa und Grau. In den Stuckmarmor, angelegt von Johann Schnell, sind allegorische Gemälde der «Laster» von J.A. Biarelle eingelassen, der auch die dekorativen Malereien im Deckenstuck geschaffen hat. Der hervorragende Stuck ist unterbrochen von Kartuschen, gefüllt mit vergoldeten Reliefs. Arkadische Szenen wechseln mit ‹indianischen›. Da ist das reizende Spiegelkabinett der Markgräfin, dessen Schnitzereien Johann Kaspar Wetzlar anfertigte und das in die Nähe der Münchner Reichen Zimmer gehört. Da sind Gobelin- und Jagdzimmer, die Spiegelgalerie. Alles das ergibt den bereits genannten spezifisch ansbachischen Stil, dessen besonderer Reiz in der maßvollen Verwendung des Dekors liegt.

Das also war der Rahmen für einen eleganten Hof, für prunkvolle Feste und Aufzüge. Der ‹Wilde Markgraf› muß allerdings ein ebenso unbedeutender wie unangenehmer Herr gewesen sein, der seine Frau miserabel behandelte und von seinem Schwager Friedrich dem Großen verachtet wurde. Wie dem auch sei, über der Ansbacher Residenz liegt wie über allen Schöpfungen des 18. Jahrhunderts die Anmut einer Kultur, die langsam ihrem Untergang zuschritt. Der Thronverzicht des letzten Markgrafen Alexander 1791 zugunsten des Königs von Preußen wirkt wie das Finale dieser sterbenden Rokokozeit. *Abb. 36 bis 43*

Ansbach / Prinzenschlößchen

1621 kaufte der Arzt Dr. Johann Chr. Rehm den am Südhang des Schloßbergs gelegenen Garten, den nach mehrfachem Besitzerwechsel der Hofrat Georg Christian Seefried 1697 erwarb. Seefried ließ sich zwischen 1697 und 1699 von Gabriel de Gabrieli das Schlößchen bauen, verkaufte den Besitz aber vor Vollendung des Hauses 1708 an den Hofrat Jakob Friedrich Weyl, der es bis 1715 vollendete und den Terrassengarten mit seinen Wasserspielen anlegte. Johann Peter Utz rühmt in einem Gedicht diesen außerordentlich reizvollen kleinen Sitz. Es heißt darin:

Von unten glänzet uns an blumenvollen Wegen
Der Pomeranzen Gold aus frischem Grün entgegen,
Da den erhöhten Teil, der einsam sich versteckt,
Mit breiter Finsternis der alte Nußbaum deckt,
Um grüne Rasen rauscht die hohe Wand der Buchen,
Ein heiliger Bezirk, den Lieb' und Musen suchen ...

1721 kaufte der Markgraf den Besitz mit Einrichtung und Gemäldegalerie für seinen neunjährigen Sohn Carl Wilhelm Friedrich, den späteren ‹Wilden Markgrafen› – daher der Name Prinzenschlößchen. Der Markgräfin Christiane Charlotte gefiel das Ensemble von Haus und Garten so gut, daß sie ihre Büste über dem Portal der Gartenseite anbringen ließ. Markgraf Alexander aber hatte keine Verwendung mehr für den kleinen Besitz und überließ ihn 1775 für die geringe Summe von 2500 Gulden seinem Geheimrat und Oberforstmeister Franz Georg Freiherrn Schilling von Cannstadt. Von nun an wechselten die Besitzer häufig, bis im Jahre 1960 Hanns Seifert das sehr verwahrloste Schlößchen kaufte und mit Hilfe des Bayerischen Landesamtes für Denkmalpflege in mustergültiger Weise instand setzte.

Die Gartenfront des reizenden kleinen Baues, mit Mansarddach und vorgewölbtem Mittelteil, trägt eine toskanische Pilastergliederung; unter den Fenstern sitzen männliche und weibliche Büsten und über dem Mittelrisalit liegt eine Attika. Die Architekturglieder stehen in Morellenrot auf gebrochenem Weiß, die Putzgliederung der übrigen Fassadenflächen grau auf kühlem, hellem Grün. Der ovale Saal, im Grundriß an den Mittelsaal der Amalienburg in Nymphenburg erinnernd, zeigt elegante, leichte Stuckierung von weißem Bandwerk und Blütenranken auf blauem und rosafarbenem Grund.

Das Ganze ist ein besonders wohlgelungenes Beispiel bürgerlicher Wohnkultur des 18. Jahrhunderts. In dem reizenden Garten speisen alte Wasserrechte auch heute noch vier der hübschen Brunnenbecken.

Sommersdorf

Sommersdorf, östlich von Feuchtwangen gelegen, gehörte wahrscheinlich zu den ehemaligen Besitzungen des Benediktinerklosters Herrieden, die nach dessen Umwandlung in ein Chorherrenstift (888) an das Bistum Eichstätt fielen und von da an vom Bischof als Lehen vergeben wurden. Im 13. Jahrhundert saß hier eine Familie, die den Ortsnamen angenommen hatte. 1208 wird ein Gerhardus von Sunnemannesdorf genannt. Ab 1391 tritt Ludwig von Eyb (gestorben 1408) zu Sommersdorf auf. Die erhaltene Wasserburg dürfte auf ihn zurückgehen. Sein Wappen und das seiner Gemahlin Elisabeth von Seckendorff finden sich an den Balken des Rittersaales.

Die Zweiflügel-Anlage war um 1400 von Ludwig von Eyb für seine beiden Söhne gebaut worden. Ein neuer Kapellenbau (‹Käschperle› genannt) erfolgte 1468 durch seinen gleichnamigen Sohn. Die Kapelle liegt wenig entfernt vom Schloß jenseits des Wassergrabens, ist jedoch mit in die Vorverteidigung einbezogen. 1549 verkaufte Hanns Christoph von Eyb das Schloß an Wolf von Crailsheim. Im 18. Jahrhundert wurde vor dem Schloß ein Wirtschaftshof mit Umwallung und einem Torturm, in dem sich ein Gefängnis befand, errichtet. Bis auf eine kurze Unterbrechung im 18. Jahrhundert blieb Sommersdorf bis heute im Besitz der Freiherren von Crailsheim. Eine Restaurierung fand 1952 bis 1957 statt.

Der hochgebaute Nordflügel mit Staffelgiebel und der niedrige parallele Südflügel sind durch Mauern verbunden, so daß ein schmaler Innenhof entsteht. Am Ende des Hofes steht ein runder Treppenturm. Vor der Schloßanlage erhebt sich, weit in den Wassergraben hineinreichend, der alles überragende runde Bergfried. Das Schloßareal wird von einer Festungsmauer mit zahlreichen Schießscharten umgeben. An den Ecken der quadratischen Umwallung stehen viereckige Bastionen, in der Mitte der Mauern jeweils Rundtürme.

Der Nordflügel enthält im Erdgeschoß zwei tonnengewölbte Stallungen. Im 4. Geschoß liegt der durchgehende Rittersaal, dessen Langhauswände in verputztem Fachwerk erbaut sind. In der Mittelachse tragen drei Holzstützen den Saal. Im nördlichen Kabinett wurden zwei Schichten teils mit ornamentaler, teils mit figürlicher Wandmalerei gefunden. Ein interessanter Profanraum aus der Erbauungszeit befindet sich im gleichen Stockwerk.

Die ehemalige Zugbrücke wurde im 19. Jahrhundert durch eine Steinbrücke ersetzt, die unter hohen Bäumen hindurchführt und heute den Zugang zum Schloß bildet. Mit dem breiten Wassergraben, der das Schloß umgibt, bietet Sommersdorf ein in jeder Weise romantisches Bild.

Abb. 45

Altenmuhr

Am Nordrand des Dorfes Altenmuhr steht in den Wiesen, dicht an der hier noch bachgleichen Altmühl, umgeben von alten Bäumen, das ehemalige Wasserschloß. Im 12. Jahrhundert war es im Besitz der Herren von Muhr – Ministerialen und Erbküchenmeister der Bischöfe von Eichstätt –, und von 1430 bis 1799 saßen hier die Freiherren von Lentersheim. Nach dem Aussterben dieser Familie fiel das Gut als erloschenes Lehen an die Markgrafschaft Ansbach, die damals von dem späteren Staatskanzler Hardenberg verwaltet wurde. 1803 erhielt Freiherr von Hardenberg Altenmuhr als Dotation, er hat aber dort wenig gewohnt. Später erwarb es Freiherr von Wülknitz, der es 1813 an Bayern verkaufte. 1826 übernahm Friedrich Carl Freiherr von Danckelmann das Gut. Er war als kaiserlich russischer Minister der Zölle in Ungnade gefallen und nach Sibirien verbannt worden, durfte aber 1824 nach Deutschland emigrieren. Durch ihn wurde das Schloß wohnlich umgebaut, ein Teil der hübschen Ausstattung geht auf ihn zurück. Seine Tochter heiratete den griechischen und später bayerischen Kriegsminister Georg Wilhelm von Le Suire. Noch heute befindet sich das Schloß im Besitz dieser Familie.

Hortense Beauharnais, Königin von Holland und Schwester Eugènes, des Herzogs von Leuchtenberg, wollte nach dem Sturz Napoleons Altenmuhr kaufen. In einer Zeitung jener Zeit heißt es: «Wohl der deutlichste Beweis, wie gut es den Emigrés da gefallen hat, ist der, daß nach der zweiten Restauration der Bourbonen die Mutter Napoleons III., Hortense, beabsichtigte, mit ihrem Sohn Louis, den sie auf einem deutschen Gymnasium ausbilden lassen wollte, nach Ansbach zu ziehen. Schon hatte sie im Jahre 1818 durch einen Bevollmächtigten das von dem markgräflichen Minister von Zocha 1749 erbaute Schlößchen in Ansbach kaufen lassen. Auch stand sie in Kaufverhandlungen wegen des in der Nähe von Ansbach gelegenen Rittergutes Altenmuhr. Allein die Übersiedlung des späteren Kaisers der Franzosen scheiterte daran, daß Ansbach damals keine katholische Kirche, sondern nur ein kleines Bethaus hatte ...» Fast wäre also Altenmuhr Sitz eines Napoleoniden geworden. Er hätte dann in unmittelbarer Nähe seines Onkels Eugène Beauharnais gelebt, der damals als Fürst von Eichstätt in der alten Bischofsstadt residierte.

Bergfried, Untergeschoß des Hauptbaus und Zwingeranlage stammen aus dem späten 12. Jahrhundert, der Ostflügel gehört dem frühen 16. Jahrhundert an. Zu Beginn des 17. Jahrhunderts ist ein großer Teil des Schlosses neu erbaut worden; im 19. Jahrhundert wurde der Wassergraben eingeebnet, die Zwingmauer teilweise abgetragen und der Eingang auf die Ostseite verlegt.

Mit seinem hohen Bergfried und den Volutengiebeln des Hauptbaus ist Altenmuhr eine bemerkenswerte Anlage, die auch im Innern viel Sehenswertes besitzt. Im zweiten Obergeschoß fällt ein Portal auf, das von Stuckatlanten flankiert wird, die ein reichverziertes, verkröpftes Gebälk mit wappenhaltenden Löwen tragen. Die Decke des breiten Korridors zeigt kräftig profilierten Rahmenstuck, in Felder geteilt, in denen fast vollplastische Darstellungen aus Ovids Metamorphosen sitzen. Die Rahmenzwickel füllt Rankenwerk mit Tieren. Im anschließenden Raum sitzt in der Deckenmitte ein großes Relief mit der Darstellung des Opfers des Mutius Scaevola. Auf den Seiten sehen wir Allegorien des Feuers zwischen grotesken Tierfiguren. Alle diese Stuckaturen stammen ohne Zweifel von der Hand des Nürnbergers Hans Kuhn und sind wohl zwischen 1610/20 entstanden. Im Obergeschoß des Nordostflügels liegt ein Saal mit sehr schönen Grisailletapeten, die vermutlich 1810/15 von der Pariser Firma Jacquemard und Renard geliefert worden sind. Auf ihnen sind die Truppen des russischen Generals Suwaroff in Italien dargestellt. Und schließlich gibt es im Dachraum des Hauptbaus teilweise aufgedeckte Fresken von 1556, die Tiere, Ranken und Fruchtstücke zeigen. *Abb. 51 bis 53*

Roth am Sand

Roth ist ein schönes, altes fränkisches Städtchen, zudem ein alter Industrieort, wo vor allem die ‹Leonischen Fabriken› für Drahtzieherei und Tressen in Blüte standen, so genannt nach einem der Hauptorte dieser Fabrikation, Lyon. Auf Befehl des Markgrafen von Ansbach übernahm 1740 Kaspar Stieber das Werk, und 1791 richtete Johann Philipp Stieber im markgräflichen Schlosse zu Roth eine zweite Fabrik ein, die ‹Leonischen Werke Roth-Nürnberg›. Der Enkel des Gründers, Wilhelm Stieber, wurde 1915 in den Freiherrnstand erhoben, aber mit ihm ist die Familie erloschen. Das Schloß ist heute nicht mehr Fabrik, sondern birgt das Heimatmuseum.

Markgraf Georg von Brandenburg-Ansbach hatte 1512 die schlesischen Fürstentümer Oppeln, Ratibor und Jägerndorf geerbt. Aus den Einkünften dieser Besitzungen ließ er 1535/37 an Stelle der alten burggräflich-nürnbergischen Burg, wahrscheinlich von dem Ansbacher Sixt Kornberger, das neue Schloß erbauen und nannte es nach einer der schlesischen Besitzungen ‹Schloß Ratibor›. Die bronzene Bauinschrifttafel am Tor stammt sicher aus der Werkstatt des Ansbachers Lienhard Kestler, da Unterlagen für eine 1538 geleistete Zahlung für eine Metallarbeit vorhanden sind. Diese Tafel ist mit dem kaiserlichen Wappen, den Wappen des Markgrafen und den Wappen seiner drei Frauen, Emilia Herzogin von Sachsen, Hedwig Herzogin von Münsterberg und Beatrix Gräfin von Frangipani, geschmückt.

Freiherr Wilhelm von Stieber erwarb 1892 den Westflügel und ließ ihn auf das prächtigste ausstatten, auch den Südflügel ließ er zum Teil neu aufführen. 1942 schenkte Baronin Stieber das Schloß der Stadt Roth. Der vierflügelige, weitläufige Bau mit seinen drei starken Türmen und den hohen Giebeln liegt an der Hauptstraße über dem Rednitztal. Die Trakte haben auf der Seite des Hofes, in dem eine riesige Linde steht, zum Teil noch offene hölzerne Laufgänge. Im Westbau befanden sich die Wohnräume, der Nordflügel diente als Marstall.

Die von Stieber ausgestatteten Wohnräume im Westbau zeigen die üppige Dekorationskunst des ausgehenden 19. Jahrhunderts im Stil der ‹Deutschen Renaissance›. Bemerkenswert ist vor allem der prunkvolle Festsaal mit seiner vergoldeten, reich stuckierten Kassettendecke, in deren Felder Gemälde aus der griechischen Mythologie von Ferdinand Wagner d. J. eingelassen sind. Die Wände sind in Gobelinimitation mit Szenen aus der Odyssee von dem Münchner Rudolf von Seitz bemalt; der Parkettboden ist reich ornamentiert und es gibt ebenso reiche Türumrahmungen sowie einen rotmarmornen Kamin von dem Nürnberger Architekten Walther Conradi. In die vertäfelten Wände des Speisesaals sind große Gemälde niederländischer Manier eingelassen. Der in Einzelheiten noch der Spätgotik verhaftete, in seiner Gesamterscheinung etwa an Schloß Neuburg an der Donau erinnernde Bau bildet mit der Ausstattung des späten 19. Jahrhunderts eine außerordentlich reizvolle Anlage. *Abb. 23*

Mörlach

Fahren wir von München nach Nürnberg, so müssen wir die Autobahn bei der Ausfahrt Hilpoltstein verlassen, wenn wir das Schlößchen Mörlach besuchen wollen. Wir können auf unserem Weg zuvor einen Blick in die schöne Wallfahrtskirche Maria Hilf werfen, die nach Plänen von Giovanni Antonio Viscardi 1700/08 erbaut worden ist, ein Zentralbau mit mächtiger Kuppel und vier Ecktürmen, deren Stuckaturen, Kanzel und Seitenaltäre Francesco Appiani, dessen Deckenbilder Georg Asam 1708 geschaffen hat. Das Innere ist allerdings Ende des vorigen Jahrhunderts nicht gerade glücklich restauriert worden.

Mörlach liegt im fruchtbaren Ackerland westlich der Höhen des Fränkischen Jura. Im 13. Jahrhundert saßen hier die Herren von Rindsmaul, die das Gut den Herren von Hilpoltstein verkauften. 1542 verpfändete Herzog Ottheinrich von Pfalz-Neuburg die Ämter Allersberg, Hilpoltstein und Heideck der Reichsstadt Nürnberg, die nun auch Mörlach durch patrizische Pfleger verwalten ließ. 1584 kaufte der Nürnberger Pfleger Marquard Kötzler das Gut und baute sich hier ein Schloß im Stil der Nürnberger Herrensitze. Ihm folgten verschiedene Besitzer, bis die Nürnberger Imhof 1665 Mörlach von den Welsern erwarben.

Der erste Besitzer aus der Familie Imhof war Hans Hieronymus (1624/1705), ein gelehrter, frommer Herr, Verwalter des Nachlasses von Willibald Pirckheimer und Mitglied des reichsritterschaftlichen Kantons Gebirg. Dagegen galt sein Urenkel Carl Adam Christoph von Imhof (1734/99), der nach dem Tode seines Vaters die Hofmark übernahm, als ein recht abenteuerlicher und skrupelloser Mann. Er war in erster Ehe mit Marianne Chapusset, Tochter eines Emigranten und Lampenmachers in Nürnberg, verheiratet und ging, da diese Ehe vom Nürnberger Patriziat als nicht ebenbürtig angesehen wurde, mit seiner Frau nach London und von dort nach Ostindien. Auf dem Schiff verliebte sich Warren Hastings, der Gouverneur von Indien, in die junge Frau, die ihm Imhof nach Eintreffen der Scheidungsurkunde aus Nürnberg mitsamt den beiden Söhnen gegen eine Leibrente von 4000 Gulden überließ. Er selbst ließ sich in Kalkutta nieder, diente dort als englischer Offizier und kehrte als reicher Mann nach Mörlach zurück. In zweiter Ehe heiratete er Luise von Schardt, die Schwester von Goethes Freundin Charlotte von Stein. Als jedoch nach dem Tode Hastings die Leibrente ausblieb, geriet er in Schulden und mußte 1785 Mörlach verkaufen. Er ging mit seiner Frau nach Weimar, wo er sich aber bald von ihr trennte. Er brachte sich als Miniatur- und Portraitmaler durch und starb 1799 in einem Münchener Kaffeehaus am Schlag in den Armen eines Freiherrn von Hohenhausen, der inzwischen Eigentümer von Gut und Schloß Mörlach geworden war. 1956 kaufte Ferdinand Helbach das Gut.

Carl Adam Christoph von Imhof hatte 1775 das neue Schlößchen erbaut, einen eleganten kleinen Bau mit Mansarddach und leicht verzogenem Mittelrisalit mit Dreiecksgiebel. Zwei niedrige Seitenflügel sind mit dem Hauptbau durch geschwungene kleine Zwischenbauten verbunden, und an diese Flügel anschließend folgen je ein geschwungener Bau, zwischen denen die urnenbekrönten Pylonen der Einfahrt mit schmiedeeisernem Gitter stehen. Aus dem Vestibül führt eine hübsche Treppe mit durchbrochenem Geländer in die Obergeschosse. In den Räumen des zweiten Obergeschosses sind die Decken mit graziösem Blumen- und Rankenstuck aus der Erbauungszeit geschmückt. Unter dem Freiherrn von Hohenhausen dürfte die elegante klassizistische Stuckierung des Saals und der anschließenden Räume im ersten Obergeschoß stammen, wohl von dem Nürnberger Johann Michael Krieger. *Abb. 22*

Dennenlohe

Am Ende des 15. Jahrhunderts gehörte das Gut der Familie von Leonrod, danach den Schenken von Castell. Ihnen folgten die Freiherren Eichler von Auritz, 1775 die Grafen Vries und von 1802 bis 1825 die Grafen Pappenheim, sodann die Freiherren von Süßkind-Schwendi, denen das Schloß noch heute gehört. Leopold Retti lieferte 1733 die Pläne für den

Schloßbau, der 1734/35 an Stelle des mittelalterlichen Sitzes als Jagdschloß erbaut wurde.

Dennenlohe ist eine sehr elegante symmetrisch gegliederte Anlage. An den Hauptbau schließen sich, etwas abgesetzt, die Wirtschaftsgebäude an. Die Einfahrt führt zwischen zwei Pavillons hindurch in den Schloßhof. Der Hauptbau ist eine bemerkenswerte Leistung des frühen 18. Jahrhunderts. Leopold Retti gehörte zu den bekannten Baumeistern seiner Zeit. Er hat große Teile des Ansbacher Schlosses erbaut, war in Ludwigsburg herzoglicher Oberbaudirektor und seit 1750 wieder in Stuttgart tätig. Das Schloß, durch Putzfelderung flächig gegliedert, besitzt dem Hof zu einen Mittelrisalit und zwei nur um eine Achse vorgezogene, schmale Seitenflügel, zur Gartenseite einen kräftigeren Mittelrisalit mit anschließender Terrasse. Im Giebel der Hoffassade sitzt das Wappen des Bauherrn, in dem der Gartenfront zwischen Gartengeräten die Monogrammkartusche der Grafen von Vries.

Im Innern führt vom Vestibül eine breite Podesttreppe in das Obergeschoß. Hier und im gesamten Treppenhaus findet sich eine Vielzahl präparierter heimischer Vögel, die der jetzige Hausherr, ein passionierter Jäger, erlegt hat. Im Erdgeschoß liegt in der Mittelachse der wohlproportionierte Gartensaal, dessen Wände von einem dankbaren Jagdgast im 19. Jahrhundert mit entzückenden Jagdbildern geschmückt worden sind. Dieser Raum sowie der Festsaal im ersten Obergeschoß besitzen bemerkenswerte Öfen des 18. Jahrhunderts aus Gußeisen mit gekacheltem Aufsatz.

An der ganzen Inneneinrichtung waren damals namhafte Künstler beteiligt. Der Italiener Antonio Sylva lieferte 1739 zwei Kamine aus rotem französischem Marmor. Der ansbachische Hofbildhauer Paul Amadeus Biarelle arbeitete an der Rokokoausstattung mit. Von ihm stammen vermutlich zwei Konsoltische im oberen Saal. Von der ersten Ausstattung sind außerdem zwei qualitätvolle Kommoden erhalten. Im Schloßarchiv sind neben den Rechnungen über den Bauablauf auch die über Möbellieferungen der genannten Künstler vorhanden.

An der Nord- und Südseite des Hofes stehen zwei erdgeschossige Pavillons, in den Westecken zwei kleinere Jägerhäuser, die durch konkav geschwungene Mauern mit zwei außerhalb des Hofes stehenden Wirtschaftsgebäuden verbunden sind. Schloß Dennenlohe ist ein gutes Beispiel ansbachischer Hofbaukunst des Rokoko, das seinen vornehmen Stil durch gepflegte Wohnlichkeit bis heute bewahrt hat.

Abb. 64 bis 67

Ellingen

Ein hügeliges Land mit weiten Wiesengründen und Kiefernwäldern, im Volksmund der ‹Sand› genannt – dort liegt die ehemalige Residenz der fränkischen Ballei des Deutschen Ordens. Von dort aus sieht man die alte Reichsstadt Weißenburg und die markgräfliche Festung Wülzburg, denn hier stießen die Besitzungen dreier Reichsstände zusammen: der Stadt Weißenburg, des Markgrafen von Brandenburg-Ansbach und des Ordens.

Der Deutsche Ritterorden war 1190 in Akkon von Herzog Friedrich von Schwaben gegründet worden. Er wurde 1226 vom Herzog von Masovien nach Preußen berufen und erhielt im gleichen Jahr das Land von Kaiser Friedrich II. als Eigentum zugesprochen mit dem Auftrag, diese östlichen Gebiete zu christianisieren und zu kolonisieren. Daß der Orden diese Aufgabe nicht immer mit christlicher Milde durchgeführt, ja teilweise rechte Schrecken verbreitet hat, ist bekannt. Lange Zeit hat der Schwerpunkt seiner Macht im Nordosten gelegen, und solange er die große Aufgabe der Eroberung und Kultivierung weiter Gebiete wie Preußen und Livland zu erfüllen suchte, spielten die Besitzungen im Reich nur eine untergeordnete Rolle. Als aber 1525 Preußen, das Hauptland, weltliches Herzogtum geworden und dadurch dem Orden entzogen worden war, verblieben ihm nur noch die Reichsgüter, denn auch die Besitzungen in Italien und Ungarn waren allmählich verlorengegangen. Seine einstige Aufgabe, Krieg gegen die Ungläubigen zu führen und den deutschen Osten zu kolonisieren, war längst bedeutungslos geworden. Übrig blieb allein die Aufgabe, für Arme und Kranke zu sorgen.

Nach wie vor mußte der Ordensritter das Gelübde der Keuschheit und der Armut ablegen; er hat sich später kaum mehr daran gehalten, denn der Orden verlor immer mehr seinen geistlichen Charakter, und seine Ritter waren als Offiziere oder Staatsbeamte im Fürstendienst zu finden. Seit 1525 residierte der Hoch- und Deutschmeister in Mergentheim. Ihm unterstanden zwölf Balleien. Es waren dies Österreich, Etschland, Elsaß-Burgund, Lothringen, Alten-Biesen für Belgien, Utrecht in Holland, Sachsen, Thüringen, Westfalen, Hessen, Koblenz und Franken, die reichste aller Balleien.

Im 18. Jahrhundert unterschieden sich die Deutschherren kaum noch von ihren weltlichen Nachbarn, denen sie es gleichtaten an Baulust und Förderung der Künste. Repräsentation und persönliche Liebhaberei dieser Herren spielten dabei eine große Rolle. Gerade im Jahrhundert der größten Prachtentfaltung, der weitläufigsten Residenzbauten wurde allerlei benötigt, um den verblaßten Glanz des zu politischer Bedeutungslosigkeit verurteilten Ordens zu beleben. Ein würdiges Ordenshaus mußte vorhanden sein; Wirtschaftshöfe, Mühlen und Brauereien, Schulen und Krankenhäuser gehörten zum Bestand der Komtureien.

Immer noch hatte der Deutschmeister einen hohen Rang in der Hierarchie des Reichs. Er rangierte gleich nach den Erzbischöfen. An den alten Bräuchen wurde festgehalten, so wurde der Ritterschlag nach wie vor mit den Worten erteilt: «Zu Gottes, St. Marien und St. Georgen Ehr, vertrag dies und keines mehr.» Ja, das Bewußtsein der alten Geschichte des Ordens ging manchmal seltsame Wege. So wird mitgeteilt, daß 1793 bei einem Bankett in Mergentheim die Schinken mit aus Schweineschwarten geschnittenen Ordenskreuzen verziert waren, was den französischen Gesandten General Dumouriez zu dem Ausruf veranlaßte: «Comment, le cochon est-il aussi de l'ordre teutonique?»

Jeder Ballei stand ein Landkomtur vor. Die Ballei Franken wurde von Ellingen aus regiert, dieser vergessenen kleinen Residenz. Der Verkehr braust heute durch den Ort, doch kaum einer der Reisenden nimmt sich die Zeit, aufzublicken zu den Kirchen und Häusern und zu den unzähligen Statuen, welche die Bauten schmücken. Wie ein Stück lebendig gebliebenes Barock wirkt das Städtchen. Nichts Modernes und Gekünsteltes ist in ihm zu finden, alles kündet vom heiteren Leben jener Zeit. An jeder Straßenbiegung, vor dem Schloß, auf den Brücken und in den herrlichen Alleen erwartet man fast, den Menschen in der farbigen Tracht des 18. Jahrhunderts zu begegnen, das bunte Treiben von Reitern, Jägern und Bedienten zu sehen, das Rollen von Equipagen und schweren Reisewagen auf dem Kopfpflaster zu hören. Wie kaum ein anderer Ort ist Ellingen geeignet, uns das Bild einer barocken Residenz vorzustellen, wenn auch der letzte Krieg nicht spurlos an ihr vorübergegangen ist.

Von strahlender Heiterkeit und traumhaft pastellener Farbigkeit kann Ellingen sein, wenn im Herbst die Masse des Schlosses, das sich wie ein Gebirge mit seinen hohen Kuppeldächern über die Firste der Häuser erhebt, aus dem bunten Laub der Bäume aufsteigt und der goldene Widerschein der Wiesen und des hellen Himmels über dem Ort liegt. Das Besondere aber an Ellingen ist die Einheit von Schloß und Stadt, die etwa zwischen 1711 und 1770 entstand, denn der Orden baute auch Rathaus, Pfarrkirche und Maximilianskapelle, und auch die Bürger taten das ihre, um den Häusern den Schmuck der Zeit zu geben.

Es war Landkomtur Karl Heinrich Freiherr von Hornstein, der sich daranmachte, das baufällige Renaissanceschloß durch einen Neubau zu ersetzen. Mit dem Baumeister Franz Keller – den Ostflügel hatte bereits Wilhelm Heinrich Behringer zwischen 1708 und 1711 gebaut – ging er ans Werk. Der riesige Bau gehört zu den originellsten Schlössern Frankens, so ist zum Beispiel das große Stiegenhaus eine der interessantesten Planungen dieser Art nach der Wiener Hofbibliothek.

Es ist ja Kellers künstlerische Heimat der österreichische Barock gewesen, nur hat er den ‹Kaiserstil› Fischers von Erlach ins Deutsch-Fränkische transponiert und durch die kontrastreiche rhythmisierte Fassade eine Synthese des französischen Pavillonsystems mit der Dreiflügelanlage vorgebildet. Nur ist alles kompakter geraten als in Frankreich.

1718 wurde der Grundstein zum Neubau gelegt, der 1721 fertiggestellt war, eine Dreiflügelanlage von imposanter Größe mit reichbewegter Fassade und umzogen von einem mit Quadern gefüllten Graben. 1724 ist Keller gestorben, was der Deutschmeister in Mergentheim «mißliebig» vernommen hat. Die Kirche, ein im Kern hochgotischer Bau, bildet den vierten Flügel, der 1717/18 im Innern erneuert wurde und eine glänzende Ausstattung erhielt, wie den Hochaltar von Franz Xaver Feichtmayr, Kanzel und Seitenaltäre aus gleicher Zeit. Dreißig Jahre später gab ihr Franz Joseph Roth die heutige äußere Gestalt, nur den Turm vollendete Matthias Binder nach eigenen Rissen. Von Friedrich Karl Freiherr von Eyb, der 1748 Landkomtur geworden war, wird berichtet, daß er sofort daranging, «kostbare und unnötige Baulichkeiten» aufzuführen. 1749 entstand im Anschluß an den Westflügel die Reitschule, noch nach Entwürfen von Roth, und 1751 begann Eyb mit dem Bau der langgestreckten Wirtschaftsgebäude, die hinter der Reitschule den Wirtschaftshof bilden. Baumeister war Matthias Binder; die Arbeiten zogen sich bis 1762 hin.

Der Hauptflügel des Schlosses mit Einfahrt, Stiegenhaus und Repräsentationsräumen liegt gegen Süden. Der Mittelrisalit springt leicht vor. Das rundbogige, von Säulen flankierte Portal greift in das Obergeschoß über. Auf den zum Balkon führenden Voluten stehen die Statuen des Mars und der Minerva von Johann Friedrich Maucher, der auch den Schmuck des Giebels geschaffen hat. Auf dem Giebel stehen die Statuen der Religion, Gerechtigkeit und Caritas.

Dominierend im Innern ist das Treppenhaus, und auf das Forte der großen Treppe sollte wie ein Fortissimo der Festsaal folgen, der jedoch im Empire eine kühle, strenge Wandverkleidung erhielt. Die Inneneinrichtung ist höchst prächtig. Schöner leichter Stuck, Gobelins, Bilder und Möbel füllen die Räume; gelber Atlas, grüne und karmesinrote Brokatelle und Drap d'Or fanden reiche Verwendung.

Nach dem Tode des letzten Landkomturs Franz Sigismund Adalbert Freiherrn von Lehrbach wurde 1787 die Ballei Franken aufgelöst und dem Hoch- und Deutschmeister in Mergentheim unmittelbar unterstellt. Damit hatte Ellingen den Charakter einer Residenz verloren. Der Orden wurde schließlich 1809 von Napoleon aufgelöst, das Deutschmeisterwappen in Mergentheim öffentlich verbrannt, die Sarkophage der Meister zerstört. Ellingen war bereits drei Jahre zuvor an das Königreich Bayern gefallen, und 1815 verlieh König Maximilian I. Joseph das Schloß und die Herrschaft Ellingen mit neunzehn Dörfern und sechzehn Weilern seinem Feldmarschall und Minister, dem Fürsten Carl Philipp von Wrede. Er hatte eine glänzende Karriere gemacht, und sein Standbild ist bis heute mit dem Tillys in der bayerischen Feldherrnhalle zu sehen, obgleich das Volk sagt: «Der Tilly war kein Bayer und der Wrede kein Feldherr.» Wie seine

Gegner auch urteilen mögen, in Ellingen war der Fürst sehr beliebt und das patriarchalische Verhältnis der Familie zur Bevölkerung zeigte sich, als der Sohn des Marschalls 1839 mit seiner jungen Frau unter dem Jubel der gesamten Einwohnerschaft Einzug in die Stadt hielt. Es war die letzte Glanzzeit Ellingens. 1939 mußte das Schloß dem bayerischen Staat übergeben werden, da es dem Hause Wrede nicht mehr möglich war, den riesigen Bau aus eigenen Mitteln zu erhalten. Jetzt liegt er still und verlassen da, aber dem Feldmarschall und seinen Nachkommen ist es zu danken, daß diese großartige Schöpfung barocker Baukunst noch heute unverfälscht vor uns steht. *Abb. 46 bis 50*

Sandsee

Die Burg Sandsee liegt nördlich von Pleinfeld, eine große ovale Anlage, die weithin sichtbar ist, von einem geschlossenen Befestigungsring umgeben, mit mächtigem rundem Bergfried. Fünf Jahrhunderte lang gehörte die Burg dem Hochstift Eichstätt, bis sie zur Zeit der Säkularisierung an den Rentamtmann Deinl von Hilpoltstein verkauft wurde. Nach mehrfachem Besitzerwechsel kaufte 1817 Fürst Karl Philipp von Wrede das Schloß, ließ das sogenannte alte Schloß abtragen und das am Nordbering stehende große Pflegschloß als Jagdschloß einrichten. Schloß Sandsee ist bis heute im Besitz der Fürsten Wrede, die es auch bewohnen.

Den Zugang zur Burg bildet eine gemauerte Brücke aus der Barockzeit. Rings um den Innenhof führt der noch erhaltene, mit Brettern verschalte Wehrgang. Die Wohnbauten sind dreigeschossig, im Kern größtenteils mittelalterlich. In der Fassade des kurzen Westflügels ist das Steinwappen des Bischofs Wilhelm Reichenau, 1467, eingelassen, der Schloß Sandsee, nachdem es im Krieg zwischen Herzog Ludwig und Markgraf Achilles von Ansbach zerstört worden war, wiederherstellen ließ.

Die Räume des Erdgeschosses sind durchwegs gewölbt. Das zweiarmige Stiegenhaus ist mit Kreuzgewölben versehen. Die Schloßkapelle im Westflügel wurde von den Wredes zu Beginn unseres Jahrhunderts erbaut.

Syburg

Von Weißenburg aus erreicht man über Oberhochstatt, Burgsalach, Nennslingen den Ort Syburg im Anlautertal. Das eindrucksvolle Schloß liegt inmitten von Wiesen, umgeben von einem schmalen Wasserlauf und verschilften Weihern. Heinrich von Hofstetten, Schenk der Grafen von Hirschberg, empfing 1276 von Herzog Ludwig dem Strengen die der Syburg benachbarte Burg Geyern zu Lehen, weshalb sich seine Nachkommen Schenk von Geyern nannten. 1470 kauften sie das aus dem 11. Jahrhundert stammende Wasserschloß Syburg von den in Oberfranken beheimateten Herren von Wirsberg und machten es zum Hauptmittelpunkt ihrer bis zum Ende des Heiligen Römischen Reiches bestehenden reichsunmittelbaren Herrschaft, in welcher sie mit den Markgrafen von Ansbach sogar die Hochgerichtsbarkeit ausübten. Albrecht Ernst (1669–1754) baute das Schloß um, das der Letzte seines Namens, Freiherr Maximilian Ernst Schenk von Geyern, 1970 dem Fürsten Ernst August zur Lippe verkaufte.

Die Umbauten des 18. Jahrhunderts haben Schloß Syburg – in den Jahren 1720 und zwischen 1729 und 1750 leitete der Baumeister Hans Georg Richter die Arbeiten – sein heutiges Aussehen gegeben. Es bildet mit den stattlichen, spätgotischen Wirtschaftsgebäuden, deren große Zehntscheune Staffelgiebel zeigt, eine sehr malerische Anlage. Durch den Torturm mit gequaderten Ecken, der das Schenk von Geyernsche Wappen und die Jahreszahl 1795 trägt (errichtet über dem ehemaligen Torhaus durch Philipp Albrecht Ernst), betreten wir den Hof. Das Schloß mit dem Grundriß eines Z ist ein schlichter Bau, dessen Inneres von den jetzigen Eigentümern mit schönen Möbeln des 18. Jahrhunderts, des Empire und des Biedermeier eingerichtet ist. Gute Bildnisse von Mitgliedern des englischen Königshauses und des Hauses Mecklenburg-Strelitz – zumeist Vorfahren des jetzigen Hausherrn – schmücken die Räume. Das Speisezimmer im Erdgeschoß ist im Stil der Florentiner Renaissance ausgestattet und stammt noch aus der Zeit der Schenk von Geyern.

Im ersten Obergeschoß liegt das Arbeitszimmer des jetzigen Hausherren, ein besonders reizvoller Raum. Die Wände sind durch Pilaster gegliedert, die mit 412 blaubemalten Fayencekacheln – vermutlich aus der Ansbacher Manufaktur stammend – belegt sind. Sie zeigen paarweise verschiedene Motive der Falkenjagd zu Pferde. Die Decke erhielt um 1750 einen höchst eleganten Rokokostuck. Auch andere Räume tragen guten Stuckdekor um 1720/30.

Im anschließenden Park steht ein wohlproportionierter, im Innern mit zarten Stuckaturen geschmückter Gartenpavillon, der – wie auch die Orangerie – von Johann David Steingruber entworfen sein könnte (etwa um 1750).

Hochinteressant ist auch das seit 1276 geführte, geordnete Schloßarchiv mit vielen bedeutenden Urkunden.

Abb. 60 bis 63

Pappenheim

Wenn wir das schöne Altmühltal aufwärts fahren, vorüber an den bizarren Felsbildungen zu beiden Seiten des Flusses, kommen wir zur ehemaligen Residenz der Grafen von Pappenheim. Am Marktplatz der schönen alten Stadt ließ sich Graf Carl Theodor, General-Feldzeugmeister der bayerischen Armee, von Leo von Klenze 1819/20 das neue Schloß erbauen. Der Graf war sehr zufrieden mit dem neuen Bau und schickte Klenze als Anerkennung eine goldene Dose voller Dukaten, worauf ihm Klenze sogleich die Rechnung für seine Entwürfe zukommen ließ.

Es ist ein sehr vornehmes Haus, dessen Mittelrisalit das Vestibül, das weiträumige Treppenhaus und den großen Festsaal enthält. Der Saal hat eine reichstuckierte Kassettendecke über umlaufendem Fries mit Grisaillen aus der Pappenheimischen Geschichte sowie durch Pilaster gegliederte Wände. Die Stuckaturen schuf der aus München berufene Pierre Viotti, die Plafondmalereien der Münchner Anton Schönherr, die Bildhauerarbeiten stammen von Münchner Künstlern, während die Empireöfen nach Zeichnungen von Johann Metivier in Pappenheim hergestellt worden sind.

Die Räume sind gefüllt mit den schönsten Möbeln des frühen 19. Jahrhunderts, darunter ein Schreibtisch, an dem Napoleon einmal seine Befehle geschrieben haben soll. Ferner gibt es gute Möbel des 18. Jahrhunderts, unter anderem ausgezeichnete Stücke aus der Werkstatt Röntgens. Ein Unikat ist die Kommode aus dem Ende des 15. Jahrhunderts mit dem Pappenheimischen Wappen.

Schon im 10. Jahrhundert saßen die Herren von Kalentin, wie die Pappenheim damals hießen, im Ort, und zwar auf der mächtigen Burg über der Stadt. Der erste Reichserbmarschall, die Würde war dem Hause erblich, war Heinrich von Kalentin unter Kaiser Otto I. Die Marschälle sind mit den geschichtlichen Ereignissen der Jahrhunderte eng verbunden. Sie waren gewalttätige, herrische Männer, die aber treu zu den erwählten Herrschern hielten. Der zweite Erbmarschall, der ebenfalls Heinrich hieß, wuchs am Hofe Kaiser Friedrichs I. auf, auch er war ein jähzorniger, dabei kluger Mann. Er liebte den Papst als einen Gegner des Reichs wenig, und einmal ließ er einem päpstlichen Boten kurzerhand die Nase abschneiden. Er war Lehrer und Waffenmeister Kaiser Heinrichs VI., organisierte den Kreuzzug von 1189, kämpfte in Palästina, in Sizilien, wo er Syrakus und Palermo unterwarf und den Schatz der normannischen Könige für den Kaiser gewann. 1196 fuhr er in diplomatischer Mission nach Konstantinopel, wo ihn der Chronist Nicetas sah und beschrieb: «... mit schwerer Braue und ein stolzer Mann, denn er hatte den König erzogen.» Als Otto von Wittelsbach 1208 König Philipp von Schwaben in Bamberg ermordet hatte, jagte Pappenheim den Herzog so lange, bis er ihn bei Abbach an der Donau stellen konnte. Er griff Otto an und trennte ihm mit einem Schlag den Kopf vom Rumpf.

Im Dreißigjährigen Krieg erlangte Reichserbmarschall Gottfried Heinrich als kaiserlicher Heerführer Berühmtheit. Mit der Mediatisierung der kleinen Landesherren, zu denen die Pappenheim gehörten, erlosch auch das Reichserbmarschallamt. Dieses Amt umfaßte die Sorge um das Wohl des Monarchen, auch unterstand ihm die Seuchenpolizei der Orte, wo Hof- oder Reichstage gehalten wurden oder in denen die Herrscher sich gerade aufhielten. «Daran erkenne ich meine Pappenheimer», dieses Wort aus Schillers ‹Wallenstein› hatte noch eine andere Bedeutung als die, die wir kennen. ‹Pappenheimer› wurden nämlich in Nürnberg einst die Kanalräumer genannt, weil der Reichserbmarschall dieses Geschäft von seinen Knechten ausführen ließ. Wenn der Marschall das kaiserliche Schwert trug, das er selbst während der Messe in der Hand behielt, war er nur dem Kaiser selbst verantwortlich. Sein Amt umfaßte alle Fragen der Truppenführung, der Ausbildung, des Mannschaftsersatzes, der Unterkunft, Verpflegung, Gerichtsbarkeit und des Nachrichtenwesens. Nachfolger dieses Amtes ist der moderne Generalstab.

Unweit vom Neuen Schloß steht das Alte Schloß, jetzt ein Verwaltungsgebäude, ein hübscher Bau des 16. und 17. Jahrhunderts, mit Ecktürmen unter Spitzhelmen, Volutengiebeln und einem von dem Ellinger Franz Joseph Roth 1720 stukkierten Saal.

Die kleine Stadt, die heute noch von dem Wesen dieses ebenso kleinen Hofes durchdrungen ist, muß man selbst erforschen, um den besonderen Zauber zu empfinden, der von ihr ausgeht, die Verschmelzung des herrschaftlichen mit dem bürgerlichen Gemeinwesen, die Wehrhaftigkeit der Burg im Vergleich zur kühlen Fassade des Neuen Schlosses. Man sollte in der Pfarrkirche die originellen Pappenheimischen Renaissance-Grabmäler betrachten, die strenge Galluskirche besuchen, die im Kern auf das 7. Jahrhundert zurückgeht, im 11. oder 12. Jahrhundert verändert wurde und im 15. Jahrhundert den Chor erhielt. Man muß aus dem altersgrauen Oberen Tor mit seinem kleinen Vorwerk hinaus in die Landschaft schauen und in der Kirche des ehemaligen Augustinerklosters das prachtvolle Gestühl des Meisters Ulrich Auer von 1487 sehen.

Sitzt man in einer Sommernacht am Fenster einer der Gasthöfe am Markt, im ‹Hirschen› oder in der ‹Sonne›, und schaut hinaus auf den stillen Platz und das Schloß, so kann man sich leicht in vergangene Zeiten zurückversetzen. Sinkt dann der Schlaf auf die Lider, so meint man noch das Tuten eines Horns zu vernehmen und die getragene Weise des Nachtwächters, der vor nicht allzulanger Zeit auch hier noch seinen Ruf erschallen ließ:

Hört ihr Herren und laßt euch sagen,
Unsere Glock hat 12 geschlagen.
12 Uhr ist das Ziel der Zeit.
Mensch, gedenk der Ewigkeit.
Menschen-Wachen wird nichts nützen,

Gott wird wachen, Gott wird schützen,
Herr, durch deine Huld und Macht
Gib uns eine gute Nacht.

Abb. 68 bis 75

Inching

Das hübsche inmitten des Dorfes am linken Altmühlufer gelegene Schlößchen war einstmals ein Edelsitz der Herren von Inching. Anfang des 18. Jahrhunderts erwarb es der Kapitular Gottfried Ignaz von Pfürdt (gestorben 1726), Kanonikus und Propst zu Herrieden, dessen Epitaph im Domkreuzgang zu Eichstätt zu sehen ist. Es wurde dann der Sommersitz der Eichstätter Domherren. Heute ist es im Besitz der Familie Böhm.

Das Schlößchen wurde Ende des 17. oder zu Beginn des 18. Jahrhunderts durch den Eichstätter Hofbaumeister Jakob Engel erbaut. Zur Zeit des Ignaz von Pfürdt wurde im zweiten Obergeschoß nachträglich ein Saal wohl von Gabriel de Gabrieli um 1715/20 errichtet. Pfürdts Wappen, ein springendes Pferd, ist noch in einem stuckierten Feld über dem Mittelfenster in den ursprünglichen Farben zu sehen. An der südlichen Schmalseite öffnet sich der Saal in einen halbrunden Erker, der von einer Kuppel bekrönt wird. Die Hohlkehle des Saales ist mit Stuckaturen aus der Erbauungszeit verziert. Masken an der Schmalseite und Muscheln an den Längsseiten wechseln sich ab. Zwei anliegende Kabinette mit Flachkuppel und Laterne zeigen Akanthusranken und Bandelwerk um 1715/20.

Ein Salon an der Südostecke des ersten Obergeschosses enthält Deckenstuck aus der Zeit um 1700. Seine Wände sind mit einer bemalten Leinwandtapete bespannt, die grün gemalte Muscheln und Blumenstücke auf weißem Grund zeigt. (Die gleiche Tapete findet sich auch in einem Raum auf der Kronburg bei Memmingen.) In diesem Salon steht auch ein gußeiserner Ofen, bez. 1805, auf einem polygonalen Unterbau mit Feldereinteilung und einer Verzierung aus Rosenbuketts.

Zusammen mit einem kleinen Gartenhäuschen aus dem späten 18. Jahrhundert bildet das Schlößchen von Inching inmitten eines farbigen Blumengartens eine reizvolle Anlage fernab des Verkehrs. *Abb. 59*

Eichstätt / Ehemalige Fürstbischöfliche Residenz

Schon in der ersten Hälfte des 11. Jahrhunderts hatte Bischof Heribert an Stelle des Domklosters die bischöfliche Wohnung eingerichtet, den «Alten Hof», der im Lauf der Zeit verändert wurde und 1633 abbrannte. Erst um 1700 ließ Fürstbischof Martin von Eyb von Jakob Engel den Westflügel einer neuen Hofhaltung errichten, und im Jahre 1714 wurde Gabriel de Gabrieli berufen, um für Fürstbischof Franz Ludwig Freiherrn Schenk von Castell den Südflügel als Verbindung zum Ostflügel, der bisherigen Kanzlei, zu bauen. Gabrieli hielt sich in der Fassadengestaltung streng an die Formen des Westflügels. Der Bischof sorgte auch für eine repräsentative Umgebung der Hofhaltung. Auf der Westseite wurde 1728 das Kanzleigebäude errichtet, auf der Südwestseite das Generalvikariat. Der Platz vor der Südfront der Residenz erhielt in langer, leicht geschwungener Front die Kavaliers- und Domherrenhöfe.

In Fürstbischof Raimund Graf von Strasoldo erwuchs Eichstätt ein bedeutender Bauherr von Bildung und Geschmack. Er ließ 1766 am Westflügel von Maurizio Pedetti einen Anbau errichten, um Raum für das Stiegenhaus zu gewinnen. Auch hatte er die Absicht, die Fassaden durch Risalite zu beleben, aber erst unter dem letzten Bischof Joseph Graf von Stubenberg erhielt der Südflügel 1791 den Mittelrisalit. Im gleichen Jahr ließ Stubenberg noch das erste Obergeschoß im klassizistischen Geschmack ausstatten, aber damit war die fürstbischöfliche Bautätigkeit zu Ende, denn 1806 wurde das Bistum säkularisiert und 1817 zog Eugène Beauharnais als Herzog von Leuchtenberg und Fürst von Eichstätt in seine Residenz ein.

Eugène hielt hier einen richtigen kleinen Hof. Dazu zitiert Prinz Adalbert von Bayern in seinem Buch über Beauharnais einen zeitgenössischen französischen Besucher: «Baronin Wurmb, Stiftsdame, Oberhofmeisterin der Prinzessin Auguste [von Bayern, Eugènes Frau] ... zweiundsiebzig Jahre, weinerliche Augen, aber nicht aus der Fassung zu bringen ... kennt nichts mit dem alten Hof und Regime Vergleichbares ... ohne Nachsicht für Schwächen, die sie nie gehabt hat ..., empfängt im Salon mit Fieber oder Lungenentzündung; ihr Wahlspruch: lieber sterben als nicht repräsentieren. Gräfin Tascher de la Pagerie, verehrungswürdige Frau, gute Mutter, in ihren Adel ganz vernarrt ... sie hat das Pech, eine rote Nase und so blaue Augen zu haben, daß ihr Gesicht eine Trikolore darstellt. Gräfin von Sandizell, Stiftsdame, vierzig Jahre. Eine unglückliche Liebe hat sie vor zwanzig Jahren fast ins Grab gebracht, und seitdem hat sie sich nie ganz erholt; taub wie ein Topf, Nußknackergesicht. Baron von Triaire, Hofmarschall, alter Kavalleriegeneral, eine Art unwissender Tölpel und boshaft, schwätzt dutzendweise Unsinn. Graf Tascher de la Pagerie, Vetter und alter Adjutant des Prinzen, tapferer Soldat, ehrlich, loyal, aber ab und zu brummig und mürrisch ... gichtisch mit vierunddreißig Jahren, wie man es mit sechzig zu sein pflegt. Graf Méjan Sohn, gewöhnliches Gesicht, das er durch Schnurrbart und Henri Quatre zu heben sucht, aber schlechter Ton, der hie und da in Grobheit ausartet. Graf Méjan Vater, Gouverneur, eine Art kleine Karikatur eines Diplomaten, rundes, blasses Gesicht mit gleichmäßigem Teint wie von einer alten Koketten ... bestrebt, tätig zu sein, sich wichtig zu machen und sich in alles einzumischen; mit hübschen, kleinen, fleischigen Händen, die er mit Anmut bewegt oder sorgfältig auf seinen kleinen Bauch legt. Graf von L..., Bischof von Tempé, schöner Priester mit blühendem Teint, feine Beine, sehr gepflegt, honigsüß und trotzdem voll Hochmut und Eitelkeit.» Das war die Gesellschaft, die in der dreiflügeligen Residenz für einige Jahre zu Hause war.

Polygonale Erker betonen die Ecken des Südflügels, am Mittelrisalit stehen vier toskanische Säulen, die einen Balkon tragen. Die Obergeschosse werden von durchlaufenden Pilastern gegliedert, die einen Dreiecksgiebel tragen. Zwei hübsche Schilderhäuschen von Maurizio Pedetti stehen zu beiden Seiten des Portals.

Die Mitte der Westfassade schmückt ein schönes Portal mit gesprengtem Giebel, in dem das Wappen des Fürstbischofs Johann Martin von Eyb sitzt, darunter die Jahreszahl 1704. Die Westfassade wird ebenfalls von zwei Schilderhäuschen flankiert.

Das Stiegenhaus ist eine ausgezeichnete Schöpfung Pedettis. Doppelläufig setzt die Treppe an und führt von einem Podest einläufig zu den Vorplätzen der Obergeschosse weiter, die sich in Arkaden auf toskanischen Säulen gegen das Stiegenhaus öffnen. Pilaster gliedern die Wände des Treppenhauses, zwischen denen Rechteckfelder mit stuckierter Rocaillerahmung eingesetzt sind. Die Decke zeigt ein Fresko von Johann Michael Franz: Sturz des Phaeton, 1768. Die Podeste vor dem zweiten Obergeschoß zieren vier Putten auf hohen Sockeln, die vier Elemente, signiert: Joh. Jac. v. Bergen 1769. Ein prächtiges Eisengeländer von dem Hofschlosser Sebastian Barthlmes begleitet den Treppenlauf.

Die Räume des ersten Obergeschosses, die Stubenberg hatte klassizistisch ausstatten lassen, wurden in der Leuchtenbergzeit leicht verändert. Am besten ist die alte Ausstattung im Audienzzimmer erhalten. Lambris und Hohlkehle sind mit Grisaillen geschmückt, die Genien auf Rankenwerk und Putten mit Ranken abbilden. Geschnitzte Pilaster rahmen die Flügeltüren, über denen Supraporten Reliefdarstellungen aus der Jasonsage zeigen: Jason nimmt Abschied von Lelias; Jason tötet den Drachen, der das Goldene Vlies bewacht; Jason heiratet Medea. Ein großes Portrait des Eugène Beauharnais ist um 1820 entstanden.

Im Balkonzimmer sind von der ursprünglichen Bemalung nur die Hohlkehlen und Nischen der Nordseite erhalten, die übrige Bemalung der Wände stammt aus der Leuchtenbergzeit, um 1820. Um Ovalmedaillons mit Landschaften ranken sich in Grisaille gemalte Grotesken mit bunten Blumengehängen. Die geschnitzten Supraporten zeigen Fischereigeräte aus der Stubenbergzeit.

Im zweiten Obergeschoß befindet sich der 1768 vollendete Spiegelsaal, ein weiter festlicher Raum mit prachtvollem Dekor aus Stuckmarmorpilastern mit vergoldeten Kapitellen, vergoldetem Stuckgitterwerk auf hellgrünem Grund, mit hohen Spiegeln an den Schmalseiten, deren stuckierte Aufsätze Vögel, Musikinstrumente und Affen zeigen, während die Spiegel an den Längsseiten mit weißem Stuckmarmor belegt sind und Szenen aus der Mythologie darstellen. Auch die Supraporten sind aus Stuckmarmor und zeigen Episoden aus der griechischen Sage: Apollo tötet Python, Coronis wird von Apollos Speer getroffen, Deukalion und Pyrrha, Pyramus und Thisbe. Reiche, elegante, teils vergoldete Rocaillen mit Blumengehängen und Zweigen umschließen das Deckenfresko von J. M. Franz, das Gerechtigkeit und Friede als Schützer der Künste, Wissenschaften und des Handels zeigt. Neben dem Saal liegt ein kleiner Raum, dessen Deckenstuck der Zeit um 1730 angehört. Die Wände sind mit schönen französischen Grisailletapeten um 1820 bespannt. *Abb. 76 bis 83*

Eichstätt / Ehemaliges Sommerschloß

Das Sommerschloß war 1735 im wesentlichen vollendet. 1736 wurde noch am Garten gearbeitet, und es entstand der Mittelpavillon auf der Südseite. Graf Raimund von Strasoldo setzte das von seinem Vorgänger Schenk von Castell begonnene Werk fort. Schöpfer dieser Sommerresidenz ist Gabriel de Gabrieli, Stuckator war Franz Gabrieli, das Fresko im Saal malte Johann Evangelist Holzer. Der langgestreckte Bau mit dem Wohntrakt und den seitlichen Galerien zeigt eine sehr elegante Gruppierung.

Unter dem Herzog von Leuchtenberg wurde der Formgarten des Rokoko in einen englischen Park verwandelt. Er ist vollständig verwildert, die Bosketts sind verschwunden, Brunnen und Statuen wurden schon unter dem Herzog entfernt. Quer zur Hauptachse des Schlosses zog man eine Mauer, welche den Blick auf die Hauptfassade verwehrt.

An der äußeren Gartenmauer stehen noch drei hübsche Pavillons, deren mittlerer zu den reizvollsten Schöpfungen des 18. Jahrhunderts gehört, eine Architektur voll Geist und Laune. Pedetti baute diesen Pavillon Gabrielis um und öffnete ihn dem Garten zu, um Platz für einen Springbrunnen zu gewinnen. Schlanke Säulen tragen ein zeltartiges Dach, das mit seinem vorderen Teil, einer großen Halbkuppel, das Bassin überwölbt. Zwischen den Säulen hindurch geht der Blick in die Wiesenlandschaft des Altmühltales. Die Stukkaturen stammen von Joh. Jak. Berg, die Malereien von Joh. Mich. Franz.

Die ganze Anlage liegt heute in schwermütiger Verlassenheit da, völlig vergessen. *Abb. 84*

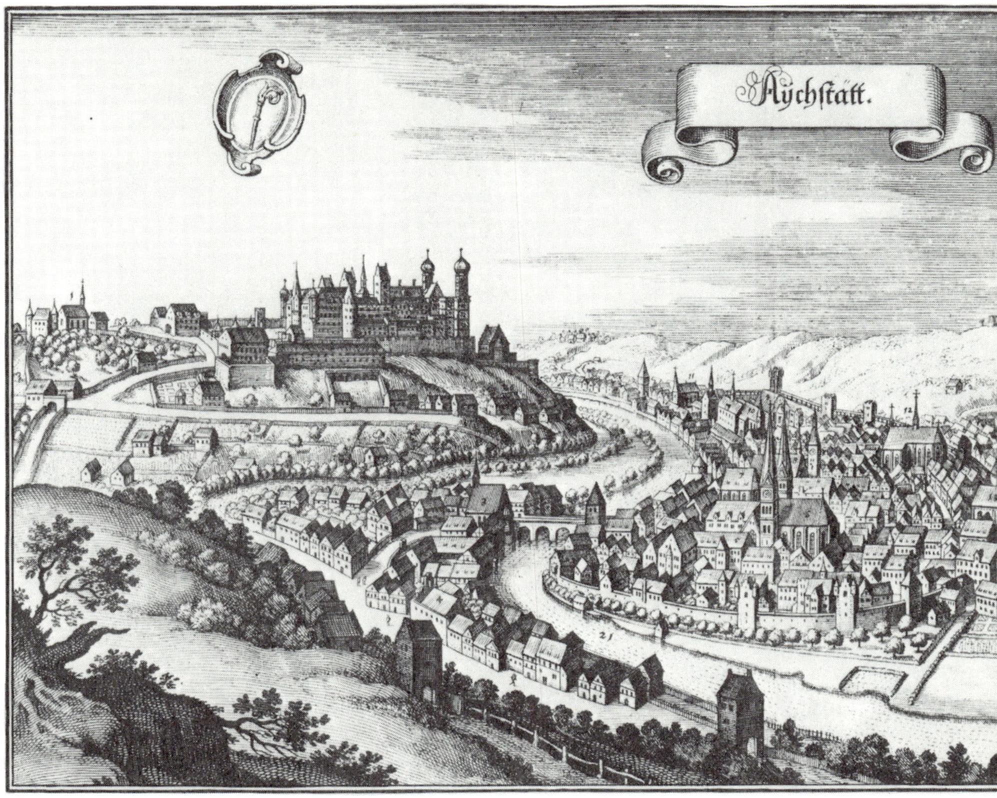

Eichstätt und die Willibaldsburg
Ausschnitt aus dem Kupferstich
von M. Merian, 1648

Eichstätt / Willibaldsburg

Umzogen von einer Schleife der Altmühl steht auf einer bewaldeten Anhöhe am südöstlichen Rande der Stadt eine mächtige Höhenburg, die nach dem angelsächsischen Bischof Willibald benannte Willibaldsburg. Die Burg war unter Bischof Berthold (1351/65) aus dem Geschlecht der fränkischen Hohenzollern 1355 errichtet worden. Die Schedel'sche Weltchronik von 1493 sowie eine Zeichnung Philipp Apians zeigen die mittelalterliche Burg mit ihren Befestigungsanlagen. Bischof Friedrich von Oettingen (1383–1415) umgab die Burg mit einem Zwinger und fügte ein sogenanntes Sommerhaus mit einem «Aestuarium magnum», einem Sommersaal, hinzu, wie das damals öfters geschah. Zur Zeit der Hussitenkriege ließ dann Bischof Albrecht II. Graf von Rechberg (1429/46) die Burg in eine «Mantelburg» umbauen. Die Befestigungsmauer seines Vorgängers wurde verdoppelt und eine hohe Schildmauer mit flankierenden Türmen errichtet. Derartige Anlagen waren schon am Mittelrhein und später im Neckargebiet bekannt. Unter den vier Wehrtürmen ist der unter Friedrich von Oettingen begonnene «Löwenturm», der seinen Namen nach dem Wappentier der Rechbergs erhielt, der wuchtigste. Fürstbischof Martin von Schaumberg (1560/90) vergrößerte die Anlage nach Osten durch drei Flügelbauten, die drei Innenhöfe umschlossen. Sein Nachfolger J. Konrad von Gemmingen führte die Erweiterungsbauten fort und sorgte dafür, daß der Plan eines unter Schaumberg begonnenen botanischen Gartens auf den Terrassen des Burgbergs verwirklicht wurde. Solche Ziergärten mit seltenen Pflanzen, die zugleich der Wissenschaft dienten, waren in Deutschland bisher kaum bekannt. Den Anstoß dazu soll der Domherr Georg von Werdenstein gegeben haben, der lange Zeit an italienischen Universitäten gelebt hatte.

Die Leitung des Gartens lag in den Händen des Nürnberger Apothekers Basilius Besler (1561–1629). Besler war es auch, der das berühmte Kupferstichwerk, den ‹Hortus Eystettensis›, sechzehn Jahre lang bearbeitete und 1613 in Nürnberg herausgab. Konrad von Gemmingen bewohnte den Nordteil der Burg, den er modernisieren und mit einem neuen Treppenhaus ausstatten ließ. Im unteren Teil zeigte das Stiegenhaus eine kassettierte Holzdecke, in die Tafeln mit botanischen Abbildungen aus dem ‹Hortus Eystettensis› eingelassen waren. Auch existierten damals eine sogenannte ‹botanische Treppe› sowie zwei Altanen, die sowohl gärtnerischen als auch plastischen Schmuck besaßen.

Der nach Konrad von Gemmingen benannte ‹Gemmingenbau›, dessen Westseite von Eichstätt aus gesehen die dominierende Fernansicht darstellt, sollte nun nach den Plänen des Augsburger Stadtbaumeisters Elias Holl eine neue Fassade zur Altmühl hin erhalten. Die eindrucksvolle Zweiturmfassade war als Stirnseite einer symmetrischen Dreiflügelanlage gedacht gewesen; es gelangte jedoch nur der Trakt zur Hofmühlseite zur Ausführung. Die Bauleitung oblag Hans Alberthaler aus Graubünden, der 1610 und 1615 in Eichstätt tätig war. Holl selbst reiste zur Überwachung der Arbeiten noch verschiedene Male nach Eichstätt. Die Willibaldsburg ist im Werk des Elias Holl ein Vorläufer des Augsburger Rathauses. Ihre markanten Ecktürme besaßen einstmals welsche Hauben, wie wir sie vom Hollschen Rathaus und von der Münchner Frauenkirche her kennen. Der heutige Zinnenabschluß datiert von einer Instandsetzung aus dem Jahre 1828.

1681 wurde Bischof Marquard durch einen Brand auf der Burg veranlaßt, die Residenz in die Stadt zu verlegen. Unter Joh. Martin von Eyb (1697–1704) wurde dann 1704 der Westflügel der neuen Hofhaltung durch Jakob Engel errichtet. Die Burg wurde damals von den Beamten des Hochstifts und vom Militär verwendet. Johann Anton Knebel von Katzenellenbogen (1704/25) unterbrach den Ausbau der Stadtresidenz noch einmal und richtete sich wieder auf der Willibaldsburg ein. In den Gärten des Zwingers soll er sich Hirsche gehalten haben. Zu seiner Zeit war über dem rundbogigen Portal der Vorburg in einer Nische die Sandsteinstatue des hl. Willibald, dem Eichstätter Bildhauer Christian Handschuher zugeschrieben, 1713 aufgestellt worden.

Der sehr langgestreckte Torbau besitzt eine neun Meter hohe und dreiundsechzig Meter lange, tonnengewölbte Halle. Es lassen sich hier zwei nischenartige Ausbuchtungen feststellen, in denen bei kriegerischen Anlässen eine Sperre mittels Fallgitter ausgelöst werden konnte.

Franz Ludwig Schenk von Castell (1725/36) verlegte die Hofhaltung endgültig in die Stadt, und die Burg verwaiste. Zur Zeit der Napoleoniden unterstand das Hochstift 1803/06 dem Habsburger Herzog Ferdinand von Toskana; viele Einrichtungsgegenstände gelangten damals in österreichische Sammlungen. 1806 kam das Gebiet endgültig an Bayern, 1880 verkaufte die Stadt Eichstätt die Burg, und im Jahr 1900 erwarb der bayerische Staat die allmählich zur Ruine gewordene Anlage. Seit 1. Januar 1962 wird sie von der Bayerischen Verwaltung der staatlichen Schlösser, Gärten und Seen betreut und renoviert. Sie beherbergt heute ein Museum für paläontologische, vorgeschichtliche und römerzeitliche Sammlungen. *Abb. 85*

46 – Ellingen · Hauptfassade des Schlosses

47 – Ellingen · Schloß
Hofansicht gegen Nordosten

48 – Ellingen
Fassade der Schloßkirche

49 – Ellingen
Schloß, Treppenhaus

50 – Ellingen · Schloß
Saal im zweiten Obergeschoß

51 – Schloß Altenmuhr

52/53 – Schloß Altenmuhr, Grisailletapeten im ‹Sommersalon›

54 – Schloß Ullstadt

55 – Schloß Ullstadt
Seitenansicht mit
Wassergraben

56 – Schloß Ullstadt
Figur am Wirtschaftsflügel
von Ferdinand Tietz

57/58 – Schloß Ullstadt
Deckenstuck im Festsaal:
Diana und Merkur

59 – *Schloß Inching am Ufer der Altmühl*

60 – *Schloß Syburg, Hof mit Schloßeingang*

61/62 – Schloß Syburg, Details des Deckenstucks

63 – Schloß Syburg, Speisezimmer

64 – Schloß Dennenlohe
Mittelsaal im ersten Obergeschoß

65 – Schloß Dennenlohe
Süddeutscher Renaissanceschrank

66 – Schloß Dennenlohe

67 – Schloß Dennenlohe, Gartensaal im Erdgeschoß

68 – Schloß Pappenheim

70 – Schloß Pappenheim, Speisesaal

69 – Schloß Pappenheim, Sandsteinplastik im Park

*71 – Schloß Pappenheim
Treppenhaus*

*72 – Schloß Pappenheim
Gemalte Decke im Billardzimmer*

73/74 – *Schloß Pappenheim*
Details der Kassettendecke im Festsaal

75 – *Schloß Pappenheim*
Festsaal

76 – Eichstätt · Residenz
Mittelrisalit an der Südseite

77 – Eichstätt · Residenz, Treppenhaus

78/79 – Eichstätt · Residenz
Grisailletapeten im Zimmer neben dem Südsaal

AUX NYMPHES

83 – Eichstätt · Residenz
Detail des Deckengemäldes im Spiegelsaal

84 – Eichstätt · Sommerresidenz
Pavillon im Hofgarten

80 – Eichstätt · Residenz, Spiegelsaal

81/82 – Eichstätt · Residenz
Stuckdetails aus dem Spiegelsaal

85 – Eichstätt · Willibaldsburg, Gemmingenbau

Oberfranken

Oberfranken, von seinen Bewohnern scherzhaft ‹bayerisches Sibirien› genannt, eine Bezeichnung, die aber höchstens auf die rauhen Landstriche des Fichtelgebirges und des Frankenwaldes zutrifft, umfaßt das Gebiet zwischen Steigerwald, Fränkischem Jura, Frankenwald und Fichtelgebirge, also das einstige Hochstift Bamberg, die Markgrafschaft Brandenburg-Bayreuth, einen Teil des Herzogtums Sachsen-Coburg-Gotha und die Besitzungen der Reichsritterschaft. Es ist ein Gebiet von großer Mannigfaltigkeit und landschaftlicher Schönheit. Von zwei Städten aus wollen wir unsere Reise unternehmen, zunächst von Bayreuth, dann von Bamberg aus.

Bayreuth ist eine der vielen kleinen fürstlichen Residenzen, die das kulturelle Bild Deutschlands so farbig und vielgestaltig erscheinen lassen. Christian Ernst, der erste Markgraf aus dem brandenburgischen Kurhaus, verlegte die Hofhaltung von der Plassenburg nach Bayreuth, wo er das Schloß erbauen ließ, das wir heute das ‹Alte› nennen. Die nahen familiären Beziehungen der Bayreuther Fürsten zum Kurfürstentum Brandenburg, dem nachmaligen Königreich Preußen, orientierten die Markgrafschaft auch künstlerisch mehr nach Norden als nach Süden.

Vor den dunklen Höhen des Fichtelgebirges liegt die Stadt, ohne überraschende Effekte, doch von guten Maßen und voller Anmut. Sie ist nicht irgendeine fränkische Kleinstadt, es weht noch Residenzluft in den Straßen, zudem ist sie Sitz der Regierung von Oberfranken. Hatte einst das Bürgertum den Ausbau des alten Bayreuth bestimmt, so setzte die Anwesenheit des Hofs neue Akzente, was vor allem der Markgräfin Wilhelmine, der Schwester König Friedrichs des Großen, zu verdanken ist.

Da ist zunächst die Altstadt innerhalb der Maximilianstraße, Sophien- und Kanzleistraße, mit schmalen Gassen und Giebelhäusern um die schöne Pfarrkirche. Die Marktstraße, heutige Maximilianstraße, entstand als typischer altbayerischer Straßenmarkt, begleitet von stattlichen Häusern des 16. bis 19. Jahrhunderts, in welche der letzte Krieg einige Lücken gerissen hat. Entscheidende Veränderungen des mittelalterlichen Stadtbildes begannen im 18. Jahrhundert mit dem Bau der reizvollen Hugenottensiedlung St. Georgen, die der Prinz Georg Wilhelm 1701/02 ins Leben rief, ein Komplex schlichter, wohlproportionierter Gebäude an breiter Straße, an deren Ende Schloß und Kapitelkirche des Ordens pour la Sincérité stehen, erbaut von dem aus Berlin berufenen Gottfried von Gedeler.

Seinen eigentlichen Residenzcharakter aber erhielt Bayreuth im Rokoko durch die Bautätigkeit des Markgrafenpaares Friedrich und Wilhelmine, denen drei Denkmäler von europäischem Rang zu verdanken sind: Neues Schloß, Opernhaus und Eremitage. Zusammen mit diesen Bauten wurde die Stadt durch Plätze und großzügige Straßenführung belebt, unter denen vor allem die breite Friedrichstraße mit ihren einheitlich gebauten, eleganten Bürgerhäusern und Adelspalästen den Geist jener Zeit spiegeln. Wilhelmine, vom Markgrafen unterstützt, hatte eine eminente künstlerische Begabung; sie war eine Dilettantin im besten Sinn des Wortes. Über alles korrespondierte sie mit ihrem königlichen Bruder, dem sie auch charakterlich sehr ähnlich gewesen sein muß. Der Historiker Droysen war nicht gut auf die Fürstin zu sprechen, denn im letzten Jahrhundert galten Barock und Rokoko noch als entartete Epochen, und Droysen sagt, daß die Verfasserin der ganz wertlosen Memoiren ein entarteter Sproß des Hohenzollernstammes gewesen sei, in ihrer Verschwendungssucht eine Landplage für das Bayreuther Ländchen. Es gewährt jedoch noch heute ein besonderes Vergnügen, durch die Straßen der Stadt zu gehen, vor allem die Friedrichstraße, oder zum Neuen Schloß hinüberzuschlendern, vor dem der lustige, martialische Markgrafenbrunnen in barocker Üppigkeit steht, den Elias Räntz 1699 nach einem Vorentwurf Leonhard Dientzenhofers begonnen hatte. Da reitet, begleitet von seinem Kammerzwerg, Markgraf Christian Ernst, der sich als kaiserlicher Feldmarschall im Türkenkrieg ausgezeichnet hatte. Dahinter erhebt sich das Neue Schloß mit seinem weitläufigen Hofgarten, mit Alleen, Statuen und Wasserläufen. Alles ist in angenehmen menschlichen Verhältnissen geblieben, im Zustand wohltuender Beschränkung einer kleinen Residenz, und man kann sich angesichts dieser Schlichtheit kaum vorstellen, daß die Markgräfin als Landplage empfunden worden ist.

Auch das Opernhaus verdankt der Markgräfin Wilhelmine sein Dasein. «Die Oper», so schrieb sie, «ist das einzige, was mir zusagt ... Ich bin oft wie verzaubert und wähne, alles, was ich sehe, sei nur ein Traum.» Daher ließ sie von Joseph Saint-Pierre 1743/45 das Haus erbauen, dessen kühle, repräsentative Fassade nichts von dem Glanz des Inneren ahnen läßt. Zwischen Bühne und Fürstenloge schwingt dieser Raum in vollkommener Harmonie mit der Üppigkeit seiner schweren, spätbarocken Dekoration, neben dem Münchener Cuvilliés-Theater der schönste Theaterraum in Bayern. Geschaffen wurde er von den berühmten italienischen Theaterarchitekten und Bühnenmalern Giuseppe Galli Bibiena und seinem Sohn Carlo bis 1748.

So hat Bayreuth seine eigene liebenswürdige Gestalt gefunden, seinen eigenen Stil unaufdringlicher Vornehmheit ausgebildet. Die alte Hauptstadt des Landes ‹ob dem Gebirg› dauert fort; als solche hatte sie Schicksal, war sie Mitte des Landes.

Südlich von Bayreuth, an der Autobahnausfahrt Trockau, sehen wir eines der reizendsten kleinen Schlösser des Landes, Trockau, und wenn wir von dort über Creußen wieder Bayreuth zufahren, können wir südlich von Creußen Schloß Heinersreuth besuchen. Sehr lohnend ist auch eine Fahrt durch das Fichtelgebirge und das waldreiche ernste Land zwischen Wunsiedel und Hof, wo wir Schloß Röthenbach finden. Hier im ‹Porzellanland› bei Selb steht Schloß Erkersreuth, Besitztum Philipp Rosenthals.

Von Bayreuth aus können wir einen Abstecher nach Thurnau machen, ebenfalls ein reizendes fränkisches Städtchen, Residenz der ausgestorbenen Grafen von Giech, mit dem weitläufigen, imposanten Schloß aus verschiedenen Bauperioden, das heute den Freiherren Hiller von Gärtringen gehört. Wir fahren weiter und kommen nach Kulmbach am Weißen Main, um die gewaltige Plassenburg zu besuchen. Kulmbach, schon zwischen 1028 und 1040 genannt, hat genug Sehenswertes zu zeigen und ist überdies ein ganz besonders reizvoller Ort, dazu ein Platz berühmter Brauereien. Ob wir auf dem Holzmarkt mit dem hübschen Zinsfelderbrunnen stehen oder auf dem weiten Marktplatz, vor uns die reizvolle Fassade des Rathauses, die Joseph Saint-Pierre 1752 entworfen hat, ob wir der gemächlich bergan steigenden Straße ‹Obere Stadt› folgen, dem eigentlichen Herzen Kulmbachs, oder die schöne Stadtbefestigung umschreiten, immer öffnen sich uns neue, überraschende Ausblicke. 1553 ist Kulmbach zwar im Markgrafenkrieg vollkommen niedergebrannt worden, aber es ist wie der Phönix aus der Asche wiedererstanden.

Gleich bei Kulmbach vereinigt sich der Weiße mit dem Roten Main, dem wir nun folgen, und von hier aus lohnt sich ein Abstecher nach Wernstein, dem hochgelegenen Schloß der Freiherren von Künsberg. Weiter geht es von Kulmbach nach Kronach, eine ebenfalls sehr sehenswerte alte Stadt mit der starken Rosenburg, und zur Burg Lauenstein, die in größter Einsamkeit auf einer Höhe mitten im Frankenwald steht. Nahe bei Kronach liegen auch die Schlösser Schmölz, Küps, Oberlangenstadt und Mitwitz. Von Lauenstein aus können wir, immer durch große Fichtenwälder, nach Coburg fahren, das mit seiner Stadtresidenz Ehrenburg recht ansehnlich unterhalb der mächtigen Veste liegt. Ganz in der Nähe finden wir den ehemaligen Sommersitz der Äbte von Langheim, das heute gräflich Ortenburgische Schloß Tambach, in seinem Park, der als Wildpark der Öffentlichkeit zugänglich ist.

Von Coburg geht es durch die weiten Wiesengründe des Itzgrundes – hier können wir die Schlös-

Bamberg, Die Alte Hofhaltung. Ausschnitt aus einer Radierung von F. C. Rupprecht, Anfang des 19. Jahrhunderts

ser Niederfüllbach, Untersiemau und das hübsche neugotische Rosenau finden, vorüber an Schloß Strößendorf der Seckendorff, Ahorn der Erffa und über Lichtenfels nach Bamberg. Wenn hinter Lichtenfels der Main die protestantische Markgrafschaft Bayreuth verläßt, öffnet sich, flankiert von den Türmen des Klosters Banz und der berühmten Wallfahrtskirche Vierzehnheiligen, das Tor zur ‹Pfaffengasse›, die über Bamberg, Würzburg, Aschaffenburg nach Mainz zieht. Es ist eine Landschaft von eindringlicher Geschichtlichkeit, denn hier mischen sich Katholizismus und Protestantismus, vermengen sich die verschiedensten Elemente zu kultureller Einheit fürstlichen, adligen, bürgerlichen und bäuerlichen Wesens, mit ihren Gegensätzen und Gemeinsamkeiten.

Banz und Vierzehnheiligen muß man auf unserer Reise auch besuchen. Das hochgelegene Banz zeigt das Bild einer groß angelegten, reichen Benediktinerabtei, die aus der Stiftung Alberatas Gräfin von Schweinfurt 1069 hervorgegangen ist. Abt Eucharius Weinert holte sich Johann Leonhard Dientzenhofer, der 1695 die Konventsgebäude in Angriff nahm und parallel dazu den Abtsbau erstellte. Die 1719 geweihte herrliche Kirche, ein Hauptwerk des Barock, baute Johann Dientzenhofer, der Baumeister von Pommersfelden. Balthasar Neumann legte dem Abtsbau die Wirtschaftsgebäude mit Eckpavillons unter mächtigen, geschweiften Dächern vor, die sich um den Hof gruppieren. Mit diesem Bau begann man 1752, er ist zwanzig Jahre später von Michael Küchel vollendet worden. Küchel hat auch die zierliche Portalanlage geschaffen und den Mittelteil der Prälatur verändert. Die den Berg hinauf gebaute Klosteranlage ist von sehr bewegtem Umriß. 1814 kamen das Kloster und die dazugehörige Herrschaft an Herzog Wilhelm in Bayern, der Banz so sehr liebte, daß er sein Herz in einer Wandlisene der Kirche einmauern ließ.

Gegenüber Banz liegt Vierzehnheiligen, diese großartige Schöpfung Neumanns, 1743 begonnen und 1772 beendet. Wo die herrlich aufschließende Fassade der Kirche sich erhebt, hatte der Langheimer Klosterschäfer Hermann 1445 und 1446 drei Erscheinungen des Christkindes und der Vierzehn Nothelfer gehabt. Der Abt von Langheim ließ dort eine Kapelle errichten. Das Innere der Kirche empfängt uns mit der Pracht seines lichten, heiteren und farbigen Raumes, mit der überwältigenden Vielfalt seiner Dekorationselemente, einem komplizierten Spiel architektonischer Formen. Über dem Weiß der Wände, dem Gold der Altäre, den zart getönten Stuckaturen schimmern die hellen Farben der Deckenfresken von Joseph Appiani. Alles das bildet den Rahmen für den, trotz allen Reichtums, leicht wirkenden Gnadenaltar von Neumann und Küchel.

Auf sieben Hügeln, am Nordhang der Haßberge, liegt das herrliche Bamberg mit seinen zahlreichen Kirchen, unter denen der Dom und St. Michael die vornehmsten sind. Um 900 stand auf dem Domberg die Burg der Grafen von Babenberg, von denen die Stadt den Namen erhielt. 906 fielen die babenbergischen Güter an den deutschen König, und Kaiser Otto II. schenkte sie seinem Vetter, Herzog Heinrich von Bayern, dem ‹Zänker›, dessen Sohn 1014 als Heinrich II. zum Kaiser gekrönt wurde. 1007 gründete Heinrich II., der Heilige, das Bistum Bamberg als einen Vorposten des Christentums im Osten des Reichs. Heinrich ist eine der großen Herrschergestalten aus dem Hause der Ottonen, ein trotz schwacher Gesundheit kraftvoller, zielstrebiger Regent, dessen Gemahlin, die heilige Kunigunde Gräfin von Luxemburg, ihm ebenbürtig zur Seite stand. Man kann sich beide so vorstellen, wie sie an der Adamspforte des Doms dargestellt sind. 1024 ist der Kaiser gestorben. Im Dom, seiner Gründung, ruht der 1146 heiliggesprochene Herrscher, hoch über der Stadt, der er als seiner Lieblingspfalz den Maßstab der Größe in die Wiege gelegt hat.

Bamberg war durch den Kaiser ein Ort von europäischer Bedeutung geworden; die Babenberger Burg wurde zur Domburg; um den Dom entstanden, ein Kreuz bildend, St. Michael, St. Stephan, St. Gangolph und St. Jakob. Die Hauptkirchen sind schon zu Lebzeiten Heinrichs II. innerhalb von zwei Jahrzehnten gebaut worden. Am Ende der Romanik besaß Bamberg zehn Kirchen; es war eine romanische Stadt, welcher die Gotik die schöne Obere Pfarr (geweiht 1387) hinzugefügt hat. Die ottonische Stadt war geräumig geplant, doch sind Talsohle und Hänge nicht sogleich bebaut worden, so daß von einem eigentlich ottonischen Stadtkern nicht gesprochen werden kann, denn es gab mehrere solcher ‹Kerne›, zwischen denen Gärten und Weinberge lagen. Da der Großteil der Grundstücke geistlichen Stiften gehörte, konnte sich die bürgerliche Stadt zunächst nur am Uferstreifen der Regnitz entwickeln. «‹Civitas Dei›, auf dem Berge, ‹civitas terrena›, in der Ebene zwischen den beiden Flußarmen, sind im Bamberger Stadtbild in sinnbildlicher Gruppierung einander zugeordnet» (Harald Keller).

Der endgültige Zusammenschluß der einzelnen, noch im 17. Jahrhundert durch besondere Ummauerung getrennten Stadtviertel erfolgte im Barock, das mit nicht minder großen Maßstäben zu Werke ging. Damals wuchsen die gewaltigen Baublöcke der Neuen Hofhaltung und der Abtei St. Michael auf, entstanden das Böttingerhaus und die Concordia, dieser prachtvolle Palast, der sich der bambergische Geheimrat Johann Ignatz Tobias Böttinger 1716/22 an der Regnitz baute. Damals erhielt der Domplatz seine endgültige Formung, und so ist Bamberg eine Barockstadt geworden, denn auch viele der Straßen und Plätze tragen das Siegel jener Epoche. Romanischer Ernst verbindet sich mit barocker Üppigkeit – es ist die Stadt der Heiligen, der Schönborn, der Dientzenhofer und Johann Michael Küchels. Es ist eine heitere Stadt, alles scheint lebensfroh in den langen Zeilen bürgerlicher Barock- und Rokokohäuser mit ihren anmutigen Hausmadonnen, mit ihren Adelspalais von eleganter Noblesse, und alles das ist weder durch die ‹Gründerzeit› des 19. Jahrhunderts noch durch den letzten Krieg beschädigt worden.

Man muß sich Zeit lassen, um die Stadt kennenzulernen, muß dem Auf und Ab der Straßen und Gassen folgen, bald mit dem Blick auf altersbraune Dächer über Gärten, bald durch enge Gassenschluchten schauend, bis man auf dem Domberg angekommen ist. Vielleicht beginnen wir auf dem Grünen Markt bei der großen, 1693 geweihten Kirche St. Martin, die Johann Leonhard Dientzenhofer nach Entwürfen seines Bruders Georg baute. Wir gehen dem Fluß zu, gelangen auf die obere Brücke und stehen vor dem Alten Rathaus, das über der Regnitz gebaut ist, die die einstige Grenze zwischen geistlichen und weltlichen Bezirken war. 1744/56 hat der Freskant Johann Anwander seine Fassaden mit heiteren Bildern geschmückt. Wir steigen zur Oberen Pfarr mit dem

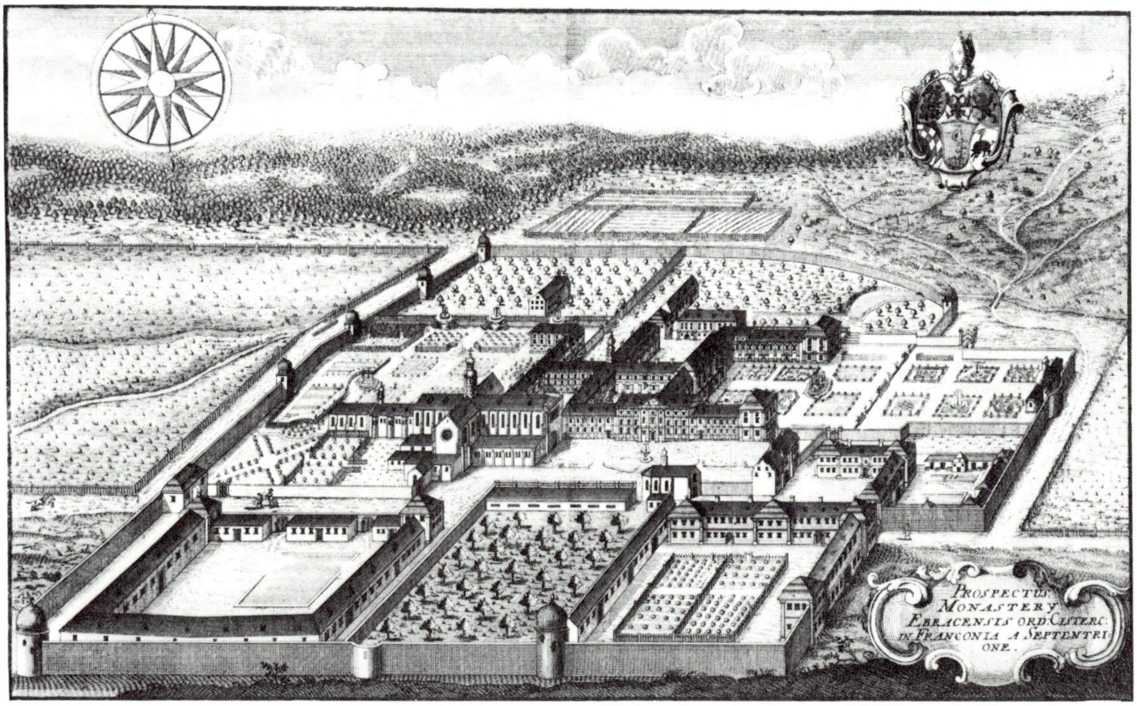

Ebrach. Kupferstich von J. B. Gutwein und R. P. Lucas Schmitt, um 1740.

großartigen Chor und Turm, auf den Stephansberg, wo das vormalige, wahrscheinlich vom ersten Bamberger Bischof 1009 gegründete Kollegiatstift St. Stephan steht, das 1020 Papst Benedikt VIII. persönlich weihte. Wohin wir uns wenden, warten Überraschungen, öffnen sich immer neue Ausblicke auf großartige Architekturen.

Oder wir wandern zur einstigen Benediktinerabtei St. Michael, vorüber am erzbischöflichen Palais, das Küchel für den Domherrn von Rotenhan gebaut hat, vorüber an St. Jakob, 1072 als Chorherrenstift gegründet. St. Michael ist, neben dem Domberg, die am stärksten wirkende Baugruppe der Stadt, eine weitläufige Anlage, deren 1021 geweihte Kirche einem Erdbeben zum Opfer fiel. Die neue, 1121 geweihte Kirche geht in Schiff und Querhaus auf den heiligen Bischof Otto I. zurück; der Chor wurde Ende des 15. Jahrhunderts neu gebaut, und 1610 ersetzte man die Flachdecke des Langhauses durch eine Stichkappentonne mit aufgelegten Rippen, deren Zwickel mit Blumen und Kräutern aus dem Klostergarten bemalt sind. Heute überwiegt auch hier der barocke Charakter, denn Johann Leonhard Dientzenhofer baute zwischen 1696 und 1700 die langen Trakte des Konvents und gab der Kirche eine neue Fassade. Dreiundzwanzig Jahre später legte sein Bruder Johann der Fassade die schöne Freitreppe mit seitlichen Terrassen vor, und wiederum neun Jahre später baute Balthasar Neumann die auf Kirchenfront und Freitreppe wohlabgestimmten Trakte des Vorhofs.

Den nachhaltigsten Eindruck aber gewährt uns der Domplatz selbst. Der Dom Heinrichs II., St. Georg (Westchor) und St. Peter (Ostchor), fiel am Karsamstag 1081 einem Brand zum Opfer. Bischof Otto I. ließ ihn instand setzen, doch brannte er fünf Jahre darauf ganz ab. Den wunderbaren Bau, den wir heute vor uns sehen, begann Bischof Ekbert aus dem großen Haus der Grafen von Andechs, Herzöge von Meranien (1203/37). Der Bau wurde 1208 unterbrochen, weil Ekbert, der Mitwisserschaft an der Ermordung des Stauferkönigs Philipp angeklagt, zu seinem Schwager, dem König von Ungarn, floh und erst 1212 zurückkehren konnte. 1237 ist der Neubau geweiht worden. Es würde zu weit führen, hier auf die Meisterfragen für Architektur und Plastik einzugehen, an denen noch immer gerätselt wird.

Bamberg vereinigt den Geist der Frühe, die ernste Wucht der Romanik, die schwere Fülle des Barock mit dem anmutigsten Rokoko und dem vornehm schlichten Klassizismus der Bürger- und Adelshäuser. Wilhelm Heinrich Wackenroder besuchte 1793 Bamberg und lernte dort die ‹katholische Welt› kennen. Er berichtet über seine Eindrücke, zum Beispiel vom Gebäude der Neuen Hofhaltung: «Es ist gelb und hat eine edle Fassade. Inwendig sollen gute und schlechte Gemälde hängen.» Vom Dom schreibt er: «Die Türmchen, Spitzen, Einfassungen, Geländer, und andere Zierrate an dergleichen gotischen Kirchen sind so bunt und kraus aus dem besten Sandstein geschnitten, und so fein und künstlich gearbeitet, wie die Tempel von Tragant, die man beim Konditor sieht.» Von der Messe am Heinrichsfest heißt es bei ihm, dem Protestanten: «Oh! und wahrlich, ich hatte nicht zuviel erwartet. Alles war mir neu, und die Zeremonien, die in jeder Minute immer bestimmt wechselten, machten, je geheimnisvoller und unverständlicher sie mir waren, einen desto stärkeren und wunderbareren Eindruck auf mich.» Schließlich fiel er beim Schall der Trompeten und Hörner auf die Knie, da ihn alles zu höchster Andacht stimmte.

Ist man vom Schauen müde geworden, so kann man sich im ‹Schlenkerla›, der ältesten Gaststätte Bambergs, unter dem Domberg, erholen und das köstliche Rauchbier trinken.

Im Süden, nahe der Stadt, liegt Seehof, auch Schloß Marquardsburg genannt, das sich Fürstbischof Marquard Sebastian von Stauffenberg von Antonio Petrini bauen ließ und dessen Garten wir ansehen sollten. Ebenso lohnend ist es, von Bamberg einen Abstecher nach Ebrach zu machen, um die in einem Tal des Steigerwaldes gelegene ehemalige Zisterzienserabtei zu sehen. Auf dem Weg dorthin kommen wir durch Burgwindheim, ein zu Ebrach gehöriges Dorf, dessen Kirche drei von Balthasar Neumann entworfene Altäre mit Figuren von Peter Wagner, Stuck von Wolfgang van der Auvera und gute spätgotische Passionstafeln birgt. Besonders hübsch ist das ehemalige Ebracher Schlößchen an der Straße, ein Bau von 1720/30, der von Joseph Greising begonnen und nach dessen Tod von Balthasar Neumann vollendet worden sein soll. Das außerordentlich gutgegliederte reizvolle Schlößchen, heute Pfarrhaus, wirkt wie ein Introitus zum großen Kloster Ebrach, dessen Kirche im Jahre 1200 begonnen wurde. Sie ist eine der größten Kirchen des Zisterzienserordens, eine dreischiffige, gewölbte Basilika mit ausladendem Querhaus und flach geschlossenem Chor. 1207 war die Michaelskapelle am Nordquerschiff unter Dach, 1239 der spätestens 1207 begonnene Chor. 1282 war die Kirche vollendet. Eine große wundervolle Maßwerkrose (Original im Bayerischen Nationalmuseum in München) schmückt die spätestens 1280 entstandene Westfassade der Kirche, je eine Rose sitzt in den Querschiffsfronten.

Der Innenraum liegt unter den Stuckaturen und Altären Materno Bossis aus Würzburg, der die üppige Ausstattung 1788 fertiggestellt hat. Älter sind der aus Alabaster gefertigte Bernhardsaltar im Querhaus von Veit Dümpel, 1623, der Johannisaltar in der nördlichen Querschiffskapelle von Fr. Jul. Brenno, 1693, und die etwa gleichzeitigen Altäre der Chorumgangskapellen. In der Klosterkirche sind einst die Herzen würzburgischer Bischöfe beigesetzt worden. An die Kirche schließt sich der riesige Komplex des fünf Höfe umfassenden Klosters an. Der Bau begann 1687 nach Entwürfen Johann Leonhard Dientzenhofers, der die beiden östlichen Höfe, große Teile der beiden westlichen und den Nordtrakt der Prälatur baute. 1698 wurde mit seinem Tod die Bautätigkeit unterbrochen und erst 1716 wiederaufgenommen. Nun hatte Joseph Greising die Leitung, er arbeitete nach den Plänen Balthasar Neumanns, dem die prachtvolle Gestaltung der Schauseiten, des nördlichen Prälaturflügels mit Stiegenhaus und der Ehrenhof zu verdanken sind. 1730 war die Anlage fertiggestellt. Die Mitte der Prälatur wird durch den hohen, reichgegliederten Mittelrisalit betont, der den Kaisersaal enthält. Den Flügelbauten sind Eckpavillons vorgelegt. Die Abtei, groß und bedeutend, schon im Mittelalter als Bauhütte bekannt, versuchte 1738 den Beweis ihrer

Reichsfreiheit zu erbringen, aber Fürstbischof Friedrich Karl von Schönborn wollte davon nichts wissen, ließ die Denkschrift unter Trommelschlag verbieten und öffentlich zerreißen.

Der Reisende Riesbeck war in den achtziger Jahren des 18. Jahrhunderts in Ebrach und berichtet: «Wir statteten den Herren Prälaten zu Ebrach einen Besuch ab und ich konnte die Anmut dieses Klosters nicht genug bewundern. Diese Herren Mönche, denn in jedem Betracht sind sie Herren, haben ihre schöne Jagd, prächtig meublierte Zimmer, einen Billardsaal, ein halbes Dutzend sehr schöne Sängerinnen und einen ungeheueren Weinkeller, vor dessen wohlrangierten Batterien ich ordentlich erschrak.» Ähnlich äußerte sich Klemens Alois von Baader in einem Brief von 1808 über einen Besuch der Abtei: «Die Klostergebäude mit ihren geräumigen Höfen und Gärten formieren mehr eine große fürstliche Residenz als ein Kloster ... Die Flügelgebäude mit dem Speisesaale, die vielen Gastzimmer, die mit der höchsten und modernen Eleganz meublierten Prälatenzimmer und der schöne Konzertsaal – alles dies verkündet hier nicht klösterliche Armut, sondern Überfluß, Pracht und Luxus ... Es wird aber auch jeder ohne Unterschied der Religion, und wenn er der gemeinste Bettler ist, ohne Widerrede aufgenommen und, wenn er so lange bleiben will, drei Tage lang herrlich bewirtet.»

Mobiliar und Kunstschätze des Klosters sind während der Säkularisierung von 1803 verkauft worden und 1851 wurde der Abtei das traurige Los zuteil, Jugendstrafanstalt zu werden. Daher sind auch die Klosterräume nicht zu besichtigen.

Wir fahren von Ebrach wieder ein kurzes Stück zurück bis Burgebrach, biegen hier rechts ab und kommen durch ein schönes, stilles Hügelland nach Reichmannsdorf, wo eines der entzückendsten Schlösser des Landes steht, ein Pommersfelden en miniature. Das nahe gelegene Pommersfelden selbst mit seiner großartigen Architektur und seinen Kunstschätzen wird uns längere Zeit in Anspruch nehmen. Es empfiehlt sich, von dort über das schöne alte Forchheim mit seinen stattlichen Fachwerkhäusern und der königlichen Pfalz zu fahren, von dort aus einen Ausflug nach Thurn mit seinem ebenfalls prächtigen Schloß zu machen und dann der Fränkischen Schweiz zuzustreben. Auf dem Weg dorthin liegen gleich mehrere interessante Schloßbauten: Kunreuth und Wiesenthau sowie Jägersburg, während am Eingang zum Trubachtal hoch auf dem Felsen die Burg Egloffstein sitzt. Dieses Gebiet ist von ganz besonderem landschaftlichem Reiz, ja es ist lieblich, trotz der bizarren Felspartien, die aus den Wäldern über den Tälern aufragen. Allenthalben stehen Burgen und Schlösser auf den Höhen: Hundshaupten, Pretzfeld, Greifenstein, Aufseß und Pottenstein, um nur einige aus der Fülle zu nennen, und in der Mitte etwa liegt die imposante Wallfahrtskirche Gößweinstein, die Balthasar Neumann 1730/36 gebaut hat.

Wir können bis nach Trockau fahren und dort die Autobahn erreichen, oder wir folgen dem Wiesenttal und kehren über Behringermühle, Plankenfels nach Bayreuth zurück. Damit schließt sich der Kreis unserer oberfränkischen Reise.

Bamberg | Alte Hofhaltung

Das Bistum Bamberg ist die Lieblingsstiftung Kaiser Heinrichs II. des Heiligen gewesen und war sehr reich dotiert. Seine Bischöfe nahmen den ersten Platz im Reichsfürstenrat ein; sie unterstanden unmittelbar dem Papst und hatten das Recht, den roten Kardinalshut zu tragen. Sehr vornehme Herren bekleideten die Erbämter des Hochstiftes, so auch die vier weltlichen Kurfürsten von Böhmen, Pfalz, Sachsen und Brandenburg.

Stehen wir auf dem nach Osten zu abfallenden weiten Platz, mit dem schönen Blick zu den fernen Höhen der Fränkischen Alb, haben wir den machtvollen Kaiserdom zu unserer Rechten, während etwas tiefer, dem Dom gegenüber, der kraftvolle Block der Neuen Hofhaltung aufsteigt. Der schöne Renaissancebau der Alten Hofhaltung liegt zwischen beiden in unserem Rücken. So stehen Romanik, Renaissance und Barock nebeneinander und heben einander hervor. Die Alte Hofhaltung liegt als außerordentlich malerische Gebäudegruppe um einen geräumigen Hof auf dem Grund der alten Burg, aus der sich im 10. und 11. Jahrhundert die kaiserliche Pfalz entwickelte. Sie diente bis zum Bau der Neuen Hofhaltung als fürstbischöfliche Residenz. In den letzten Jahren wurden Grabungen im Dom und südlich des Doms vorgenommen. Sie brachten Fundamente eines großen Gebäudes, offensichtlich der Burgkirche, und ein Gräberfeld unter dem Dom zutage, außerdem auf der Südseite Befestigungsreste und Siedlungsspuren. Alles das gehört dem 9. bis 10. Jahrhundert und der Bamberger Burg an, die einen beträchtlichen Umfang gehabt haben muß. Der Palas Kaiser Heinrichs II., 1777 abgebrochen, ist nur im Erdgeschoß erhalten. Hier war es, wo am 21. Juni 1208 der unglückliche deutsche König Philipp von Schwaben vom bayerischen Pfalzgrafen Otto von Wittelsbach ermordet wurde. Mauerteile der Andreaskapelle sind am Südstock der Hofhaltung erhalten; die Katharinenkapelle mit gotischen Veränderungen bildet den unteren Teil des 1777 abgebrochenen Hauptturms. Erhalten blieben die gotischen Bauten um den Hof, die 1479 und 1489 unter den Fürstbischöfen Philipp von Henneberg und Heinrich (III.) Groß von Trockau mit ihrem schönen Fachwerk und ihren Holzgalerien entstanden. Fürstbischof Veit (II.) von Würtzburg ließ 1571/76 der Alten Hofhaltung gegen den Domplatz hin eine neue Fassade geben, wahrscheinlich von Erasmus Braun, dem bambergischen und brandenburgischen Baumeister aus dem Kreis des Festungsbaumeisters Kaspar Vischer. Auch Daniel Engelhardt war für die Hofhaltung tätig. Ein langer zweigeschossiger Flügel ist an den Kern der alten Andreaskapelle gegenüber dem Domnordportal angebaut worden. Eine prächtige steile Fassade mit Volutengiebel und Erker schließt sich an, alles das aus Sandsteinquadern gefügt. Der Erker ist ein Kabinettstück dekorativer Renaissancekunst, gegliedert durch Säulchen und Gesimse und mit den Wappen des Hochstifts und der mit Veit II. verwandten Familien geschmückt: Redwitz, von der Tann, Bibra, Giech, Künsberg, Mörlau, Stiebar, Schaumberg, Heßberg, Hanstein, Truchseß von Henneberg, Vasant, Waldenfels, Steinau, Lichtenstein. An der Erkerkonsole sitzt das Portrait des Erasmus Braun. Der auf der Rückseite angebaute Treppenturm mit Volutengiebel gibt dem Ganzen einen sehr bewegten Umriß. Es folgt die reiche Portalanlage, ursprünglich wohl für drei Tore entworfen, von denen das dritte nicht ausgeführt oder später wieder zugesetzt wurde. Der plastische Schmuck von zarten Ranken, ausgeführt von Pankraz Wagner, erinnert an Portale der Plassenburg und könnte von Engelhardt entworfen sein. Der figürliche Schmuck zeigt ein Nebeneinander von Motiven der Spätgotik, des Humanismus und von Heiligen. Vor den Pfeilern stehen vollplastische Hermengestalten mit Fruchtkörben auf den Köpfen. ‹Wilde Männer›, als Main und Regnitz gedeutet, liegen über den Seitentoren, und über dem Mitteltor befindet sich ein Relieffries mit Muttergottes, dem heiligen Kaiserpaar Heinrich und Kunigunde, Dom-Modelle tragend, die Patrone des Doms, Petrus und St. Georg, sowie zwei Bischöfe, vielleicht der hl. Otto I. und Veit von Würtzburg. Das Ganze ist bekrönt von den Stiftswappen und der Kaiserkrone, die Bamberg führen durfte.

Bamberg | Neue Residenz

Der ‹Neuen Hofhaltung› voraus gingen die ‹Neue oder Obere Hofhaltung› des Fürstbischofs Philipp von Gebsattel aus dem Anfang des 17. Jahrhunderts, erhalten in den beiden hinteren Trakten der Neuen Residenz, sowie das ‹Untere Schloß› des Fürstbischofs Ernst von Mengersdorf (1585/91) auf der Insel Geyerswörth und endlich die Alte Hofhaltung neben dem Dom.

Unter den großen Schlössern der Schönbornzeit in Franken ist die Neue Hofhaltung das erste. In ihrer heutigen Gestalt ist sie im wesentlichen das Werk Lothar Franz von Schönborns, des Kurfürsten von Mainz, Fürstbischofs von Bamberg, und seines Baumeisters Johann Leonhard Dientzenhofer. Dominante der Residenz ist der turmartige ‹Vierzehnheiligenpavillon› auf der Südseite, gegenüber dem Dom. Zwei Bauetappen haben das Bild der Neuen Hofhaltung bestimmt, zwischen denen eine Pause von rund hundert Jahren liegt. Die erste begann mit dem Ankauf einer Domherrenkurie auf dem Domplatz durch Gebsattel 1599, die etwa zehn Jahre zuvor von dem Domherrn, dann Fürstbischof Ernst von Mengersdorf an Stelle eines spätgotischen Hofs gebaut worden war. Gebsattel ging mit dem Nürnberger Jakob Wolff d. Ä. an den Bau einer Dreiflügelanlage, von der nur zwei Flügel ausgeführt wurden. Es sind die Trakte auf der Ost- und Nordseite des Residenzhofes. Im Rohbau waren sie zwischen 1605/08 fertiggestellt. 1693 wurde Lothar Franz von Schönborn Fürstbischof. Vierzehn Tage nach seiner Wahl verhandelte er bereits mit dem hochstiftischen Baumeister Johann Leonhard Dientzenhofer über den Ausbau der ‹Oberen Hofhaltung›, obgleich er sich in der Wahlkapitulation verpflichtet hatte, «keine neuen Schlösser bauen oder kostbahrlich reparieren» zu lassen. 1695 verbot der Papst die Wahlkapitulation bei Erzbischöfen und Bischöfen, ein Verbot, das auch auf das Reich übertragen wurde. Lothar Franz war frei, das zu tun, was ihm am Herzen lag: zu bauen.

Dientzenhofer fügte zunächst rückwärts an die beiden Gebsattelflügel nach Westen zu einen kurzen Trakt und veränderte die innere Einteilung der vorhandenen Gebäude. Im zweiten Obergeschoß des Neubaus wurde die kurfürstliche Wohnung eingerichtet und 1696 von Johann Jakob Vogel stuckiert. Die endgültige Wohnung aber sollte im geplanten Hauptbau am Domplatz liegen. 1697 befahl Lothar Franz den Abbruch des Mengersdorfhofes. Die Vollendung des Rohbaus zog sich bis 1701 hin, und 1703 war der Eckpavillon fertig. Nicht sehr erfindungsreich im einzelnen wirkt der Bau durch die Wucht wohlproportionierter Massen und die strenge Gliederung der Fassaden durch Pilaster in den drei klassischen Ordnungen. An der reichen Innenausstattung ist lange gearbeitet worden. Die Stuckaturen schuf auch hier in der Hauptsache Johann Jakob Vogel (zwischen 1696 und 1705), bestehend aus schweren Akanthusranken, Fruchtgehängen, Kartuschen und Putten. Die Stuckmarmorarbeiten, vor allem die vermutlich nach Stichvorlagen von Bérain ausgeführte Dekoration des Gartensaals, stammen von seinem Bruder Kaspar Vogel. An den Deckenmalereien arbeiteten Hans Jörg Bogner und seit 1704 Johann Jakob Gebhard, während die eingelassenen Ölgemälde von Sebastian Reinhard stammen (1700/05). Den Kaisersaal malte Melchior Steidl 1707/09 aus.

Friedrich Karl von Schönborn, seit 1729 Fürstbischof von Bamberg, plante, die Front der Residenz um 90 Grad zu drehen und als Dreiflügelanlage zu erweitern; aber er scheiterte am Widerstand des Domkapitels, denn Michael Küchels Entwurf von 1733 sah eine Anlage von riesigen Ausmaßen mit sechs Innenhöfen vor. So ließ Friedrich Karl nur im Innern Veränderungen vornehmen und die Hofkapelle einrichten. Rokoko und Klassizismus haben dann ihren Einzug gehalten. Unter Friedrich Karls Nachfolgern Franckenstein, Stadion und Seinsheim wurden die drei Archivsäle eingerichtet, und unter Seinsheim ist das jetzt Billardzimmer genannte Tafelzimmer sowie der Weiße Saal klassizistisch von Materno Bossi nach Entwürfen von Joh. Michael Fischer, des Würzburger Hofarchitekten, stuckiert worden. Diese Arbeiten waren 1772 und 1773 vollendet. Es würde zu weit führen, Raum für Raum der kostbar ausgestatteten Residenz zu beschreiben. Erwähnt sei aber das Chinesische Kabinett von 1700, das erste seiner Art in Franken, dessen Schnitzereien wohl Sebastian Degler, dessen eingelegte Tafeln mit chinesischer Lackmalerei vielleicht Joseph Scheubel d. Ä. schuf.

Unvergleichlich ist der Blick aus dem hinter der Hofhaltung liegenden ‹Rosengarten› mit dem reizenden Pavillon von Michael Küchel auf den Michaelsberg.

Friedrich Karl von Schönborn, der abwechselnd in Würzburg und Bamberg residierte, hat mit Pomp hofgehalten. Ein Zeitgenosse schildert uns, wie hier die Grafen Lynar und Reuß im Jahre 1731 empfangen und bewirtet wurden. Der Obermarschall von Bubenhofen geleitete die beiden Herren in das Wohnzimmer des Fürsten.

«Vor der Tafel wurde dem Bischof im Eßsaale von einem Kammerherrn das Wasser in einem silbernen Becken gereicht, der Oberststallmeister goß es auf seine Hände und der Obermarschall reichte ihm die Serviette zum Abtrocknen. Einer der bischöflichen Hofprediger verrichtete ein lateinisches Gebet ganz unverständlich. Der Fürst saß an der Tafel oben an, auf einem Armsessel, mit rothem Sammet beschlagen und mit goldenen Tressen besetzt und über ihm war ein Himmel von gleicher Art. Die Tafel war mit einem außerordentlich großen und schweren Plat de menage und mit 14 Schüsseln bedeckt, welche letztere zweimal abgehoben wurden und der dritte Gang bestand in 15 Confektschalen. Die Speisen wurden durch Trabanten aufgetragen, welche mit Stiefeln, Sporen und Karabinerriemen versehen waren und vor welchen ein Unteroffizier mit dem Hut unter dem Arm herging und ein anderer hinterher. Auf den Tisch wurden die Speisen durch einen Pagen gesetzt, deren neun um die Tafel herstanden. Der Fürst redete mehrenteils von ernsthaften, in das deutsche Staatsrecht einschlagenden Materien etc. Zum Trinken wurde niemand genöthigt, der Fürst aber brachte jedem Gast ein großes Glas mit einer Gesundheit zu. Die Tafel währte bis 5 Uhr, es standen aber mehrere Personen von derselben auf und kamen wieder, ohne etwas zu sagen ...»

Nach der Säkularisierung des Hochstiftes wurde die Neue Hofhaltung königliches Schloß. Hierher zog sich der napoleonische Marschall Alexandre Berthier, Fürst von Neuchâtel und Herzog von Wagram, Schwiegersohn König Maximilians I. Joseph von Bayern, zurück, als Napoleon von Elba nach Frankreich zurückkam. Er stürzte sich am 1. Juli mittags um 1 Uhr aus einem Fenster der Kaiserzimmer, als die russischen Truppen 1815 durch Bamberg marschierten. 1843/45 residierte Kronprinz Maximilian in der Hofhaltung, dann wurde sie Otto zugewiesen, der nach seiner Abdankung als König von Griechenland hier von 1862/67 lebte, und auch Kronprinz Rupprecht von Bayern bewohnte die Residenz von 1900 bis 1901. Heute birgt der Eckpavillon die Bamberger Staatsbibliothek, und in den Räumen der Hofhaltung ist eine bedeutende Filialgalerie der Bayerischen Staatsgemäldesammlung zu sehen. *Abb. 86 bis 93*

Seehof

Seehof war alter Besitz des Bamberger Hochstifts. Fürstbischof Marquard Sebastian Freiherr Schenk von Stauffenberg begann 1687 mit Antonio Petrini, neben dem Georg Dientzenhofer und der Kronacher Johann Christein tätig waren, den Bau des neuen Schlosses Marquardsburg, der 1695 beendet war. Aber erst Lothar Franz von Schönborn war, zwischen 1698 und 1711, sein eigentlicher Vollender. Seinen Baumeistern Johann Leonhard und Johann Dientzenhofer ist die Gestaltung der Eckrisalite sowie die des Innenhofs zu verdanken. Wie Aschaffenburg steht auch Seehof noch in der Tradition des Burgenbaus; wie dieses ist es eine Vierflügelanlage mit vier Ecktürmen mit polygonalen Oberteilen unter mächtigen Zwiebelhelmen. Doch das Ganze ist schon in den entwickelten Formen des Barock ausgeführt, eines schweren, an Römisches erinnernden Barock.

Die Ausstattung der Innenräume erfolgte zwischen 1730/1740 unter Beteiligung von Balthasar Neumann und Michael Küchel. Das Fresko im großen Saal malte J. Appiani 1752. Balthasar Neumann entwarf die Orangerie, die Johann H. Dientzenhofer 1733/37 aufführte. Das Innere des Schlosses war mit den kostbarsten Möbeln ausgestattet, von denen aber viele – wie auch die Gartenfiguren – vom jetzigen Besitzer verkauft worden sind. Der Seehofer Park ist eine Schöpfung des Fürstbischofs Adam Friedrich von Seinsheim. Ferdinand Tietz und seine Werkstatt arbeiteten am Programm der Gartenskulpturen bis 1773. Mit über fünfhundert Statuen und Vasen – es sind noch zwei Gruppen übriggeblieben – war dieser fürstliche Garten eine europäische Sehenswürdigkeit.

Wir haben einen Bericht über den Besuch des Markgrafenpaares von Ansbach in Seehof, der uns einen Tageslauf auf einem barocken Sommersitz schildert. Das Frühstück wurde von den Herren zu den Klängen von Trompeten und Waldhörnern im großen Saal eingenommen, und Celsissimus schickte dann einen Edelknaben mit seinem Morgenkompliment zur Markgräfin. Es folgte eine Promenade im Garten. Erschöpft von dieser Unternehmung und einem reichlichen Mittagessen hielt man Siesta. Danach «verfügte sich Celsissimus zu Höchsten Herrschaften und bald danach fuhren sie in den Gartenwägen in das Opernhaus im Park, um der wohlpräparierten Operetta Giocosa ‹La Schiava Amorosa› beizuwohnen». Danach versammelte sich der ganze Hof im Gartenhaus. Dort wurde das Souper serviert, und man aß von einem Service mit japanischem Dessin. Später kehrte man ins Schloß zurück, das auf allen vier Seiten illuminiert war. «Alle Hauptgänge des Gartens in der Gegend der Orangerie, ebenso die vier großen Parterres vor und hinter dem Schloß waren mit vielen, auf Stöckchen aufgesetzten und hierzu besonders gefertigten Laternen auf sehr angenehme Art beleuchtet.» Am nächsten Tag wurde gejagt, nachmittags war Konzert im Gartentheater und nach dem Souper fuhr man im Garten umher, um von dort erneut die Beleuchtung zu bewundern, zu der 7.300 Lichter verwendet worden waren. «Nach vergnügter Beschauung dieser wohl ausgefallenen Illumination retournierten Höchste Herrschaften mit Pauken und Trompetenschall in das Schloß und wurde Feierabend um 2 Uhr.»

Der Verfall von Schloß und Park hat nicht erst in unserer Zeit begonnen. Schon im 19. Jahrhundert verschwindet der Ostflügel der Orangerie mitsamt dem sogenannten Frankenstein-Schlößchen. Die Wasserwerke, die die Brunnen im Park speisten, sind zerstört. Kein Privatmann ist in der Lage, den Besitz vor weiterer Verwahrlosung zu schützen. Hoffen wir, daß es möglich sein wird, öffentliche Mittel für seine Wiederherstellung einzusetzen. *Abb. 96, 97*

Burgwindheim

Burgwindheim war das ehemalige Amtsschloß des Zisterzienserklosters Ebrach. Sein repräsentatives Äußere ist vielleicht auf die zentrale Lage an der Poststraße Würzburg–Nürnberg zurückzuführen. Das Schloß wurde 1720/28 errichtet. Anfangs war der Würzburger Joseph Greising am Bau beteiligt, nach dessen Tod 1721 hatte vermutlich Balthasar Neumann die Bauleitung übernommen. In seinem erhabenen Baustil erinnert es etwas an die Prager Dientzenhofer.

Das Schloß wurde auf sumpfigem Gelände auf einer Terrasse mit hübscher Balustrade erbaut. Den Grundriß bildet ein doppeltes T, wobei der Kernbau von den Seitenflügeln zweifach abgestuft ist. Durchgehende Pilastergliederung an den Flügeln und hohe Mansarddächer verleihen dem Bau Vornehmheit und Geschlossenheit. Der durch Dekoration betonte Haupteingang liegt zur Hauptstraße an der Schmalseite des Gebäudes.

Das aufwendige Stiegenhaus im Innern besteht aus zwei zusammenmündenden, parallelen Treppenläufen. Der große Saal im zweiten Obergeschoß wurde 1723/24 von Georg Hennicke stuckiert. Dieser war neben den Stuckatoren Vogel in Bamberg und Daniel Schenck in Mainz der bedeutendste Vertreter des Bandwerkstils in Franken. Für den Kaisersaal zu Ebrach schuf er 1718/19 die Stuckdekoration und war ebenso für Pommersfelden tätig.

Das Schloß, das in jüngster Zeit vorbildlich renoviert wurde, dient heute als Pfarramt und Kindergarten.

Abb. 95

Reichmannsdorf

Das Gut befand sich im Besitz der Freiherren Truchseß von Pommersfelden, deren letzter Herr es dem Kurfürsten Lothar Franz von Schönborn hinterließ. Aber schon 1689 verkaufte er Reichmannsdorf an den fürstbischöflich-bambergischen Obermarschall Wolf Philipp Freiherrn von Schrottenberg, der zum Kreis der Bauliebhaber um den Kurfürsten gehörte. Wolf Philipp (1640–1715) war mit Sophie Juliana von Erthal verheiratet.

Die Schrottenberg entstammen dem steiermärkischen Uradel. Ulrich von Schrottenberg verkaufte sein Erbe, folgte seinem zum Bischof von Trient gewählten Freund Georg von Liechtenstein und erwarb Güter in der Umgebung von Trient. Ulrichs Nachkommen teilten sich in zwei Linien; die ältere starb 1790 aus. Johann Paul von Schrottenberg war seit 1594 in zweiter Ehe mit Eva von Hutten vom Steckelberg in Franken vermählt; die erste Verbindung mit Franken war hergestellt. Sein Sohn Johann Christoph verheiratete sich mit Anna Dorothea von Lautter, ebenfalls einer Fränkin, und sein Sohn war der Obermarschall Wolf Philipp. Er kam 1652 als Page an den Bamberger Hof, war 1670 Oberamtmann zu Lichtenfels, 1683 Obermarschall, ab 1693 auch kurmainzischer Geheimrat. Er wurde in diplomatischen Missionen verwendet und war auch am Zustandekommen der Laxenburger Allianz (1682) und des Friedens von Reyswirk (1696) beteiligt. 1709 wurde er in den Reichsfreiherrnstand erhoben.

Wolf Philipp ließ 1714 den Bau des neuen Schlosses in Reichmannsdorf als Hufeisenanlage um einen kleinen Ehrenhof von Johann Dientzenhofer beginnen. Eine stilkritische Betrachtung läßt jedoch die Vermutung zu, daß die Baupläne von seinem Vater Leonhard stammen. Früher führte die Straße nicht am Schloß vorbei, das mit den Wirtschaftsgebäuden einen im Dorf abgetrennten Komplex mit zwei, jetzt verschwundenen, Toren bildete. Es ist ein außerordentlich schmucker Bau, der auf rotem Verputz graue Architekturgliederung und im Dreiecksgiebel das Schrottenbergwappen trägt. Auf der Rückseite des Hauses liegt ein Rasenparterre, das gegen den etwas tiefer gelegenen seeartigen Weiher durch ein Balustergeländer abgeschlossen ist. Diesem Parterre seitlich angeschlossen, bedingt durch die Lage zwischen Straße und Weiher, folgen Blumen- und Gemüsegarten sowie der Park. 1736 begann Freiherr Otto Philipp – Wolf Philipps Sohn – mit der Anlage des Gartens, in dessen Planung 1737 Johann Michael Küchel, der Bamberger Baumeister, eingriff. Im Juli 1736 schrieb Schrottenberg seinem Verwalter, der Gärtner habe ihm mitgeteilt, daß der Schloßbauer die «herrschaftlichen Ochsen und Gänse» in den neuen Garten treibe. Der Mann sei zu bestrafen, weil «die terrassen und gemachte neue Stiegen, auch die Alleen sehr ruiniert würden». 1737 dankte er Küchel für die schönen Risse. Der Garten wurde später in einen englischen Park umgewandelt; von der alten Anlage sind nur noch die Terrassen erkennbar.

Als Otto Philipps ältester Sohn Lothar Karl sich mit Heiratsgedanken trug, schrieb ihm seine Mutter: «Mon cher fils ... Die Frl. von Horneck ist schon ein wackres Mettle, hab auch allzeit gehört, das sie von einem gutten Humor sein soll, auch auf die Haushaltung soll abgeriegt sein ... Es ist noch ein Guttenbergerin da, als ein Tochter vom Ritterhauptmann, woh der Böllnitz ein Schwester davon hat ...» Lothar Karl aber hat dann doch nicht geheiratet, sondern überließ das seinem Bruder Karl Dietrich, der sich mit einer Freiin von Hornstein vermählte.

In Reichmannsdorf gab es von 1790 bis 1833 eine Porzellanmanufaktur, die der letzte bambergische Hofmarschall, Freiherr Franz Konrad von Schrottenberg (1755–1829), selbst geleitet hat und deren Erzeugnisse sehr gerühmt wurden. Franz Konrads Sohn Christoph, ein tüchtiger gescheiter Jurist, heiratete die Tochter des Würzburger Hofrats und Professors Dr. jur. Phil. Wilhelm. Der letzte der von Christoph gegründeten Linie, Freiherr Ferdinand, ist 1941 in Rußland gefallen. Seine Schwester Elisabeth, verheiratet mit Oberst Alfred Sachenbacher, ist heute Besitzerin des Gutes und führt mit ihrer Familie den Namen ‹Sachenbacher von Schrottenberg›.

Ist Pommersfelden die große, prunkvolle Sommerresidenz eines geistlichen Fürsten, so ist Reichmannsdorf ein Pommersfelden en miniature, ein Haus von unvergleichlichem Reiz, sowohl architektonisch wie in der kostbaren Ausstattung. Bereits im Vestibül des Schlosses entfaltet sich die Pracht und Noblesse barocker Architektur. Eine doppelläufige Treppe führt durch das helle, heitere, wohlproportionierte Stiegenhaus ins Obergeschoß, wo an dem auf der Hofseite verlaufenden Korridor die Enfilade der Wohnräume liegt. Den eleganten Stuckdekor schufen Johann Jakob Vogel, Daniel Schenck und Georg Hennecke, die Deckenfresken Johann Jakob Gebhard.

Reichmannsdorf ist ein hervorragendes Beispiel adliger Wohnkultur in Franken. In jedem Raum spürt man, mit welch liebevoller Sorge die Familie bemüht ist, das schöne Schloß zu erhalten. Sitzt man in einem der Räume und hört die eiligen Pendel der Uhren, wird einem bewußt, wie vorbildlich es hier gelungen ist, die Werte der Vergangenheit in unsere Gegenwart herüberzuretten. *Abb. 102 bis 109*

Aschbach

Nahe der Autobahn Nürnberg–Würzburg, zwischen Schlüsselfeld und Geiselwind, liegt in einem am Südrand des Steigerwaldes beginnenden Tal das Dorf Aschbach mit seinem Schloß, das sich seit 1611 im Besitz der Freiherren von Pölnitz befindet. Das Schloß, bestehend aus zwei im rechten Winkel aneinanderstoßenden Flügeln, wurde laut Inschrift unter der Wappenkartusche über dem Portal 1672 von Hieronymus Christoph Freiherrn von Pölnitz neu gebaut, weil das alte Schloß 1631 von den Schweden niedergebrannt worden war.

Es ist ein äußerlich schlichtes, im Innern sehr behagliches Haus, zu dessen Wohnräumen im Obergeschoß eine breite Treppe mit hölzernem Balustergeländer emporführt. An den Wänden des Treppenhauses und des langen Korridors hängen Hirschgeweihe auf geschnitzten Köpfen des 18. Jahrhunderts. Die Räume tragen Stuckdecken mit zierlichem Bandel-, Gitter- und Rahmenwerk, mit Blumenstücken und Vögeln, vielleicht von dem Bamberger Johann Jakob Vogel um 1720 geschaffen. Es gibt schöne Öfen des 17. Jahrhunderts, kostbare Möbel und Gemälde, und Supraporten von dem Bamberger Marquard Treu von 1765. Durch Belegung 1945 ist viel von dem alten Hausrat verloren gegangen, doch auch das noch Vorhandene zeigt die Vornehmheit und Wohnlichkeit eines fränkischen Landschlosses.

Manches hat sich geändert, seit vor 300 Jahren das Schloß gebaut worden ist, doch das alte Haus ist geblieben, was es war, Heimat einer alten fränkischen Familie. Über allem liegt noch ein Hauch jener Zeit, als Ludwig Freiherr von Pölnitz mit seinen boshaften Schriften die deutschen Höfe amüsierte und ärgerte. Im stillen, abseitigen Aschbach hätte es der Hofmann und Reisende Pölnitz gewiß nicht lange ausgehalten, doch mag er auf kurzen Besuchen, im weiträumigen, leicht stuckierten Saal zu Tisch sitzend, den Verwandten und Nachbarn von der großen Welt in Berlin, Dresden oder Würzburg erzählt haben, und man hat ihm sicherlich mit Vergnügen gelauscht. Eine seiner Cousinen war Hofdame und enge Freundin der ersten preußischen Königin Charlotte und des Philosophen Leibnitz. «Ich finde», schrieb nach dem Tode der Königin 1706 die Herzogin von Orléans, die berühmte Liselotte von der Pfalz, «daß Fräulein von Pölnitz zu loben ist, niemanden mehr nach ihrer Königin zu dienen, weil sie zu leben hat; sie macht's auch, wie St. Paulus sagt: ‹Wer heirat, tut wohl, wer nicht heirat, tut besser.›» *Abb. 99 bis 101*

Pommersfelden / Schloß Weißenstein

Die größte Leistung der Familie Schönborn, an der auch die nichtgeistlichen Mitglieder beteiligt waren, liegt in der Förderung der Kunst. Auf Reisen hatten sie sich gebildet und den Blick für kommende Aufgaben geschult. Alle künstlerischen Belange wurden von ihnen mit echter Begeisterung und klugem Verständnis wahrgenommen. Dazu kam die Gabe der Menschenbehandlung, vielversprechende Talente ausfindig zu machen, sie ausbilden zu lassen und für ihre Pläne am richtigen Platz einzusetzen. Oft überstiegen die großen Planungen die den Bauherren zur Verfügung stehenden Mittel, aber sie hatten Verantwortungsgefühl und Erfahrung und ließen sich nicht zu unausführbaren Projekten verleiten. Niemals vorher hatten die Gebiete am Rhein und in Franken eine solch einheitliche und glänzende künstlerische Kultur erlebt.

Wer war der Mann, der mit seiner Baukommission das Bauwesen seines Kurstaates und des Fürstbistums Bamberg streng beaufsichtigte und ein Schloß von der Schönheit und Pracht Pommersfeldens bauen konnte? Es war Lothar Franz von Schönborn, Kurfürst-Erzbischof von Mainz und Fürstbischof von Bamberg, Erzkanzler des Reichs (1655 bis 1729). Er war ein treuer Gefolgsmann Wiens, und Kaiser Karl VI. nannte ihn den «ehrlichen Patrioten zu Mainz».

Seine Stellung war freilich nicht einfach. Einerseits durch seinen Stand und Eid dem Papst verpflichtet, hatte er andererseits als Reichsfürst die Interessen des Reichs, als Landesherr die seiner Lande wahrzunehmen und sich dem System weltlicher Regierungsformen anzupassen. Er war ein Herr, der die für einen tüchtigen Regenten notwendigen Kenntnisse durch Studium, Reisen, als Präsident des Bamberger Hofrats und schließlich als Bischof von Bamberg selbst gesammelt hatte. «Solange das Rohr blüht, muß man die Pfeifen schneiden», dachte der junge Mann und bewarb sich um die Stelle des Coadjutors in Mainz, die ihm die Aussicht auf den erzbischöflichen Stuhl eröffnete, den er dann 1695 bestieg. Er war ein sorgsamer Verwalter der erzbischöflichen Gebiete; außenpolitisch tat er alles, um die Macht des Kaisers zu stützen, und als Erzkanzler hatte er bedeutenden Einfluß auf die Reichsgeschäfte. Die Sonderstellung Österreichs als selbständige europäische Macht erachtete er für unheilvoll, und er hielt daran fest, daß Österreich und das Reich eine geschlossene Einheit bilden müßten.

Lothar Franz wird von seinen Zeitgenossen als ein Herr von ausnehmender Liebenswürdigkeit gerühmt, als ein Mann von Humor und Temperament. Das war der Mann, der trotz stärkster Inanspruchnahme durch Staatsgeschäfte und Politik Zeit fand für alles das, was das Leben zu verschönern geeignet ist. Seine tiefe und echte Liebe zur Kunst trieb ihn zu immer neuen Schöpfungen. Er war, wie er selbst von sich sagte, vom «Bauwurmb» besessen. Als der Neffe Friedrich Karl aus Wien über den Bau seines Schlosses Schönborn in Göllersdorf berichtet, antwortet der Kurfürst: «Des Herrn Reichsvizekanzlers Bau macht mir das Wasser in das Maul kommen.»

Kommt man von Würzburg her und fährt durch das gewellte, mit Föhrenwäldern bedeckte Land, so sieht man plötzlich in der Ferne über den Laubmassen des Parks das Schloß Pommersfelden aufragen. Betritt man den Hof, so ist man überwältigt vom Anblick des Schlosses, das sich in voller Majestät und heiterer Gelassenheit erhebt – Wohnsitz eines großen Kirchenfürsten, das dennoch eine gewisse Intimität hat, wie sie für jene Zeit typisch ist. Alles, was ein vornehmer Bau an architektonischer Kraft und Anmut auszudrücken vermag, ist hier Gestalt geworden. Der Kurfürst hatte Schloß und Herrschaft vom letzten Besitzer, dem Herrn von Truchseß, geerbt; er fand die «Pommersfeldische Situation unvergleichlich», das Haus aber «eine speluncam latronum» und er beschloß sofort, neu zu bauen.

1711 begann der Bau, 1716 war er im Äußeren, 1718 im Inneren vollendet. Johann Dientzenhofer, der nach einem vom Kurfürsten finanzierten Aufenthalt in Italien Hofbaumeister geworden war, entwarf die Pläne, und der Jesuitenpater Loyson war Bauleiter. Alle Baupläne gingen nach Wien, um vom Neffen Friedrich Karl und dem berühmten Baumeister Johann Lukas von Hildebrandt begutachtet zu werden. Trotz seines sicheren Urteils ließ sich Lothar Franz gerne beraten: «Ich will gerne anhören und annehmen, was Ihr Herren Virtuosi und Somptuosi zu Wien mir einraten werdet.»

Der hervorragendste Teil der breit hingelagerten Hufeisenanlage ist der Mitteltrakt, der auch in der Gestaltung der Fassade den wirkungsvollsten und prächtigsten architektonischen und plastischen Schmuck erhielt. Auf der Hofseite rahmen mächtige Säulen paarweise die Mittelachse über dem Portal, zu dessen beiden Seiten allegorische Figurengruppen stehen. Auf dem Giebel mit dem Schönbornwappen steht Merkur, der Gott des Handels, dem der Kurfürst hier ein Denkmal setzt, denn ohne den ‹Esel›, wie er die Finanzen nach dem Tragtier der Dukaten nennt, hätte er nicht bauen können.

Die Gartenfassade des Mitteltraktes ist weniger stark akzentuiert, sie ist flächiger und mehr auf die Wirkung von Licht und Schatten angelegt. Sie wirkt «westlicher», während die Hoffront «östlicher» ist, also den Einfluß Österreichs verrät. Das Schloß, so kann man sagen, liegt im Schnittpunkt der französischen und italienisch-österreichischen Stilelemente. Der von dem Mainzer Maximilian von Welsch erbaute Marstall (begonnen 1712) schließt in sanfter Schwingung den Hof ab, als wolle er den Druck des mächtig vorspringenden Mittelbaus auffangen.

Dieser Mittelbau birgt das prunkvolle, damals ganz neuartige Stiegenhaus – die eigentliche Erfindung des Bauherrn. In seiner großartigen, feierlichen Pracht ist es eine der großen Leistungen deutscher Barockarchitektur. Durch den Umgang mit Baumeistern und Künstlern und das Studium theoretischer Werke, die in der Bibliothek von Pommersfelden gesammelt sind, eignete sich Lothar Franz die notwendigen Kenntnisse an, die es ihm ermöglichten, selbst Pläne zu entwerfen, den Künstlern fest umrissene Aufgaben zu stellen und mit Überlegenheit Kritik zu üben. Er nannte seine Baumeister die «Baudirigierungsgötter», sie ihn ihren «Erzbaumeister».

Allen Wiener Vorschlägen zum Trotz hielt der Kurfürst an der Weite und Großzügigkeit des Treppenhauses fest. Die Grundidee der Stiege, «als welche von meiner Invention und mein Meisterstück ist», müsse auch so bleiben und dürfe nicht geändert werden. Die doppelläufige Treppe, von offenen Galerien in den beiden Obergeschossen umgeben, gestützt von kannelierten Galerien und hermenbesetzten Pfeilern, führt in ein Vestibül vor dem Marmorsaal. Ein großes Deckenbild des Schweizers Johann Rudolf Byss, die vier Erdteile darstellend, schließt den Raum nach oben ab. Die Stuckaturen schuf Daniel Schenk (1716/17), der auch die anderen Räume stuckierte.

Über den großen Marmorsaal, den Festraum des Schlosses, schrieb der Kurfürst seinem Neffen, daß er «seinem Gusto nach ganz was besonders ist». Gegliedert durch Säulen und Pilaster in rotem Stuckmarmor, auf denen die Bögen der Gewölbe mit den starkfarbigen und leuchtenden Fresken J.F. M. Rottmayrs (1717) sitzen – «Die Weisheit und das gute Gewissen triumphieren über das Laster» –, macht der Saal einen würdigen und festlichen Eindruck.

Zu beiden Seiten des Saals zieht sich eine Enfilade von schön stuckierten, kostbar möblierten Räumen hin. Das Material dafür wurde aus Wien und Venedig, aus Frankreich und Deutschland, aus den Niederlanden und dem Fernen Osten herbeigeschafft.

Östlich vom Saal lag die Wohnung des Kurfürsten, die heute als Galerie verwendet wird, aber im großen ganzen noch so erhalten ist, wie er sie damals bewohnte. Eines der reichsten und zierlichsten Zimmer ist das Spiegelkabinett, dessen Wände mit Nußbaumholz getäfelt sind, worin Spiegel sitzen, die wiederum von überaus reichen, vergoldeten Schnitzereien gerahmt werden. Dieses Kabinett hat Ferdinand Plitzner geschaffen.

Ebensoviel Vergnügen wie am Bauen fand der Kurfürst im Anlegen von Gärten und Wasserspielen. Mit der prachtvollen, 1715 begonnenen Anlage, die Maximilian von Welsch entworfen hatte, muß das Schloß noch imposanter gewirkt haben als heute. Der Garten fiel in balustradengeschmückten Terrassen hinter dem Schloß ab, Kaskaden ließen die Wasser springen, und Blumenbeete und Bassins waren in perspektivischer Anordnung angelegt.

Man betritt den Garten von der ‹Sala terrena› aus, einem niedrigen Gartensaal, nach dem Vorbild der italienischen Renaissance als Grottengewölbe angelegt, reich ausgeschmückt mit glitzerndem Gestein, mit Malereien, Skulpturen und Stuckaturen (grottiert von Georg Hennicke, 1722/23). Ein solcher Raum vermag vielleicht unserem Geschmack nicht mehr zu entsprechen, doch muß man ihn einmal in einer Sommernacht erlebt haben, erhellt von zahllosen Kerzen, in deren Licht das Gestein flimmert und funkelt, während vor den geöffneten Türen der schweigende dunkle Park liegt, um die Freude am Phantastischen zu begreifen, die den Bauherrn zur Anlage dieser ‹Sala terrena› bewogen hatte.

Lothar Franz ist ein eifriger Sammler von Gemälden gewesen, die er in Pommersfelden versammelte, und diese Galerie ist noch heute vorhanden. Seine sieben Neffen, die oft auf diplomatischen Missionen Europa durchreisten, die kurmainzischen Residenten in Wien, Rom und Venedig, die Herren der Domkapitel von Bamberg und Mainz, sie alle hielten sich unterrichtet über die Vorgänge auf dem Kunstmarkt und erstatteten ausführlich Bericht. Die weitreichenden Beziehungen des Kurfürsten waren also von großem Wert für die Entstehung der Galerie; auch wurde die Sammlung durch Geschenke bereichert. Eine stattliche Reihe hervorragender Niederländer und Flamen des 16. und 17. Jahrhunderts waren der Galerie einverleibt worden. Darunter befanden sich einige Rembrandts, die im 19. Jahrhundert verkauft wurden, Werke von van Dyck, Cranach, Elsheimer, Bruyn, Tizian, Pesne, Veronese, Tintoretto, Brueghel und anderen.

Die Bewunderung der Zeitgenossen für die großartige Anlage von Pommersfelden war allgemein, und der berühmte französische Architekt Germain Boffrand sagte beim Anblick des Treppenhauses: «Man sieht in ganz Frankreich nichts so Großes und Prächtiges.»

So erfüllte das Sommerschloß des Kurfürsten seinen Sinn als Zentrum vornehmer Geselligkeit. Man machte Ausfahrten, jagte hier, empfing Freunde, Verwandte und Fremde, erging sich im Garten und beriet mit Künstlern und Architekten die Pläne für neue Bauten und ihre Ausstattung.

Man darf an diese Epoche deutscher Kultur nicht den Maßstab unserer Tage anlegen wollen, die das Leben der geistlichen Fürsten jener Zeit als luxuriös und bar jeder christlichen Demut verdammen. Die großen Bauherrn und Mäzene des Barock hätten diesen Vorwurf gar nicht verstanden und mit Entrüstung zurückgewiesen, denn für sie war es eine Selbstverständlichkeit, die Schönheiten der Welt mit dem kirchlichen Amt zu verbinden.

Auch heute noch, unter dem jetzigen Besitzer, Graf Karl von Schönborn-Wiesentheid, ist Pommersfelden ein Mittelpunkt des kulturellen Lebens des Landes. Wer hier im Marmorsaal jemals an einem Konzert mit barocker Musik teilgenommen hat, oder in dem festlich erleuchteten Treppenhaus eine Geige hat spielen hören, der weiß, daß das Schloß mehr ist als eine Kulisse und auch heute noch ein Echo aus den längst versunkenen Tagen der großen ‹Schönbornzeiten› zu uns herüberschickt. *Abb. 110 bis 114*

Thurn

1412 wird ein «Turm» erwähnt, bei dem es sich wohl um eine frühmittelalterliche Turmhügelburg handelt, die mit der 1323/27 genannten bambergischen Burg Herboltzbach identisch ist. Der Mittelbau des Südflügels ist im Kern ein mittelalterlicher Torturm. Seit 1399 war die Burg Eigentum der Herren von Gotzmann und kam nach ihrem Aussterben 1609 an Rudolf von Bünau. 1649 ist Enoch von Guttenberg Besitzer des 1634 zerstörten Schlosses. Dreißig Jahre später ging die Herrschaft an Guttenbergs Schwiegersohn Wilhelm von Schönfeld über. Als der bambergische Domkapitular Lothar Franz Horneck von Weinheim das Gut 1747 erwarb, begann der Umbau. Zuerst wurden dem Torbau Flügel angefügt (1754) und die älteren Bauten auf der Ostseite des Geländes vereinheitlicht. Damals erhielt die Südfront ihre heutige Fassade. Kurz darauf entstanden die Wirtschaftsgebäude, vielleicht unter Leitung des Bambergers Johann Michael Küchel, der ganz sicher 1766 den prachtvollen Gartenpavillon gebaut hat. Von den Horneck erbten die Freiherren von Sturmfeder das Gut und nannten sich nun Sturmfeder-Horneck. Durch die Heirat des Grafen Götz von Bentzel zu Sternau und Hohenau mit der Freiin Irmgard von Sturmfeder wurden die Grafen Bentzel Eigentümer des Gutes und heißen nun Bentzel-Sturmfeder-Horneck.

Die Bentzel kamen im 17. Jahrhundert aus Schweden nach Deutschland, erhielten 1732 den Reichsadel und wurden 1790 in den Reichsgrafenstand erhoben. Anselm Franz Bentzel war kurmainzischer Kanzler und Graf Carl von Bentzel-Sternau schrieb den 1819 erschienenen sentimentalen Roman «Der alte Adam», der zu den Quellen für staatliche und soziale Verhältnisse in Franken gehört. 1831 gab er die «Bayernbriefe oder Geist der vier ersten Ständeversammlungen im Königreich Bayern» heraus.

Thurn ist ein Wasserschloß von sehr reizvollem Umriß. Über dem Südflügel steigt der überkuppelte Turm auf und in der von Lisenen beziehungsweise ionischen Pilastern gegliederten Fassade sitzt die große Rocaillekartusche mit dem Horneck-Wappen. Die Räume sind mit sehr guten Möbeln und Gemälden ausgestattet, darunter sind die schöne Bibliothek mit ihren großen Rokoko-Eichenschränken und ein Kabinett mit bemalter Leinwandtapete des 18. Jahrhunderts.

Der Altar der Schloßkapelle St. Sebastian ist von Küchel entworfen; die Bildhauerarbeiten hat wahrscheinlich Georg Reuß ausgeführt.

Einer der reizvollsten Bauten seiner Art in Franken ist der Gartenpavillon von 1766. Er enthält einen Saal mit ausgerundeten Ecken, in denen Stuckfiguren der Athena, Hera, Aphrodite und des Paris stehen. Über den Fenstern gibt es stukkierte Rocaillen und über den Türen Supraporten mit Blumenstuck. Das Ganze ist von höchster Qualität, Eleganz und

Die Pfalz von Forchheim nach einer Zeichnung um 1800.

Feinheit. Man kann sich leicht ein Gartenfest mit Konzert im 18. Jahrhundert vorstellen, im Schein von Kerzen und Windlichtern, bei geöffneten Türen, mit dem Blick über das weite Rasenparterre mit seinen Figurengruppen aus der Werkstatt des Ferdinand Tietz, der auch den Neptunbrunnen vor dem Schloß entworfen hat, mit Nachen auf dem Wasser, alles das gerahmt von den Gruppen alter Bäume. *Abb. 115 bis 118*

Forchheim / Die Pfalz

Am Westrand des alten Stadtkerns von Forchheim steht die sogenannte Pfalz. Im Hauptbau, dem Palas, befindet sich das Pfalzmuseum – Museum der Fränkischen Schweiz. Der heutige Hauptbau stammt aus dem letzten Drittel des 14. Jahrhunderts, sein Erbauer war Bischof Lampert von Brunn. Der Ort der Pfalz dürfte mit dem des historisch bedeutsamen merowingisch-karolingischen Königshofes identisch sein, doch können frühere Bauten weder in den Ausmaßen noch nach dem Aussehen rekonstruiert werden. Die Gebäude des Königshofes dürften schon beim Übergang Forchheims an das neue Bistum Bamberg (1007) verfallen gewesen sein. Auch von «dem bischöflichen Haus» Ottos des Heiligen (1102–39), das an dieser Stelle errichtet wurde (Nachricht aus dem 15. Jahrhundert), ist nichts mehr vorhanden, vielleicht aber stammen die ältesten Teile der benachbarten Marienkapelle aus dieser Zeit.

Dem Hauptbau gegenüber nach Westen entstanden 1558/59 und 1566/67 die beiden Teile des Schultheißenbaus, dem 1769/69 an der Südwestecke ein weiterer Flügelbau angefügt wurde (abgebrochen 1890). Der Hof zwischen Palas und Schultheißenbau wird nördlich und südlich von einer Mauer abgeschlossen. 1559 wurde auf die nördliche Mauer ein Verbindungsgang gesetzt, der Zwingergraben auf dieser Seite bei Errichtung der Festungsanlagen um die Stadt aufgeschüttet. Der nördliche Zugang wurde nach Süden verlegt und auf dieser Mauer ebenfalls ein Verbindungsgang errichtet. Neben dem Haupttor befindet sich am Schultheißenbau der von Jacob Malik (Mailik) angebaute köstliche Erker.

Unter Bischof von Gebsattel erfolgte der Abbruch eines Treppenhauses am Hauptbau und die Errichtung des Treppenturms mit Wendeltreppe und barocker Haube. Außerdem wurde damals der Südsaal des Erdgeschosses in spätgotischer Art eingewölbt. (Über dem Turmeingang das restaurierte Wappen Gebsattels, 1603.) Die älteste Forchheimer Plastik ist an der südlichen Außenwand zu sehen, ein zweibeiniger geflügelter, hundeköpfiger Drachen, (um 1150). 1768/69 wurde die hölzerne Torbrücke durch eine steinerne ersetzt. Das gewaltige Dach, nach Merian um 1650 noch mit Treppengiebeln, wurde im 19. Jahrhundert abgewalmt und mit Trok-

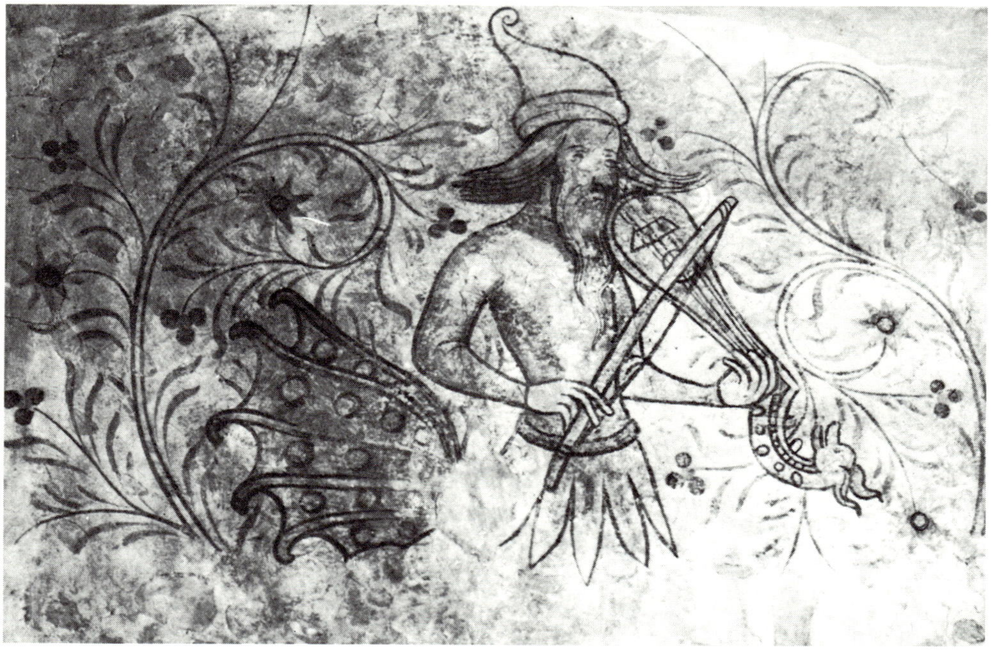

Triton mit Teufelsgeige Wandmalerei in der Pfalz von Forchheim, um 1392.

kenböden ausgestattet. 1972/73 ist die gesamte Anlage außen restauriert worden, wobei auch die Hofseite des Palas wieder farbig gefaßt wurde.

Im Hauptbau finden sich die besonders beachtenswerten Reste gotischer Wandmalereien, die 1392 entstanden sind. Im Kaisersaal des Erdgeschosses haben sich erhalten: Darstellung König Davids als Richter, sitzend, mit Spruchband und Zepter; daneben Elefant mit Turm – Symbole für Tapferkeit, Klugheit und Beständigkeit, und Löwenerweckung als Symbol für Christi Auferstehung. An der Fensterseite der böhmische Löwe, sowie Reste eines Adlers.

In der Kapelle des ersten Obergeschosses haben sich aus gleicher Zeit drei Prophetengestalten erhalten, eine Dreikönigsdarstellung, eine Verkündigung und ein letztes Gericht sowie die zwölf Apostel in Halbfiguren mit ihren Attributen. Als Künstler werden die Mitglieder der Familie Parler angenommen. Im Südzimmer sind noch Reste von Pferdedarstellungen zu sehen und in der Fensterlaibung ein Kranichmensch als symbolische Warnung vor heidnischem Geplapper. Gegenüber diesen Wandmalereien ist ein Triton mit seiner Teufelsgeige dargestellt, als Warnung vor verführerischer, weltlicher Musik. Diese Fresken sind früheste Zeugnisse der künstlerischen Beziehungen zwischen Franken und Böhmen.

Weitere wertvolle Reste von Wandmalereien trägt der Südsaal des zweiten Obergeschosses. Dort stammen die Darstellungen nach Szenen des Alten Testamentes von dem Bamberger Jakob Ziegler, aus dem Jahre 1159.

Jägersburg

Östlich von der Straße Forchheim–Bamberg, über Eggolsheim zu erreichen, liegt auf einer waldigen Vorhöhe der Frankenalb das einstige fürstbischöflich-bambergische Jagdschlößchen Jägersburg, das sich der Kurfürst von Mainz und Fürstbischof von Bamberg, Lothar Franz von Schönborn, 1721/22 von seinem Mainzer Kavaliersarchitekten Anselm Franz Freiherrn Ritter von Groenesteyn hat bauen lassen. Die Innenräume stuckierte der Bamberger Johann Jakob Vogel, 1722, und im gleichen Jahr wurde mit dem Bau der Nebengebäude begonnen, die 1728 vollendet waren.

Man erreicht das Schlößchen durch den kräftigen Torturm mit barocker Haube, die von einer Laterne mit Kuppeldach gekrönt wird. Der Mittelteil des Hauptbaus mit Mansarddach und rundem Giebel springt als Risalit ganz leicht vor. Im Giebel sitzt das Wappen der Grafen von Bentzel-Sternau, die das Schloß nach der Säkularisierung eine Zeitlang besaßen. Am südlichen Hofgebäude angebaut liegt die Kapelle, im Innern 1726 von Georg Hennicke stuckiert, der 1728 auch den Altar fertigte.

Der burgartigen Geschlossenheit von Torturm, Mauer und Nebengebäuden stellte Ritter von Groenesteyn als reizvollen Kontrast das nach französischem Vorbild konzipierte Schlößchen gegenüber.

Das Schloß ist jetzt Besitz der Erzdiözese Bamberg, die hier, eingedenk der wunderbaren Lage, ein Altenheim eingerichtet hat.

Wiesenthau

Eines der stattlichen Schlösser des unteren Wiesenttals zu Füßen der Fränkischen Alb ist Wiesenthau mit seinen fünf Türmen und den hohen Giebeln. Die Herren von Wiesenthau besaßen hier schon im 12. Jahrhundert eine Burg. Sie starben 1814 aus, und heutiger Besitzer des Schlosses ist Herr Hermann Scharrer.

Nach der Zerstörung im Bauernkrieg ließ der Ansbacher Statthalter und Landrichter Wilhelm von Wiesenthau das Schloß wiederherstellen und den Westflügel mit Eckturm neu bauen. Unter seinem Sohn Wolf Dietrich wurde es zwischen 1560 und 1566 durch den Nürnberger Paulus Behaim und den Forchheimer Steinmetzen Jacob Mailik erweitert. Damals, 1564, entstanden die äußeren Befestigungen mit dem Tor und vermutlich der Ostflügel mit Treppenturm und Obergeschoß des nördlichen Eckturms. Es ist eine Dreiflügelanlage, deren heute offene Nordseite einst durch eine Mauer geschlossen war. Über dem Westportal sitzt das Wiesenthauwappen mit der Jahreszahl 1561. Auf der Südseite der Ummauerung steht der Torbau von 1564. Die ganze Anlage ist ein gutes Beispiel für die Umwandlung einer spätmittelalterlichen Talburg in ein festes Schloß. Von der alten Ausstattung ist leider nichts erhalten. *Abb. 123*

Hundshaupten

Die ältesten Teile des Schlosses gehören wohl dem 14. Jahrhundert an; sie sind in den heutigen Bauten enthalten. Im 14. Jahrhundert war Hundshaupten Sitz der Herren von Wiesenthau. 1388 brannte die Burg aus. Nordost- und Südwesttrakt dürften um 1600 ausgebaut worden sein. Im 17. Jahrhundert, d.h. 1661, kauften die Freiherren von Pölnitz das Gut. Damals wurden den Hofseiten die Arkaden vorgelegt.

Auf einem steilen Bergsporn der Fränkischen Alb in einem Seitental des Trubachtals liegt die stattliche Vierflügelanlage des Schlosses inmitten eines wohlgepflegten Gartens. Über der schmalen Brücke zum Tor hängen die Zweige eines alten Nußbaums, ringsum stehen die Buchen des Schloßbergs. Es ist ein schlichtes, wohlproportioniertes Haus, dessen äußeren Schmuck die gut profilierten geohrten Fenstergewände bilden. Vor dem Südost- und Südwestflügel verläuft die alte Zwingmauer, an der Südecke ist der Stumpf, an der Ost- und Westecke der Ansatz eines runden Turms erhalten. Im Nordwestflügel liegt die Kapelle St. Anna, deren Altar aus St. Ulrich und Afra in Augsburg stammt. Seinen blau-gold gefaßten Aufbau fertigte Wendel Dietrich, 1580, der auch die prächtige Holzdecke des berühmten Zedernsaals in Schloß Kirchheim an der Mindel geschaffen hat. In der Mittelnische steht die Holzfigur eines Salvator Mundi, wohl niederrheinisch, um 1500. Die Wohnräume hat Götz Freiherr von Pölnitz mit kostbaren Möbeln und Bildern reich ausgestattet. Die Anlage wird von seiner Witwe, der jetzigen Besitzerin, mit großer Umsicht unterhalten und gepflegt.

Abb. 119 bis 122

Egloffstein

Das uradlige Geschlecht der Freiherren und Grafen von und zu Egloffstein hat seinen Stammsitz gleichen Namens östlich von Forchheim hoch über der Trubach, das Tal weithin beherrschend. Die ältere Burg lag etwa 1200 Meter nordwestlich des heutigen Schlosses, das im 11. oder 12. Jahrhundert hier gebaut worden ist. Diese Burg steckt wohl als Kern im heutigen Ostflügel. Der im Süden gelegene sogenannte ‹Lange Bau› wurde zwischen 1484/93 nach Westen verlängert und auf der Westseite mit einem Turm versehen. Damals bestand auch bereits das ‹Kemnatlein›, ein bescheidener, der Kernburg südlich vorgelagerter Bau. Nach Zerstörungen im Dreißigjährigen Krieg wurde 1632 wohl der Westflügel gebaut und nach Abbruch der Befestigungen 1644 ein Geschützturm am Tor zum Zwinger errichtet, der im Jahre 1800 einstürzte. An Stelle des Tors zum inneren Vorhof baute man 1771 das Amtshaus. Der Nordflügel wurde im 18. Jahrhundert ausgebaut, aber erst 1824 verband man Ost- und Südflügel der Kernburg durch das Treppenhaus. Damals entstand auch ein neuer Stallbau im Westen, der den Zwinger nach Süden abschloß. Unmittelbar unter dem Schloß am Südrand des Hofs steht die Pfarrkirche St. Bartholomäus, die an Stelle der Kapelle des 14. Jahrhunderts 1750/52 nach Plänen von Johann David Steingruber erbaut worden ist.

Alle, die im Schlosse lebten, haben ihre Spuren hinterlassen. Dazu gehört auch die aus Egloffstein stammende, 1792 geborene künstlerisch hochbegabte und wegen ihrer Schönheit gefeierte Malerin Gräfin Julie von und zu Egloffstein. Sie kam 1816 an den Hof von Weimar. Die ‹schöne Gräfin›, wie sie genannt wurde, war mit Goethe befreundet, der sie und ihre Kunst hoch schätzte. Er schrieb einmal, «daß sie ein seltenes Talent zur bildenden Kunst mit vielen guten persönlichen Eigenschaften verbinde, welche hinreichend wären, sie als höchstvorzüglich in der Welt auftreten zu lassen». Sie hat Goethe mehrfach portraitiert; eines dieser Bilder hängt im Kestner-Museum in Hannover.

Rings um das schöne alte Bergschloß schließen sich die waldigen Höhen der Fränkischen Alb zusammen, und tief unten im Tal strömt die Trubach am Dorf vorüber. Schloß, Dorf und Land, die Traditionen des Egloffsteinschen Hauses, machen einen Teil des Reichtums der Landschaft aus, wie wir ihn in seiner gegliederten Vielfalt allenthalben in Deutschland, vor allem jedoch in Franken, finden können. *Abb. 125*

Kunreuth

Zu Füßen der Fränkischen Alb, in der hügeligen Landschaft des Weingartsertals, liegt das Dorf Kunreuth mit seinem schönen Wasserschloß, gemeinsamer Besitz der Freiherren und Grafen von und zu Egloffstein. Es ist eine der malerischsten Anlagen des Landes, auf drei Seiten noch von Wassergräben umgeben, umstanden von alten Bäumen. Seit dem frühen 14. Jahrhundert ist Kunreuth in egloffsteinscher Hand. Auch die ältesten Teile der Anlage stammen wohl aus dem 14. Jahrhundert. Durch den Vorhof, die einstige Vorburg, gelangt man durch das Torhaus in den Zwinger und von dort über eine steinerne Brücke zum Torbau der Kernburg. Die Rahmung des Tors gehört der Neu-Renaissance an.

In dem schmalen Hof liegt linker Hand der Seitenflügel, dessen Mauerwerk in den Untergeschossen aus Buckelquadern, im Obergeschoß aus schön gefügten Sandsteinquadern besteht. An der äußeren Südwestecke steht ein kräftiger Rundturm mit dem Allianzwappen Egloffstein-Stiebar. Der Westflügel – im 17. Jahrhundert erbaut – war einst an der Hofseite in Arkaden geöffnet, die jetzt zugesetzt sind. Ein Nebengebäude in der nordöstlichen Hofecke trägt anstelle des 1553 zerstörten Nordflügels einen Dachgarten mit Wehrgang und gemauertem Gartenhaus unter Zeltdach.

Das Schloß ist im Bauernkrieg und im zweiten Markgrafenkrieg von 1553 erheblich beschädigt und danach instand gesetzt und wesentlich verändert worden. Markgraf Albrecht Alcibiades von Brandenburg-Kulmbach versuchte, sich auf Kosten der Bistümer Würzburg und Bamberg ein fränkisches Herzogtum zu schaffen. Im Mai 1553 belagerte er die bambergische Festung Forchheim, deren Kommandant Claus von Egloffstein der Aufforderung zur Übergabe nicht nachkam. Unverrichteterdinge mußte der Markgraf abziehen, deshalb warf er sich nun auf Kunreuth, das er ebenfalls nicht einzunehmen vermochte. Er sicherte den Verteidigern, egloffsteinschen Bauern, freien Abzug zu, hielt sich aber nicht daran, sondern nahm unritterliche und grausame Rache an Claus von Egloffstein, indem er die Besatzung von vierzig Mann, darunter den Pfarrer und einige Knaben, im Obstgarten hinter dem Schloß an den Apfelbäumen aufknüpfen ließ.

Von der alten Einrichtung des Schlosses ist nichts erhalten; sie fiel der Belegung mit Flüchtlingen nach 1945 zum Opfer.

Im Vorhof steht ein Denkmal für den Gouverneur von Ost- und Westpreußen, Albrecht Dietrich Gottfried Grafen von und zu Egloffstein, das 1791 aufgestellt wurde. Es zeigt eine trauernde männliche Gestalt, die sich an einen Säulenstumpf lehnt und ein Medaillon mit dem Reliefbildnis des Grafen hält.

Abb. 124

Greifenstein

Die nördliche Frankenalb oder Fränkische Schweiz ist eines der reichsten und landschaftlich schönsten Burgenländer Deutschlands. Bei Heiligenstadt liegt hoch auf bewaldetem Berg über dem Leinleitertal der mächtige Bau der Burg Greifenstein mit ihren Türmen. Von unten jedenfalls sieht das Schloß sehr imposant aus, während es oben viel kleiner wirkt, da die Gebäude nur zweigeschossig sind. 1127 bis 1226 war Greifenstein Sitz der Herren von Schlüsselburg; es kam dann an das Hochstift Bamberg, das die Burg 1690 den Freiherren, dann Grafen Schenk von Stauffenberg als Lehen übertrug. Durch einen Vergleich mit Bamberg sind die Stauffenberg drei Jahre später alleinige Eigentümer des Gutes geworden, das die Familie noch heute besitzt. Der hohe Bergfried entstammt dem Hochmittelalter, die Wohnbauten wurden 1619/93 errichtet und 1723 umgebaut. Erneuerungen erfolgten vor allem an der Vorburg, um 1850. Der Vater des jetzigen Besitzers, Graf Berthold von Stauffenberg, wurde nach dem 20. Juli 1944 verhaftet und trotz seines Alters von 85 Jahren ins Gefängnis geworfen, wo er im gleichen Jahr an den Mißhandlungen gestorben ist.

Durch eine Allee uralter, gewaltiger Linden, an deren Beginn ein klassizistisches Gartenhaus steht, gelangt man zur Vorburg. Eine Steinbrücke mit Balustergeländer und wappenhaltenden Löwen führt zur Torfahrt. Vom Vorhof aus erreichen wir durch ein rustiziertes Portal den inneren Hof mit den im Äußeren schlichten Wohngebäuden. Im Erdgeschoß des Südflügels ist eine ansehnliche Waffensammlung untergebracht. Über der Kapelle im Westflügel liegt ein saalartig breiter Flur mit schönem Dielenfußboden, in den aus dunkleren Hölzern das Wappen des Fürstbischofs vom Bamberg, Marquardt von Stauffenberg, eingelegt ist. Wappenscheiben hängen an den Wänden und an der Schmalseite steht ein herrlicher großer Renaissanceschrank. An der Außenseite des langen Flurs im Nordflügel, der mit Hirschgeweihen auf alten geschnitzten Köpfen geschmückt und mit alten Schränken und Truhen bestellt ist, liegen die Wohnräume, zum Teil mit einfachem Deckenstuck des ausgehenden 17. Jahrhunderts. Ein kleiner Saal trägt eine schwere Stuckdecke aus Voluten, Akanthus und Medaillons, in denen Reliefs mit den vier Jahreszeiten sitzen (ebenfalls Ende 17. Jh.).

Eine Sehenswürdigkeit ist der Park, der zwischen 1681/83 angelegt und immer wieder erweitert und bereichert worden ist. Es gibt hier prachtvolle Baumgruppen, Laubengänge, Obelisken, Grotten, Aussichtspunkte, Tempelchen, ein Teehaus und eine 1826 gebaute neugotische Kapelle. Die Wasserkünste spielen nicht mehr, aber Schloß und Park haben sich den Zauber ihrer Einheit bewahrt.

Abb. 126 bis 132

86 – Bamberg · Neue Residenz, Vierzehnheiligenpavillon

89 – Bamberg
Neue Residenz, Kaisersaal

87 – Bamberg · Neue Residenz
Stuckdetail aus dem Speisesaal

88 – Bamberg · Neue Residenz, Speisesaal

90 – Bamberg · Neue Residenz
Kaiserzimmer um 1710

91 – Bamberg · Neue Residenz
Detail von der Decke des Grünen Salons

92 – Bamberg · Neue Residenz
Weißer Saal in der Fürstbischöflichen Wohnung

93 – Bamberg · Neue Residenz, Gesellschaftszimmer

94 – Die Altenburg bei Bamberg

95 – Burgwindheim, ehemaliges Amtsschloß des Zisterzienserklosters Ebrach

96 – Schloß Seehof mit Gartenparterre und Herkulesgruppe

97 – Schloß Seehof, Abgestürzter Titan

98 – Ebrach · Saalbau mit Cour d'honneur (Ehrenhof)

99 – Schloß Aschbach, Eingang

100 – *Schloß Aschbach*
Salon

101 – *Schloß Aschbach*
Bibliothek

102 – Schloß Reichmannsdorf

103/104 – Schloß Reichmannsdorf, Putten auf den Balustraden des Treppenhauses

105 – Schloß Reichmannsdorf Oberes Treppenhaus

106 – Schloß Reichmannsdorf
Saal mit reicher Stuckdekoration

107 – Schloß Reichmannsdorf, Deckenstuck
mit Gemälde des Schlosses im Marszimmer

108/109 – Schloß Reichmannsdorf
Deckenstuck im Saal

110 – Pommersfelden · Schloß Weißenstein, Corps de logis (Hofseite)

111 – Pommersfelden
Schloß Weißenstein, Treppenhaus

114 – Pommersfelden
Schloß Weißenstein
Nebenraum der Sala Terrena

115 – Schloß Thurn
Portalbau
(ehemaliger Turm)

116 – Schloß Thurn
Kupferstichkabinett

117 – Schloß Thurn, Saal im Gartenhaus mit Durchblick zum Kamin

118 – Schloß Thurn, Gartenhaus im Schloßpark

119 – Schloß Hundshaupten
Innenhof
mit altem, zugeschüttetem Brunnen

120 – Schloß Hundshaupten, Salon

121 – Schloß Hundshaupten, Gästezimmer Sitzplatz mit Schreibtisch

122 – Schloß Hundshaupten, Eßzimmer

123 – Schloß Wiesenthau

124 – Schloß Kunreuth

125 – Schloß Egloffstein

Fahren wir von Heiligenstadt, wo wir Schloß Greifenstein besucht haben, über Plankenfels nach Bayreuth, kommen wir durch das Aufseßtal mit schmalen Wiesenstreifen am Flüßchen, mit steilen bewaldeten Berghängen zu beiden Seiten, aus denen Felsen ragen. Wir kommen an einem burgartigen Schloß vorüber, das auf vorspringendem Hügel des Talhangs liegt – Unteraufseß, Besitz der Freiherren von Aufseß. Wie Egloffstein, Guttenberg oder Trockau ist es seit seiner Erbauung Eigentum derselben Familie, seit dem 12. Jahrhundert. Die alte Burg war 1431 von den Hussiten, 1525 im Bauernkrieg, dann im Dreißigjährigen Krieg stark zerstört worden. Die einst viel größere Anlage – sie umfaßte fast das ganze heutige Dorf – ist nicht wieder im alten Umfang aufgebaut worden.

Eine zweite Linie der Freiherren von Aufseß hat ihren Sitz im nahe gelegenen Oberaufseß, das seine Entstehung einem Streit um den Bau der Schloßkirche verdankt. Carl Heinrich von Aufseß errichtete es 1690, nannte es Oberaufseß und sorgte dafür, daß der alte Stammsitz Aufseß Unteraufseß genannt wurde. Das ärgerte seinen in Aufseß wohnenden Bruder über alle Maßen, und er baute deshalb gegenüber dem neuen Herrenhaus das Schlößchen Höchstaufseß, das jedoch 1718 niederbrannte. Oberaufseß ist ein hübsches, schlichtes Herrenhaus. Eine lange Mauer mit vier runden Türmen umschließt die Gebäude, zu denen der reizvolle Torbau von 1711, ein 1890 errichteter Bau mit Fachwerkobergeschoß und die Wirtschaftsgebäude gehören.

Das heutige Schloß Unteraufseß ist, wie gesagt, nur der Rest jener mittelalterlichen Burganlage. Zwischen den Kronen hoher alter Bäume schimmert das Gelb und Grau turmbesetzter Mauern; im weiten Bogen öffnet sich das wappengeschmückte Tor in den Hof, in dessen Mitte eine alte Linde, die Kirche und die Vogtei stehen. An der Bergseite des Hofs ragt der hohe, fensterlose Bergfried auf; er soll der älteste Steinbau der Fränkischen Alb sein. Das Schloß selbst besteht aus zwei Flügeln mit vier dicken runden Türmen unter Kuppelhauben, die aus dem Jahre 1615 stammen, also dem Jahre, als Jakob I. von Aufseß den Ostflügel baute. Im Schnittpunkt beider Flügel steht der Treppenturm, über dessen Eingang das Ehewappen Aufseß-Wiesenthau sitzt.

Im Südflügel des Schlosses wurde 1840 eine neue Kapelle eingerichtet mit Glasgemälden des frühen 14. Jahrhunderts und einem spätgotischen Altar. Die Räume des heute etwas düster und melancholisch wirkenden Hauses beherbergen manch gutes Möbel und Ahnenbild. Die Ausmalung des Saals im Obergeschoß erfolgte im vorigen Jahrhundert. Die ehemalige, mittelalterliche Schloßkapelle im Hof, die heutige protestantische Pfarrkirche, wurde 1741/42 neu gebaut. Grabsteine, insbesondere ein mächtiger, gotischer Wappenstein aus dem 14. Jahrhundert bezeugen das Erbbegräbnis unter der Kirche. Es lohnt sich, den Schloßhof zu betreten und sich sachkundig durch die Räume mit ihren Kleinodien führen zu lassen, die eine so reiche geschichtliche Vergangenheit bezeugen.

In Unteraufseß lebte der Gründer des Germanischen Nationalmuseums zu Nürnberg, Hans von Aufseß (1802/72). Dieser Mann war in jeder Hinsicht ein bedeutender Vertreter der fränkischen Reichsritterschaft, wie es der Freiherr Karl vom Stein für die rheinische gewesen ist. Er hat Großes geleistet, war erfüllt von patriotischer, freiheitlich-liberal gestimmter Gesinnung und besaß dazu einen guten Schuß Romantik und dichterischer Begabung. Ihn hatte die durch die Freiheitskriege gegen Napoleon ausgelöste patriotische Bewegung ergriffen, welche in ihrem Gefolge die Begeisterung für altdeutsche Geschichte und Kunst und eine Fülle von Geschichtsvereinen ins Leben gerufen hatte. Der Freiherr vom Stein stellte den Historikern ein großes Thema, nämlich die Herausgabe der deutschen Geschichtsquellen, der Monumenta Germaniae. Aufseß nahm sich seinen Standesgenossen zum Vorbild, und da man damals plante, das gesamte Erbe deutscher Kultur zu erfassen, sah Aufseß hier eine große Aufgabe für sich. Schon 1833 hatte er ein Programm für das spätere Germanische Nationalmuseum entworfen; in Nürnberg gründete er die ‹Allgemeine Gesellschaft für Erhaltung der Denkmäler vaterländischer Geschichte, Literatur und Kunst›; er machte seine eigenen Sammlungen der Öffentlichkeit zugänglich und begann mit der Edition des ‹Anzeigers für Kunde des deutschen Mittelalters›. Der Zusammenschluß aller Geschichtsvereine zu einer einzigen großen Gesellschaft gelang ihm nicht; sein Museum wurde als dilettantisches Unternehmen von Fachleuten verspottet, aber er ließ sich nicht irremachen. 1852 wurde der Gedanke eines Zusammenschlusses der Historischen Vereine wiederaufgenommen, gefördert von Preußen, und Aufseß setzte eine Entschließung durch, die das Germanische Nationalmuseum als gegründet erklärte.

Sogleich ging er ans Werk und eröffnete am 3. Januar 1853 das Germanische Nationalmuseum im Thiergärtnertor zu Füßen der Nürnberger Kaiserburg. Der alte König Ludwig I. von Bayern unterstützte ihn, aber noch immer war die finanzielle Grundlage des Museums ungesichert, so daß Aufseß aus eigenen Mitteln beisteuern mußte. Das Museum sollte eine nationale Institution für die wissenschaftliche Auswertung deutscher Literatur, Kunst und Geschichte sein; es sollte historische Quellentexte und Handbücher herausgeben, und er selbst brachte seine bedeutenden Sammlungen an Gemälden, Skulpturen, Graphik und Manuskripten ein. «Warum», so schrieb er, «sollte in unserer Zeit, wo durch gute Schuleinrichtungen die Volksbildung gegen sonst so weit vorangeschritten ist, wo jedermann Lesen, Schreiben,

Unteraufseß. Stahlstich von H. Fincke nach einer Zeichnung von Ludwig Richter, um 1837.

ja vieles lernt, was er nicht braucht, die vaterländische Geschichte nicht wieder großes Gemeingut werden?» Die unermüdliche Arbeit Aufseß' hat, wie wir wissen, ihre große Wirkung gehabt, auch im Ausland, wo Museen wie das Victoria and Albert Museum in London oder das Österreichische Museum für Kunst und Industrie in Wien nach dem Nürnberger Vorbild entstanden. 1861 ist Aufseß vom Amt des Vorstands zurückgetreten, das er ohne Bezahlung ausgeübt hatte, aber bis zu seinem Tode blieb er die alles beherrschende Persönlichkeit.

Sie ist in der Organisation der Stiftung, die das Museum 1894 erhielt, deutlich erkennbar; vor allem ist es keine staatliche Einrichtung geworden, sondern, wie Aufseß es wollte, ‹Germanisches Nationalmuseum, Eigenthum der deutschen Nation›. Ein Zeitgenosse schildert den alten Herrn: «Höchst ehrenwert, aber von wunderlichen Vorurteilen beherrscht – ein edles und vornehmes tapferes Herz, aber ein schwer zu behandelnder Charakter – Schwärmer für die deutsche Einheit, aber in eigenen Angelegenheiten autokratisch, eigensinnig bis aufs Äußerste – politisch freisinnig, doch voll tiefster Entrüstung über die moderne Gesetzgebung.»

Hans von Aufseß bewohnte zeitweise das an den Bergfried angelehnte Meingotzhaus, so genannt nach einem im 12. Jahrhundert erwähnten Meginoz von Aufseß. Es ist eine sehr bescheidene Wohnung, deren Ausstattung aus der Zeit des großen Sammlers und Gelehrten stammt, eines Mannes, der, wie die Freiherren vom Stein und Christian Truchseß von Wetzhausen sowie viele andere, das Beste reichsritterschaftlichen Wesens verkörperte, und dessen Atmosphäre wir noch heute in allen Räumen von Unteraufseß deutlich zu spüren vermögen. *Abb. 133, 134*

Trockau

Eines der hübschesten Schlösser Oberfrankens ist Trockau der Freiherren Groß von Trockau, die seit dem 13. Jahrhundert hier sitzen. Es steht westlich vom Dorf auf einer breiten Bergnase über dem Püttlachtal und schaut weit hinaus ins Land und über die Waldberge der Fränkischen Schweiz. Die alte, in Verfall geratene Burg wurde zu Beginn des 17. Jahrhunderts instand gesetzt und umgebaut; 1603 erfolgte eine Erweiterung der Kapelle und Bau des Kapellenturms; ferner entstanden die vier kleinen Rundtürme mit ihren Zwiebelhauben an der hohen, das Schloß umziehenden Mauer aus Sandsteinquadern.

Seine heutige Gestalt erhielt das Schloß durch Carl Ludwig Groß von Trockau, der durch den Baumeister Wenzel Schwesinger aus Waischenfeld einen durchgreifenden Umbau vornehmen ließ. Nach dem Tode Schwesingers (Schwesner) führte sein Sohn Johann Georg von 1772/80 den Bau zu Ende. Die Räume des 2. Obergeschosses wurden erst 1855 ausgebaut. Im Giebel der Fassade sitzt in großer Rocaillekartusche das Monogramm des Bauherrn CL.

Ein hübsches Stiegenhaus mit marmorierten hölzernen Pfeilern und durchbrochenem Geländer führt aus dem Erdgeschoß, in dem Wirtschafts- und Bedientenräume liegen, zu den Wohnräumen des ersten Obergeschosses, deren elegante, leichte, bemerkenswert gute Stuckaturen von den ortsansässigen Brüdern Jakob und Johann Gerstendörfer ausgeführt worden sind. Die Stuckaturen des nordöstlichen Eckzimmers sind von besonderer Qualität, stehen in engster Verbindung mit den Stuckaturen des Italienischen Baus des Neuen Schlosses zu Bayreuth und sind wahrscheinlich von Rudolf Albini geschaffen worden, der 1777 auch in der Schloßkapelle tätig war. Die Wände dieses Raumes sind mit bemalten Bespannungen von 1770/80 geschmückt, die Parkprospekte zeigen. Da sehen wir die Familie Groß bei einem ländlichen Frühstück im Garten, ein großes Treibhaus und ein durch ein Säulenportal abgeschlossenes Gartenparterre. Das Ganze ist von außerordentlichem Reiz und guter Ausführung. Es gibt zahlreiche Ahnenbilder, ein Gemälde von Lukas Cranach d. Ä., der Ecce Homo, um 1530/40, Plastiken des 16. bis 18. Jahrhunderts und vor allem ausgezeichnete fränkische Rokokomöbel. Die seitlich vom Schloß stehende Kapelle wurde 1603 vergrößert. Ihr Inneres wird im wesentlichen durch die Einrichtung von 1777 bestimmt. Leider ist außer dem Familienwappen im Eingang der Stuck von Albini verschwunden.

Der kleine Sitz Trockau ist ein hervorragendes Beispiel adliger Schloßbaukunst in Franken. *Abb. 135, 136*

Bayreuth / Altes Schloß

1604 hatte der Markgraf die Hofhaltung von Kulmbach nach Bayreuth verlegt. Hier fand der Fürst in der Nordostecke der Stadtbefestigung eine Burg vor, die wohl schon zu Ende des 14. Jahrhunderts vorhanden und durch wiederholte Um- und Anbauten zu einem weitläufigen Komplex zusammengewachsen war. Den Ost- und Nordflügel des heutigen Schlosses baute Michael Mebart dann zwischen 1610/20. Die Nachricht von 1676 über Bauarbeiten unter Elias Gedeler dürfte sich auf den Anbau des den Ehrenhof westlich schließenden Flügels beziehen. Vermutlich wurden damals auch die Flügel um den Hof und der Kurfürstenbau auf gleiche Höhe gebracht. Markgraf Christian Ernst berief 1691 Charles Philipp Dieussart, einen Hugenotten, der in Berlin und Güstrow gearbeitet hatte, und beauftragte ihn, den ganzen Baukomplex zu einer architektonischen Einheit zusammenzuschließen. Dieussart löste diese Aufgabe, indem er sämtliche Hoffassaden im Erdgeschoß in Arkaden auflöste und den Fassaden Pilastergliederungen vorblendete. Leonhard Dientzenhofer führte die Arbeiten zu Ende. Es handelt sich dabei um eine S-förmige Anlage, deren Cour d'honneur sich auf die Maximilianstraße öffnet.

Die Baugruppe um den Alten Hof besteht aus dem Kurfürstenbau (an der Maximilianstraße) und dem Saaltrakt im rechten Winkel zueinander. Zwischen ihnen steht der Turm. Der Kurfürstenbau trägt am Erdgeschoß gefugte Pilaster, darüber fast freiplastische Reliefmedaillons mit Brustbildern antiker Götter und Kaiser sowie wahrscheinlich Portraits von Zeitgenossen. Die Medaillons sind in verschiedenen Etappen entstanden und von verschiedenen Meistern gefertigt worden. Die frühesten, vor allem am Kurfürstenbau, vermutlich von Abraham Graß zwischen 1625 und 1630, die späteren von Elias Räntz und seiner Werkstatt nach 1700. Im Obergeschoß des Kurfürstenbaus liegt noch ein Saal mit reicher Stuckierung um 1750. Der Verbindungsbau zur Sophien- oder Wilhelmsburg hat einen rustizierten Risalit mit Tor von 1780, bekrönt von einem Fürstenhut. Der Brand von 1753 zerstörte vom Altbau die Schloßkirche und den Nordflügel völlig. Die neue Schloßkirche wurde bis 1756 neu erbaut. Die 1945 ausgebrannten Nord- und Westflügel des Ehrenhofs sind inzwischen wiederhergestellt worden. Das Schloß dient heute als Behördensitz.

Bayreuth / Neues Schloß

In ihren Erinnerungen klagt die Markgräfin Wilhelmine über Kälte und Unwohnlichkeit der Residenz, und mehrmals stellte Markgraf Friedrich den Ständen die Verhältnisse vor und bat um Mittel für einen Neubau. Umsonst – die Stände fanden Ausreden und meinten, das Land könne die hohen Kosten unmöglich tragen. Da brannten im Januar 1753 das Alte Schloß und die Schloßkirche zum Teil ab, wie man munkelte, nicht ohne Mithilfe des Landesherrn, dem ja nun die Baugelder bewilligt werden mußten. Wilhelmine berichtete dem Bruder, König Friedrich II. von Preußen, am 31. Januar: «Der Markgraf hat alles verloren, was in seinen Zimmern war ...» König Friedrich riet seiner Schwester zur Sparsamkeit; sie solle das Alte Schloß wieder aufbauen; sie könne das mit 40/50000 Talern bewerkstelligen und für weitere 60000 Taler das Haus nach ihrem Geschmack einrichten. Wilhelmine aber wollte nichts davon wissen; der ‹Bauwurm› hatte sie ergriffen, wie die Schönborns es nannten, und so berichtete sie am 6. März dem Bruder, daß der Markgraf ihr ein Haus gekauft habe, «ähnlich demjenigen, worin ich jetzt wohne. Die erst halbfertige reformierte Kirche liegt dazwischen. Ich habe mir kein Gewissen daraus gemacht, den Gott Calvins auszusiedeln, solange der Gott Luthers ausgezogen ist. Diese Kirche stellt uns einen Saal und zwei große Räume, welche die Verbindung zwischen meinem Haus und dem des Markgrafen herstellen ...»

So entstand der Bau, den Friedrich II. von Preußen ärgerlich einen Schafstall genannt hat. Die Pläne stammen vom Hofbaumeister Joseph Saint Pierre, der schon 1744 die ehemalige Renn- und Reitbahn durch eine Anzahl Bauten in eine regelmäßige Platzanlage verwandelt hatte. Diese Gebäude haben sowohl die Gesamtplanung als auch den Grund- und Aufriß einzelner Teile des Neuen Schlosses bestimmt. 1753/55 entstand im ersten Bauabschnitt der lange Hauptkomplex des Schlosses. Es folgte die Erhöhung des Nordflügels, sodann ab 1757 der Ausbau des Südflügels. Damals entstanden auch die beiden Galerien im Erd- und Obergeschoß des Südflügels, wohl nach Plänen von Carl Philipp von Gontard. 1759 ließ Markgraf Friedrich für seine zweite Gemahlin, Sophie Caroline von Braunschweig, den sogenannten Italienischen Bau von Rudolf Heinrich Richter und Carl Philipp von Gontard errichten. Im gleichen Jahr dürfte die im Norden liegende Orangerie zum Damenflügel umgebaut worden sein. Als Verbindung zwischen Südflügel und Italienischem Bau entstand unter Markgraf Friedrich Christian der Badetrakt, den Gontard und Richter bauten.

Das Schloß verdankt seine bedeutende, prachtvolle Ausstattung in erster Linie dem Geschmack der Markgräfin Wilhelmine. Die vielfältigen Spielarten der glänzenden Raumgestaltung nehmen im Bayreuther Rokoko eine Sonderstellung ein und spiegeln das kapriziöse Temperament der Fürstin wider. Der Hauptbau besteht aus dem klassizistisch kühlen und strengen Corps de logis, im Erdgeschoß kräftig gefugt, im Obergeschoß von korinthischen Säulen gegliedert. Vor dem Dach verläuft eine Attika mit den Statuen der vier Elemente von den Brüdern Johann David und Lorenz Wilhelm Räntz aus Bayreuth. Die Gartenfront des Schlosses zeigt eine unregelmäßige Folge von Fassadenabschnitten ohne Geschlossenheit. Der hübsche Italienische Bau mit Mittelrisalit hat seitliche Portale über doppelläufigen Freitreppen und trägt einen Stuckdekor aus Festons und Blumenranken. Über den Portalen sitzen Putti mit Urnen und Kartuschen.

Den Ankommenden empfängt ein kühles, nüchternes Vestibül und Stiegenhaus, aus dem er in die kostbar ausgestatteten Räume gelangt. Vor allem ist der Stuck von Giovanni Battista Pedrozzi eine Besonderheit Bayreuths, wir sind hier mitten in der zärtlichen, geschmeidigen Welt des Rokoko. Alles ist wohldurchdacht, nicht zufällig aneinandergereiht, obgleich das Ganze hie und da wie aus leichter Improvisation entstanden zu sein scheint. Einige Räume seien herausgegriffen: Den Gardereitersaal stuckierte Rudolf Albini mit Rocaillewerk, zwischen dem Waffen und Trophäen sitzen. Die Markgrafenbilder malte wahrscheinlich Johann Carl Zierl. Die Einrichtung ist klassizistisch. Die Ausstattung des Hauptsaals erfolgte nach Entwurf von Saint Pierre. Grauer Stuckmarmor verkleidet die Wände, die durch gekoppelte, kannelierte Pilaster gegliedert werden. Im Konsolfries des Architravs sitzen im Wechsel brandenburgische Adler und Rankenmedaillons. Die breite Voute des Plafonds füllt phantasievolle, zarte Stuckierung Pedrozzis in Form von Rocaillen und Gitterwerk, Blumengirlanden, Putten und Tieren. Die Eckkartuschen zeigen die vier Elemente.

Besonders reizvoll ist das Spiegelkabinett, das zu den Wohnräumen der Markgräfin im Obergeschoß des Nordflügels gehört. Pedrozzi hat die Decke auf das reizendste stuckiert: Chinoiserien, Drachenköpfe, Delphine und anderes mehr, zum Teil als Rahmen der eingesetzten Spiegelglasscherben. Der Salon trägt eine vergoldete Stuckdecke von Pedrozzi: Muschelwerk, dazwischen Wasserpflanzen und Korallen, zum Teil farbig gefaßt. Die Wände haben eine geblümte Bespannung aus der 2. Hälfte des 18. Jahrhunderts. Unter dem schönen Rokokomobiliar ist vor allem der Rosenholzschreibtisch mit Intarsien, Zinneinlagen und reichem Beschläg des Bayreuthers Johann Friedrich Spindler zu nennen (um 1761).

Das Japanische Zimmer enthält wieder ausgezeichnete Stuckierung von Pedrozzi: spalierartige Wandfelderung mit Blütenranken, Vögeln und exotischen Pflanzen. Am Plafond sehen wir die chinesische Göttin der Barmherzigkeit, Kuan Yin. Schönes Mobiliar und mit Spiegeln besetzte Türen. Auf die gefelderten Wände des Musikzimmers verteilt, sind achtzehn Pastellbildnisse Bayreuther Hofkünstler (Tänzerinnen, Sänger, Schauspieler) angebracht, von denen zwei dem Schweden Alexander Roslin zugeschrieben werden, andere der Markgräfin selbst. Der Stuck stammt von Pedrozzi und das Deckenbild von Wilhelm Ernst Wunder, um 1760, es zeigt Orpheus vor den Tieren musizierend.

Die Wohnräume des Markgrafen lagen auf der anderen Seite des Obergeschosses. Besonders originell ist das Palmenzimmer, das im 18. Jahrhundert Nußbaumzimmer genannt wurde. Pedrozzi dürfte es nach 1757 stuckiert haben; die Wandtäfelung stammt von Johann Georg Schleunig. Zwischen flachen Wandnischen stehen Palmbäume aus Zedernholz, deren Stämme in geschnitzten vergoldeten Kronen auslaufen. Jeder Raum ist anders, jeder überrascht aufs neue durch die Güte der Ausstattung. Man muß sich das Schloß belebt vorstellen, mit dem Rollen der Kutschen in die Einfahrt, dem Kommen und Gehen von Kavalieren, Bedienten, Läufern, Beamten und Künstlern und bei festlichen Anlässen von Herren und Damen in reicher Kleidung, deren zarte Farben so bezeichnende Namen trugen wie Caca Dauphin, Merde d'oie oder puce. Wenn wir heute durch die still gewordenen Räume gehen, sind wir vielleicht geneigt, jenes einstige Leben stilisierter zu sehen, als es war. Bleiben wird ein heiterer Klang aus der Tiefe der Zeit.

Der Hofgarten war im 16. Jahrhundert ein Nutzgarten und wurde erst zu Beginn des 17. Jahrhunderts zu einem Lustgarten umgestaltet. Vor 1679 erfolgte die Anlage der Rennbahn, ab 1753 entstand der neue Park, dessen Hauptachse durch den 1755 ausgehobenen Kanal gebildet wird. 1763/64 arbeiteten die Brüder Räntz an der Figurengruppe für die Hauptinsel im Kanal, die nicht fertiggestellt wurde: Triumphzug des Neptun und der Amphitrite. Denn 1789 wurde der Garten in einen englischen Landschaftspark umgewandelt, und Fragmente der Räntz'schen Figurengruppe und andere Statuen fanden Aufstellung auf der Hauptinsel und in den Alleen des Parks. *Abb. 137 bis 143*

Bayreuth / Eremitage

Die Markgräfin Wilhelmine von Brandenburg-Bayreuth war ohne Zweifel die bedeutendste Fürstin der von einer Seitenlinie des hohenzollernschen Kur- dann Königshauses regierten fränkischen Markgrafschaften. Aber sie machte nicht das neue, von ihr erbaute Residenzschloß in Bayreuth selbst zum Mittelpunkt des höfischen Lebens, sondern die ‹Eremitage› mit ihrem riesigen Park.

Für den Garten des Rokoko gelten immer noch Stilmittel des klassischen französischen Gartens. Um 1730 war eine Generation fürstliche Bauherren abgetreten, wie Prinz Eugen von Savoyen, Kurfürst Lothar Franz Schönborn von Mainz oder Landgraf Karl von Hessen-Kassel, deren Gärten noch ganz auf das Schloß als Mitte bezogen waren. Die folgende Generation gab das Prinzip des dominierenden Schloßbaus im Garten auf, und das ist das Ergebnis einer allgemeinen europäischen Entwicklung. Noch wurden ältere Motive verwendet, wie die ‹Eremitage›, aber schon kamen aus England neue Ideen über den ‹natürlichen› Garten, die dort schon zu Beginn des 18. Jahrhunderts wirksam geworden waren. Dort wünschte man den Garten wieder als natürliches Gebilde, obgleich er auch als solches ein kunstvoll angelegter ‹Raum› geblieben ist.

Bei der Gartengestaltung des Rokoko wurden noch die dem Barock eigentümlichen Attribute verwendet, aber vom Heroischen ins Bukolische gewandelt: antike Götter, Schäfer und Schäferinnen, Puttengruppen. Rauschende, plätschernde, rieselnde Kaskaden und Brunnen gehörten dazu, Grotten, Tempelchen, Ruinen, chinesische Pavillons, Alleen, verschwiegene Heckengänge und Haine. Vor allem sollten Intimität, Mannigfaltigkeit und Ungebundenheit herrschen, eine Verbindung von Formgarten und Landschaftsgarten geschaffen werden, um ein reizvolles Wechselspiel der Linien und Formen zu erreichen, wie es dem Sinn des Rokoko entsprach. Die Eremitage ist noch kein Park im Sinne englischer Landschaftsgärten, aber Wilhelmine folgte bei der Ausgestaltung des Geländes neuen Gedanken, die zu jenem Zeitpunkt in Deutschland originell waren und erst eine Generation später im Landschaftsgarten voll ausgebildet worden sind. Schon 1666 hatte Markgraf Christian Ernst – sein Reiterstandbild steht vor dem Neuen Schloß in Bayreuth – das Waldstück in einer Schleife des Roten Mains als Tiergarten benutzt. Markgraf Georg Wilhelm hatte ihn zu Beginn des 18. Jahrhunderts in eine Eremitage umgewandelt und dort 1715/18 das Alte Schloß nach Plänen von Johann David Räntz durch Johann Heinrich Endrich bauen lassen. «Man bauet zu Bareith ein dolles Eremitage», schrieb der Kurfürst Lothar Franz von Mainz 1718.

Die Eremitage ist ein Stück Landschaft, in die scheinbar regellos Gärten und Architekturen gesetzt worden sind. Zur völligen Ausstattung dieses ländlichen und doch durchaus kunstvoll angelegten Bezirks ließ Wilhelmine als Hinweise auf die Vergänglichkeit alles Irdischen Ruinen, Grotten und Denkmäler errichten. Eine ähnliche, spätere Schöpfung der Markgräfin ist Sanspareil bei Kulmbach. Ihre Hofgärtner waren Friedrich Dietrich (bis 1737), Benedikt Rosengart (bis 1746) und Abraham Knöller (bis 1763).

«Eine halbe Meile vom Brandenburger Schloß entfernt liegt noch ein anderes, welches man die Eremitage nennt», berichtet der preußische Kammerherr Karl Ludwig von Pölnitz, «und zwar deswegen, weil es nur bestimmte Personen sind, welche dorthin kommen dürfen, und sodann, weil während der Zeit der Anwesenheit des Markgrafen der Fürst, die Fürstin und ihr ganzes Gefolge als Eremiten gekleidet sind ...» Von den im Wald versteckten Einsiedeleien – sie sind noch vorhanden – erzählt er: «Diese Pavillons sind im Geschmack einer Eremitage gebaut und ausgestattet. Die Eremiten sind gehalten, sich nach dem Mittagessen hierher zurückzuziehen, um Ruhe und Stillschweigen zu beobachten. Indessen hat man diese strenge Regel etwas gemildert, und sie können sich auch gegenseitig Besuche abstatten. Häufig machen der Prior und die Priorin ihnen Besuche. Um die Zeit der Erholung läutet die Priorin ihre Glocke, der Prior antwortet darauf mit der seinigen, und die Eremiten beiderlei Geschlechts läuten gleichfalls um anzudeuten, daß sie die Einladung, zum Prior zu kommen, gehört haben. Wenn sie dort angekommen sind, begeben sie sich gemeinsam an den Ort der Erholung, wo man sich durch Spiele aller Art belustigt ... Bisweilen bewirten die Einsiedler-Damen den Prior durch Gerichte, welche sie in der Küche der Priorin selbst zubereitet haben ...» Tieferer Sinn der Eremitage war es also, sich vom anstrengenden, genau geregelten Hofleben in der Residenz zu erholen. Hier kam man zwanglos, aber nicht formlos zusammen, denn die höfische Form beherrschte nun einmal das damalige Leben.

Nach dem Tode des Markgrafen Georg Friedrich, 1735, übernahm Markgraf Friedrich die Regierung, und sofort ließ seine Gemahlin Wilhelmine die Chaussee zur Eremitage instand setzen und begann nun, ihre eigenen Gedanken und

Vorstellungen an diesem Sommersitz zu verwirklichen. «Wie bin ich froh, geliebte Schwester, Sie in der Eremitage beschäftigt zu sehen, und ich bin sicher, daß Sie etwas Entzückendes daraus machen», schrieb König Friedrich II. von Preußen. Sie antwortete. «Ich ergötze mich an dem Fortschreiten meiner Bauten. Es geht zwar etwas langsam, denn ich muß auf meinen Geldbeutel Rücksicht nehmen, aber nächstes Jahr hoffe ich, hier wohnen zu können.»

Wilhelmine war eine bemerkenswerte Frau, stolz, klug, hochgebildet; sie dichtete, malte, komponierte, schrieb Theaterstücke, philosophierte und baute. Wegen ihres außerordentlich lebhaften, nervösen Temperamentes kann das Leben mit ihr nicht immer leicht gewesen sein. Der Prinz von Sachsen-Hildburghausen, Generalissimus der Reichsarmee, schrieb 1757 dem Reichsvizekanzler, Fürsten Colloredo, nach Wien: «Cette femme a le diable au corps.» Unter ihr aber hat Bayreuth seine glänzendste Zeit erlebt.

Von 1736 bis 1753 hat die Fürstin an der Verschönerung der Eremitage gearbeitet. Als erstes erweiterte sie das Alte Schloß. Von Johann Friedrich Grael und Johann Georg Weiß ließ sie ab 1740 die beiden Eckpavillons hinzufügen, und mit der neuen Innenausstattung wurde schon vorher begonnen. Das Alte Schloß, eine eingeschossige, behagliche, kleine Anlage von drei Flügeln um einen mit Blumen geschmückten Innenhof, weist auf eine Besonderheit späterer Bauten der Markgräfin hin, auf ihre Vorliebe für naturalistische und ruinenhafte Architekturen, wie es bereits die im Süden den Hof abschließende, reich ausgestattete Grotte zeigt, die sie vorgefunden hatte und die vielleicht Paul Decker d. Ä. entworfen, zumindest angeregt hat. Ursprünglich war das Schlößchen vom ‹Lindensaal› umgeben, dessen Kronen ein undurchdringliches Laubdach bildeten. 1749/53 ließ Wilhelmine durch Joseph Saint Pierre – die Bauleitung hatte der Marquis de Montperny – das Neue Schloß bauen, auch Orangerie genannt, bestehend aus drei getrennten Baukörpern, die 1945 durch Bombenangriff fast ganz zerstört, seitdem jedoch wieder aufgebaut worden sind. Das Neue Schloß ist vielleicht das Herzstück der Eremitage, eine sehr elegante, meisterhaft komponierte Anlage in Form einer Orangerie. Der zentrale Kuppelbau, Sonnentempel genannt, liegt getrennt von den halbkreisförmig, in Arkaden geöffneten Flügelbauten, welche die Gemächer des fürstlichen Paares enthielten. Davor liegt ein, ehemals von hohen Hecken umgebenes, vertieftes Parterre mit großem Bassin, bevölkert von Tritonen, Delphinen, Putten und Fabeltieren von der Hand Johann Gabriel Räntz' und Johann Schneggs. Wenn man die farbigen Inkrustationen der Schloßfassaden durch den im Sonnenlicht blitzenden und schimmernden Wasserschleier der Fontänen sieht, ist das ein märchenhafter Anblick.

In der Eremitage herrschte eine geistig anregende Atmosphäre. Im Musikzimmer des Alten Schlosses, dessen weiße Wände auf grünen Feldern mit vergoldeten Emblemen der Tonkunst, mit Bildnissen von Verwandten, Freundinnen und Hofdamen geschmückt waren, ließ Wilhelmine am Klavier ihre eigenen Kompositionen spielen. In der Stille der Eremitage schrieb sie ihre Memoiren in französischer Sprache. Hundert Jahre später sagt Sainte-Beuve: «Das ist doch ein weiterer Schriftsteller, den wir in ihr haben, und zwar einer, der unsere ganze Aufmerksamkeit verdient.» Voltaire, der nach dem Besuch König Friedrichs 1743 in Bayreuth zurückblieb, empfand den Zauber eines kleinen, feingebildeten Hofes sehr angenehm. «Es ist ein wunderlicher, stiller Ort. Man kann hier alle Annehmlichkeiten des Hofes ohne die Unannehmlichkeiten der großen Welt genießen.» Und Friedrich der Große schrieb:

> «Je m'arrache de vous, et je rest à moitié.
> Accomplissez mes voeux, charmant objet que j'aime;
> Que ce lieu pour nous deux soit à jamais le même,
> Le vrai temple de l'amitié.»

Saint Pierre vollendete 1743/44 für die Fürstin die Grotte der Kalypso, erbaute die Eremitage der Markgräfin im Wald und nahebei das Ruinentheater. «Meine Eremitage gewährt den Ausblick auf die Ruinen eines Tempels; sie sind nach dem Vorbild altrömischer Mauerreste errichtet, und ich habe sie den Musen geweiht. Man findet dort die Bildnisse aller berühmter Gelehrter, wie Descartes, Leibniz, Locke, Newton, Bayle, Voltaire, Maupertuis etc. Neben dem kreisförmigen Salon liegen zwei Zimmerchen und eine kleine Küche, die ich mit antikem Porzellan nach Raffael ausstattete. Von diesem Zimmerchen betritt man einen kleinen Garten, vor dem sich die Ruine eines Portals erhebt; der Garten grenzt an eine Laube, in die man sich bei großer Sonnenhitze zurückziehen und wo man ungestört lesen kann. Steigt man höher hinauf, so wird man von einem neuen Gegenstand überrascht; es ist ein Theater, aus behauenen Steinen gebaut, dessen Wölbungen ohne Dach sind, so daß eine Oper im Freien gespielt werden kann.» Es gibt ein Portrait von Antoine Pesne, das die Markgräfin als ‹Priorin› im Eremitenkostüm in einer Grotte zeigt. Sie sitzt im dunkelblauen Samtkleid, ihr Hündchen auf dem Schoß, von Büchern umgeben. Ein leichtes, fast trauriges Lächeln spielt auf den feinen Zügen, die sehr denen des Bruders gleichen.

Die Markgräfin ist 1758 gestorben. 1763 folgte ihr Markgraf Friedrich nach, ohne einen Erben zu hinterlassen. Markgraf Carl Alexander von Ansbach, der nun auch Bayreuth beherrschte, trat 1791 die Markgrafschaften an Preußen ab, und 1815 sind sie dann an Bayern gefallen.

Die Bauten der Eremitage sind nicht zu denken ohne den Park, ein ausgedehntes Waldgelände, zum Teil vom Main umflossen, durchzogen von Alleen und Waldwegen, durchsetzt von Formgärten, romantischen Ruinen, Statuengruppen, Einsiedeleien und Wirtschaftsgebäuden. Es gibt ein Nymphenbad, einen Parnaß, aufgetürmt aus Felssteinen und Tuff, der einst die Figuren Apolls, der neun Musen und des Pegasus getragen hat. Die Gartenanlage bedeutet, wie es Erich Bachmann treffend charakterisiert hat, eine Wende der Gartenkunst im 18. Jahrhundert, und der englische Park, der erst am Ende des Jahrhunderts in Deutschland die große Mode wurde, ist hier in gewissem Sinn schon vorweggenommen worden. «Die Natur selbst war Baumeisterin», schreibt Wilhelmine einmal dem Bruder, aber dieser Meisterin hat die Fürstin in eigener Person meisterhaft nachgeholfen.

Mit ihrem Tode kamen die Arbeiten an den Gärten bald zum Stillstand, sie sind Torso geblieben. Aber dennoch ist die Eremitage so abwechslungsreich, daß man sich Zeit lassen muß, sie kennenzulernen. Es ist ein stiller, fast verwunschener Bezirk. Wandern wir an einem Tag, wo es nicht von Besuchern wimmelt, durch den Wald über dem Main, durch schattige Laubgänge, zu Grotten und zu den Schlößchen, so erkennen wir, wie sehr die Persönlichkeit Wilhelmines mit der Anlage verbunden ist, wie ihr Geist hier gewirkt hat. So liegt noch heute über Wilhelmines Schöpfung Glanz und Geist der graziösen Kultur des Rokoko. Sie wirkt durch ihre Anmut, ihren Zauber selbst in unserer nüchternen Zeit. *Abb. 144 bis 147*

Donndorf / Schloß Fantaisie

Anstelle des heutigen Schlosses stand hier eine Burg der Herren von Tanndorf, die dann im Besitz verschiedener Familien war, bis sie als markgräfliches Lehen an den Markgrafen zurückfiel. Eine italienische Reise des Markgrafenpaares 1754/55 weckte in der Markgräfin Wilhelmine den Wunsch, in dem Bayreuth benachbarten Donndorf ein Lustschloß zu errichten. Sie gab 1758, im Jahre ihres Todes, den Auftrag zum Bau des Schlosses, dessen Planung wohl auf Rudolf Heinrich Richter zurückgeht. Der Bau wurde im gleichen Jahr begonnen, aber nach dem Tode der Fürstin unterbrochen und erst 1763/65 als Landsitz ihrer Tochter Elisabeth Friederike Herzogin von Württemberg vollendet.

Herzog Alexander von Württemberg ließ das Schloß in der Mitte des 19. Jahrhunderts im Florentiner Stil umgestalten. Damals erfolgte eine Erhöhung des Mitteltraktes um ein Geschoß, Neuanlage und Ausstattung des Saales, Aufstockung der quadratischen südlichen Eckaufbauten und Anbau der Türme am Mittelbau. In dieser Zeit wurde auch die Bauplastik geschaffen. Das Schloß kam später in den Besitz des Fürsten von Wrede, der es dem bayerischen Staat verkaufte. 1937 erfolgte eine recht entstellende Umgestaltung des Inneren zur Lehrerschule, und heute ist Fantaisie Phonofachschule.

Das Schloß liegt im Nordwestteil eines großen Parks. Es ist eine Hufeisenanlage, deren Mitteltrakt durch einen erhöhten, risalitartig vorspringenden Mittelteil betont wird. Der Saal im Obergeschoß des Mitteltraktes wurde wohl nach der Mitte des 19. Jahrhunderts ausgestattet. Die Wände werden durch stuckierte Pilaster gegliedert, in der Supraportenzone sitzen Reliefs mit Szenen aus der griechischen Mythologie und in der Hohlkehle Girlanden und Reliefkartuschen mit spielenden Kindern, am Gewölbe Hermen mit Blumenkörben sowie Reliefs mit Emblemen des Landlebens.

Das Schönste ist der weitläufige Park, dessen Teehaus um 1763 angeblich von Carl Philipp von Gontard gebaut wurde; es wird von ionischen Pilasterpaaren gegliedert und trägt eine Attika mit Blendbalustern. Der Park geht in seiner Anlage noch auf die Markgräfin Wilhelmine zurück. Er wurde nach ihrem Tode mit Statuen und romantischen Architekturen geschmückt, von denen sich vieles bis heute erhalten hat. Da ist vor allem der Neptun-Brunnen, der um 1760 wohl von den Brüdern Johann David und Johann Lorenz W. Räntz als figurenreiche, bewegte Gruppe geschaffen wurde. Vor dem Brunnen, am Nordhang, steht eine ebenfalls um 1760 erbaute Grottenarchitektur. Auch gibt es hier eine Quadermauer mit Tropfsteinlisenen und Reliefs, davor zwei Bänke mit Schildkröten als Sitze. In einer der Felsgrotten ist ein frühchristlicher Kultraum nachgebildet, nicht weit davon sind ‹Katakomben› mit Grabnischen in den Fels gehauen. Parallel zum Hauptweg verläuft die ebenfalls in den Fels gehauene ‹Gräberstraße› mit Denkinschriften und Jahreszahlen (1791, 1807, 1820), unter anderem für Herzog Alexander von Württemberg, für den auch die ‹Alexander-Kapelle› in einem der Felsen errichtet wurde.

Sanspareil

Im Frühling des Jahres 1744 entdeckte die Markgräfin Wilhelmine von Bayreuth die Landschaft der Fränkischen Alb um Zwernitz, die vor ihrem inneren Auge sogleich den Garten Sanspareil entstehen ließ. Sie sah zu Füßen der Burg Zwernitz den Buchenhain, aus dem steile Jurafelsen aufragen. Es mag ein milder Frühjahrstag gewesen sein, mit hellem Himmel, mit dem ersten Grün über den Bäumen, Anemonen im Grund, wo Wilhelmine beim Umherstreifen eine Höhle fand, wie sie Fénelon in den ‹Aventures de Télémach› beschrieb. Was aus dieser Begegnung der phantasiebegabten Fürstin mit der Landschaft entstand, ist wirklich ein Sanspareil, auch heute noch, wo hier die meisten ihrer Gartenarchitekturen und Skulpturen verschwunden sind. «Sanspareil», schreibt Wilhelm Heinrich Wackenroder in einem Reisebericht des Jahres 1793, «ist einer der drei berühmten Lustgärten des sonstigen Bayreuther Hofes ... Es ist kurz gesagt nichts, als ein ganz offener Wald, mit natürlichen Felsstücken. Er ist so offen als der Wörlitzer Garten, einer kann durchfahren und reiten ... Die Bäume sind die herrlichsten Weißbuchen, die ich je gesehen habe ... Die Einbildung hat den romantischen Hain zum Aufenthalt des Telemach, zur Insel der Kalypso umgeschaffen: daher findet man hier die Grotte der Kalypso, der Sibylle, des Vulkan, des Amors; den Tempel des Äolus; das Denkmal des Ulysses usw. Diese Allegorie ließ ich mir gern gefallen; denn ich ward wirklich beim ersten Anblick dieser sonderbaren Felsenbildungen in eine ganz fremde Welt gezaubert ...»

Geblieben von dieser ‹fremden Welt› ist das Parterre vor dem Schlößchen, das die Markgräfin um eine der hohen Buchen baute, geblieben sind die verschlungenen Wege, die zum Felsen leiten, auf dem einst das Lusthaus ‹Le Contentement perdu› stand. Dieser Name bezeichnet ihre Verstörung über die Liebschaft des Markgrafen mit ihrer schönen Hofdame, Gräfin v. Burghauß-Marwitz, der ‹Mme Tourbillon›, wie sie am Berliner Hof genannt wurde. Geblieben ist das Grottentheater in den Formen einer römischen Architektur, inkrustiert mit Muscheln und bunten Kieseln, einst mit Satyrfiguren an den Pfeilern. Alles das eine Durchdringung von Natur, Mittelalter, Morgenländischem und Antikischem, ganz im Sinne des Rokoko.

Die Burg Zwernitz, einbezogen in das Schema des Gartens, wird 1156 als Sitz der Herren von Zwernitz aus dem Hause der Walpoten genannt. Von 1290–1810 war die Burg Eigentum der Burggrafen von Nürnberg, Markgrafen von Brandenburg, schließlich Königen von Preußen. Im Markgräflerkrieg von 1535 brannte sie vollständig aus, wurde 1634 im Dreißigjährigen Krieg ein zweites Mal zerstört und 1746/47 instandgesetzt, als romantische Staffage für den Felsen- und Landschaftsgarten Sanspareil, der 1745/48 angelegt worden ist, für einen Garten, der, wie Erich Bachmann sagt, «ohne Beispiel unter den architektonischen Gärten des Barock und Rokoko in Deutschland» war. Nicht Bauten dominierten, sondern die Natur, und die Markgräfin schrieb: «Die Natur selbst war die Baumeisterin.» «Sanspareil», so Bachmann, vertritt einen Gartentypus, «der bis vor kurzem weder als selbständige Gattung noch als gartengeschichtliche Erscheinung bekannt war. Ich meine den Felsengarten.» Vorläufer waren der berühmte manieristische Park Bomarzo bei Viterbo und der um 1725 entstandene religiöse Felsengarten Bethlehem des Grafen Sporck bei Kukus in Böhmen. In allen diesen Gärten wurde der Stein plastisch bearbeitet, in Sanspareil blieb er zum ersten Mal als Naturdenkmal stehen, als natürliche Szenerie, die nur durch Staffagen im Sinne eines literarischen Programms belebt wurde.

Zwischen 1830 und 1840 wurden, bis auf den Hainbau, Küchenbau und das Felsentheater, sämtliche Gartenarchitekturen abgebrochen. Sanspareil bildet ein langgestrecktes Areal mit dichtem Baumbestand, den unregelmäßig angelegte Wege durchschneiden. Der ‹Morgenländische Bau›, jetzt Hainbau, ist aus künstlich ruinös gebildetem Mauerwerk 1746/47 von Joseph Saint Pierre in Anlehnung an maurische Architekturen erbaut worden, zum Teil war er mit bunten Glasflüssen, blauen und roten Steinen mosaikartig inkrustiert. Über dem Speisesaal der kleinen, um eine hohe alte Buche gebauten Dreiflügelanlage erhebt sich eine Kuppel. Speisesaal und anschließende Räume sind mit zartem Deckenstuck geschmückt von Giovanni Battista Pedrozzi. Die Fehlstellen des Stucks wurden 1956 durch illusionistische Malereien ergänzt. Die Räume sind schlicht, aber gut eingerichtet, zumeist mit Bayreuther Möbeln. Gegenüber steht der nur zum Teil erhaltene Küchenbau, während Markgrafen- und Burggrafenhaus beiderseits des Parterres wegen Baufälligkeit seinerzeit ebenfalls abgebrochen worden sind.

Im Zentrum des Gartens sah man einst auf Felsenklippen den Fachwerkbau des ‹Referentenhauses›, in dem der Markgraf seine Regierungsgeschäfte erledigte, sowie das in Form eines Holzstoßes gebaute Holzstoßhäuschen, einen mit Rinde verkleideten Fachwerkbau unter weit überhängendem Strohdach. So gab es noch vieles mehr an Staffagen, welche die eigenartige Atmosphäre des Gartens schufen.

Abb. 148, 149

Thurnau

Die Familie Giech hatte ihr Stammhaus bei Bamberg, die mächtige Burg Giech, aber später war Sitz der Hauptherrschaft Thurnau, das die Giech und Künßberg 1566 durch Heirat mit zwei Erbtöchtern Förtsch von Thurnau erhielten. Die Künßberg wurden als Mitbesitzer 1731 abgefunden. 1680 wurde Christian Kraft von Giech in den Reichsfreiherren-, 1695 in den Reichsgrafenstand erhoben, und 1726 fand die Familie Aufnahme im Kollegium der reichsunmittelbaren fränkischen Grafen, da sie seit 1699 volle Landeshoheit über das Gebiet von Thurnau ausübte. Einer der bedeutendsten Herren des Hauses war Graf Karl, geboren 1795, Enkel des preußischen Ministers Freiherrn vom Stein, einer der charaktervollsten und intelligentesten bayerischen Standesherren, erblicher Reichsrat der Krone Bayerns und Regierungspräsident von Mittelfranken. Er war ein Freund des ebenso bedeutenden gleichgesinnten Fürsten Karl zu Leiningen, dem wir in Amorbach begegnen, und saß als Abgeordneter 1848 im Frankfurter Paulskirchenparlament. Wilhelm Heinrich Riehl widmete ihm seine 1854 erschienene ‹Naturgeschichte des Volkes als Grundlage einer deutschen Sozialpolitik› und schreibt in der Widmung, daß der Graf ihm «in den vergangenen Frühlingstagen 1853 einen so köstlichen Musensitz eingeräumt habe, in seinem Thurnau, dessen freundliche Natur einst Wilhelm von Humboldt fesselte ...» Graf Karl von Giech war selbst als Schriftsteller tätig und schrieb ‹Ansichten über Staats- und öffentliches Leben›. Durch die Schwester des letzten, kinderlosen Grafen Giech kam Thurnau an die Freiherren Hiller von Gärtringen, eine württembergische Familie.

Thurnau, der ‹köstliche Musensitz›, es gehört eine wirklich reizende alte Stadt dazu, wird 1239 erwähnt. Um die Mitte des 15. Jahrhunderts entstanden Archivbau, Storchenbau und Südtrakt der Kemenate neu. Um 1500 wurde die nördliche Wehrmauer mit dem Turm vorgelegt. Unter Hans Georg von Giech wurde 1581–1600 viel gebaut. 1675 entstand der Neubau des Künßbergflügels,und nach 1700 wurden Änderungen am Oberen Schloß vorgenommen, wie Erhöhung des Westturms. 1732 wurde der obere Hof durch den Karl-Maximilians-Bau geschlossen. Mit der schönen kleinen Stadt bildet die außerordentlich weitläufige, sehr malerische Anlage des Schlosses um zwei Höfe eine wahrhafte kleine Residenz.

Vor dem Schloß steht die Zwingermauer mit Schießscharten und Wehrgang zwischen zwei Ecktürmen und mit einem mittleren Rundturm, 1515 gebaut.

Hinter dieser Befestigung liegt das Untere Schloß um den unteren Hof, bestehend aus der Kemenate auf der Ostseite, einem wohnturmartigen Bau mit Gebetserker von 1581, mit Giechwappen und Brüstungsfeldern mit Relieffiguren in Blendnischen: Adam und Eva. Der Ziergiebel trägt die Wappen Giech und Förtsch. Vor der Hoffassade steht ein Treppenturm, die ‹hintere Schnecken›, von 1583, mit der Wappentafel Giech-Förtsch-Künßberg. Der Nordflügel besteht aus Archiv- und Wohnbau, und die beiden Künßbergflügel schließen südlich und westlich den Hof. Zwischen diesen Bauten und der Kemenate befindet sich der Storchenbau.

Das Obere Schloß umgibt mit drei Flügeln den oberen Hof. Östlich steht der Hans-Georgen-Bau, südlich das Kutschenhaus und westlich der Karl-Maximilians-Bau. Dem Hans-Georgen-Bau wurde 1656 Rundbogenarkaden eingebaut.

Am Karl-Maximilians-Bau befindet sich ein prächtiges Mittelportal zwischen Pilastern. Unter dem Giebelgebälk sitzt eine Kartusche mit Bauinschrift und den Jahreszahlen 1729 und 1731. Im Hof sehen wir einen Brunnen von 1755: ein großes Becken mit reichem Rocaillewerk, mit Putten und Schwan, die Mittelsäule bekrönt von einer großen Rocaillevase.

Das Innere des heute bewohnten Flügels ist sehr behaglich und gut möbliert, aber der Besitzer hat die Absicht, Thurnau zugunsten eines kleineren, leichter zu unterhaltenden Schlößchens aufzugeben. *Abb. 150 bis 152*

Kulmbach / Die Plassenburg

Schon im 12. Jahrhundert hatten die Grafen von Andechs-Meranien – Berthold II. nannte sich Comes de Plassenburg – über der Stadt Kulmbach einen festen Sitz. Ihnen folgten als Erben die Grafen von Orlamünde-Weimar, dann die Hohenzollern. Die hohenzollernschen Burggrafen von Nürnberg verstanden sich ausgezeichnet aufs Erwerben und Erben und schufen sich allmählich ein beträchtliches Herrschaftsgebiet. 1331 fiel Ansbach an sie, 1340 erwarben sie durch Erbschaft die Herrschaft Kulmbach am oberen Main, und da Bayreuth den Hohenzollern bereits seit 1248 gehörte, wurde jetzt Kulmbach mit Bayreuth zur Markgrafschaft vereinigt.

Bekannt ist die Sage von der weißen Frau: Des letzten Orlamündes (gestorben 1293) Witwe, Kunigunde von Andechs, soll ihre beiden Söhne getötet haben, damit sie einer Ehe mit Burggraf Albrecht nicht im Wege stünden. Zur Strafe muß sie seitdem umgehen, und ihr Erscheinen kündigt den Tod eines Hohenzollern an. Bei dieser Tätigkeit ist sie nicht an die Plassenburg gebunden; sie erschien im Berliner und Bayreuther Schloß, zu Anfang des letzten Krieges in Schloß Oels in Schlesien, kurz bevor Prinz Wilhelm von Preußen in Polen fiel, und zuletzt auf der hohenzollernschen Rheinburg Rheinstein 1950. Kurz darauf starb Hubertus von Preußen.

Die Burggrafen von Nürnberg sind 1415 durch Belehnung mit der Mark Brandenburg in den Kreis des Kurfürstenkollegiums eingetreten. Der in Franken verbliebene Zweig des Hauses beherrschte die Markgrafschaften Ansbach und Bayreuth. Nach seinem Erlöschen 1603 fielen diese an Brandenburg, das mit ihnen eine Sekundogenitur ausstattete. Burggraf Friedrich V. erweiterte die Plassenburg in der 2. Hälfte des 14. Jahrhunderts zur Vierflügelanlage, die schon von vier Türmen beherrscht wurde. Eingeplant in diesen Erweiterungsbau war der östliche Kasernenhof, und Markgraf Albrecht Alcibiades fügte im 16. Jahrhundert einen dritten Bering – Bastionen, Türme, die ‹Hohe Bastey› – und den neuen östlichen Trakt des Nordflügels mit den hohen, dicken Säulen hinzu.

Albrecht Alcibiades war ein unruhiger, immerzu in Kriege und Fehden verstrickter Herr, der schließlich geächtet wurde und sein Land verlor. Im sogenannten Bundesständischen Kriege verlor er auch die Plassenburg, denn im Februar 1554 besetzten Nürnberger Truppen den ‹Rauhen Kulm›. Doch bis in den März hinein hatte ihr Geschütz keine weiteren Erfolge, als des Schloßvogts Papageienhaus einzuschließen und einer Henne das Bein zu zerschmettern. Karl V. mahnte zum Frieden, aber die verbündeten Stände erklärten, sie wollten keinen Frieden und wenn sie ihn mit drei Hellern kaufen könnten. Hunger und Krankheit zwangen die Besatzung endlich, sich am 22. Juni zu ergeben. Die Burg wurde angezündet und brannte nieder.

Der letzte Markgraf der alten fränkischen Linie, Georg Friedrich, ließ durch Kaspar Vischer, der auch in Coburg und Heidelberg gearbeitet hat, 1562/79 die Hochburg um das Doppelte erweitern und zum großen repräsentativen Schloß ausbauen. Im 17. Jahrhundert wurden dann die Befestigungen verstärkt: Sie sind 1806/07 von bayerischen und französischen Truppen geschleift worden.

Von außen wirkt die hochgelegene Plassenburg wie eine mächtige, schmucklose Festung, aber das Bild ändert sich, wenn man den herrlichen, von Arkaden in Doppelreihe umzogenen ‹Schönen Hof› betritt. Der außerordentlich geräumige Turnierhof gehört zu den schönsten Anlagen der Renaissance in Deutschland. Die als Sockel behandelten Erdgeschosse hat Vischer teilweise in Bögen aufgelöst. Die Schauseiten der Arkaden hat Daniel Engelhard mit reichstem plastischem Schmuck versehen: Rankenwerk mit Fabeltieren und Zwitterwesen und Bildnisse in Medaillons, die eine Art Ahnentafel des Hauses Hohenzollern vorstellen. In den Bogenzwickeln sitzen Wappenkartuschen mit heraldischen Emblemen hohenzollernscher Besitzungen. Das Innere enthält große Säle und saalartige Gemächer der Markgrafenzeit.

Wer heute die ausgezeichnet instand gesetzte Plassenburg besucht, wird die Verschmelzung von Festung und fürstlicher Residenz erkennen, aus deren Fenstern man weit hinaussieht über die alte Stadt ins Maintal. Die Architektur der Burg hat nicht den makellosen Wohllaut italienischer Symmetrie, vereinigt jedoch Kraft und Monumentalität mit heiterer Festlichkeit zum eindrucksvollen Bild eines deutschen Renaissance-Schlosses. *Abb. 154 bis 158*

Wernstein

Fahren wir von Kulmbach in Richtung Lichtenfels, sehen wir alsbald einen Wegweiser nach Wernstein. Wenn wir die Höhe erreichen, liegt vor uns die vieltürmige Silhouette des großen Schlosses auf steiler Bergkuppe zwischen Wäldern und Feldern – eines der schönsten Schlösser dieses Gebietes. Ihm vorgelagert ist das langgestreckte Untere Schloß mit den einst befestigten Wirtschaftsgebäuden. Wernstein wird erstmals 1376 als Besitz der Freiherren von Künßberg erwähnt, die, wie die Freiherren von Guttenberg, in der Frühzeit den Namen von Blassenberg getragen haben. Hans Friedrich von Künßberg, Vater von zehn Söhnen, welche die bestehenden und ausgestorbenen Linien des Hauses gründeten, war ein einflußreicher, sehr begüterter Herr, der um 1540 an den Umbau der Burg ging. Der Kernbau des Oberen Schlosses, bestehend aus Nord- und Westflügel mit Schildmauer, stammt wohl aus der Zeit um 1350 und ist auf Befestigungsanlagen eines alten Burgstalles aus dem 9. Jahrhundert errichtet worden. Etwa zur gleichen Zeit wurden die Zwingmauern des äußeren Berings und die Burgkapelle über dem Wirtschaftshof aufgelassen. Hans Friedrich von Künßberg ließ Nord- und Westflügel erhöhen, den Nordflügel verlängern und den Treppenturm im Hof errichten; auch erhielt damals der Eckturm am Zwinger – der alte Bergfried – seine Haube. Der 1570 begonnene Torbau ist am Ende des Jahrhunderts vollendet worden.

Durch die tiefe Torfahrt des Unteren Schlosses gelangen wir in den geräumigen Wirtschaftshof und von dort über eine breite Treppenanlage zum Torbau, zu dem einst eine Zugbrücke über den Graben führte. Die Fassade dieses eleganten, kleinen Baues trägt um die Toröffnung Zangenrustika mit Maskenschlußstein, und über den seitlichen Säulen liegt ein Gebälk, auf dem zwei fast lebensgroße Sandsteinfiguren stehen, Landsknechtsgestalten mit den Wappenschildern Künßberg und Förtsch. In der Mitte befindet sich eine Säulenädikula mit Kruzifix zwischen den Wappen Künßberg-Förtsch und im Giebel ein liegendes Kind mit Totenkopf. Ein steiler Weg führt uns in den schachtartigen Hof der mächtigen Vierflügelanlage.

Durch den Treppenturm gelangen wir treppauf, treppab in die oberen Geschosse. Da ist eine kleine Halle mit rundbogigem Steinportal von 1561, einem schönen Türgerüst von 1728, mit alten Möbeln und Bildern. Das danebenliegende Speisezimmer hat eine sehr elegante Stuckdecke der 1. Hälfte des 18. Jahrhunderts, vielleicht aus der Schule des Bayreuther Stuckateurs Pedrozzi. Ein anderer Raum trägt eine zierliche Stuckdecke, die an Arbeiten des Bambergers Johann Jakob Vogel erinnert, und der Kamin des Kaminzimmers trägt einen reichen Holzaufbau mit Kartuschen, zartem Band- und Gitterwerk, um 1750. Das große Wohnzimmer erhielt zwischen 1882/83 eine Holzdecke und enthält, neben dem prächtigen braunen Ofen des 17. Jahrhunderts, kostbare Rokokomöbel von Bamberger Ebenisten. Anschließend liegt das Chinesische Zimmer mit einer Chinoiserie-Seidentapete des 18. Jahrhunderts und einer schweren Stuckdecke des ausgehenden 17. Jahrhunderts. Das darüber liegende sogenannte ‹Weiße Zimmer› zeigt ebenfalls den schweren Stuck jener Zeit, mit der Jahreszahl 1697, bestehend aus Akanthusranken, Medaillons und den beiden großen Wappen Künßberg und Stettner von Grabenhorst. Hier steht ein besonders schöner milchblauer Rokokoofen mit Rocaillen, Blumen und mythologischen Szenen, vermutlich in einer Arzberger Werkstatt um 1770 gefertigt. Von gleicher Provenienz ist der Kachelofen im Bibliothekszimmer. Neben guten Familienbildern und Möbeln gehört zu den kostbarsten Stücken eine Passionsfolge des Steirers Oswald Schirmer, der 1618 in Kulmbach starb. Das ganze Schloß ist eine lebendige Chronik der Künßberg, denn jede Generation hat etwas hinzugefügt. Wie bei allen großen Schlössern aber ist auch die Erhaltung von Wernstein zum Problem geworden, man denke nur an die jährlichen Kosten der vielen Dächer. Ohne staatliche Subventionen wird ein solches Haus in Zukunft nicht mehr zu halten und dem Verfall preisgegeben sein.

Das Untere Schloß mit zwei kräftigen runden Ecktürmen unter Zwiebelhauben ist 1586/93 gebaut worden. Im 19. Jahrhundert wurde im Norden ein Flügel hinzugefügt. Durch die ganze Länge des Obergeschosses des Unteren Schlosses zog sich ein Festsaal – heute Wohnungen – der mit sehr qualitätsvollem Beschlagwerkstuck versehen war, von dem Reste noch im heutigen Speicher zu sehen sind. Der Südturm birgt einen Raum, dessen Wände und Kuppelgewölbe reiche Stukkatur der gleichen Zeit enthalten, mit Büsten und Figuren, darunter sicherlich Portraits der Familie Künßberg. An der Außenfront des Schlosses stehen zwei halbrunde Türme, deren Obergeschosse Medaillenbildnisse in Relief tragen, die möglicherweise eine Ahnenreihe darstellen. Sie erinnern an Ähnliches im Schönen Hof der Plassenburg über Kulmbach. Ein Teil der Hoffront dieses Baues stürzte 1953 ein, ist aber wieder aufgebaut worden (1953/54). *Abb. 153*

Guttenberg

Die Guttenberg, 1700 in den Reichsfreiherrnstand erhoben, erscheinen erstmals 1149 als Herren von Blassenberg, Ministeriale der Herzöge von Andechs-Meranien. Ihnen war die Hut der Veste Plassenburg über Kulmbach anvertraut. Von den Blassenbergern zweigten die Freiherren von Künßberg und auch die Guttenberg ab, die dann den Namen Blassenberg mit dem ihrer Burg Guttenberg vertauschten.

Heinrich von Blassenberg erbaute 1315 die Burg Guttenberg im Frankenwald, diesem ernsten, dunklen Waldgebirge. Wahrscheinlich zerstörten die Hussiten, die 1430 Kulmbach niederbrannten, die Vorburg von Altguttenberg, denn wir hören 52 Jahre später von der Burg Neuguttenberg, die 1482/92 gebaut worden sein soll. 1523 wurden Alt- und Neuguttenberg während der Fehde des Hans Thomas von Absberg mit dem Schwäbischen Städtebund erneut zerstört. Mit Ausnahme des Bergfrieds baute man Altguttenberg wieder auf, doch ist es 1634 im Dreißigjährigen Krieg wiederum zerstört worden. 1658/83 erfolgte der Wiederaufbau der Burg, die seitdem nur noch Guttenberg genannt wird.

Zu Beginn des 18. Jahrhunderts wurde der starke Turm an der inneren Schildmauer abgetragen und dort wenig später der Marstall errichtet, an dessen Planung Balthasar Neumann beteiligt war; 1739 folgte die Erhöhung des Turms am Hohen Haus, 1778 der Neubau des Westflügels mit Schloßkirche und Gruft.

Ein verheerender Brand vernichtete 1908 das Hohe Haus, die Lange Kammer und die Schloßkirche bis auf die Umfassungsmauern. Doch wurde das Schloß unter Leitung des Münchner Architekten Heinrich Vollbehr bis 1911 äußerlich in der alten Form wieder aufgebaut.

Durch das äußere Tor in der Schildmauer gelangt man in den Vorhof, der im Osten von der Kutschenhalle überbaut ist. Das innere Tor in der zweiten Schildmauer führt in den Innenhof. Mächtig ragt hier das viergeschossige Hohe Haus mit seinem Walmdach auf, dessen innere Raumeinteilung nicht mehr die alte ist. Zum Schloß gehörte einst ein größerer Park, von dem Reste auf dem Wolfsberg erhalten sind. Vermutlich wurde er nach dem Vorbild des 1746 fertiggestellten Landschaftsgartens Sanspareil bei Zwernitz angelegt.

Die Guttenberg sind eine der reichsritterschaftlichen Uradelsfamilien in Franken und haben in der Geschichte des Landes von jeher eine Rolle gespielt. Als Bischöfe, Feldherren, Diplomaten, Gelehrte hatten sie beträchtlichen Einfluß auf die Geschicke Frankens. Daß diese Tradition nicht abgerissen ist, beweist die Gestalt des klugen, energischen Freiherrn Karl Theodor, der als Bundestagsmitglied und Staatssekretär durch seine mutigen Reden Aufsehen erregt hat. Wer sein letztes Buch ‹Fußnoten› liest, findet darin einen ebenso charakterfesten wie bescheidenen Mann, der zugleich Herz und Gewissen sprechen läßt, alles das von einem klugen Sinn für historische Zusammenhänge erfüllt, von einem stolzen Familiensinn, wie er einem Mann, der solch einem Haus entstammt, wohl ansteht, für den das Konservative nach seinen eigenen Worten die «genaue Mitte zwischen den Ewiggestrigen und den Ewigfortschrittgläubigen» bedeutet. «Einen alten Namen zu tragen», sagte er einmal, «ist nichts, als ein Auftrag. Eine Last, kein Privileg. Ein Inhalt, keine Hülle. Ein Müssen, und niemals ein Dürfen.» *Abb. 159 bis 162*

Heinersreuth

Das reichsritterschaftliche Gut Heinersreuth im Frankenwald, ursprünglich Eigentum der Herren von Wildenstein, wurde, als es 1823 an die Krone Bayern zurückfiel, von König Maximilian I. Joseph dem Finanzminister Maximilian Freiherrn von Lerchenfeld verliehen. Es handelt sich um zwei Schlößchen auf einem Hügel, von dem der schöne alte Park nach allen Seiten abfällt.

Das Alte Schloß mit Fachwerkobergeschoß des 17./18. Jahrhunderts erhielt 1922 einen quergestellten Anbau nach Plänen des Bayreuther Architekten Hans Reißinger. Das Neue Schloß – es ist mehr ein Herrenhaus, genannt das ‹Ministerhaus› – baute Maximilian von Lerchenfeld 1827 als Landsitz nach Entwürfen des darmstädtischen Hofbaumeisters Georg Moller, eines zu seiner Zeit sehr geschätzten Architekten. Im Jahre 1910 wurde auf der Westseite eine hölzerne Veranda angefügt. Das ‹Ministerhaus› ist ein Bau von guten Proportionen mit Ecklisenen und vorspringendem Dach auf hölzernem Konsolgesims. Das im Äußeren schlichte, im Innern durch eine klare Raumkomposition ausgezeichnete Haus enthält ein zentrales Vestibül mit Kassettendecke und zwei kannelierten korinthischen Säulen, aus dem die doppelläufige Treppe emporführt. Besonders schön und kostbar ist die einheitliche Einrichtung aus der Erbauungszeit, ein vornehmes Biedermeier, das die folgenden Generationen durch manches gute Möbel des 17. und 18. Jahrhunderts bereichert haben. *Abb. 169*

Weißdorf

Die ältesten Teile des Schlosses gehen auf die zweite Hälfte des 14. Jahrhunderts zurück. Zu dieser Zeit war Hans von Sparneck hier ansässig. Dieser trug 1374 das Dorf sowie den Wohnbau dem Burggrafen Friedrich VI. von Nürnberg zu Lehen auf. 1430 sollen Zerstörungen beim Hussiteneinfall erfolgt sein. Niedergebrannt wurde das Schloß 1523 bei der Bundesexekution durch den Schwäbischen Bund, weil die Sparnecker den Thomas von Absberg in seiner Fehde gegen die Reichsstadt Nürnberg unterstützt hatten. Das Schloß wurde wieder aufgebaut und dann von Melchior von Tettau, der es 1591 gekauft hatte, bis 1605 renoviert und um ein Geschoß erhöht. Über die Herren von Wildenstein (1629) und von Magwitz (1637) kam es 1715 an die Familie von Feilitzsch (1785–1848: von Podewils), 1853 an die jetzigen Besitzer, die Freiherren Leuckart von Weißdorf.

Das Schloß liegt östlich von Münchberg in der Saaleniederung nordwestlich vor Weißdorf. Es wird von einem Ringgraben umgeben (der innere ist nicht mehr erhalten), über den eine 1752 von dem Maurermeister und Steinmetz Georg Höfer errichtete Brücke führt. Das um 1730 gearbeitete Geländer wurde 1910 von der Dresdner Augustusbrücke hierher überführt.

Der dreigeschossige Schloßbau mit Walmdach besitzt eine rundbogige Einfahrt mit einer Rahmung im Stil der Neurenaissance. Die unteren Räume des älteren Westteils haben Tonnen- oder Kreuzgewölbe, die ehemalige Halle ein Kreuzgratgewölbe. In den beiden Obergeschossen sind mehrere Stuckdecken von 1756 erhalten. *Abb. 168*

Röthenbach

Der alte Sitz der Herren von Schirnding nördlich von Wunsiedel ist jetzt Eigentum der Freiherren von Waldenfels. Das Schloß stammt im wesentlichen aus den Jahren 1559/61 und wurde von Jobst Heinrich von Schirnding erbaut. Einst war es wohl ein vierflügeliges Wasserschloß, dessen Wirtschaftsgebäude abgebrochen worden sind. Das Herrschaftshaus ist im großen ganzen unverändert geblieben. Durch Heirat von Charlotte von Schirnding mit Ernst von Waldenfels kam der Besitz 1827 an diese Familie.

Das heutige Schloß besteht aus zwei Flügeln, an deren Schnittpunkt ein runder Treppenturm steht. Der Treppengiebel ist eine Zutat des 19. Jahrhunderts. Über dem Turmportal sitzt ein Wappenrelief der Schirnding mit Bauinschrift und den Jahreszahlen 1559 und 1561.

Im Erdgeschoß liegt die gewölbte Eingangshalle, im Obergeschoß ein Saal, der durch eine Säulenarchitektur unterteilt wird und wohl aus dem 17. Jahrhundert stammt. Ein anderer Raum besitzt eine schöne Holzdecke auf profilierten Unterzügen, mit Blumen- und Rankenwerk bemalt, wohl um 1560 entstanden. Mehrere Räume tragen noch heute reichen zierlichen Rokokostuck aus der Schule des Bayreuther Stuckateurs Johann Baptist Pedrozzi. Es gibt prachtvolle Kachelöfen des Rokoko, teils weiß, teils bunt glasiert, wohl Arbeiten des Arzbergers Georg Andreas Stöhr und von der Art, wie wir sie im Fichtelgebirgsmuseum in Wunsiedel sehen können. Unter den Möbeln sei eine schöne Wappentruhe von 1600 genannt sowie ein prächtiger Schrank, bemalt mit den Wappen Schirnding, Lindenfels, Waldenfels, Giech, der die Jahreszahl 1691 trägt, die sich aber wohl nur auf eine Erneuerung – die barocke Laubschnitzerei – bezieht. Er dürfte nach Mitte des 16. Jahrhunderts gefertigt worden sein.

Röthenbach ist eines der Schlösser, die dem Untergang geweiht zu sein scheinen, da es dem Besitzer nicht mehr möglich ist, die notwendigen Instandsetzungsarbeiten durchzuführen. In England würde es dem National Trust übergeben und durch diese Institution gerettet werden. Vielleicht werden wir eine derartige Einrichtung zur Rettung unseres Kulturbesitzes auch einmal ins Leben rufen müssen. *Abb. 170*

Erkersreuth

An der Straße von Wunsiedel über Marktleuthen zur Staatsgrenze liegt der Ort Erkersreuth mit seinem Schloß. Es gehörte den Herren von Raitenbach und wurde 1696 an die Freiherren von Lindenfels verkauft, denen auch das hübsche Palais in Wunsiedel, jetzt Forstamt, gehörte. Johann Christian von Lindenfels baute 1748 das neue Schloß, das, nach den Resten seiner Ausstattung zu urteilen, ein sehr kostbar ausgestattetes Haus gewesen sein muß. Im Jahre 1800 kaufte der Coburgische Minister Theodor von Kretschmann das Gut, und 80 Jahre später pachteten die Brüder Max und Philipp Rosenthal das Schloßgelände, um dort eine Porzellanmalerwerkstatt zu errichten. Ein Jahr zuvor hatte Philipp Rosenthal sein eigenes Geschäft gegründet. Er richtete im Schloß, das 1899 in den Besitz einer Brauerei überging, einen Muffelofen ein und begann mit der Bemalung und dem Brennen von Hutschenreuther Porzellan. Rosenthals Unternehmen florierte und wurde die Keimzelle der berühmten Porzellan-Firma Rosenthal.

1953 kaufte Philipp Rosenthal jun. das ganz verwahrloste Erkersreuth mit seinem verwilderten Park, setzte es instand und baute es aus. Dabei wurden noch vorhandene Teile der ehemaligen Ausstattung erhalten, auch wenn das nicht immer am alten Platz möglich war.

Über dem Portal des Mittelrisalits der Gartenfront sitzt das Lindenfelswappen. Im Innern gehört die vergoldete Stuckdekoration des durch Pilaster gegliederten Ahnensaals zum Besten, was wir aus dieser Zeit sehen können, und es ist wohl von der Werkstatt Johann Baptist Pedrozzis in Bayreuth ausgeführt worden. Reich vergoldete, sehr zierlich und elegant gearbeitete Stuckrahmen liegen den Wänden auf und umschlossen einst Ahnenbilder. In der Mitte des Plafonds sehen wir Neptun im Muschelwagen, in den Ecken Kartuschen mit den Initialen des Bauherrn, dazu Drachen, Schlangen, Vögel und Blumengewinde, ganz in der Art Pedrozzis. Das einstige Frühstückszimmer ist ebenfalls prachtvoll stuckiert. Die Wände sind bedeckt mit großen bemalten Wandbespannungen – sie lagen schon beim Abfall, als Rosenthal an die Wiederherstellung des Hauses ging. Diese Wandbilder zeigen Rokokolandschaften mit Staffagen und eine Kaffeegesellschaft in einem Salon, sicher die Familie Lindenfels. Ähnliche Bespannungen finden sich im Schlosse Trockau.

Alle Räume müssen in gleicher Weise dekoriert gewesen sein, aber der neue Hausherr hat sich nicht damit begnügt, das Alte zu kopieren; er hat sehr moderne und kühne Akzente gesetzt, versucht Altes und Neues zu einer Synthese zusammenzuschließen und seinen eigenen Geschmack sprechen zu lassen. So ist zum Beispiel die Eingangshalle ganz modern gestaltet worden. In den Fensternischen sitzen riesige Druckstöcke aus Holz von HAP Grieshaber an den Wänden, während Abdrucke davon die Wandvorderseiten schmücken – ungewohnt, aber interessant. Ein großer Turnsaal mit modernen Sitzmöbeln und einer die ganze Wand bedeckenden Weltkarte ist eingerichtet worden, im Keller ein Schwimmbad mit indirekter Beleuchtung – es gleicht ein wenig den Ruinenarchitekturen von Sanspareil oder der Eremitage. Mir fällt dazu ein Satz von Götz von Pölnitz ein, der schrieb: «... Schließlich hat auch das Barock zuweilen kuriose Dinge zusammengetragen und sich ihrer innig gefreut. Allein entscheidend dünkt mir die Echtheit des Milieus im höheren Sinn und die Vereinbarkeit des Objekts mit dem Menschen, der es belebt.»

Diese Worte können genau auf Erkersreuth angewandt werden, und wir sind dankbar, daß dieses schöne Haus wieder mit Leben erfüllt ist. *Abb. 163 bis 167*

Oberlangenstadt

Oberlangenstadt, in der Nachbarschaft der Schlösser Küps und Mitwitz gelegen, das die Freiherren von Künsberg im Jahre 1624 von den Redwitz kauften, ist ein Außenseiter der oberfränkischen Schloßarchitektur. Als historisierende Stil- und Schauarchitektur, deren Formen beliebig verwendet werden konnten, gehört es zu den seltenen, interessanten Schlössern der späten Neugotik, zwischen 1862/64 für Karl August von Künsberg nach Plänen des Münchner Architekten Ludwig Foltz an Stelle eines 1743 errichteten Herrenhauses erbaut. Foltz war bereits mit verschiedenen Schloßbauten betraut gewesen. So hatte er Schloß Egg bei Deggendorf an der Donau ausgebaut. Ein Besuch König Maximilians II. in Egg brachte ihm dann den Auftrag einer Villa bei Regensburg ein. Von nun an war er vielfach für den bayerischen und fränkischen Adel tätig.

Jeder Bau, so verlangte es die historisierende Richtung jener Zeit, sollte den Stil haben, der seiner Bestimmung angemessen war. Hier flankieren vier polygonale, zinnengekrönte Ecktürme das Schloß mit seinem kräftig vorgezogenen Mittelrisalit an der Hauptfront und einen hohen achteckigen Turm auf der Nordseite. Ein Zinnenkranz umgibt das Dach; die Fenster sind teilweise mit Maßwerk gefüllt, und über dem Portal der Gartenfront liegt ein Balkon mit Maßwerkbrüstung auf Pfeilern, die auf dem Podest der doppelläufigen Freitreppe stehen.

Das Innere ist von außergewöhnlichem Reichtum des Dekors, denn hier haben in einigen Räumen Bauherr und Baumeister ihrer Vorliebe für das Orientalische freien Lauf gelassen. Die Eingangshalle trägt einen gemalten, eine Holzdecke vortäuschenden, mit Ranken und Wappen geschmückten Plafond. Das gleiche wie für die Architektur gilt für das Mobiliar jener Zeit. Es wurden nicht nur neue Typen geschaffen, wie der ‹confortable›, die ‹fumeuse›, ‹causeuse›, der ‹pouf›, sondern auch schwere kapitonnierte Sessel und Sofas, sowie Nachbildungen barocker Möbel hergestellt. Die Ausstattung der Zimmer mit schönen, gemusterten Parketts aus verschiedenen Hölzern ist ungewöhnlich phantasie- und prunkvoll. Der Mittelsalon ist durchaus im Stil Napoleons III. eingerichtet; das Schlafzimmer dagegen zeigt sich uns bis in die kleinsten Einzelheiten als Raum des zweiten Rokoko, wie wir es in den Schlössern König Ludwigs II. finden.

Ganz besonders üppig und originell ist das maurische Speisezimmer in einem der Türme eingerichtet. Wandverkleidung und Deckenstuck sind starkfarbig gefaßt, große Spiegel sind in die Wände eingelassen, alles das von bester handwerklicher Qualität. Neben dem Mittelsalon liegt ein Raum, der ganz und gar im Stil der Erbauungszeit des Schlosses ausgestattet ist, und im Haus verstreut finden sich Möbel,

Gemälde und kunstgewerbliche Gegenstände der gleichen Zeit, aber auch manch gutes altes Möbelstück. In Oberfranken ist Oberlangenstadt die einzige Schloßanlage dieser Art, abgesehen von dem viel bescheideneren, 1855/57 zum Teil neugebauten Schloß Schmölz bei Kronach.

Abb. 171 bis 173

Küps

Eines der ältesten urkundlich nachweisbaren Adelsgeschlechter der reichsfreien, fränkischen Ritterschaft im südwestlichen Frankenwald sind die Redwitz, die in dieser Gegend nach und nach den meisten Besitz gewannen, und mit Iring von Cunstadt oder von Redewice 1248 ins Licht der Geschichte treten.

Noch heute gibt es in Küps drei Schlösser, die einst Ansitze der Freiherren von Redwitz waren. Das ‹Alte› oder ‹Mittlere Schloß›, westlich der Kirche gelegen, war zunächst in den Händen des Ortsadels; 1151 ist hier Wolfram de Chubece, zuletzt 1358 Hermannus de Kuepez erwähnt. Mehr als fünfhundert Jahre war es dann Redwitz'scher Besitz, bis es 1868 verkauft wurde. Heute gehört es dem Bildhauer Günther Lenz, der hier ein Atelier zur Restaurierung für Stuck- und Steinplastik eingerichtet hat.

Das ‹Neue Schloß› liegt im Südosten vor dem Ortszentrum über dem Abhang zur Rodachniederung. Es war ursprünglich ein befestigtes Castrum, das durch ein unterirdisches System von natürlichen Gängen mit den zahlreichen, ebenfalls befestigten Redwitz'schen Besitzungen ringsum wie Redwitz, Schmölz, Theisenort, Wildenroth, Hassenberg, Melanger-Burkersdorf, Burgkunstadt, Unterlangenstadt, Weissenbrunn, Obristfeld, Markgraitz und vielen anderen mehr, ja sogar mit der Veste Rosenberg bei Kronach verbunden war. Davon zeugen auch noch die vorhandenen Gewölbeteile unter dem Schloß und unter der Kapelle.

Die Anlage war 1525 im Bauernkrieg, möglicherweise auch im zweiten Markgrafenkrieg 1553 zerstört worden. Anfang des 17. Jahrhunderts erweiterte man das Castrum und verstärkte vor allem die Befestigung des Vorhofes. Das Hauptgebäude erhielt 1708/10 zwei Obergeschosse, ein ausgebautes Mansardengeschoß und kleine Eckerkertürmchen. Der Ausbau des Seitenflügels, der als ältester Teil des Schlosses angesehen werden kann (wahrscheinlich um 1400), erfolgte im 17. Jahrhundert. Im Ostteil liegt die ehemalige Schloßkapelle, deren Decke mit Muschelwerkkartuschen geschmückt ist (um 1730). Die Hofseite des Schlosses ziert ein hübsches Portal mit gesprengtem Giebel, in dessen Feld ein Sandsteinrelief mit den Wappen des Carl Sigmund von Redwitz und seiner beiden Ehefrauen Dorothea von Künßberg und Maria Rosina Theresia von Guttenberg sitzt. Die Rückfront blickt zur Rodach, umgeben von altem Baumbestand.

Im Innern des Hauses befinden sich verschiedene Räume mit herrlichen Sruckdecken, Arbeiten des Bamberger Hofstuckators Johann Jakob Vogel, wahrscheinlich in Zusammenarbeit mit seinen Söhnen entstanden, von denen Jakob Franz der bedeutendste war. Johann Jakob ist durch seine Arbeiten aus Akanthus- oder Laubwerkstuck in der Bamberger Residenz und in den Schlössern Seehof, Wiesentheid, Greifenstein und Gaibach bekannt geworden. Sein Sohn Jakob Franz schuf neben dem Bandwerkstuck in der Bamberger Michaelskirche figürliche Motive, wie die Reliefdarstellungen im Saal zu Seehof (1751/52) und im alten Rathaus zu Bamberg.

Im ersten Obergeschoß besitzt das östliche Eckzimmer einen reich mit Band- und Gitterwerk stuckierten Plafond, der in den vier Ecken allegorische Büsten der vier Jahreszeiten zeigt (erstes Drittel des 18. Jahrhunderts). Das südliche Eckzimmer hat eine Stuckdecke mit Regence-Dekoration und Vogelreliefs in den Ecken. Im zweiten Obergeschoß ist die Decke des sogenannten Musikzimmers mit Bandel- und Laubwerk, Blütengirlanden und Vögeln verziert. In der Hohlkehle sitzen betont plastische Musikinstrumente – wohl von Jakob Franz Vogel –, in den Ecken Urnen. Der kleine Erker zeigt im Deckenspiegel Apoll mit der Leier, außerdem das Allianzwappen Redwitz und Guttenberg.

Von besonderer Schönheit ist die Stuckdecke des Jagdsaales, die in ihren ursprünglichen Farben Weiß, Rosa, Gelb und Lindgrün wiederhergestellt wurde. Vier Reliefs zeigen Falkner und Jäger mit Hunden, außerdem eine Vielzahl von Vögeln. Die Hohlkehle wird von Jagdszenen auf lindgrünem Grund ausgefüllt. Es werden die Jagd auf Hirsch, Hasen, Wildschwein und Bären dargestellt. Dazwischen sitzen Medaillons mit Tempelarchitekturen und Waldlandschaften. Neben Johann Jakob Vogel ist hier vor allem sein Sohn Jakob Franz tätig gewesen, von dem die figürlichen Reliefs stammen.

Umfassende Renovierungsarbeiten wurden 1969/70 unter der letzten Redwitz-Erbin, Frau Elisabeth von Herwarth, beispielhaft durchgeführt; sie verleihen Schloß Küps neuen Glanz, was besonders durch den wieder freigelegten Stuck zum Ausdruck kommt. Außerdem gelang es Frau von Herwarth hier ein Zentrum von Künstlern zu schaffen, die sich dem Kunsthandwerk widmen. So befindet sich im zweiten Obergeschoß die Restaurierungswerkstätte für wertvolle Textilien von Detlev Lehmann. Der Jagdsaal dient ihm als Ausstellungsraum. Das Mansardengeschoß bewohnt der Restaurator Horst Lenz, der Bruder des vorgenannten Bildhauers. Die im Schloß bereits vorhandenen Einzelwohnungen konnten ohne bauliche Veränderung zeitgemäßer gestaltet werden, wodurch Frau von Herwarth Schloß Küps eine moderne und zweckmäßige Zukunft gesichert hat.

Von der Befestigungsanlage sind noch heute einige Türme

Schmölz. Entwurf des Architekten Jacob Schmitt-Friedrich für den (nichtausgeführten) Neubau des Schlosses.

erhalten. Südlich steht der sogenannte Eisturm, mit einem Sandsteinrelief von 1546 und den Wappen des Emmeram von Redwitz und der Catherina von Streitberg. Das sogenannte ‹Plantürmchen›, das 1963 um etwa hundert Meter versetzt worden ist, um den Bau einer Straße zu ermöglichen, war 1615 unter Veit von Redwitz in origineller Form dekoriert worden. Zwischen den Fenstern des oktogonalen Türmchens stehen an den Kanten auf Volutenkonsolen Halbfiguren bärtiger Männer. Es hat noch die alten Schießscharten und ein Relief mit dem Wappen des Ernst Emmeram von Redwitz.

Unweit der Pfarrkirche, die eine vor kurzem restaurierte, farbig bemalte Holzkassettendecke von hoher Qualität besitzt, liegt das ‹Obere Schloß›, auch ‹Schemenauhaus› genannt, das einst ein Sitz und Amtshaus der Freiherren von Redwitz war. Im Bauernkrieg 1525 ebenfalls zerstört, wurde es Anfang des 17. Jahrhunderts erneuert, wobei es auch das schöne Fachwerkobergeschoß erhielt. Seit 1884 ist das Gebäude im Besitz der Familie Schemenau. *Abb. 174 bis 179*

Schmölz

Am Rand des Dorfes Schmölz, unweit von Kronach, im Frankenwald, liegt das ehemalige Redwitz-Schloß, das heute der Familie Prümer gehört. Der Baubestand des vermutlich 1502 von Wolfram von Redwitz erbauten Westflügels gibt keinen Hinweis darauf, daß hier eine hochmittelalterliche Burg stand. Die Jahreszahl 1536 am Westflügel bezieht sich wahrscheinlich auf den Abschluß der Wiederherstellung des Schlosses, das 1525 im Bauernkrieg beschädigt worden war. Der Ausbau des Westflügels erfolgte im späten 16. Jahrhundert; 1777 richtete man die Kapelle im Obergeschoß des Torbaues ein.

Nach Plänen des Bamberger Architekten Jakob Schmitt-Friedrich wurde 1855/57 der Südflügel gebaut und der Westflügel erneuert. Diese Arbeiten waren noch nicht lange beendet, da verkaufte der Bauherr, Freiherr Oskar von Redwitz, das Gut 1861 an die Familie Egloffstein. Die Entwürfe Schmitt-Friedrichs für Schmölz fallen mit seiner Teilnahme am Wettbewerb für die Wiener Votivkirche zusammen. Sie waren weitläufiger ausgefallen, als sie ausgeführt werden konnten, da Redwitz die dafür benötigten Gelder nicht aufbringen konnte. Er schrieb damals an den Baumeister, daß er seinem schönen Plan entsagen und sich zu ganz einfacher Herstellung verstehen müsse. «Zudem ist es dem lieben Gott sicherlich wohlgefälliger, wenn wir ihm das Opfer bringen, und auch im Äußern unseres so unendlich friedlichen Hauses hübsch bescheiden bleiben.»

Dem Westflügel ist ein weit vorspringender Torbau vorgelegt, zu dessen Portal eine Freitreppe mit Maßwerkblenden in den Brüstungen führt. Über dem Eingang sitzt eine Inschrifttafel mit den Jahreszahlen 1855/57. In der Nische über dem Eingang sollte eine Heiligenfigur aufgestellt werden. Schmitt-Friedrich schrieb darüber an Redwitz: «Ich habe meine aus mehr als einem halben Tausend Heiligen bestehende Sammlung angesehen und auch die Heiligenlegenden aufmerksam durchgesucht, konnte aber keinen Heiligen finden, der in allen Beziehungen so schön dem vorliegenden Zweck entspricht, wie der hl. Georg, den Sie bereits erwählt haben.»

An der Giebelschräge des Torbaus befinden sich neugotische Maßwerkblenden; über dem Giebel sitzt eine Maßwerk-Ädikula. An den Fassaden sehen wir verschiedene Redwitz-Wappen. Zwei Räume des Westflügels enthalten Stuckdekken mit geschwungenen Rahmen und Muschelwerk, um 1770; ähnlicher Stuck ist auch in der Kapelle zu finden.

Dank der Bemühungen des jetzigen Besitzers, Herrn Detmar Prümer, ist Schloß Schmölz mit großer Umsicht renoviert und vor dem Verfall bewahrt worden.

Mitwitz

Das alte Schloß, vom Wasser umspült im alten Park, zu Füßen eines steil ansteigenden Fichtenwaldes – ein schönes stilles Bild, das etwas wehmütig stimmt, denn der Eigentümer kommt nur noch selten hierher.

Im Grund der Steinach steht das Schloß. Wir erreichen es durch das Torhaus, das gleichzeitig mit dem 1608/10 erbauten Verwaltungsgebäude einen Arkadengang auf der Hofseite erhalten hat. Die Giebel des Verwaltungsbaus sind vielen Coburger Bauten eng verwandt, so daß ein Riß Peter Sengelaubs angenommen werden darf.

Haben wir den Torbogen durchschritten, schauen wir auf eine mit Figuren besetzte Steinbalustrade und das in einiger Entfernung liegende Schloß, umgeben von dem breiten Wassergraben, den eine barocke Steinbrücke überspannt. Die ältesten Teile des Schlosses, nämlich das Untergeschoß des Nordostflügels mit dem nördlichen Eckturm, müssen bereits zu Ende des 14. Jahrhunderts vorhanden gewesen sein. Schon um 1250 saßen die Herren von Schaumburg in Mitwitz, verkauften es aber 1425 an die Herren von Rosenau. Im Jahre 1523 wird ein Schloß mit Graben und Seen genannt, vermutlich handelt es sich dabei um die Ringmauer mit den runden Ecktürmen gegen Süden und Westen und den Torbau. Im Bauernkrieg wurde Mitwitz 1525 niedergebrannt, aber zwei Jahre später wieder aufgebaut. 1575 kaufte Hieronymus von Würtzburg die Herrschaft, und in seiner Familie ist Mitwitz dann länger als dreihundert Jahre geblieben, bis der letzte Freiherr von Würtzburg im ersten Weltkrieg fiel, und es durch die Ehe seiner Schwester, eine der schönsten Frauen der Münchner Gesellschaft vor 1914, an die Freiherren von Cramer-Klett überging.

Daniel Engelhardt, der auch an der Festung Rosenberg über Kronach gearbeitet hat, leitete für Würtzburg den Bau des Schlosses 1596/98, einen stattlichen Vierflügelbau mit Ecktürmen. Die Inschrifttafel an der Hoffront des Südostflügels meldet, daß 1596/98 Hans Veit von Würtzburg, fürstlich bambergischer Rat und Hauptmann zu Kronach, mit seiner Frau Anna Rufina Riedesel zu Eisenach dieses Haus von Grund auf neu gebaut hat. Im Hof steht ein Sandsteinbrunnen des 18. Jahrhunderts, dessen Muschelbecken von Meer- und Fabeltieren umgeben ist, bekrönt von einem reitenden Neptun zwischen Meerjungfrauen.

Im 18. Jahrhundert erfolgte eine teilweise Umgestaltung des Inneren, wie in so vielen Schlössern des Landes. Bemerkenswert aus dieser Zeit ist das Spiegelzimmer mit einer Stuckdecke um 1770. Die Wandvertäfelung trägt in Rahmen aus Muschelwerk und Blumen in der unteren Reihe Spiegel, in der oberen um 1750 entstandene Gemälde mit Szenen aus der Geschichte Josephs und seiner Brüder, vielleicht eine Anspielung auf Johann Joseph Heinrich Ernst von Würtzburg, bambergischer und würzburgischer Domkapitular. Man nimmt an, daß der Würzburger Georg Anton Urlaub die Bilder gemalt hat. Zwei andere Räume mit Stuckdecken haben Leinwandtapeten mit Blumen und Gartenszenen aus der zweiten Hälfte des 18. Jahrhunderts. Der Saal schließlich zeigt reichen Rocaillestuck und ein Deckenbild, um 1700, auf dem Pax und Justitia dargestellt sind. Im Erdgeschoß liegt die Kapelle, die wohl noch unter Veit II. von Würtzburg, Fürstbischof von Bamberg (gest. 1577), eingerichtet worden ist, obgleich Altar, Kanzel und Gestühl aus dem 18. Jahrhundert stammen.

Mitwitz ist noch immer ein wohlerhaltener Sitz, typisch für den Bereich der fränkischen Reichsritterschaft, dem es zu wünschen wäre, daß er sich wieder mit Leben füllte.

Abb. 180

Kronach / Festung Rosenberg

Im Norden der schönen alten Stadt Kronach im Frankenwald, die noch in ihrem wohlerhaltenen, turmbewehrten Mauerring liegt, steht die starke Festung Rosenberg und beherrscht die Flußtäler der Kronach, Rodach und Haßlach. Angeblich ist sie von Bischof Otto II. von Bamberg, dem Heiligen, im 12. Jahrhundert erbaut worden. Gesichert ist, daß sie 1260 aus dem Pfandbesitz der Grafen von Orlamünde an das Hochstift Bamberg zurückgegeben wurde. Aus dieser Zeit etwa stammt der älteste erhaltene Teil der Burg: Bergfried mit Resten eines Wohngebäudes der westlichen Kernburg. Im 14. Jahrhundert erfolgte der Ausbau zur bischöflichen Landesburg mit Eckturm und Mauerring gegen Norden, Flügel mit Torbau, Brunnenbau und Eckturm nach Osten. Ende des 15. Jahrhunderts baute Fürstbischof Philipp Graf von Henneberg den zweiten Mauerring.

Fürstbischof Weigand von Redwitz ließ im 16. Jahrhundert die Befestigungen erneuern und verstärken, während Fürstbischof Veit II. von Würtzburg ab 1564 die Kernburg zum Wohnschloß umbauen und weitere Um- und Neubauten vornehmen ließ. Man begann damals mit dem Ausbau und der Erhöhung des Ostflügels. Die Bauarbeiten leitete ab 1566 Daniel Engelhardt, der schon unter Caspar Vischer am Wiederaufbau der Plassenburg gearbeitet hatte. Im Verlauf dieser Arbeiten wurden auch die Türme, der Nord- und Westflügel erhöht. Fürstbischof Ernst von Mengersdorf ließ noch im 16. Jahrhundert von Engelhardt weiterbauen und das neue Zeughaus errichten. Zu Ende des Jahrhunderts erhielt dann Engelhardts Nachfolger, Heinrich Hellerstein, von Fürstbischof Johann Philipp von Gebsattel den Auftrag, über der Zeughausbrücke einen massiven Wohnbau zu errichten.

Im Dreißigjährigen Krieg, ab 1626, wurde die Burg erneut stark befestigt, und nach dem Kriege erfolgte der Ausbau des dritten äußeren Befestigungsringes. Den Plan hierfür hat wohl der Würzburger Antonio Petrini geliefert. Dazu gehört das prächtige, 1662 gebaute äußere Tor, flankiert von gequaderten toskanischen Pilastern, mit Giebel über Volutenkonsolen, darin das von Löwen gehaltene Hochstiftswappen und auf den Giebelschrägen nochmals zwei liegende Löwen. Die Inschrift besagt, daß Fürstbischof Philipp Valentin Voit von Rieneck 1662 das Tor hat bauen lassen. Unter Fürstbischof Peter Philipp von Dernbach arbeitete dann der Festungsbaumeister Johann Christian hier und verband 1686 die große Wallbrücke mit dem mittleren Befestigungsring. Schließlich entstand unter Fürstbischof Lothar Franz von Schönborn, Kurfürst von Mainz, 1699 die Bastion Lothar im Norden, so daß nun das fünfeckige Fortifikationssystem mit Bastionen und Vorwerken als eine der großartigsten Festungsanlagen des bastionären Systems fertiggestellt war. Die Festung mit dem ehemaligen Wohnschloß befindet sich seit 1888 im Besitz der Stadt Kronach.

Lauenstein

Lauenstein, auf einem Bergkegel über dem Loquitztal, dort wo Franken- und Thüringerwald einander begegnen, inmitten weiter, dunkler Forsten, ist eine imposante, weitläufige Anlage, das Musterbild eines großen ritterlichen Burgschlosses. Wie so viele seiner Art, hat es im Lauf der Zeit oftmals den Besitzer gewechselt, ist durch Neu- und Umbauten immer wieder verändert worden. Die früheste Geschichte der Burg verliert sich im Bereich der Sage, denn es heißt, König Konrad I. habe im Jahre 915, nach einem Feldzug gegen die Wenden, die Burg als Stützpunkt des fränkisch-thüringischen Gebietes erbauen wollen. Jedesmal aber habe der Teufel in der Nacht zerstört, was am Tag gebaut worden war. Auf den Rat eines Einsiedlers habe dann der König den Bauplatz auf den Bergkegel am linken Loquitzufer verlegt, seinen Mantel in Fetzen gerissen und das daraus geknüpfte Seil um den Berggipfel gezogen. Im Bannkreis des geheiligten Königsmantels wuchs die ‹Mantelburg›, wie sie im Volksmund heißt, unbehelligt auf.

Die ältesten Teile der Burg aber dürften dem 12. Jahrhundert entstammen. Lauenstein gehörte den Grafen von Orlamünde-Weimar aus askanischem Stamm und wird urkundlich 1337 zum ersten Mal als Eigentum des Grafen Friedrich erwähnt. In der zweiten Hälfte des 14. Jahrhunderts hat Graf Otto IV. einen umfassenden Umbau des Lauensteins vorgenommen und vor allem den Palas auf der Südseite, den Orlamündebau, neu errichtet. Auf dem Lauenstein soll die ‹Weiße Frau› der Hohenzollern geboren worden sein, die Gräfin Katharina Elisabeth von Orlamünde, die, so erzählt die Sage, aus Liebe zu dem schönen jungen Burggrafen Albrecht von Zollern ihre Kinder als vermeintliches Ehehindernis ermordete. Später ging die Burg in den Besitz der Grafen von Gleichen, dann der Grafen von Schwarzburg und Mansfeld über. Um 1500 kam sie als Afterlehen an die Herren von Thüna. Vor allem ist es Christoph von Thüna gewesen, der die Burg zum Schloß ausbauen ließ. Aus dieser Zeit stammt der hohe Thünaflügel. Hundert Jahre später wurden der Hoffront die Arkaden vorgeblendet. 1622 kaufte Markgraf Christian von Brandenburg-Bayreuth die Herrschaft, die 1803 an Bayern fiel.

Um 1800 stand noch der hohe Bergfried, der dann abgebrochen wurde. Bayern richtete in der bereits arg verwahrlosten Burg ein Landgericht ein, doch war es dem Landrichter Sondinger in der Einsamkeit des hochgelegenen Schlosses zu langweilig, und er übersiedelte mit seinem Amt kurzerhand nach Ludwigstadt. Lauensteins Schicksal schien besiegelt; es kam ganz herunter und diente Familien der Arbeiter der Schieferbrüche als Wohnung. 1896 kaufte Erhard Meßmer aus Halle den Lauenstein, von dessen Vorhandensein er durch ein Aquarell des Malers Adolf Männchen erfuhr, das den Rittersaal mit seinen derzeitigen Bewohnern zeigte. Bis 1897 hatte Meßmer die äußere Instandsetzung beendet und ging nun an die Wiederherstellung des Innern. Freiherr Hans von Wolzogen, bekannt geworden als Dichter und Gründer des Münchner ‹Überbrettls›, Joachim Ringelnatz, Theodor Heuss und viele andere Männer des kulturellen Lebens waren häufige Gäste Meßmers. Sein Sohn aber vermochte das Schloß nicht mehr zu halten, und so erwarb es 1963 der bayerische Staat und ließ es erneut instand setzen.

Das Bild der Burg wird von den beiden hohen Wohnbauten bestimmt, dem Orlamünde- und dem Thünaflügel. Zwischen Bergfried und Orlamündebau liegt der alte Torbau, westlich davon der heutige Torbau mit einem Turm. Torturm und Thünabau werden durch einen Wehrgang verbunden, dessen Hofseite eine reich geschnitzte Maßwerkbrüstung um 1550 trägt, die Meßmer von dem Kutscher- oder Pfannenhof in Nürnberg erworben hatte. Der Thünaflügel mit modernen Staffelgiebeln hat an den Ecken diagonal gestellte turmartige Anbauten und auf der Hofseite einen Treppenturm. Die ganze Breite des Erdgeschosses nimmt der prächtige Rittersaal ein, eine zweischiffige Halle mit reichem Sterngewölbe auf rundem Mittelpfeiler. In den Schlußsteinen sitzen die Thünawappen mit den Jahreszahlen 1551 und 1554. Der Saal im ersten Obergeschoß trägt eine Holzdecke auf reich profiliertem Unterzug. Dort sehen wir auch das sogenannte Fürstenzimmer mit Kassettendecke und einem umlaufenden Fries mit Reliefschnitzereien von Jagdszenen. Der Betsaal enthält ebenfalls eine Kassettendecke sowie Wandmalereien der zweiten Hälfte des 16. Jahrhunderts mit Szenen aus der Passion, darunter, nach der Kupferstichpassion Albrecht Dürers, die Geißelung Christi. Im Erdgeschoß des Orlamündeflügels befindet sich ebenfalls ein Saal, der vermutlich um 1600 gestaltet worden ist: eine zweischiffige Halle mit Kreuzgratgewölbe auf Rundpfeilern. Der Saal im zweiten Obergeschoß hat eine Holzdecke, deren sternförmige Felder mit farbigen Ranken auf weißem Grund bemalt sind. In den Füllungen der Wandvertäfelung befindet sich in der unteren Zone zum Teil erneuerte schwarze stilisierte Rankenmalerei, im oberen Abschnitt farbige Rankenmalerei auf weißem Grund. Die gesamte Anlage zeigt mehr den Typus einer fürstlichen als den einer ritterlichen Burg.

Niederfüllbach

Das Dorf Niederfüllbach mit seinem Schlößchen liegt im weiten Wiesengrund der Itz, von dem Johann Gottfried Herder in einem Brief von 1788 sagt: «Es ist die schönste Gegend von der Welt, und man errötet, wenn man an die Länder über dem Thüringer Wald zurücke denkt ... Goethe und Knebel können Dir von dem herrlichen Tal erzählen, das längs der Itz von Coburg hinunterläuft und an welchem sich Geistliche und Ritter mit ihren fetten weißen und blauen Ochsen wohl gelagert haben ...»

Der Name des Orts erscheint zum ersten Mal 1075 in einer Urkunde des Bischofs Adalbert von Würzburg. 1146 schenkte Bischof Egilbert von Bamberg das Gut dem Kloster St. Michael in Bamberg; im 14. Jahrhundert war es Eigentum der Herren von Schaumberg. 1634 wurde das Schloß bis auf den Grund zerstört, und vierzehn Jahre später verkaufte Georg Dietrich von Schaumberg das Gut an Wolf Heinrich von Reitzenstein, der an den Wiederaufbau des Schlosses ging, das 1680 von Wolf Christian von Reitzenstein vollendet wurde.

Im Jahre 1820 kaufte Prinz Leopold von Sachsen-Coburg, der spätere König Leopold I. der Belgier, Niederfüllbach, und sein Sohn, König Leopold II., ließ eine durchgreifende Restaurierung der Gebäude durchführen und errichtete 1907 die ‹Niederfüllbacher Stiftung›. Eine neuerliche Instandsetzung des Schlosses, das dann als Schulungsstätte, Lazarett und Altersheim verwendet wurde, erfolgte 1934/36.

In den sechziger Jahren kaufte der Architekt Clodt Dankward von Pezold das Schloß und setzte es unter weitgehender Wahrung der historischen Bausubstanz in vorbildlicher Weise und mit Geschmack instand. Es ist eine schlichte, aber sehr reizvolle, wohnliche Zweiflügelanlage, deren Hauptbau Eckerker mit Zwiebelhauben auf Säulen trägt. *Abb. 185*

Untersiemau

‹Suomene› erscheint nach einer Quelle des frühen 11. Jahrhunderts im Codex Eberhardi. Im 14. Jahrhundert treten die Schenk von Sumen als Besitzer von Schloß und Dorf auf. 1632 werden Schloß und Kirche während einer daselbst stattfindenden Doppelhochzeit von den Kaiserlichen überfallen und brennen ab. Die beiden Bräutigame kommen mit dem Leben davon, der eine aber, der Letzte aus dem Geschlechte der Schenken von Siemau, fällt dann 1634 in der Schlacht von Nördlingen. 1637 verkauft Herzog Johann Ernst das Schloß an den Rittmeister von Könitz, dessen Familie durch die Ehe mit einer Eyb mit den Siemauern verwandt war. Der letzte Könitz stirbt 1866 nach einem Familiendrama durch eigene Hand. Nach einigen Jahrzehnten des Niedergangs kommt Untersiemau 1911 in den Besitz der Familie von Schroedel-Siemau und wird nach Plänen des Burgenbauers Bodo von Ebhardt von Grund auf renoviert.

Während die heutige Landstraße von Westen nach Osten verläuft, führte die schon zur Zeit der Karolinger bestehende mittelalterliche Itzgrundstraße von Norden nach Süden. In Untersiemau wurde sie durch das Untere Schloß und später noch durch das Obere Schloß gesperrt und überwacht.

Das Untere Schloß, am Dorfteich gelegen, ist ein massiver, rechteckiger Bau mit zwei Türmen an der Nordseite. An der Westfassade sind verschiedene Steinmetzzeichen aus dem 13. Jahrhundert zu sehen, so daß hier der älteste Teil des Schlosses, vermutlich auch der erste Burgbau angenommen werden kann. Ausbesserungen und Änderungen erfolgten nach dem Bauernkrieg und dem Dreißigjährigen Krieg.

Im Innern zeigen die obere Diele und die davon ausgehenden Räume noch die mittelalterliche Einteilung. 1780 bis 1790 fand ein größerer Umbau in manchen Teilen des Schlosses statt. Dabei wurde im ersten Obergeschoß der sogenannte ‹Ovale Saal› eingebaut. Der eigentlich rechteckige Raum wird von acht ionischen Säulen umstellt, die eine Flachkuppel tragen. Der in Weiß und Gold dekorierte Saal ist mit passenden Möbeln aus der Entstehungszeit eingerichtet.

Ahorn und die Veste Coburg. Bleistiftzeichnung von Karl Koch, 1845.

Dieser Saal zeigt eine auffallende Verwandtschaft mit dem 1791 von Langhans im Berliner Schloß eingebauten Saal, ebenfalls rechteckig mit acht ionischen Säulen und einer Flachkuppel versehen. Leider sind in Untersiemau hierüber keine Archivalien vorhanden. Der Einbau derartiger klassizistisch gestalteter Räume war in Franken sehr beliebt. Zur gleichen Zeit wurde auch das Hauptportal erneuert. Nach 1930 ist an der Südwestecke ein Bibliotheksbau in Fachwerk errichtet worden. Untersiemau beherbergt eine Sammlung von schönen Altertümern, darunter Keramiken, vornehmlich aus Franken. Ein prächtiges Stück ist ein aus Kacheln des 16. und 17. Jahrhunderts vorgeblendeter Ofen, der aus einem Schloß bei Gotha stammt.

Das Obere Schloß, das ehemals nur ein ‹festes Haus› war, liegt dicht an der Straße Coburg–Lichtenfels. Das blockhafte Gebäude mit Anbauten und Treppenturm mit schöner Zwiebelhaube stammt, den stilistischen Formen von Fenster und Treppe nach zu schließen, aus der Mitte des 16. Jahrhunderts. Die mehrmals erwähnte Jahreszahl 1682 weist wohl auf Ausbau und Restaurierung nach dem Dreißigjährigen Krieg hin. *Abb. 184*

Ahorn

Eine erste Burg Ahorn wird 1306 als Besitz der Hohenstein genannt. Sie wird 1453 Lehen der Familie Lichtenstein, dann einer der Sitze der Münzmeister von Rosenau. Nach Aussterben dieses besitzenden Familienzweiges fällt das Lehen an den Herzog von Coburg zurück, der es an Wilhelm von Streitberg verkauft. Nach mehrmaligem Besitzerwechsel gehört das Burgschloß seit 1821 den Freiherren von Erffa.

Die jetzige Anlage stammt im wesentlichen aus der Mitte des 16. Jahrhunderts. Im Westen liegt die einstige Vorburg, in der sich heute der Gutshof befindet. Die Schloßanlage wird von vier Baukörpern um einen Innenhof gebildet. Der wahrscheinlich älteste Teil steht als dreigeschoßiger Rechteckbau mit teilweise gotischen Fensterfassungen an der Ostseite. Das Vordere Schloß im Süden bildet den Hauptbau; es ist dreigeschoßig mit zwei flankierenden Rundtürmen, die im Erdgeschoß noch Schießscharten haben. Das Hintere Schloß auf der Nordseite hat nur zwei Geschosse mit einem runden Eckturm an der Gartenseite. Der jüngste Bauteil (um 1700) lehnt sich an die ehemalige Wehrmauer an und schließt den Innenhof nach Westen ab. Der Treppenturm an der Nordseite des Vorderen Schlosses enthält die berühmte Wendeltreppe mit freischwebender Spindel, eine bemerkenswerte Steinmetzarbeit. Sie wurde 1621 unter dem damaligen Besitzer, Wilhelm von Streitberg, mit einem von Pilastern flankierten Prunkportal erbaut. Die über dem Türsturz befindliche Inschriftentafel zeigt die Wappen: Streitberg, Altenstein und Truchseß von Henneberg.

Das Vorderschloß, das schon immer als Wohnschloß diente, enthält eine reiche Anzahl schöner alter Möbel. Zwei

Schränke mit kunstvollen Einlegearbeiten stammen aus dem 17. Jahrhundert und stehen wohl schon seit ihrer Entstehung in Ahorn. An Wilhelm von Streitberg erinnert ein Himmelbett mit dem Ehewappen Streitberg-Henneberg, das mit figürlichen Malereien im rustikalen Stil geschmückt ist. Ein weiteres Allianzwappen ist bisher ungeklärt, möglicherweise gehören die Wappen den Auftraggebern des Bettes, so daß seine Entstehung noch vor Errichtung des Portals, also vor 1621, anzusetzen wäre.

Vom Haupttreppenhaus gelangt man in den östlichen Verbindungsgang, in dem die in ihrer Art einzigartige Ahnengalerie untergebracht ist. Sie reicht vom 16. bis zum 19. Jahrhundert und gibt mit ihren Portraits zugleich einen interessanten Überblick über die Wandlungen der Kostüme. Unter den Bildnissen befindet sich auch das Portrait des Hans Hartmann von Erffa, des berühmten Kommandanten der Veste Coburg, und das seines seines Sohnes, des Generalfeldzeugmeisters Georg H. von Erffa, der eine Anzahl von Schlachtenbildern aus der Zeit Max Emanuels bei dem Maler H. Deegen in Auftrag gegeben hat. *Abb. 181 bis 183*

Tambach

Das ehemalige Sommerschloß der Äbte des Zisterzienserklosters Langheim bei Lichtenfels wurde in zwei Bauabschnitten errichtet, und zwar begann Abt Gallus Knauer 1694 den Bau des Ostflügels nach Plänen von Johann Leonhard Dientzenhofer. Dieser Flügel war laut Inschrift über dem Gartenportal 1698 fertiggestellt. Aber erst unter Abt Johann Nepomuk Pitius (1774/91) wurde die Anlage vollendet. Lorenz Fink aus Bamberg errichtete ab 1780 den Westflügel und verband diesen durch den langgestreckten Mitteltrakt mit dem Ostflügel. So entstand ein veritables Residenzschloß, doch wurde der Abt schließlich wegen Verschwendungssucht seines Amtes enthoben.

Das 1803 säkularisierte Klostergut fiel an die Krone Bayerns. Jedoch wurde am 14. August 1805 zwischen dem König und dem Grafen Joseph Karl zu Ortenburg ein Vertrag geschlossen, demzufolge die alte reichsunmittelbare Grafschaft Ortenburg in Niederbayern gegen das Langheimsche Amt Tambach getauscht wurde. Die damals noch als reichsunmittelbar angesehene Grafschaft ist dann schon 1814 Bayern einverleibt worden.

Die Grafen zu Ortenburg sind, wie die Fürsten zu Sayn-Wittgenstein, im Mannesstamm Nachkommen der Grafen von Sponheim (Spanheim) der alten Nahegrafschaft Sponheim. Graf Siegfried von Sponheim (gest. 1065) heiratete Richardis, Tochter des Grafen Engelbert im Pustertal, und folgte seinem Schwiegervater im Besitz. Sein Sohn Engelbert I. heiratete Hedwig von Eppenstein, Schwester des letzten Herzogs von Kärnten, und wurde nach dem Tode seines Schwagers vom Kaiser zum Herzog ernannt. Herzog Engelbert II., vermählt mit Uta Gräfin von Passau, stattete seinen jüngeren Sohn Rapoto mit den niederbayerischen Gütern aus, zu denen auch Ortenburg gehörte. Rapoto I., er war auch Erbe der Grafen von Formbach, nannte sich Graf zu Ortenburg und wurde der Stammvater dieses Hauses. Er war verheiratet mit Elisabeth Gräfin von Sulzbach. Alle diese günstigen Heiraten vermehrten den ortenburgischen Besitz außerordentlich, er zog sich damals von Passau bis hin in die Oberpfalz. Rapoto II., vermählt mit Mathilde, einer Schwester Herzogs Ludwig I., des Kehlheimers, wurde nach der Ermordung König Philipps durch Otto von Wittelsbach Pfalzgraf von Bayern, 1209/31. Den Wittelsbachern aber waren die großen Grafschaften wie Leuchtenberg, Andechs oder Ortenburg ein Dorn im Auge, und sie taten alles, um sie entweder mit Gewalt, durch Verträge oder Erbschaft, in ihren Besitz zu bringen. Die pfalzgräfliche Linie Ortenburg starb mit Rapoto III. 1248 aus. Die heutigen Ortenburger stammen von Rapotos III. Bruder Heinrich I. ab, der mit Bohuslawa, Tochter König Ottokars von Böhmen, vermählt war.

Die Fassade der stattlichen Dreiflügelanlage, deren Hof sich dem Park zu öffnet, wird durch einen leicht vortretenden Mittelrisalit betont, der mit Pilastern gegliedert ist. Der Giebel wird von einer allegorischen Figur bekrönt: Licht des Glaubens. Die Torfahrt des Mitteltraktes führt in den Hof, der durch ein nach altem Vorbild geschaffenes Balustradengeländer geschlossen wird. Auf ihm stehen Figuren und Putten des Bambergers Michael Trautmann. Zur Linken der Torfahrt liegt die große prächtige Schloßkirche, die Fink 1786 vollendet hat, wie es heißt nach Abänderung des Dientzenhoferschen Entwurfs. Der eigentliche Kirchenraum ist als großes Oval gestaltet und, begrenzt durch Wandpfeiler und umlaufende Empore mit elegantem Geländer, in einen hohen rechteckigen hellen Saal hineingestellt. Barockorgel und Hochaltar liegen einander gegenüber. Über der Empore sind zahlreiche Stuckornamente mit Bezug auf das ursprüngliche klösterliche Gebetsleben erhalten. Der figürliche Schmuck im Inneren der Kirche stammt meist von Trautmann. Anläßlich der Rekatholizierung der Kirche 1965 wurde der Hochaltar verändert und ergänzt.

Durch das schöne weiße Stiegenhaus mit durchbrochenem Geländer steigt man zu den Wohnräumen hinauf. Auf den langen Gängen stehen Schränke, Kommoden, Truhen des 17. bis 19. Jahrhunderts. Es gibt eine große Bibliothek und sehr schön eingerichtete Räume. Hier finden wir das Portrait des Grafen Joachim zu Ortenburg, der mit Wolf Dietrich Grafen von Maxlrain und Pankraz von Freyberg Anführer der Gruppe der ‹Konfessionisten› war, die vom Herzog Albrecht V. von Bayern die Zulassung der Augsburger Konfession in ihren Gebieten forderten. Allenthalben spüren wir die Traditionen eines sehr alten, großen Hauses, die bis heute lebendig nachwirken und Tambach noch immer zu einem bedeutenden fränkischen Adelssitz machen.

Abb. 186 bis 188

Heilgersdorf

Vier Kilometer südlich von Seßlach liegt Heilgersdorf, einst Sitz der Freiherren von Lichtenstein, seit 1936 Schulhaus der Gemeinde. Es ist eine der feinsten, reizvollsten und originellsten Barockschöpfungen der Jahre 1700 bis 1705, vermutlich von dem Würzburger Joseph Greising errichtet. Drei Flügel umschließen den Hof, der vorne durch einen eleganten Arkadenbau eindrucksvoll geschlossen wird. Über den drei Rundbögen sitzen Steinmasken und über ihnen liegt eine Terrasse mit schönem Balustergeländer. Am Mitteltrakt mit Giebel ist der Portalrisalit leicht vorgezogen. Das Hauptportal wird von schräg gestellten Pilastern flankiert, deren Schäfte reich mit Muscheln, Bandwerk und Fruchtgehängen verziert sind. Im Volutengiebel des Portals sitzt noch das Ehewappen Lichtenstein–Erthal.

Coburg / Ehrenburg

Mit Herzog Ernst I. von Sachsen-Coburg und Saalfeld (nach 1826 wurde der Name in Sachsen-Coburg und Gotha verändert) begann eine Familienpolitik, welche Coburger auf viele europäische Throne brachte. Herzog Ernsts I. Bruder Leopold war König der Belgier, sein Sohn Albert Prinzgemahl von England, sein Neffe Ferdinand König von Portugal und der Großneffe Ferdinand Zar von Bulgarien. Nach dem Tode Herzog Ernsts II. im Jahre 1893 trat Alfred, der zweite Sohn des Prinzgemahls Albert, die Nachfolge in Coburg an.

Herzog Johann Ernst (1542/53) hatte 1544 mit dem Bau einer Hofhaltung in der Stadt begonnen, vermutlich mit Nicolaus Gromann, gewiß aber mit Caspar Vischer, dessen Name in den Akten überliefert ist. Es handelt sich um drei Trakte, die ein unregelmäßiges Geviert bildeten. Schon 1547 siedelte der Herzog in die neue Residenz über und empfing hier bald darauf Kaiser Karl V. mit großen Ehren. Auf diesen Besuch soll der Name Ehrenburg zurückgehen. Herzog Johann Casimir (1586/1633) erweiterte und veränderte die Anlage durch Michael Frey. Ab 1590 weitete sich die Ehrenburg gegen Norden zu einem großen Komplex mit drei Höfen aus, der durch das erhaltene Prunkportal an der Steingasse betreten wurde. 1623 beauftragte der Herzog den bambergischen Baumeister Giovanni Bonalino, den vorderen Hof gegen Osten zu schließen, und hier entstand in zweigeschossigen Bogenstellungen ein Altan, dessen Umfassungsmauern im ‹Silberbau› von 1811 stecken.

Herzog Albrecht (1680/99) legte zunächst nur einen neuen Garten an. Aber da 1690 ein Brand den Fürstenbau und die gegen Norden anstoßenden Flügel völlig vernichtete, ging er sogleich an den Wiederaufbau, den er Justinus Bieler übertrug. Neben Bieler erschien dann als Baumeister Christian Richter aus Weimar, der die Oberleitung erhielt. Noch im Jahr 1690 wurde der Grundstein zur Hofkirche als Westflügel der Schloßanlage gelegt. Auf dem Fundament des abgebrannten Fürstenbaus entstand ein neues Corps de logis, und Seitenflügel mit Eckpavillons umgeben die Cour d'honneur. Im Mittelbau wurden die Repräsentations- und Wohnräume eingerichtet, über der Hofkirche der Festsaal oder Riesen-Saal ausgebaut. Giovanni Caveani stuckierte 1691/92 den Weißen Saal, das Leopoldzimmer und den Gobelinsaal, Carlo Tagliata (Tagliota) 1692/93 das Gobelinzimmer und den Roten Saal, woran Domenico Carboneti 1692/93 beteiligt war. Als die bedeutendsten Stuckatoren wirkten ab 1697 die Brüder Bartolomeo und Carlo Domenico Luchese aus dem Tessin in der Hofkirche und dem darüber liegenden Riesen-Saal. Nach dem Tode des Herzogs kamen die Bauarbeiten 1699 zum Stillstand, 1735 fiel Coburg an die Linie Sachsen-Gotha-Saalfeld. Die Hofkirche wurde fertiggestellt und 1738 feierlich eingeweiht, der Andromeda-Saal um 1755 stuckiert, und 1756 erhielt der Hauptturm eine neue Bekrönung.

Herzog Ernst I. (1806/44) gestaltete mit seinem Bauinspektor Gottlieb Eberhard die Residenz neu, und zwar im Geschmack der englischen Neugotik. Auch Carl Friedrich Schinkel wurde 1811 zu Rate gezogen, aber es ist nicht nachzuweisen, ob Pläne von seiner Hand die Bauarbeiten beeinflußt haben. Dennoch wird sein Name öfters genannt, auch bei Details der Innenausstattung. Bonalinos Altan wurde abgebrochen und durch den Silberbau ersetzt, der 1814 fertiggestellt war. 1812 begannen die Veränderungen am Ostflügel, 1816 entstand vor dem Mittelbau eine neue Frontmauer, so daß der große Turm nun mit ihr in einer Flucht lag. Der Schloßbaukommission gehörte seit 1816 André Marie Renié-Gretry an, neben dem Weinbrenner-Schüler Friedrich Streib und dem Stuttgarter Alois Keym. Das neue Treppenhaus wurde in der heutigen Form 1832 fertiggestellt und 1837 die Maskierung der Fassaden durch Sandsteinverkleidung abgeschlossen. Nur an der Steingasse blieb die Fassade des 16. Jahrhunderts nahezu unversehrt erhalten. 1841 begann man mit der Anlage des Rondells am Schloßplatz, in dessen Mitte das Standbild Herzog Ernsts I. von Ludwig Schwanthaler steht.

Schon 1801 waren neue Möbel bestellt worden, zum Teil bei Coburger und Gothaer Kunstschreinern, aber auch aus Berlin wurde einiges bezogen, und die Ebenisten-Familie

Jacob in Paris lieferte ganze Garnituren. Die noch vorhandenen Möbel aus früherer Zeit wurden 1806 versteigert. Aus Wien kamen Lampen, Wandleuchter und Lüster. So steht heute das Schloß Ehrenburg als eine Schöpfung des frühen 19. Jahrhunderts vor uns, nur im Binnenhof erinnern noch die Trakte im Süden und Westen an die Renaissance.

Von den Räumen seien nur einige genannt. Aus dem gelb-weiß-grün gehaltenen Vorsaal im zweiten Obergeschoß gelangt man in den Familiensaal mit der Balkendecke, um 1820, mit deutschen Möbeln von 1830/40 und Bildnissen der herzoglichen Familie. Der prächtige Weiße Saal, zwischen 1691 und 1692 entstanden, zeigt weiße Pilastergliederungen vor graublau marmorierten Wänden und reichen Deckenstuck. Den prunkvollen Riesen-Saal, so genannt nach den 28. Atlantenfiguren, stuckierten die Luchese 1697/99. Die Atlantenfiguren tragen das Gebälk unter der Decke, die durch schwere, sehr reiche Laub- und Blütengirlanden in Felder geteilt wird. Die Fresken der kleineren Medaillons, Allegorien der Künste und Wissenschaften, malten Antonio Servi und Domenico Cardorata. Die großen Felder erhielten im 19. Jahrhundert einen gemalten Himmel. Die Kleine und die Große Galerie enthalten deutsche, niederländische und spanische Gemälde des 16. bis 17. Jahrhunderts. Ein besonders schöner Raum ist das Gobelinzimmer mit dem prachtvollen Deckenstuck des Carlo Tagliata (1692) und den schönen Wandteppichen, die 1736/41 nach Kartons des Alexander François Desportes bei Le Blond gewirkt worden sind. Die Ausstattung des Thronsaals entwarf 1822 Renié-Gretry, die Stuckaturen schuf Johann Hoffmann – korinthische Pilaster tragen die Attika, über der eine reiche Stuckdecke liegt. Die Wände sind mit rotem, goldbesticktem Samt bespannt, die Möbel stammen wohl auch hier aus Paris von Jacob (um 1810/20). Besonders hübsch ist das Arbeitszimmer mit der Schwanengarnitur Jacobs, um 1825/30, ebenso wie das Schlafzimmer aus gleicher Zeit, in dem Königin Victoria von England oft gewohnt hat.

Die Erhaltung des Schlosses gehört heute zu den Aufgaben der Bayerischen Verwaltung der staatlichen Schlösser, Gärten und Seen. *Abb. 189 bis 191*

Coburg / Veste

Hoch über der Stadt liegt die Veste Coburg, deren Name schon im 11. Jahrhundert genannt und 1126 ausdrücklich bezeugt wird. Daten über die Baugeschichte der Burg finden sich erst spät. 1489 wurde, laut Inschrift, das ‹Hohe Haus› erneuert; 1500 vernichtete ein Brand den größten Teil des bis ins 12. und 13. Jahrhundert zurückgehenden Palas, den ‹Fürstenbau›, der 1501/04 wiederaufgebaut wurde. 1533 verstärkte man die Befestigung und baute vermutlich auch die ‹Hohe Bastei›, die zwanzig Jahre später noch verbessert wurde. Um diese Zeit war als Baumeister Nikolaus Gromann auf der Veste tätig. Er vertiefte die Gräben und legte wahrscheinlich auch den Tunnel durch den Felsen an, der zum inneren Tor führt. Herzog Johann Casimir ließ weitere Bauten zu Beginn des 17. Jahrhunderts aufführen, und zwar durch den Baumeister Gideon Bacher aus Ulm. Damals wurden die beiden Basteien auf der Südseite errichtet. 1635 wurde die Veste von kaiserlichen Truppen besetzt. Nach dem Dreißigjährigen Krieg schufen der Altenburger Gundermann und der Bildhauer Langenhahn die beiden Portale an der Südseite, 1670/71, und die Hohe Bastei erhielt ihre endgültige Gestalt.

Von berühmten Männern, die im 16. Jahrhundert auf der Veste zu Gast waren, ist vor allem Lukas Cranach d. Ä. zu nennen, der seit 1505 Hofmaler des sächsischen Kurfürsten Friedrichs des Weisen war und wiederholt hierher kam. Es ist bezeugt, daß er auf der Veste umfangreiche Wandmalereien ausführte. Leider ist nichts davon erhalten geblieben, nur die Darstellungen der Veste, die uns von ihm überliefert sind, erinnern an seine Aufenthalte. Der andere berühmte Gast war Martin Luther, der hier 1530 während des Reichstags zu Augsburg Zuflucht fand. In Augsburg wurde damals über das Schicksal der Reformation verhandelt, was schließlich zum ‹Augsburger Bekenntnis› führte. Luther, der nicht nur im Bann des Papstes, sondern auch in der Reichsacht stand, durfte nicht vor dem Kaiser erscheinen und war deshalb von dem sächsischen Kurfürsten Johann dem Beständigen auf der Veste Coburg zurückgelassen worden. In diesem südlichsten Bollwerk des kursächsischen Landes war Luther dem Reichstag in Augsburg verhältnismäßig nah, und von hier aus konnte er in regem Briefwechsel Anteil an den Verhandlungen nehmen. Auf der Veste schrieb er auch die Trostbriefe an Melanchton, arbeitete er an der Bibelübersetzung weiter und verfaßte er sein berühmtes «Sendschreiben vom Dolmetschen». Lutherzimmer und Lutherkapelle erinnern bis heute an seinen Aufenthalt.

Im 18. Jahrhundert geriet die Burg in Verfall. Erst Herzog Ernst I. wandte ihr wieder sein Interesse zu. Ab 1827 ließ er Gräben und Wälle einebnen, ab 1838, nach Entwürfen von Carl Alexander von Heideloff, mit dem Ausbau beginnen. Heideloff, ein zu seiner Zeit berühmter Architekt, wollte hier seine romantischen Vorstellungen von einer mittelalterlichen Burg verwirklichen. Die alten Turmdächer mußten Spitzhelmen weichen, der Turm an der Südseite wurde 1857 ganz neu gebaut, der Wehrgang auf der inneren Ringmauer beseitigt, ein Teil des Fürstenbaus abgetragen, 1851 baute er die Schloßkirche neu auf. Brunnenhaus und Schmiede verschwanden, von anderen kleineren Gebäuden nicht zu sprechen. 1906/24 führte Bodo Ebhardt eine Restaurierung durch und bemühte sich, die Heideloffsche wiedergutzumachen, wobei er nach dem heutigen Standpunkt der Denkmalspflege allerdings auch manche Zurückhaltung vermissen ließ. Zu Ende des Zweiten Weltkriegs wurde die sinnlose Verteidigung dieser mittelalterlichen Burg gegen moderne Kampfmittel teuer bezahlt. Durch die Beschießung der Amerikaner am 10. und 11. April 1945 wurden der Herzoginbau, das Hohe Haus und der Carl-Eduard-Bau schwer beschädigt, und es hat lange Jahre gedauert, bevor die zerstörten Gebäude wiederhergestellt werden konnten.

Durch das Südtor im äußeren Befestigungsgürtel, dann durch das zweite Tor im Zug der mittleren Ummauerung gelangt man in den Torweg, der zum inneren gotischen Tor führt. Die von zwei Türmen geschützte Ringmauer schließt zwei Höfe ein. Das ‹Steinerne Haus› oder die ‹Kemenate›, die 1561 gebaut wurde, trennt die Höfe voneinander. In dieses Gebäude baute man 1829 die ‹Hornstube› ein, die sich vorher in der Ehrenburg befunden hat. Der Name bezieht sich vielleicht auf Geweihe und Gehörne, die in ihr aufbewahrt worden waren. Heute heißt sie allgemein das Intarsien-Jagdzimmer. Sie gilt als das letzte große Tafelwerk der deutschen Spätrenaissance, mit ihrer schweren Kassettendecke, der überaus reichen Wandvertäfelung, der Pilastergliederung und der üppigen Portalanlage, ganz zu schweigen von den kostbaren Intarsien selbst. Das ganze ist 1632 unter Herzog Johann Casimir vollendet worden, kurz bevor der Dreißigjährige Krieg auch Coburg erfaßte und beim Einfall der Wallensteinschen Truppen auch zwei Meister der ‹Hornstube› ums Leben kamen. Die Vermischung von Intarsien und reicher Schnitzerei läßt norddeutschen Einfluß verspüren, der hier wohl durch die niedersächsische Herzogin vermittelt worden ist. Heinrich Kreisel sagt dazu in seiner ‹Kunst des Deutschen Möbels›: «Das Intarsienwerk, das in sechzig Tafeln Übungen, Möglichkeiten und Gebräuche der Hofjagd zu den verschiedenen Jahreszeiten... veranschaulicht, ist in Deutschland einmalig. Die dargestellten Personen in der Zeittracht sind sicher Porträits des Herzogpaares und seines Gefolges. Der Entwurf der Intarsienbilder geht vielleicht auf den Hofmaler Wolfgang Birkner aus Bayreuth zurück.» Auch teilt Kreisel die Annahme, der Architekt am Coburger Schloßbau, Giovanni Bonalino, habe die Vertäfelung veranlaßt.

Östlich an den Querriegel der Kemenate stößt der Fürstenbau, ein großes, stark erneuertes Fachwerkhaus, und an dieses angebaut steht die zweigeschossige Kapelle. Im Westhof finden wir das 1482 erbaute ‹Hohe Haus›, das Schafhaus und die Zisterne, letztere unter hübschem Baldachin auf drei Säulen aus der Mitte des 16. Jahrhunderts. Fürstenbau und Steinernes Haus bergen die von der Coburger Landesstiftung verwalteten sehr bemerkenswerten Kunstsammlungen des herzoglichen Hauses, darunter, um nur einiges zu nennen, eine vollständige Rüstkammer des 17. Jahrhunderts, die berühmte graphische Sammlung von 300000 Blatt, eine Sammlung schöner Gläser und unter den Skulpturen die 1955 aus Bamberger Privatbesitz erworbene ‹Goldene Madonna›, eines der schönsten und eindrucksvollsten Werke des Wolfskehlmeisters, um 1330, sowie die große Jagdwaffen-Sammlung im Carl-Eduard-Bau. Es lohnt, allein dieser Sammlungen wegen die Veste zu besuchen.

Ungeachtet der tiefgreifenden Veränderungen des 19. Jahrhunderts ist die Veste Coburg in ihrer Gesamterscheinung noch immer ein großartiges Bauwerk, das den Namen einer ‹fränkischen Krone› mit Recht trägt. *Abb. 192 bis 195*

Rosenau

Auf einem steil zum Itzgrund abfallenden Hügel zwischen Unterwohlsbach und Oeslau liegt das Schlößchen, das 1439 in einer Urkunde des Klosters Sonnefeld zum ersten Mal erwähnt wird. 1451 wird Rosenau als Besitz der Herren von Rosenau genannt, und 1698 fiel das Gut an den Herzog von Coburg, der es als Lehen vergab. Herzog Franz Anton von Sachsen-Coburg-Saalfeld nahm 1805 das Schloß in seinen eigenen Besitz. Unter seinem Sohn, Herzog Ernst I., der auch das Coburger Schloß Ehrenburg umbaute, begann eine neue Epoche für den vernachlässigten Besitz. Er ließ Schloß Rosenau völlig erneuern und auch den Landschaftspark anlegen. Der Umbau war 1820 abgeschlossen. Der Baumeister steht nicht fest, jedoch befinden sich im Staatsarchiv Coburg mehrere Entwürfe, die Carl Friedrich Schinkel zugeschrieben werden. An der Ausstattung des Schlosses waren auch die Schwester des Herzogs, Fürstin Victoire zu Leiningen, die spätere Herzogin von Kent und Mutter der Königin Victoria von England, und der Leiningensche Hofmaler Eckardt beteiligt.

Rosenau steht heute als eine wohlgelungene neugotische Schöpfung vor uns. Dabei ist der alte Baubestand des Schlößchens nur durch Treppengiebel, Zinnenkranz am Turm und durch die Fenster in Spitzbogen-, Kiel- und Vorhangbogenform verändert worden. Besonders reizvoll ist der Marmorsaal, eine dreischiffige Halle mit Säulenbündeln, deren Gewölbe von zierlichen goldenen Stuckranken überzogen sind. Daneben liegt ein getäfelter, elfeckiger Raum, die einstige Bibliothek, deren Wände mit romantischen Malereien des Dresdners Heinrich Näcke geschmückt sind, die Szenen aus Thiedolfs Minnefahrt von Friedrich de la Motte-Fouqué zeigen. Die Terrasse, von der man in den Itzgrund hinabsieht, wird von einer Maßwerkbrüstung begrenzt, die von dem ehemaligen Altan Giovanni Bonalinos (1623), von der Ehrenburg hierhergebracht wurde. Um 1817 ist wohl die Eremitage am Ufer der Itz gebaut worden, die den Eingang zu einem Eiskeller maskiert. Die Rosenau war ein Lieblingssitz der herzoglichen Familie. Ganz im Sinne jener romantischen Stimmung, der diese Schlösser ihre Entstehung verdanken, veranstaltete Herzog Ernst I. im August 1817 ein Turnier in Rosenau, mit dem die Feierlichkeiten seiner Hochzeit mit Prinzessin Luise von Sachsen-Coburg und Gotha beendet wurden. Die Herzogin berichtet darüber in einem Brief: «... Darauf begaben wir uns zum Obermarschall, wo alle Damen in altdeutscher Tracht versammelt waren. Dann stiegen wir auf eine für uns errichtete Tribüne, rund um den Platz liefen drei Reihen Bänke, die voll von Zuschauern waren. Das Turnier fing mit einer entrée an, wobei ein sehr schöner Marsch geblasen wurde, erst die Reitknechte, Knappen in zahlreicher Menge, dann folgten die Stallmeister und darauf die Ritter, an deren Spitze mein geliebter Ernst war, die Beschreibung seines Anzuges und seiner Schönheit nachher. Dann folgte der Kampf zwischen den zwei geliebten und von Allen bewunderten Brüdern, Ernst in stiller Würde, so männlich und doch so wunderschön, erschien mir wie ein Engel mit dem Rächerschwert ...»

Von besonderem Reiz ist der Park, zu dem eine lange Zufahrtsstraße führt. Im Osten vor dem Schloßberg liegen große Wiesenflächen, während Nord- und Westseite bewaldet sind. Eine unterirdische Bewässerungsanlage speist einen künstlichen See, der seinen Abfluß über eine Grotte zur Itz findet.

Seit 1972 ist die Bayerische Verwaltung der staatlichen Schlösser, Gärten und Seen im Besitz der Rosenau. Es ist geplant, die Anlage museal zu nutzen und der Öffentlichkeit zugänglich zu machen. Hierbei soll auch an die Beziehungen zum englischen Königshaus erinnert werden, denn auf Schloß Rosenau wurde 1819 Prinz Albert, Gemahl der Königin Victoria von England, geboren. Hier schrieb die Königin am 16. 10. 1862 ins Gästebuch: «Victoria Reg. die trostlose Witwe des geliebten Prinzen Albert.» *Abb. 196*

126 – Schloß Greifenstein

130 – Schloß Greifenstein
Reich geschnitzte Türumrahmung im Ostflügel

131 – Schloß Greifenstein
Geweihsammlung mit geschnitzten Hirschköpfen

132 – Schloß Greifenstein, Barockkommode im kleinen Salon

127 – Schloß Greifenstein
Wappensaal mit Renaissanceschrank

128/129 – Schloß Greifenstein
Türfüllungen des Renaissanceschrankes:
Verkündigung und Mondsichelmadonna

133 – Schloß Unteraufseß
Innenhof mit Treppenturm

134 – Schloß Unteraufseß
Studierzimmer des Hans von Aufseß

135 – Schloß Trockau

136 – Schloß Trockau, Speisezimmer mit bemalter Wandbespannung: Gewächshaus

137 – Bayreuth · Neues Schloß

138 – Bayreuth · Neues Schloß Erstes Gobelinzimmer

139 – Bayreuth · Neues Schloß, Altes Musikzimmer

140 – Bayreuth · Neues Schloß, Spalierzimmer

141 – Bayreuth · Neues Schloß
Zedernzimmer (Speisesaal)

142 – Bayreuth · Neues Schloß, Japanisches Zimmer

143 – Bayreuth · Neues Schloß, Gobelinsaal

144 – Bayreuth · Eremitage
Altes Schloß, Japanisches Kabinett

145 – Bayreuth · Eremitage, Altes Schloß – Musikzimmer

146 – Bayreuth · Eremitage, Altes Schloß

147 – Bayreuth · Eremitage, Neues Schloß
Mittelpavillon (Sonnentempel)

148 – Burg Zwernitz, Romanischer Bergfried

149 – Sanspareil, Morgenländischer Bau

153 – Schloß Wernstein

150 – Schloß Thurnau, Oberer Schloßhof:
Karl-Maximilians-Bau mit angrenzendem Kutscherhaus

151 – Schloß Thurnau, Unteres Schloß mit Kemenate

152 – Schloß Thurnau, Ev. luth. Pfarrkirche St. Lorenz: sog. ‹Herrenstand›

156 – Kulmbach · Plassenburg
Fürstenzimmer (Beratungszimmer)

157 – Kulmbach · Plassenburg
Kamin im dritten Markgrafenzimmer

158 – Kulmbach · Plassenburg
Prunkbett des Markgrafen Christian
von Brandenburg-Bayreuth, um 1630

154 – Kulmbach · Plassenburg
Christiansportal im Kasernenhof

155 – Kulmbach · Plassenburg
Der ‹Schöne Hof›

161 – *Schloß Guttenberg*
‹Großer Saal›, genannt Ahnensaal

162 – *Schloß Guttenberg*
‹Kleiner Saal›

159 – *Schloß Guttenberg, Bibliothek*

160 – *Schloß Guttenberg, ‹Waffenhalle›*

163/164 – Schloß Erkersreuth
Empfangshalle

165 – Schloß Erkersreuth
Schwimmbassin im Kellergewölbe

166 – Schloß Erkersreuth

167 – Schloß Erkersreuth
Bilderzimmer

168 – Schloß Weißdorf

169 – Schloß Heinersreuth

170 – Schloß Röthenbach, Ansicht vom Hof aus

171 – Schloß Oberlangenstadt

172 – *Schloß Oberlangenstadt*
Maurisches Speisezimmer

173 – *Schloß Oberlangenstadt*
Mittelsalon
im Stil Napoleons III.

174 – *Küps · Neues Schloß*

175 – *Küps · Neues Schloß*
Ausstellungsraum
im Jagdsaal

180 – Wasserschloß Mitwitz

176 bis 179 – Küps · Neues Schloß, Details der Stuckdecken im Jahreszeiten-Zimmer und im Jagdsaal

181 – Schloß Ahorn, Renaissance-Himmelbett

182/183 – Schloß Ahorn
Deckenbilder im Hauptsaal: Sommer und Herbst

184 – Schloß Untersiemau

185 – Schloß Niederfüllbach

186 – Schloß Tambach

187 – Schloß Tambach, Treppenhaus

188 – Schloß Tambach, Großer Salon

189 – Coburg
Schloß Ehrenburg, Riesensaal

190 – Coburg
Schloß Ehrenburg, Thronsaal

191 – Coburg
Schloß Ehrenburg
Gobelinzimmer

194 – Coburg. Veste Coburg
Cranachzimmer im Fürstenbau

195 – Coburg · Veste Coburg
Salon der Herzogin

192 – Coburg · Veste Coburg
Speisesaal im Fürstenbau

193 – Coburg · Veste Coburg
‹Hornstube› (Intarsien-Jagdzimmer)

196 – Schloß Rosenau bei Coburg

Unterfranken

Unterfranken bereisen wir am besten von Würzburg aus, der Stadt des hl. Kilian, Tilman Riemenschneiders, des Bischofs Julius Echter von Mespelbrunn, Antonio Petrinis, Balthasar Neumanns und der Schönbornbischöfe. Es ist das Land zwischen Odenwald und Spessart, Rhön, Steigerwald, Haßbergen und Grabfeld. Vielleicht ist es der lieblichste Teil Frankens, dieses Land vieler berühmter Weinorte mit großen Namen und wechselnden landschaftlichen Schönheiten. Der heutige Regierungsbezirk Unterfranken umfaßt an ehemaligen Herrschaftsgebieten das Hochstift Würzburg, die Grafschaften Henneberg, Wertheim, Castell, Rieneck, Limpurg, Schwarzenberg, Schönborn, die Gebiete der Reichsritterschaft, der großen Abteien, wie Ebrach oder Münsterschwarzach, und der Reichsstadt Schweinfurt. Hinzu kamen während der Konsolidierung des Königreichs Bayern Teile des mainzischen Oberstifts Aschaffenburg und der einstigen Benediktinerabtei Amorbach im Odenwald, das spätere Fürstentum Leiningen.

Würzburg ist das Zentrum dieser Gebiete und Sitz der Regierung von Unterfranken. Hier saßen als Nachfolger der thüringischen Herzöge die von den Merowingern eingesetzten Herzöge aus großem fränkischem Haus, deren letzter, Hetan II., 704 urkundet. Schon in der zweiten Hälfte des 7. Jahrhunderts hatte der Iroschotte Kilian in diesem Gebiet missioniert, war 689 den Märtyrertod gestorben und im Neumünster bestattet worden. Im Jahre 741 setzte der hl. Bonifatius den Angelsachsen Burkart als ersten Bischof von Würzburg ein, der nach seinem Tode im Jahre 754 ebenfalls zur Ehre der Altäre erhoben wurde. Im 10. und 11. Jahrhundert gewannen die Bischöfe mit der Gerichtsbarkeit volle Souveränität. Der Bischof war in dreifacher Eigenschaft an der Landes- und Reichspolitik beteiligt. Als Bischof gebot er über einen weitgespannten Sprengel, der von Heilbronn bis Hersfeld, vom Thüringer Wald bis vor die Tore Nürnbergs reichte. Als Landesherr beherrschte er das eigentliche hochstiftische Territorium um Würzburg, das in Ämter gegliedert war, und als Herzog von Franken – dieser Titel, den Kaiser Friedrich I., Bischof Herold 1168 verliehen hatte, wurde offiziell erst seit 1445 geführt – verfügte er über die Rechte des ‹kaiserlichen Landgerichts Herzogtum Franken›. Infolge dieser eigenartigen Verfassung kam es immer wieder zu heftigen Kämpfen mit dem hohen Adel, wie mit Wertheim, Castell und Henneberg, mit den Markgrafen von Brandenburg-Ansbach und der Reichsritterschaft.

Würzburg, im letzten Krieg grauenvoll verwüstet, ist nach dem kaum für möglich gehaltenen Wiederaufbau von neuem eine schöne Stadt, wenn auch sehr vieles unwiederbringlich verlorengegangen ist. Leuchtend im Rot und Gelb des Sandsteins schmückt es mit den vielen Türmen seiner Gotteshäuser den Main. Es ist, trotz der großen, festlichen Dimensionen der Residenz und der mächtigen, auf der Höhe über dem Fluß liegenden Veste Marienberg, eine behagliche Stadt, großartig und heiter im Kranz ihrer berühmten Weinberge, mehr noch als Bamberg eine Stadt des Barock. Das Domkapitel hieß, zum Unterschied von Bamberg, wo die hochmögenden Herren die ‹verspieltesten› genannt wurden, das ‹prachtliebendste›, aber es muß auch recht trunkfest gewesen sein, denn der englische Diplomat und Reisende Blainville berichtet im 18. Jahrhundert von einer Weinprobe im Schloßkeller: «Ich und meine Begleiter mußten einen Pumper auf die Gesundheit des Bischofs mit dem Bedinge ausleeren, daß uns dann erlaubt sein sollte, nur nach Belieben zu trinken. Dieses Bacchusopfer endigte sich auch nicht eher als um acht Uhr des Abends, da einige ihre Rolle so wohl gespielt hatten, daß sie weder sitzen noch stehen konnten. Ich wunderte mich sehr, wie Leute, ohne durstig zu sein, eine so große Menge Wein auf einmal hinunter schlucken könnten, daß sie nicht einen einzigen Tropfen im Glase ließen.»

Die Macht des Steinweins habe ich in Würzburg am eigenen Leib erfahren, kurz vor dem Krieg, als ich mit einem älteren Kollegen in Würzburg zu tun hatte. Wir waren abends beim Geistlichen Rat des Juliusspitals eingeladen, einem alten Herrn mit weißem Haar und schmalem, feinem Gesicht, ganz wie ein Prälat des Rokoko. Er setzte uns die köstlichsten Tropfen des Stifts in verstaubten Flaschen vor und beobachtete schmunzelnd, wie sich unsere Sprache allmählich leicht verwirrte. Spät brachen wir auf, etwas schwankend, und ich hatte die größte Mühe, meinen Begleiter, den laut singenden Professor, in sein Bett zu bringen, aus dem er sich nur ungern wieder erhob. Als wir im Verlauf unserer Dienstreise dann noch ein kleines Schloß am Main besuchten und der Hausherr uns Wein vorsetzen wollte, riefen wir wie aus einem Munde: «Vielen Dank! Lieber ein Bier!»

Würzburg lag außerhalb des Limes, war also keine römische Siedlung, aber ein sehr altes Gemeinwesen, das sich im Lauf der Zeit dank seiner günstigen Lage zur großartigen Residenzstadt entwickelt hat, und zwar einmal um den alten Herzogshof bei Neumünster, zum andern unter dem Marienberg, wo Bischof Burkart das Andreaskloster gründete, dessen zweite Kirche 1042 geweiht und später St. Burkart genannt wurde. Allmählich setzten sich die Bischöfe in den vollen Besitz Würzburgs, das schon 768 Stadt genannt wird. Vom 13. bis zum 16. Jahrhundert ist es immer wieder zu blutigen Aufständen der Bürgerschaft gegen den bischöflichen Stadtherrn gekommen, aber es gelang ihr nicht, die Rechte einer freien Reichsstadt durchzusetzen, obwohl sich die Stadt stets kaiserlicher Gunst erfreute, vor allem der der Staufer. 1156 ließ sich Kaiser Friedrich I. Barbarossa mit Beatrix von Burgund im Dom zu Würzburg trauen, ein Ereignis, das Tiepolo im Kaisersaal der Residenz dargestellt hat.

Zur Zeit der Gegenreformation hat Julius Echter von Mespelbrunn dem Bistum seinen Stempel aufgedrückt. Er hat nicht allein die absolutistische Ära des Fürstbistums eingeleitet und auf kirchlichem Gebiet mit Reformen scharf durchgegriffen, sondern auch dem Land durch seine zahlreichen Kirchenbauten einen ganz eigenen Charakter gegeben. Man nennt das den ‹Juliusstil›. Unter ihm begann Würzburg sein Gesicht zu verändern, erhielt es den ersten Zug ins Große durch den Bau des Juliusspitals 1576 und durch die Universität mit Neubaukirche 1583/85. Er hat auch großzügige Umbauten auf dem Marienberg durchgeführt. Der Anteil der Stadt an Renaissancegebäuden ist heute gering; vieles ist schon der Barockzeit zum Opfer gefallen, vieles im letzten Krieg untergegangen.

Der älteste Stadtteil wird südlich von der Neubaustraße, östlich von Theaterstraße und Balthasar-Neumann-Promenade, nördlich von der Julius-Promenade und westlich vom Fluß begrenzt. Dieser alte Kern wurde ab 1656 mit einem Ring starker Festungswerke umgeben, die erst nach 1866, mit Ausnahme der den Hofgarten rahmenden Teile, durch Anlagen ersetzt worden sind.

Die Schönborn sind es gewesen, die das mittelalterliche Würzburg grundlegend verändert haben. Fürstbischof Johann Philipp, auch Kurfürst von Mainz, der erste bedeutende Herr dieses erstaunlichen Hauses, umgab Stadt und Burg mit Hilfe des Trientiners Antonio Petrini mit einem System von Befestigungen. Petrini brachte den italienischen Barock nach Franken, seine Bauten, die damals fremd gewirkt haben mögen, erscheinen uns heute durchaus als ‹fränkisch›, zumindest als süddeutsch, wie die Bauten der Italiener in München. Petrini hat ja auch Deutsches in sein architektonisches Wirken aufgenommen. Zwischen Petrini und dem großen Balthasar Neumann stand Joseph Greising, dem man in Würzburg und seinem Umland auf Schritt und Tritt begegnet. Drei Männer aber haben der Stadt den Stempel der Großartigkeit aufgedrückt: Johann Philipp Franz von Schönborn, sein Bruder Karl Friedrich und Balthasar Neumann, als sie den bischöflichen Palast bauten, der mit dem Dom das Herz Würzburgs ist. Die Residenz diente den weltlichen Bedürfnissen der Fürsten, der Dom den kirchlichen Funktionen. Zwischen beiden Bauwerken vollzog sich kirchliches und höfisches Leben wie ein nie abreißendes Schauspiel.

Man muß sich Zeit nehmen, um die Stadt kennenzulernen, muß den Dom besuchen, der eine bewegte Baugeschichte gehabt hat, muß dort die höchst eindrucksvollen Grabdenkmäler der

Die Festung Marienberg, Getuschte Bleistiftzeichnung von Joh. Adam Klein, 1839.

Bischöfe studieren, unter denen sich die herrlichen Denkmäler Tilman Riemenschneiders für die Fürstbischöfe Rudolf von Scherenberg (gest. 1495) und Lorenz von Bibra (gest. 1519) befinden. Man muß die reizende, 1721/24 von Neumann gebaute Schönbornkapelle auf der Nordseite des Doms aufsuchen, die 1945/50 wiederaufgebaute Kirche des Neumünsterstifts, mit dem wiedererstandenen romanischen Kreuzgang, wo um 1230 der Minnesänger Walther von der Vogelweide begraben wurde. Der allein erhaltene Nordflügel des Kreuzgangs entstand von 1170 bis 1180 unter lombardischem Einfluß.

In den Straßen finden wir noch manch schönes Haus, und am Markt stehen das ebenfalls wiederaufgebaute Rokokohaus zum Falken und die Marienkirche, die zwischen 1393 und 1441 errichtet worden ist und außen das berühmte erste Menschenpaar Riemenschneiders trug, das sich jetzt im Mainfränkischen Museum auf dem Marienberg befindet und an der Marienkirche durch Kopien ersetzt ist. Ehe wir die Residenz besuchen, sollten wir zu der außerordentlich reizvollen Wallfahrtskirche auf dem Nikolausberg, dem ‹Käppele›, hinaufsteigen, das Neumann 1747/50 gebaut hat. Die hohe, schlanke, zierliche Front steht zwischen den eleganten Türmen mit ihren seltsam geschwellten, kugeligen Helmen.

Von Würzburg ausgehend, finden wir ringsum ein reiches Schlösserland. Zwischen Kitzingen, der Autobahn Würzburg-München, Uffenheim im Südosten und Gerolzhofen im Nordosten liegen die Schlösser dicht gesät, zudem in einer oft sehr reizvollen Landschaft. Fahren wir also zunächst von Würzburg auf der B 13 in Richtung Ansbach. Wir kommen durch den berühmten Weinort Randersacker, wo noch ein Weinbergpavillon steht, den sich Balthasar Neumann baute. Immer dem Main folgend, passieren wir das hübsche Eibelstadt und Sommerhausen im wohlerhaltenen, turmbewehrten Mauerring aus der ersten Hälfte des 16. Jahrhunderts, beherrscht vom Schloß mit seinem hohen Staffelgiebel aus dem 16. und 17. Jahrhundert. Es war Eigentum der Grafen Schenk von Limpurg, fiel durch Erbschaft an die Grafen von Rechteren-Limpurg und gehört heute den Freiherren von Massenbach.

Wir überqueren den Fluß und sind in Ochsenfurt, umgeben von seiner hohen Stadtmauer, überragt von vielen Türmen – eine Stadt im Panzer ihrer Befestigungen wie so viele in Franken. Zwischen Oberem Tor und Klingentor verläuft die Hauptstraße, und an ihr steht das Neue Rathaus von 1488/99 mit Staffelgiebel und Uhrtürmchen, dessen Schmuck in sinnreicher Weise Himmlisches und Irdisches verbindet. Das Türmchen birgt eine Kunstuhr von 1560, die auch Datum und Mondphasen anzeigt. Darunter steht der Tod, der beim Stundenschlag mit dem Kopf nickt, die Sanduhr umdreht und den Pfeil hebt. Am Fensterchen über dem Sensenmann erscheint der bärtige Kopf des Bürgermeisters, der zur Gemeinde spricht, und oberhalb stecken zwei Ratsherren die Köpfe aus kleinen Fenstern, während an der Turmspitze zwei Ochsen die Hörner aneinanderstoßen. Ganz unten erscheint die Rathausjungfer, verneigt sich und zeigt das Stadtwappen. Es ist eine alte Stadt, die 725 erstmalig erwähnt wird, 1291 Stadtrecht und ab 1200 den Mauerring erhielt, der um 1400 verstärkt wurde. Kräftig und fein stellt sich die Stadt dar; sie präsentiert sich als ein Kunstwerk von eindrucksvoller Geschlossenheit. Stadtpfarrkirche, Michaelskapelle und Altes Rathaus bilden an der Hauptstraße eine besonders schöne städtebauliche Gruppe. Das Wirken geschichtlicher Vergangenheit wird heute vielfach in kleinen Städten lebendiger offenbar als in großen. Das hat seinen Grund wohl in der Kraft des Beharrens, die den Bewohnern des Landes eigen ist und die deshalb ihre Geschichte und ihre Stadtbilder lieben und pflegen.

Nordwestlich, ganz nahe von Ochsenfurt, liegt das Dorf Darstadt mit dem reizenden Schloß der Freiherren von Zobel. Nahe bei Uffenheim, ebenfalls eine schöne alte Stadt, können wir im Mittelfränkischen Schloß Walkershofen besuchen und dann gleich durch die Ausläufer des Steigerwalds, durch waldreiches Hügelland über Herbolzheim, Deutenheim nach Ullstadt fahren, wo das prachtvolle Franckensteinsche Schloß liegt. Von Ullstadt kann man dann auf der B 8 wieder Würzburg zureisen, über Iphofen, den bekannten Weinort am Fuß des Schwanbergs, an dessen Flanken die Weinberge emporsteigen. Herrlich ist der Blick von dort oben über das weite Land, auf die Städte Kitzingen und Dettelbach, über vielfarbige Ackerbreiten, über Waldstücke, Dörfer und Schlösser.

Dann fahren wir von Iphofen über Mainbernheim – ein uraltes Städtchen, das in seinem zum Teil noch erhaltenen Mauerring liegt – und unterhalb des Schwanbergs durch Wald- und Weinland nach Castell, Rüdenhausen und Wiesentheid, den Schlössern der Fürsten zu Castell und der Grafen Schönborn. Kitzingen wird erreicht, und von hier aus ist es nicht weit nach Schloß Fröhstockheim, nach Marktbreit, Frickenhausen und Sulzfeld am Main, drei der allerschönsten fränkischen Orte. Marktbreit, einst Besitz der Grafen von Seinsheim, dann der mit ihnen stammverwandten Fürsten von Schwarzenberg, ebenfalls noch ganz ummauert, wird beherrscht von der Gruppe, die die Kirche und das ehemalige Schloß am Platz bilden, und der prachtvollen Gruppe des Rathauses mit dem Maintor aus der Renaissance am Eingang zur Stadt. 1643 ist Marktbreit an die Schwarzenberg gekommen, die viel für den Ort getan haben, der als kleiner Mainhafen und Handelsort von Bedeutung für die Grafschaft gewesen ist. Fürst Johann Adam ließ dem Markt 1837 für die gute Bewirtung danken und schickte dem Rat zwölf Fasanen von seinen böhmischen Gütern.

Frickenhausen mit seinen Befestigungen, schönen alten Häusern mit breiten Toren und tiefen Weinkellern sollte man mit Muße durchwandern, ebenso Sulzfeld, das uralte würzburgische Winzerdorf, das infolge der kraftvollen Stadtmauer eher einer kleinen Stadt gleicht. Vor allem sind die

Türme ein Charakteristikum von Sulzfeld. Runde, schlanke, dicke, viereckige, behagliche, alle mit verschiedenen Dachformen und ihrer besonderen Eigenart stehen wie Wächter um das schöne Dorf.

Wir kommen nach Mainsondheim mit dem Bechtoldsheimischen Schloß und setzen auf der Fähre über den Main nach Dettelbach, auch ein bemerkenswerter Ort, wo man vor allem die außerhalb der Stadt gelegene Wallfahrtskirche Maria im Sand besuchen muß, welche 1610/13 Julius Echter, Fürstbischof von Würzburg, unter Beibehaltung des alten Chors von Lazaro Augustino bauen ließ. 1613 war das von Michael Kern und seiner Werkstatt geschaffene, überreich geschmückte Portal vollendet, und das Innere ist ein vortreffliches Beispiel für den ‹Echterstil›, jene nachgotische, Altes und Neues mischende Stilphase. Der üppig gestaltete, 1778/79 von Materno (oder Augustin) Bossi geschaffene Gnadenaltar gleicht im Aufbau dem Gnadenaltar von Vierzehnheiligen.

Von Dettelbach aus auf der Bundesstraße 22, ab Neuses am Sand der Bundesstraße 86 folgend, kommen wir nach Gerolzhofen, in dessen Nähe die Schlösser Bimbach, Sulzheim und Gaibach liegen. Vor allem lohnt es sich, Volkach zu besuchen. Volkach, seit 1258 Stadt, war ursprünglich Besitz der Grafen Castell, gelangte aber 1520 ganz in die Hand des Hochstiftes Würzburg. Die Befestigungen, die noch zwischen 1540 und 1600 erneuert wurden, sind nur in Resten erhalten. Die Stadt aber ist von größtem Reiz, mit dem Rathaus von 1544, der stattlichen Pfarrkirche St. Bartholomäus und St. Georg aus dem 15. und 16. Jahrhundert, mit dem eleganten 1719/20 gebauten Schelfenhaus, den vielen anderen prächtigen Häusern. Vor allem aber muß man die Wallfahrtskirche Unser Lieben Frau im Weingarten aufsuchen. Die kleine Kirche liegt innerhalb der hohen Mauer, geistliche Mitte dieses Gebietes, wohl die Urkirche des Volkacher Landes. Sie wurde 1450–1520 neu gebaut und enthält als bedeutendstes Kunstwerk Tilman Riemenschneiders Madonna im Rosenkranz, die er zwischen 1521 und 1524 ausführte. 1962 wurde sie gestohlen. Eine illustrierte Zeitschrift setzte 100000 DM aus, und die gestohlenen Bildwerke wurden zurückgegeben, später auch die Diebe gefaßt. Lebensgroß schwebt die Muttergottes in einer Gloriole, umgeben von musizierenden Engeln, im Rosenkranz. Es ist wahrhaftig die ‹wunderschön prächtige, große und mächtige, liebreich, holdselige, himmlische Frau›, die in die Ferne blickt und allem Irdischen entrückt zu sein scheint.

Gegenüber von Volkach, am anderen Mainufer, liegt Astheim mit der einstigen Kartause, ein interessanter Kirchenbau im ‹Echterstil›, der 1603/06 mit Hilfe des Grafen Wolfgang Schwarzenberg gebaut worden ist. Schön sind die wahrscheinlich von dem Würzburger Hans Georg Hübner ausgeführten Fresken in hellen zarten Farben in den Flächen des zierlichen Rippengewölbes. Sie zeigen die neun himmlischen Chöre und die Genealogie Christi.

Nun können wir über Fahr und Prosselsheim nach Würzburg zurückkehren. Oben auf der Höhe, in unvergleichlicher Lage über der riesigen Mainschleife, umgeben von Weingärten, steht die ‹Vogelsburg›, ein ehemaliges Karmelitenkloster, der Tradition nach 1282 von Hermann Graf zu Castell gestiftet. Der Ort trug schon in vorgeschichtlicher Zeit eine Siedlung, und nach 400 n. Chr. hatten die Kelten hier eine Fluchtburg mit Heiligtum errichtet. Solche Anhöhen in Verbindung mit Flüssen sind von jeher für die Besiedlung gewählt worden, da man dort natürlichen Schutz fand. Nach Norden und Süden fällt das Gelände steil ab, im Osten gleitet es sanft ins Tal hinab, und im Westen ist es mit der Hochfläche verbunden. Ost- und Westseite mußten daher befestigt werden. Beide Wälle sind noch kenntlich; der östliche fällt zum Teil mit dem Ostende des kleinen Klosters zusammen, im Westen steht er noch in einer Höhe von vier bis sechs Metern. Seit 1957 ist die Vogelsburg im Besitz der Gemeinschaft der Augustinus-Schwestern und wird gern als Tagungsort benutzt.

Eine schöne Strecke führt auf der B 19 von Würzburg über Bad Kissingen, Mellrichstadt – wieder eines der hübschen altfränkischen Städtchen, dessen Kirche Reste eines Riemenschneider-Altars birgt – Bad Neustadt in die Rhön und von Heustreu auf der B 279 ins Grabfeld nach Königshofen. Kurz vor Schweinfurt liegt das große, prachtvolle würzburgische Sommerschloß Werneck, jenseits der Stadt das Schloß Mainberg auf der Anhöhe über dem Fluß. Wir verlassen aber die B 19 in Oerlenbach, um über Bad Kissingen nach Schloß Aschach mit seinen reichen Sammlungen zu gelangen, das am Waldhang über der Kinzig liegt. Von hier aus können wir über die Hohe Rhön nach Stockheim fahren oder über Bad Neustadt dorthin reisen. Wenn wir auf dieser Strecke durch das Dorf Unsleben kommen, sehen wir rechter Hand in den Wiesen, halb von Bäumen verdeckt, das Schloß der Freiherren von Habermann, einen malerischen Bau des Spätmittelalters und des 18. Jahrhunderts. Von Stockheim führt eine gut ausgebaute Straße durch die herrlichsten Laubwälder nach Völkershausen mit dem stattlichen Schloß der Freiherren von Stein zu Ost- und Nordheim. Die Rhön ist mir wohlbekannt. Nie habe ich so gefroren wie auf dem Truppenübungsplatz Wildflecken im Winter 1944/45, als wir dort zur Neuaufstellung lagen. Ich bin auch oft in Fladungen gewesen, um das ausgezeichnete, die Kultur dieses rauhen Landes sehr anschaulich darstellende Rhönmuseum einzurichten.

Ein ganz anderes Landschaftsbild empfängt uns auf dem Weg nach Königshofen im Grabfeld, das sich zwischen den Haßbergen und den Ausläufern des Thüringer Walds hinzieht. Dort liegen die Schlösser Waltershausen, Irmelshausen und Kleinbardorf. Königshofen selbst ist eine alte Hennebergische, dann würzburgische Festungsstadt mit einer herrlichen 1442 bis 1502 erbauten Pfarrkirche.

Wir können nun zwei Wege einschlagen, beide sind lohnend. Der eine führt in südlicher Richtung über Hofheim nach Haßfurt, der andere, landschaftlich fast ebenso anziehende, über Ebern in Richtung Bamberg. Die Haßberge sind ein liebliches, stilles, abseitiges Waldland mit kleinen Dörfern und Schlössern. Laubwälder wechseln mit Wiesen und Feldern, mit erlenbestandenen Bachgründen und langgestreckten Höhenzügen. Wir kommen an Schloß Birkenfeld vorüber, durch Bundorf mit seinem Truchseßschlößchen. Von Hofheim aus kann man Abstecher in nordwestlicher Richtung zur Bettenburg und nach Wetzhausen machen oder nach Osten, um Friesenhausen zu sehen, ein großes Renaissanceschloß. Fahren wir von Hofheim weiter nach Süden, sind wir alsbald in Haßfurt am Main.

Auf der anderen Strecke über Ebern können wir in Eßfeld nach Sternberg mit seinem mächtigen Schloß gelangen. Weiter südlich kommen wir an den Schlössern Eyrichshof und Rentweinsdorf vorüber, und von hier ist es nicht mehr weit zum Guttenbergischen Kirchlauter und Fuchsischen Burgpreppach, zwei schönen Denkmälern fränkischer Schloßarchitektur. Bei Ebelsbach am Main wollen wir den Fluß überqueren, weil drüben die Wallfahrtskirche Maria Limbach liegt, die Balthasar Neumann auf Wunsch Karl Philipps von Greiffenclau, Fürstbischof von Würzburg, bauen sollte, aber erst unter Friedrich Karl von Schönborn ausführte. Neumann hat die Vollendung der Kirche nicht mehr erlebt. Mit ihrer strengen, von Pilastern gegliederten Fassade steht sie neben einer riesigen Linde dicht über der Straße (B 26). Das Innere zeigt, wie alle Kirchen Neumanns, die immer neuen überraschenden Raumgedanken des Meisters. Es ist ein kühler, sparsam gegliederter und geschmückter Raum, einzig die Altäre, Orgel und Kanzel mit ihrem reichen Rokoko bringen Farbe hinein. Sie entstanden in der Werkstatt Johann Peter Wagners, sind zartgrün, rosa und gelb marmoriert und besetzt mit Putten und Heiligen in gebauschten, flatternden Gewändern. Das Gnadenbild, eine eindrucksvolle Muttergottes von 1480, steht im Hochaltar. Fürstbischof Friedrich Karl von Schönborn fand in Limbach Heilung von einem Hüftleiden und stiftete zum Dank 12000 Gulden zur Erweiterung der Kirche.

Wir fahren weiter, Haßfurt zu. Wenn wir den Wald auf der Höhe verlassen, sehen wir unten in der Ebene ein langgestrecktes gotisches Gotteshaus, umgeben von Mauer und Wirtschaftsgebäuden. Es ist Mariaburghausen, ein 1243 gestiftetes Zisterzienserinnenstift, das 1287 durch Brand fast ganz vernichtet wurde. Noch vor 1300 erfolgte der Wiederaufbau, aber Bischof Julius Echter säkularisierte das Kloster und übergab es der Universität Würzburg, die es heute noch besitzt. Die Kirche, ein langer, strenger Bau, hat einen hohen hellen Chor. Altäre und Kanzel entstanden um 1700; an der Nordwand sehen wir eine Muttergottes, um 1480.

Im Bauernkrieg wurde das Kloster 1525 verwüstet, und hierbei trug sich etwas Trauriges zu. In diesem Jahr waren drei Edelknaben, die am Hofe zu Bayreuth Dienst taten, auf dem Heimweg, um den Ihren in der Not beizustehen. Gerold Graf zu Castell, Kunz von Giech und Giso von Steinau. Als Landleute verkleidet, trafen sie unvermutet bei Mariaburghausen auf die Bauern und wurden gezwungen, sich ihnen anzuschließen. Da brachte man in die entweihte Kirche eine Frau, die ein Kind auf dem Arm trug. Castell erkannte zu seinem Schrecken seinen kleinen Bruder, aber auch die Bauern merkten am feinen Linnen, daß es ein vornehmes Kind sein mußte und wollten es sogleich totschlagen. Die drei Jüngline zogen ihre Schwerter, doch konnten sie gegen die Übermacht nichts ausrichten und fielen. Das Kind aber wurde durch die Beteuerungen der Amme, es sei das ihre, gerettet und hat den Weg nach Hause zurückgefunden.

Nun überqueren wir wieder den Fluß und sind in Haßfurt mit seinen drei Toren, dem Würzburger-, Bamberger- und Maintor. Haßfurt zu besuchen lohnt sich schon wegen der Liebfrauenkirche, Ritterkapelle genannt. Mit ihrem Chor von hoher Eleganz des Aufrisses und der Sicherheit des Dekors ist sie eines der eindrucksvollsten kirchlichen Bauwerke in Ostfranken. Der Grundstein zum Chor wurde 1390 gelegt, doch ging der Bau nur langsam voran. Erst die 1408 ins Leben gerufene Ritterbruderschaft brachte die Arbeiten wieder in Gang. Die häufige Anwesenheit der Bruderschaft in der Stadt, die stark besuchten Versammlungen von Fürsten, Grafen und Rittern, die sich hier über die oft kritisierte Politik der Fürstbischöfe berieten, ist sicherlich der Anlaß für den reichen Wappenschmuck am Chor und im Chor gewesen. Außerdem war die Kirche Ort einer Marienwallfahrt, deren Gnadenbild, eine Pietà, von 1430 ist. 1431 wurde der Grundstein zum Langhaus gelegt, und neun Jahre später kam der Baumeister Niklas ‹von Schaffhausen› nach Haßfurt, der vorher an der Kirche zu Königshofen gearbeitet hatte. 1465 ist die noch nicht vollendete Kapelle geweiht worden. 1859 ging Carl Alexander von Heideloff an eine Restaurierung der Ritterkapelle. Dieser Zeit entstammen Dachreiter, Balustrade, Wappenhalter und Fialen am Chor. Gott sei Dank ist er vor Vollendung der ‹Restaurierung› gestorben. Die Sage erzählt, daß sich um Mitternacht vor dem Georgstag ein großer Geisterzug fränkischer Ritter aus der Kapelle erhebt und durch die Wälder in ein Tal des Steigerwalds zieht, wo sie ein Turnier abhalten. Erst beim Hahnenschrei kehren sie zurück und tragen in ihrer Mitte die verwaiste Krone des Reichs.

Fahren wir von Haßfurt mainabwärts durch das stille, schöne Weinland, kommen wir durch Obertheres und sehen zur Rechten die ehemalige Abtei, heute Eigentum des Freiherrn von Swaine. Ich habe auf meiner Schlösserreise dort übernachtet, am Ende des langen Prälatenbaus, weit weg von der Wohnung meiner Gastgeber, die mir sagten, der letzte Abt spuke im anschließenden Ostflügel. Er hat mich nicht gestört.

Zehn Kilometer nördlich von Würzburg liegt das ehemalige würzburgische Schloß Rimpar, eine bedeutende Renaissanceanlage, und noch etwas weiter nördlich sehen wir die Trümmer von Burggrumbach. Diese Burg hatte nach dem Erlöschen der Herren von Grumbach ein Zweig der Herren von Wolfskeel erworben und ihren Namen angenommen. Doch hat im 16. Jahrhundert Julius Echter von Mespelbrunn, der große Bischof von Würzburg, einen Teil der Grumbachischen Güter dem Hochstift einverleibt. Ursache des Niedergangs der Familie war die 1563 über Wilhelm von Grumbach als Landfriedensbrecher verhängte Reichsacht. Wilhelm hatte sich 1552 den Raubzügen des Markgrafen Albrecht Alcibiades von Brandenburg-Kulmbach angeschlossen, zudem war er an der Ermordung des ihm verhaßten Bischofs von Würzburg, Melchior von Zobel (1558) beteiligt und wurde 1567 in Coburg enthauptet. Das Richtschwert wird noch im Zobelschloß Giebelstadt aufbewahrt.

Wir überqueren die Bundesstraße 26, um nach Hammelburg zu gelangen, dessen vierflügeliges Schloß – es gehörte den Fürstäbten von Fulda – von Fürstabt Adolf von Dalberg 1725/31 neu erbaut worden ist. Nach dem Brand von 1854 wurde das Dach in unrichtiger Form wiederhergestellt, wurden die Innenräume für staatliche Verwaltungen eingerichtet. Die Westfassade ist reicher gegliedert durch den Mittelrisalit und die Eckpavillons, der Dreiecksgiebel zeigt das von Löwen gehaltene Dalbergwappen. Östlich von Hammelburg liegt auf hohem Bergkegel über Weinterrassen die große Ruine Trimberg, die den Grafen gleichen Namens gehörte und 1234 an das Hochstift Würzburg verkauft wurde. Die Hauptburg geht ins 12. Jahrhundert zurück. Bischof Julius Echter führte im 16. Jahrhundert einen durchgreifenden Umbau durch, doch wurde die Burg 1803 teilweise abgebrochen. Von Hammelburg fahren wir auf der Bundesstraße weiter durch die schönste Landschaft in Richtung Bad Brückenau, immer durch die waldreichen Ausläufer des Spessarts. Vor Brückenau geht es dann links ab in das Gebiet der Thüngenschen Herrschaften, nach Weißenbach, Roßbach und Zeitlofs, die wir besuchen werden.

Fahren wir von Würzburg aus in Richtung Frankfurt – nicht auf der Autobahn, sondern auf der alten Straße (B 27) –, sehen wir bald linker Hand jenseits des Mains Oberzell, das 1126 gegründete Prämonstratenserkloster, dessen Doppeltoranlage noch aus jener Zeit stammt. Die Kirche erhielt vor 1650 Chor und Querhaus und 1696 die vornehme Sandsteinfassade. Die prächtigen Klostergebäude sind 1744/60 nach Plänen von Balthasar Neumann entstanden. Prachtvoll ist das Stiegenhaus mit dem Stuck von Antonio Bossi. Bald nach Oberzell kommen wir nach Veitshöchheim, um den berühmten Garten zu besuchen. Hier befindet sich auch die Lehranstalt für Wein-, Obst- und Gartenbau, denn der Frankenwein ist so berühmt wie die Weine von Mosel, Rhein oder Pfalz.

Zu Bacharach am Rhein
Zu Klingenberg am Main
Und Würzburg am Stein
Sind die besten Wein

sagt ein alter Spruch. Die Bocksbeutelflasche – Name und Form sind unmißverständlich – ist seit keltischer Zeit in Gebrauch, wie eine Tonflasche im Würzburger Mainfränkischen Museum zeigt. In Karlstadt können wir rechts abbiegen und auf der Bundesstraße 26 nach Thüngen fahren.

Bei Gemünden am Spessarthang unter der Burgruine Scherenburg stoßen drei ganz unterschiedliche Landschaftsformen zusammen, der Spessart mit seinen roten Sandsteinbrüchen, die Röhn mit ihren dunklen Basaltkuppen und die Kalkhöhen der Fränkischen Platte. Auf dem Weg nach Lohr sehen wir auf der anderen Seite des Flusses das Schlößchen Steinbach der Freiherren von Hutten, 1725/28 unter entscheidender Mitwirkung Balthasar Neumanns gebaut. Es wurde 1945 schwer beschädigt, ist aber wiederaufgebaut worden. Lohr am Main, im Rahmen der Waldberge, war Hauptort der Grafschaft Rieneck. Die anziehende alte Stadt mit stattlichen Fachwerkhäusern hat sich nicht zur kleinen Residenz entwickelt, da die Grafen meist auf ihrer Burg im Sinntal wohnten. Die Pfarrkirche St. Michael hat aber eine Fülle bedeutender Grabmäler der Rieneck aus der Zeit von 1408–1599, dem Todesjahr des letzten Grafen, Philipps III. Die Rienecker hatten ihre Grafschaft im nordöstlichen Spessart, im Sinn- und Maintal ausgebildet, von Gemünden bis Rothenfels. Das Schloß in Lohr wurde nach Aussterben der Rieneck kurmainzischer Amtssitz. Kern der Anlage ist der Mittelbau mit einem Untergeschoß des 12. Jahrhunderts, seine heutige Gestalt hat das Schloß zwischen 1561 und 1611 erhalten. Lohr war bekannt durch seine Mainzische Spiegelglashütte, deren Erzeugnisse neben anderen, wie solchen aus der fürstlich Löwensteinschen Glashütte Lichtenau im oberen Hafenlohrtal, im Spessartmuseum zu sehen sind.

Immer dem Main folgend, der auf beiden Seiten von waldigen Höhen begleitet wird, kommen wir nach Wertheim, dem Hauptort der ehemaligen Grafschaft Wertheim mit der großen Burgruine auf der Höhe über der Stadt und dem Zusammenfluß von Main und Tauber. Politisch gehört es zu Baden, doch ist es seinem Charakter nach noch ebenso ‹mainfränkisch› wie drüben, in Kreuzwertheim, das breitgelagerte Schloß der Fürsten zu Löwenstein-Wertheim-Freudenberg, das auf fränkischem Gebiet liegt.

Wertheim ist eine wundervolle alte Stadt mit Türmen, gotischen Kirchen, Brunnen und Fachwerkhäusern, wie wir sie in allen Mainstädtchen antreffen. Ihre Befestigungen sind teilweise erhalten. Kaiser Friedrich I., König Gustav Adolf von Schweden, Wolfram von Eschenbach, der zu den Wertheimer Vasallen gehörte, zählten zu den Gästen der Grafen von Wertheim, dann der Löwenstein-Wertheim, auf der Burg. Innerhalb der Mauern drängen sich an den schmalen Gassen hohe, engbrüstige Häuser des 16. bis 18. Jahrhunderts, mit Renaissance- und Barockfassaden und reichem Fachwerk, mit Inschriften und Jahreszahlen. Bauwerke sprechen die Sprache der Völker, sie reden die Dialekte der verschiedenen Stämme und versinnbildlichen ihren Charakter. In Deutschland geschah dies in einem Maße, daß ein Ende der architektonischen Dialekte wohl mit dem Ende der Architektur als Kunst zusammenfallen würde. Den Chor der gotischen Pfarrkirche schmücken die prächtigen Gräber der Wertheim, Ysenburg, Stolberg und Löwenstein aus dem 15., 16. und 17. Jahrhundert. In der Mitte des Chors steht das üppige Freigrab, die ‹Bettlade›, Ludwigs II. zu Löwenstein und seiner Frau Anna von Stolberg, 1618 von Michael Kern geschaffen. Über der Tumba, auf der die Gestalten des geharnischten Grafen und seiner Frau ruhen, erhebt sich ein von Säulen getragener Baldachin mit phantastischen Kartuschen, an dessen vier Ecken trauernde Putten sitzen. Am Gebälk hängen Fruchtfestons, und in den Interkolumnien sind die Wappen der großen europäischen Verwandtschaft angebracht: Löwenstein, Stolberg, Mansfeld, Königstein, Mark, Wied, Nassau, Virneburg, Hessen, Waldburg, Montfort, Königsegg, Savoyen, Burgund, Kurpfalz, Wertheim und die Burggrafen von Nürnberg. An der Burg ist vom 12. bis ins 16. Jahrhundert gebaut worden, 1634 aber brach das Verhängnis über sie herein, als sie durch die Artillerie des kaiserlichen Feldmarschalls Piccolomini zerstört wurde. Seitdem liegt die Burg als imposante Ruine über dem Flußtal. Vom Kreuzwertheimer Schloß aus, das 1763 als Witwensitz gebaut worden ist, zeigt sich Wertheim am anmutigsten. In den still ziehenden Wassern des Mains spiegeln sich die Türme und Häuser der Stadt.

Weiter geht es am Main entlang, vorüber an den Ruinen der Burgen Prozelten und Freudenberg nach Miltenberg, das ebenfalls zu den schönsten fränkischen Mainstädten gehört und dessen hochgelegenes Schloß einst von mainzischen Amtmännern bewohnt worden ist. Bergfried und Ringmauer stammen aus dem 13. Jahrhundert. Konrad von Weinsberg, Erzbischof von Mainz, baute im ausgehenden 14. Jahrhundert das Wohngebäude neu, Erzbischof Dieter von Ysenburg erweiterte in der 2. Hälfte des 15. Jahrhunderts die Zwingerbauten, während die Vorbefestigungen aus der Zeit des Administrators Herzog Albert von Sachsen, das heißt aus dem Ende jenes Jahrhunderts stammen. Im Schloßhof steht der merkwürdige Teutonenstein, dessen Inschrift bis heute nicht geklärt werden konnte. Mit den Teutonen hat er nichts zu tun, er bezieht sich eher auf einen keltischen Stamm und ist möglicherweise ein Grenzstein gewesen.

In der Stadt gibt es viel zu sehen; Durchblicke öffnen sich zwischen Türmen und Häusern auf die Flußlandschaft oder den wundervollen Marktplatz. Miltenberg wird 1237 zum ersten Mal genannt, war aber wohl schon in römischer Zeit ein wichtiger Punkt des Limes. Die Stadt war auf Handel und Verkehr hin angelegt, denn die Straße von Frankfurt nach Würzburg führte hindurch. Bei Miltenberg fallen die Spessarthöhen sanft ab, und hier erhebt sich der von seiner Wallfahrtskirche gekrönte Engelberg über der heiteren, ruhevollen Tallandschaft. Die Legende erzählt, daß Engel das Baumaterial für die einstige Michaelskapelle herbeigetragen haben. Die heutige Kirche war 1639 fertiggestellt, erhielt um 1700 als Anbauten Marien- und Antoniuskapellen und wurde 1899 nach Westen verlängert. Die große Statue des Erzengels Michael ist ein Werk des Zacharias Juncker d. Ä. aus dem Jahre 1635, das Gnadenbild entstand um 1310. Seit 1728 dient der Engelberg als Grablege der Fürsten zu Löwenstein-Wertheim-Rosenberg.

Von Miltenberg aus wollen wir einen Abstecher nach Amorbach im Odenwald machen. Wir kommen an Kleinheubach vorüber, der einstigen pompösen Sommerresidenz der Löwenstein-Wertheim-Rosenberg. Man muß Amorbach sehen, um völlig zu begreifen, wie Baukunst und Musik sich mit der Landschaft vereinigen können. Wenn die Mittagssonne aus blauem Himmel auf das dunkle Grün der Wälder scheint, wenn sie das tiefe Rot des Sandsteins an Kirche und Abtei aufleuchten und unter dem matten Schwarz der Schieferdächer und Turmhauben erglühen läßt und wenn dazu der festliche Klang der großen Orgel aus den Mauern des Gotteshauses schallt, dann begreift man die Kunst des Barock. Und noch ein anderes hat Amorbach, ein Stück England mitten im Odenwald, nicht weit von der Stadt: Umgeben von alten Buchen und Eichen liegt am Wiesenhang langhingestreckt, mit zinnengekrönten Türmen Waldleiningen, Wiederholung eines englischen neugotischen Schlosses, ein kleines deutsches Windsor, das sich Fürst Karl zu Leiningen, Halbbruder der Königin Viktoria von England, hier ab 1818 gebaut hat.

Wir fahren zurück zum Main und setzen die Reise flußab fort, kommen nach Laudenbach mit dem hübschen Schlößchen, dessen Museum besichtigt werden kann, kommen nach Klingenberg mit seinem verwahrlosten kleinen Stadtschloß, und von hier fahren wir in den Spessart, um Schloß Mespelbrunn zu besuchen. Es ist eines der schönsten deutschen Waldgebiete, wildreich und unermeßlich groß, in dem einst die Kurfürsten von Mainz, die Grafen von Rieneck und Wertheim, die Freiherren Echter von Mespelbrunn gejagt haben. Buchen-, Eichen-, Fichten- und Kiefernforste bedecken die von tiefen Tälern durchschnittenen Höhen. Einst war es eine ungeheuere, kaum betretene Waldwildnis, der Wilhelm Hauff mit seinem ‹Wirtshaus im Spessart› zu literarischem Ruhm verholfen hat. 1817/19 legte der Fürst zu Löwenstein-Wertheim-Rosenberg einen großen Wildpark an und baute in seiner Mitte das Jagdhaus Karlshöhe, wo heute noch Wildjagden abgehalten werden. War ehemals eine Hirschjagd angesetzt, so erscholl in der Frühe der Weckruf: «Wohlauf, wohlauf, wohlauf, der lichte Morgen ist heute auch auf. Wohlauf, wohlauf, wohlauf, Herren und Frauen, Freien, Grafen, Ritter und Knecht, und alle guten Gesellen, die heut mit uns gen Holz wöllen, wohlauf, wohlauf, wohlauf, frisch und wohlgemut, als der edle Hirsch tut.» Die Zeiten der Parforcejagden und Jagdfeste des 18. Jahrhunderts sind vorüber, doch klingen noch immer während der Hirschbrunft und der winterlichen Wildjagden die Hörner, ziehen voll und weich die Signale des Fürstengrußes und des Halali durch die weiten schweigenden Wälder.

Von Mespelbrunn führt eine hübsche Straße unmittelbar nach Aschaffenburg. Man erreicht Hessenthal, tief im Grund eines Waldtals, ein Dorf mit zwei dicht beieinander stehenden Kirchen im Mauerring, eine Wallfahrt, der die Echter ihre Fürsorge angedeihen ließen. 1439 wurde die Echtersche Begräbniskapelle gebaut, 1454 die Wallfahrtskirche Unser Lieben Frau, welcher der Würzburger Dombaumeister Schädel 1954/56 einen großen Erweiterungsbau anfügte, der nicht gerade glücklich mit den schönen alten Bauten zusammenstimmt. Das Schönste in der neuen Kirchenhalle ist die außerordentlich eindrucksvolle Kreuzigungsgruppe, die der Mainzer Bildhauer Hans Backofen im Jahre 1519 lieferte, sowie die als frühe Arbeit Riemenschneiders geltende Beweinung von 1490. Schön sind auch die Echterschen Grabmäler der Renaissance, und das Ganze im Zusammenklang von Landschaft, Architektur und Steinbildern ist von großer Eindrücklichkeit.

Ehe man nach Aschaffenburg, dem Tor zum Spessart, kommt, kann man einen kurzen Abstecher zum Schönbornschloß Weiler machen, das dicht unter der Autobahn liegt. Aschaffenburg ist die Stadt des großen, über dem Main machtvoll aufragenden Schlosses Johannisburg, das Georg Ridinger 1607/14 für Kurfürst Johann Schweikard von Mainz baute, als eine der ersten deutschen, einheitlich geplanten Anlagen im strengen Regelmaß der Renaissance. Etwas weiter flußab steht das von König Ludwig I. von Bayern in freier Nachbildung eines römischen Stadthauses 1842/49 gebaute Pompejanum, umgeben von Zedern, Mandel- und Feigenbäumen, und draußen in den Wiesen liegen Schloß und Park Schönbusch, einer der schönsten Landschaftsgärten Frankens.

Die Stadt Aschaffenburg ist durch Luftangriffe und Artilleriebeschießung auf das schwerste beschädigt worden, doch immer noch gibt es so manches zu sehen, wenn man sich die Mühe macht es aufzusuchen. Es gibt noch prächtige Fachwerkhäuser, einige Adelspalais und vor allem die großartige Stiftskirche. Je nachdem der Ursprung der Stadt keltisch, römisch oder germanisch gedeutet wurde, ist auch der Name verschiedenartig erklärt worden. Das keltische Askibourgon heißt Schifferstadt, das römische ‹ad scapham› bei der Fähre, das germanische ‹Ascapha› oder ‹Ascaphaburg› Burg am Wasser. Ein römisches Kastell scheint hier nicht gestanden zu haben, denn der Main zwischen Miltenberg und Groß-Krotzenburg ersetzte auf natürliche Weise den Limes. Aschaffenburg war ein fränkisches Kastell, das Liutgard, der Gemahlin König Ludwigs III. (gest. 882) gehörte. Sichere Nachrichten über Aschaffenburg geben die von Kaiser Otto II. ausgestellten Schenkungsurkunden des späten 10. Jahrhunderts für die Stiftskirche St. Peter und Alexander, auf Bitten seines Neffen Herzog Ottos von Schwaben und Bayern, an die Kirche. Die Besitzübertragung erfolgte im Jahre 983. Im Schutz der Burg erstand eine offene Siedlung, zudem befand sich hier schon im 8. Jahrhundert ein dem hl. Michael geweihtes Benediktinerkloster, eben das spätere Kollegiatstift St. Peter und Alexander, als dessen Gründer im Jahre 957 man heute Herzog Ottos Vater, Herzog Liudolf, Sohn Kaiser Ottos I., annimmt.

Durch Burg und Stift waren die Ansätze zur Stadtentwicklung gegeben, welche die Mainzer Erzbischöfe sehr förderten. 1122 befestigte Erzbischof Adalbert gegen den Willen Kaiser Heinrichs V. die ‹alte und seit Menschengedenken fast völlig zerstörte Burg› und den Markt, die heutige Altstadt, die sich vom Schloß mainaufwärts erstreckte. Im 14. Jahrhundert entwickelte sich Aschaffenburg als Residenz des Oberstifts zum geistlichen und kulturellen Mittelpunkt des Landes, zur wichtigen Zollstätte. Neben dem Schloß ist die Stiftskirche die zweite eindrucksvolle Dominante im Stadtbild und bildet mit dem Stiftsgebäude, welches das Städtische Museum mit seinen reichen Sammlungen birgt, eine schöne Gruppe. Gegen Ende des 12. Jahrhundert begann der Bau des Langhauses, um 1250 folgte der Chor, der in den achtziger Jahren des Jahrhunderts vollendet war, und nur wenig später dürften die beiden Vorhallen auf West- und Nordseite hinzugekommen sein. 1516 wurde die Maria-Schnee-Kapelle auf der Nordseite geweiht, für welche Matthias Grünewald 1519 die heute in Stuppach befindliche herrliche Muttergottes malte. Von ihm ist auch die Beweinung auf der Predella eines verlorengegangenen Altars von etwa 1525 mit den Wappen des Kurfürsten und Erzbischofs Albrecht von Brandenburg und des Erzbischofs Theoderich Grafen von Erbach. Zur Stiftskirche gehört einer der schönsten Kreuzgänge, die man sehen kann. Er stammt aus der ersten Hälfte des 13. Jahrhunderts.

Wir haben einen Teil des Reichtums an Schlössern in Franken vorgeführt und stellen fest, daß jeder an Kunst, Geschichte und Kulturgeschichte Interessierte in diesen Häusern, die oft seit den Zeiten des frühen Mittelalters bis zum heutigen Tag in Händen der gleichen Familien sind, Einblicke in eine noch spürbare Vergangenheit, eine wohl kaum noch vermutete Einheit von Tradition und Leben tun kann. Daß ihren Herren zudem viele der Kirchen und der in ihnen geborgenen Kunstwerke im Land zu verdanken sind, sollte ebenfalls nicht vergessen werden.

Würzburg / Festung Marienberg

Der in das Maintal vorspringende Bergrücken trug einst eine keltische Befestigung. Die dann hier erbaute germanische Volksburg wurde im 6. Jahrhundert fränkisch und ist vom 7. bis ins 8. Jahrhundert Sitz fränkisch-thüringischer Herzöge gewesen. Des letzten Herzogs Tochter trat die Burg an Bischof Burkard von Würzburg ab, doch erst im 12. Jahrhundert gewann die Anlage für die Bischöfe einige Bedeutung, und Bischof Hermann von Lobdeburg nahm dort ein Jahrhundert später Wohnung. Sie diente bis ins 18. Jahrhundert als bischöfliche Residenz.

Die Burg des 12. und 13. Jahrhunderts dürfte das Areal der erhaltenen Hauptburg eingenommen haben. Die Festung wurde im Lauf der Zeit langsam zum Schloß umgebaut. Zu den ältesten Wehrbauten gehören der Rundturm im Hof, um 1200, und der ‹Sonnenturm› aus dem frühen 14. Jahrhundert an der Südostecke. Auch die das Geviert umschließende, mit elf Türmen besetzte Ringmauer gehört dem 14. Jahrhundert an. In der 2. Hälfte des 15. Jahrhunderts erneuerte und verstärkte Fürstbischof Rudolf von Scherenberg diese Mauer, von der ein Teil dem im 17. und frühen 18. Jahrhundert angelegten Fürstengarten weichen mußte. An Scherenberg erinnert das 1482 datierte Westtor, an seinen Nachfolger Lorenz von Bibra die 1511 dem Ostflügel vorgelagerte ‹Bibra-Treppe›. Entscheidend hat Fürstbischof Julius Echter von Mespelbrunn das Bild der Burg bestimmt: er baute 1578 den Ostteil des Südflügels, 1600 den Nordflügel; der Marienturm an der Nordostecke und die Vorburg – wahrscheinlich auf älterer Grundlage – folgten. Er also hat aus der Festung ein Schloß gemacht, das dennoch den Festungscharakter behielt, denn Johann Philipp von Schönborn, auch Kurfürst von Mainz, begann 1648 mit dem Bau neuer Befestigungsanlagen. Diese Bauten dauerten bis ins 18. Jahrhundert. Es entstanden die mächtigen Mauern der Bastionen um das Schloß. An diesen Bauten war Antonio Petrini beteiligt. Nach den Plänen von Andreas Müller wurde 1709 westlich der Vorburg das Zeughaus gebaut, ihm folgten Maschikuliturm und Teufelsschanze, beide nach Entwürfen von Balthasar Neumann.

Eine besonders reizvolle Gruppe bilden die Marienkirche, das achteckige Brunnenhaus und der dahinter aufragende Sonnenturm. Mit der Altöttinger Gnadenkapelle gehört die Marienkirche zu den ältesten Kirchen Deutschlands. Sie wurde wahrscheinlich von Herzog Hetan gestiftet, dessen Wirken in Würzburg für die Jahre 704 und 716 bezeugt ist. Urkundlich ist 822 eine zu Ehren der Burgpatronin St. Maria benannte Kirche innerhalb der Festung überliefert. Der bestehende Bau wird, den neuesten Forschungen zufolge, nicht mehr mit Sicherheit dem 8. Jahrhundert zugewiesen. Bischof Julius Echter ließ sie 1603/04 instand setzen und der Rotunde den rechteckigen Chor anfügen.

Im Zeughaus ist das Mainfränkische Museum untergebracht, das mit Möbeln, Kunstgewerbe, Volkskunst, Werken von Tilman Riemenschneider und Ferdinand Tietz zu den kostbarsten Sammlungen Bayerns gehört. *Abb. 204, 205*

Würzburg / Residenz

Daß in einer Zeit glänzender europäischer Kunstentfaltung, im 18. Jahrhundert, im Rhein- und Maingebiet eine Familie wie die der Grafen von Schönborn durch drei Generationen die wichtigsten geistlichen Sitze innehatte, muß als ein besonderer Glücksfall angesehen werden. Diese hochbegabte Familie nahm einen sehr weitgehenden Einfluß auf das politische und kulturelle Leben ihrer Zeit. 1645 wird der erste bedeutende Schönborn, Johann Philipp, Kurfürst von Mainz und Reichserzkanzler, eine Würde, die mit dem Mainzer Stuhl verbunden war. Er ist einer der größten Kirchenfürsten seiner Zeit gewesen, war ein Freund des Philosophen Leibniz und politisch sehr aktiv.

Fünf andere Schönborn sind dann in Wien, Mainz, Bamberg, Würzburg, Speyer, Konstanz und Trier tätig gewesen. Lothar Franz als Kurfürst von Mainz und Fürstbischof von Bamberg, seine Neffen Johann Philipp Franz als Fürstbischof von Würzburg, Kardinal Hugo Damian, von der Familie das ‹rote Käppele› genannt, als Fürstbischof von Speyer und Konstanz, Franz Georg als Kurfürst von Trier und Friedrich Karl zuerst als Reichsvizekanzler in Wien, dann als Fürstbischof von Bamberg und Würzburg. So lag eine Fülle von Macht in den Händen des Hauses, des Beherrschers der sogenannten ‹Pfaffengasse› an Rhein, Mosel und Main. Der schnelle, glänzende Aufstieg des bis dahin nicht sonderlich hervorgetretenen Westerwälder Adelsgeschlechtes beruhte auf dem engen Zusammenhalt aller Familienmitglieder, ihrer Klugheit, Ehrenhaftigkeit und ihrem Pflichtbewußtsein. Als Förderer der Künste und Mäzene sind sie unsterblich geworden, und noch heute spricht man in den einst von ihnen beherrschten Gebieten stolz von den ‹Schönbornzeiten›.

Lothar Franz von Mainz mußte zugeben: «Das Bauen kostet Geld, aber jedem Narren die eigene Kappe gefällt.» Sie haben Bruchsal gebaut, die Neue Hofhaltung in Bamberg, Schönbornslust bei Trier und die Favorite bei Mainz, beide von den französischen Revolutionsarmeen zerstört, die Schlösser Gaibach, Wiesentheid und Pommersfelden in Franken, Schloß Schönborn bei Wien und unzählige Kirchen. Die Würzburger Residenz muß recht eigentlich als ein Familienunternehmen bezeichnet werden, da alle Schönborn leidenschaftlich daran Anteil nahmen. Wie sich im Wettstreit vor allem dreier Schönborn, Lothar Franz von Mainz, Johann Philipp Franz von Würzburg und Reichsvizekanzler Friedrich Karl, die Idee des Residenzbaus entwickelte, gehört zu den fesselnden Ereignissen europäischer Bau- und Kulturgeschichte.

Sitz der herzoglichen Gewalt in Franken, das seit etwa 750 Franconia Orientalis genannt wurde, war die Siedlung unter dem ‹Würzberg›, wo schon im 2. Jahrhundert eine keltische Fliehburg stand. Die Siedlung zu Füßen des Berges entwikkelte sich zur Stadt, die den Namen Würzburg annahm und als Sitz des Hochstifts ein beträchtliches Territorium beherrschte, 1007 von Kaiser Heinrich II. gegründet und reich dotiert. Die Bischöfe führten zudem den Titel Herzog von Franken. Der Erbhofämter waren vier: Erbobermarschälle waren die Freiherren von Guttenberg, Erboberkämmerer die Grafen von Seinsheim, Erboberschenken die Grafen Castell, Erbobertruchsesse die Grafen von Rieneck. Ihre Unterbeamten waren: als Marschälle die Freiherren von Bibra, als Kämmerer die Freiherren von Zobel, als Schenken die Freiherren von Heßberg und als Truchsesse die Freiherren von Thüngen.

Schon Bischof Johann Philipp von Greiffenclau hatte die Residenz vom Marienberg in ein kleines Palais am Rennweg verlegt. Für diesen Platz ließ Johann Philipp Franz von Schönborn von seinem Ingenieurhauptmann Johann Balthasar Neumann den Schloßbau planen, mit dem 1719 begonnen wurde, für das ‹schönste Pfarrhaus Europas›, wie Kaiser Joseph II. es dann nannte. Es sollte an künstlerischem Rang die gesamte Schloßarchitektur Frankens übertreffen, ja eines der bedeutendsten Barockschlösser Europas werden. Als Johann Philipp Franz sich um die Würzburger Mitra bewarb, warnten seine Gegner vor ihm, denn ihm würde kein Haus groß genug, keine Karosse prächtig genug sein. Dennoch wurde er 1719 gewählt. Er hielt glänzend Hof und war sehr auf Erhaltung seiner ‹fürstbischöflichen Hof-Splendeurs› bedacht, wie uns Eduard Vehse in der Geschichte der geistlichen Höfe mitteilt. Der junge Bischof fand genügend künstlerische Kräfte vor, so daß es nicht am Maßstab für das Große fehlte. Das erste Produkt Neumanns zeigt den Bau in der Längenausdehnung des heutigen, mit tiefem Ehrenhof und zwei Innenhöfen. Onkel Lothar Franz von Mainz ließ sich die Pläne vorlegen und begutachtete sie mit seinem Hofbaumeister Maximilian von Welsch und den Kavaliersarchitekten Freiherrn Philipp Christoph von Erthal und Anselm Franz Ritter von Groenesteyn. «Nur wacker Baukonzepten her!» rief der Kurfürst fröhlich, «Episcopus Herbipolensis hat einen Schatz gefunden.» Das hieß, er hatte das Geld zum Bau aufgetrieben.

Eine ganze Reihe von Baumeistern wurde zu einer Art Wettbewerb aufgefordert. So begann der Bau der berühmten Residenz, deren leitender Architekt Neumann war, dem auch die Grundkonzeption zu verdanken ist. Als der Nordblock bis zum Dach fertiggestellt war, schickte man ihn nach Paris, um die Meinung der berühmten Meister Robert de Cotte und Germain Boffrand einzuholen. Das war im Jahre 1723. Eine große Anzahl von Plänen, Bauakten und Korrespondenzen ist erhalten. Alle Anregungen wurden zu einer Einheit verschmolzen, so daß es schwierig ist, die Anteile der verschiedenen Berater herauszuschälen. Von den Vorschlägen der Franzosen, die sich um die vorgelegten deutschen Pläne kümmerten, wurde nicht viel übernommen, immerhin stammen zum Beispiel der Balkon mit Säulenportikus und die Bögen an den Seitenwänden der Höfe von ihnen. Die Anregungen des Wieners Johann Lukas von Hildebrandt zeigen sich an den Fassaden des Mitteltraktes. Hildebrandt gewann stärkeren Einfluß auf den Bau, als Johann Philipp Franz' Nachfolger und Bruder Friedrich Karl den Bau fortsetzte, aber auch der Wiener Stil vermochte Neumanns Grundkonzeption nicht mehr wesentlich zu verändern.

Rasch war der Nordflügel emporgewachsen. Aber 1724 starb, wie es heißt von seinen Feinden vergiftet, Johann Philipp Franz, und erst sein zweiter Nachfolger, Friedrich Karl, vollendete das große Unternehmen. 1730 begann man den Südflügel, 1732 stand die Hoffassade, 1737 wurde der Mitteltrakt in Angriff genommen, 1740 war der Ostflügel im Bau und 1744 der Mittelpavillon beendet. Unter Fürstbischof (seit 1755) Adam Friedrich von Seinsheim erfuhr der weite Schloßplatz die monumentale Gestaltung. Den Ehrenhof schlossen einst die von Hildebrandt entworfenen herrlichen schmiedeeisernen Gitter. Hofbaumeister Johann Philipp Geigel stellte dem seitlich der Residenz stehenden Rosenbacher Hof den Gesandtenbau gegenüber und verlängerte die Fluchtlinien beider Bauten durch Kolonnaden mit abschließenden riesigen Pylonen.

Ganz das persönliche Werk Neumanns sind die Schloßkirche (deren dekorative Ausstattung Hildebrandt entwarf), der Kaisersaal und das Treppenhaus. In genialer Weise hat Neumann das Problem der Paradetreppe gelöst und einen Bau von verschwenderischer Weite geschaffen, der weit über das Repräsentationsbedürfnis des Fürsten hinausging. Der ursprüngliche Plan hatte eine Verdoppelung vorgesehen, nämlich ein gleich großes Stiegenhaus auf der anderen Seite, dessen Ausführung aber am Einspruch der Franzosen scheiterte.

Um die Jahrhundertmitte war Neumann der begehrteste Baumeister im Reich. Die Innenausstattung – an ihr arbeiteten Hofmaler Rudolf Byß, Stuckator Antonio Bossi, Wolfgang van der Auvera und viele andere – nahm längere Zeit in Anspruch. Sie ist von besonderer Pracht, Eleganz und sicherem Geschmack. Unter Karl Friedrich wurden die Paradezimmer gegen den Garten zu mit ihrem Grundakkord von Braun und Gold geschaffen, der Gardesaal, eine Symphonie aller Brechungen von Weiß, mit üppigem Rokokodekor. Karl Friedrich starb 1746. Unter seinem Nachfolger Anselm Franz Grafen von Ingelheim wurden Neumann und sein Stab entlassen und nichts mehr für das Schloß getan. Dagegen war Fürstbischof Freiherr Karl Philipp von Greiffenclau wieder sehr baulustig. Welche Freude muß es für ihn gewesen sein, für die Ausmalung der Residenz den dem Baumeister kongenialen Venezianer Giovanni Battista Tiepolo gewonnen zu haben. Die Zusammenarbeit beider Meister läßt den gewaltigen Raum des Treppenhauses erst zu völliger Wirkung gelangen, vor allem, wenn man aus der dämmerigen Eingangshalle in die Helle emporsteigt und hinaufblickt in den göttergefüllten gemalten Himmel. Nicht minder eindrucksvoll sind die Fresken des goldschimmernden Kaisersaals, die ebenfalls von Tiepolo stammen.

Als im März 1945 fast ganz Würzburg in Schutt und Asche gesunken war, ist es der Amerikaner John B. Skilton gewesen, der die schwer getroffene Residenz gerettet hat, indem er als Angehöriger der Fine Arts und Monuments Section als erster für die Deckung der Dächer gesorgt und in unermüdlicher Arbeit Baustoffe organisiert hat, um wenigstens die notwendigsten Sicherungsarbeiten durchführen lassen zu können. Heute steht die Residenz wieder in alter Pracht vor uns als hervorragender Zeuge des an Bauten so reichen 18. Jahrhunderts. *Abb. 197 bis 203*

Darstadt

Nur wenige Kilometer sind es von Ochsenfurt nach Darstadt. Man biegt in Großmannsdorf links ab nach Fuchsstadt, fährt durch ein schmales Tal und ist bald darauf in dem alten Dorf. Schon im 4. Jahrhundert soll hier eine Siedlung bestanden haben. Das reizvolle Schloß ist seit 1345 im Besitz der Freiherren von Zobel. Stephan Zobel und seine Frau Cordula Echter von Mespelbrunn haben dem Schloß zu Anfang des 17. Jahrhunderts sein heutiges Aussehen gegeben. Es liegt in einem kleinen Park, den eine hohe Mauer umschließt. In einem spätmittelalterlichen Turm auf der Mauer war einst die Gerichtsstube untergebracht. Der Wassergraben ist eingefüllt worden. Die Anlage besteht aus zwei quadratischen Trakten mit hohen Staffelgiebeln und runden Ecktürmen unter barocken Hauben, verbunden durch einen schmalen Zwischenbau auf Säulen.

Im Innern zeigt sich uns eine Ausstattung aus vier Jahrhunderten, mit schönen Möbeln und allem, was ein solches Haus wohnlich macht. Bemerkenswert sind die ausgezeichneten Ahnenbilder, darunter die Portraits Stephan Zobels und seiner Frau, und das sehr elegante Bildnis einer Baronin Zobel von Franz Xaver Winterhalter. Die Decke des Speisezimmers trägt Quadraturstuck mit eingesetzten, farbig gefaßten Familienwappen, und der daneben liegende runde Turmraum erhielt im ausgehenden 19. Jahrhundert eine Vertäfelung und einen gemalten Jagdzug von Fritz von Kleudgen.

Darstadt ist ein Haus von großer Behaglichkeit, einer der vielen alten fränkischen Sitze, wo die enge Verbindung mit Land und Leuten in unermüdlicher Tätigkeit fortbesteht, ebenso der Wille zur Dauer und Erhaltung des alten Hauses, was heute manchen Verzicht verlangt.

Stephan Zobel baute 1597 auch die Pfarrkirche, deren prachtvollen Altar Hans Juncker geschaffen hat. Die Kanzel könnte ebenfalls von diesem Meister stammen.

Mainstockheim

Der ehemalige Ebracher Klosterhof Mainstockheim – heute ein privates Heim für alte Menschen – wurde 1624 von Abt Johannes Dressel errichtet, ein schloßartiges Gebäude mit polygonalen Türmen unter Kuppelhauben an der Nordost- und Südostecke. Die Schmalseite des hübschen Baus tragen gegliederte Volutengiebel mit Beschlagwerk und Obelisken. In der Mitte der Ostseite sitzt das reich gearbeitete Portal mit Säulen, verkröpftem Gebälk und Wappen des Bauherrn mit der Jahreszahl 1624 im Volutengiebel.

Das Innere ist vor allem durch das prächtige, originelle Treppenhaus ausgezeichnet, dessen Brüstungen gotisches Maßwerk zeigen. Es öffnet sich im Obergeschoß in Rundbogenarkaden auf ionisierenden Säulen und Pfeilern. Die Gewölbefelder der Kapelle tragen Rahmenstuck und figürliche Szenen, bez. 1624: Mariae Verkündigung, die beiden Johannes und Engel. 1727 restaurierte der Dettelbacher Malermeister Joh. Friedrich Mayer die Kapelle und faßte die Figuren mit Ölfarbe. Im zweiten Geschoß verläuft ein Gang mit eleganter Stuckatur aus Band- und Gitterwerk, um 1730. Ein Zimmer zeigt Stuckierung der gleichen Zeit, ein anderes Stuck mit Putten, nach 1750.

Der 1727/34 angelegte Garten hat nichts mehr von seiner einstigen Gestalt. Erhalten ist nur noch die Terrasse auf der Ostseite des Schlosses mit doppelläufiger Freitreppe, Balustrade und Steinfiguren der vier Jahreszeiten, vielleicht von dem Kitzinger Johannes Doser. Aus der Zeit der Gartenanlage stammt auch der Pavillon. *Abb. 223 bis 226*

Mainsondheim

Patriarchalisch steht das Schloß am Rand des Dorfs, nahe dem Main und gegenüber der schönen alten Stadt Dettelbach. Seine Türme heben gelassen ihre geschweiften Hauben über die Kronen alter Bäume. Seit etwa 1320 saßen die Fuchs von Bimbach in Mainsondheim, denen die Crailsheim, dann erneut die Fuchs folgten, die das Gut 1727 den Freiherren von Mauchenheim genannt Bechtolsheim vererbten.

Es ist eine stattliche spätgotische Anlage mit einem Rundturm und zwei halbrunden Türmen an den Ecken des Ostflügels. Der Nordbau mit Treppengiebel ist teilweise erneuert worden. Über dem im Äußern schlichten Bau liegt eine gewisse Anmut, deren wir vor allem gewahr werden, wenn wir das schöne, um 1730 entstandene Portal mit dem Bechtolsheimwappen durchschreiten und den kleinen Hof betreten. Das abgegriffene Wort ‹malerisch›, hier paßt es. Zwischen hochragenden Mauern liegt dieser Hof, abgeschlossen von der Außenwelt, an zwei Seiten der Obergeschosse von Holzgalerien umzogen, die im Sommer bunten Blumenschmuck tragen. Nur über den hohen Dächern schaut ein Stück Himmel herein.

In dem verwinkelten, gemütlichen Haus geht es treppauf, treppab. Vor allem sind zwei Räume zu nennen: ein Zimmer mit schwerer gefelderter Stuckdecke von 1628, mit dem Ehewappen Fuchs-Wiesenthau und den Kardinaltugenden; ein Turmzimmer mit Stuckdecke der gleichen Zeit mit Darstellung der zwölf Apostel und Schlüsselübergabe an Petrus, alles das reich und fast vollplastisch gearbeitet. Unter den Familienbildern sehen wir ein schönes Portrait des Freiherrn Philipp von Bechtolsheim, gemalt von Ferdinand von Rayski im Jahre 1837. So ist Mainsondheim eines der vielen abseits gelegenen Schlösser des Würzburger Umlandes, das für die Kultur des Landes nicht weniger wichtig war und ist als die Residenzen und großen fürstlichen Sitze. *Abb. 227 bis 229*

Fröhstockheim

Schloß Fröhstockheim, sechs Kilometer östlich von Kitzingen am Fuße des Schwanbergs gelegen, und nur wenig entfernt von Castell und Rüdenhausen, stammt in seinen Grundmauern aus dem 12. Jahrhundert. Graf Heinrich von Henneberg belehnte 1393 Dietrich und Apel Fuchs mit der Burg Stockheim. 1525 wurde die Burg – sie war damals Heßbergsches Lehen – im Bauernkrieg zerstört. Wolf von Crailsheim, genannt der ‹Glückliche›, hat 1529 Fröhstockheim von seinem Schwager Wolf von Heßberg erworben. Sein Sohn Ernst baute die Burg wieder auf und machte sie zu seinem Wohnsitz.

Fröhstockheim gehört zu dem gleichen Schloßtyp wie das Bechtolsheimsche Mainsondheim oder das Crailsheimsche Rügland. Die ehemalige Wasserburg ist heute eine vornehme zweigeschossige Anlage mit vier Flügeln und vier Rundtürmen aus der Spätrenaissance. In der Barockzeit erhielt das Schloß Mansarddächer und die Türme eingeschnürte, unterschiedliche Schieferhauben, die eine sehr reizvolle Silhouette bilden. Der nordöstliche Turm steht isoliert und wird durch einen gedeckten Gang mit dem zweiten Stockwerk des Hauptgebäudes verbunden. Nach Osten schließt sich ein weiträumiger Wirtschaftshof an. Man betritt den äußeren Schloßhof durch einen markanten Torturm, über dem die Wappen der Crailsheim und der Zobel zu sehen sind. Die ehemalige Zugbrücke führt in den Innenhof, in dem in der Südostecke ein breiter polygonaler Treppenturm steht. Eine ursprünglich offene Fachwerkgalerie wurde im 19. Jahrhundert durch Fenster geschlossen.

Die großen Kellergewölbe bargen einst Weinfässer und Weinbütten, und der Kelterraum im Erdgeschoß des Schlosses zeugt noch von dem Weinbau, den die Familie bis in unser Jahrhundert hier und in Rödelsee betrieben hat. Die Freiherren von Crailsheim leben seit 450 Jahren in ununterbrochener Reihenfolge in Schloß Fröhstockheim und bewirtschaften die dazugehörigen Ländereien. *Abb. 222*

Castell

Die im Jahre 816 aufgezeichnete Stiftungsurkunde für die Benediktinerabtei Münsterschwarzach am Main nennt auch den Ort Castell. Ungeklärt, wie die Frühgeschichte des fürstlichen Hauses, ist sein Name, denn Mainfranken lag nördlich des Limes, also nicht mehr in römisch beeinflußtem Gebiet. Die Gelehrten fragen sich, ob bei Castell eine alte Gauburg lag, vor oder aus der Zeit, als das Land fränkisch wurde, oder ob es sich um eine Burg mit gelehrtem Namen handelt, wie es im Kreis des Stifters von Münsterschwarzach, des Grafen Megingaud, und der gebildeten Mönche denkbar wäre. Wie dem auch sei, 1057 steht Rupert de Castello urkundlich faßbar vor uns.

Schloß und Dorf Castell mit der eleganten, 1784/92 von dem Würzburger Landbaumeister Joseph Albert errichteten Kirche liegen an dem mit Weinstockterrassen bedeckten Hang des Steigerwaldes. Älter sind die beiden 1525 im Bauernkrieg zerstörten Burgen auf dem Herrenberg und Schloßberg. 1601/15 wurde die Obere Burg auf dem Schloßberg neu gebaut, doch von ihr ist nur noch ein Treppenturm mit dem Ehewappen Castell-Hohenlohe erhalten. Die Anlage auf dem Herrenberg ist ganz verschwunden.

Castell war bis zur Mediatisierung von 1806 als Residenz wirtschaftlicher und kultureller Mittelpunkt der reichsunmittelbaren Grafschaft. Das ist es heute noch, vor allem als wirtschaftliches Unternehmen von Rang, zu dem Land- und Forstwirtschaft sowie ausgedehnter, mustergültig gepflegter Weinbau gehören, dessen Erzeugnisse in den tiefen Schloßkellern lagern. Zu den wirtschaftlichen Unternehmungen des Gesamthauses Castell gehört auch die Castell-Bank, welche, 1774 als ‹Landes-Credit-Casse› für die Grafschaft gegründet, heute ‹Fürstlich Castell'sche Bank, Credit-Casse› heißt.

Mittelpunkt des Dorfes ist das Schloß, ein schlichter, vornehmer Vierflügelbau, den Graf Wolfgang Dietrich, kurpfälzischer Großhofmeister, 1687/91 von Peter Sommer aus Künzelsau bauen ließ. Von der Dorfstraße gelangt man durch den hübschen Torbau mit dem Castellwappen im Giebel in den geräumigen Hof. Im Erdgeschoß des Mittelbaus liegt eine tonnengewölbte Halle, aus welcher man die Terrasse der doppelläufigen Freitreppe auf der Gartenseite über dem in Terrassen abfallenden Park betritt.

Es ist ein sehr behagliches Haus, dessen Räume mit gewirkten Tapeten, schönen Möbeln, darunter Kommoden des Schweinfurter Ebenisten Johann Benedikt Voit (1777), und guten Ahnenbildern ausgestattet sind. Zu erwähnen ist auch ein reich in Seide gestickter Wappenfries mit den sechzehn Ahnen des Grafen Ludwig Casimir Schenk von Limpurg-Obersontheim, etwa zur Zeit seiner Vermählung gefertigt, 1638. Seine Tochter Dorothea heiratete Wolfgang Dietrich, den Erbauer des neuen Schlosses.

Das Schloß ist kein Museum, es lebt, es ist mit unserer Zeit und ihren Forderungen verbunden. Man merkt es in der großen Bibliothek, die 1950/51 nach Plänen des Freiherrn von Veltheim-Lottum eingerichtet wurde, oder im Arbeitszimmer des Fürsten – in allen Räumen. Schloß und Dorf in ihrer engen Gemeinschaft sprechen von der Fürsorge der Familie Castell für das Land, das sie einst als kleine Souveräne beherrschten – das gilt auch für die benachbarte Linie in Rüdenhausen. Tradition wird hier als lebendige Verpflichtung zum Nutzen aller aufrechterhalten. *Abb. 206 bis 209*

Rüdenhausen

Die Fürsten und Grafen Castell gehören zu den ältesten deutschen Dynastengeschlechtern, sie werden 1057 zum ersten Mal urkundlich genannt. 1228 führen sie bereits den Grafentitel. Sie hatten das Oberschenkamt des Hochstifts Würzburg inne und behielten es auch, als sie protestantisch geworden waren. Doch das Verhältnis zum Bischof war stets gespannt, da dieser auf Kosten der Grafen seine Macht auszudehnen suchte. So kam es 1229 zu einer blutigen Fehde, weil Würzburg Castellsches Gebiet besetzt hatte. Das Hochstift war stärker, und in der Schlacht am Mühlberg zwischen Kitzingen und Sulzfeld fielen sämtliche Grafen bis auf einen. Noch 1554 rief Graf Heinrich zu Castell dem Würzburger Domkapitel zu: «Es ist wissentlich, daß die Grafen von Castell nun etlich hundert Jahr hero in diesem Land gesessen, und vielleicht ehe denn diese Stiftung geschehen ...»

Seit der letzten Teilung der Grafschaft, 1794, führen die beiden Linien die Namen Castell-Rüdenhausen und Castell-Castell. Sie wurden 1806 mediatisiert und 1901 in den bayerischen Fürstenstand erhoben. «Die vormalige Reichsgrafschaft Castell», heißt es in Viehbecks 1808 erschienenem kurzen historischen Abriß, «welche bekanntlich durch den rheinischen Bundesvertrag unter königl. baierische Souveränetät gekommen ist, liegt fast ganz in der Mitte von Franken, theils auf, theils unter dem Steigerwalde, und ist von dem Großherzogthum Wirzburg, den Fürstenthümern Bamberg, Baireuth und Ansbach, der gefürsteten Grafschaft Schwarzenberg und der Herrschaft Limpurg-Speckfeld umgeben. Sie hat, wie die meisten Herrschaften in Franken kein geschlossenes Gebiet, sondern ihre Landesbestandtheile liegen zum Theil sehr zerstreut und weit entfernt von den Hauptorten ...» Dem einst bedeutenden Lehenshof gehörten als Lehensträger die Schwarzenberg, Seinsheim, Fuchs, Guttenberg, Seckendorff und andere Familien an.

Im Bauernkrieg 1525 wurden Schloß und Archiv vernichtet. Gräfin Martha, geborene Gräfin von Wertheim, mußte, so wird berichtet, mit ihren Kindern einen Monat lang unter einem Nußbaum kampieren, bis sie von einigen treuen Bauern in Castell aufgenommen wurde, von wo aus sie sich dann nach Wertheim in Sicherheit bringen konnte. Im Dreißigjährigen Krieg hatte die Grafschaft grauenvolle Drangsale zu erdulden. Graf Wolfgang schrieb 1628 seinem Bruder: «Da ist weder Geld, Haber, Heu, auch sonst nichts... Darum wehre dich, so lang du kannst, daß du und ich kein Volk (Kriegsvolk) mehr bekommen ... In summa, wir müssen eben verderbt sein, da hilft nichts vor; wenn wir nur die Haut davontragen, so ist's eben genug. Gott helf uns überwinden!» 1629 reiste der neunzehnjährige Graf Wolfgang Georg an den kaiserlichen Hof, erlangte Audienz und erklärte, sie seien so verschuldet durch endlose Kontributionen, daß auch die Enkel diese Last nicht abzutragen vermöchten. Es half nichts. So ging es jahrelang weiter. Dann kamen die Schweden; es wurde nicht besser, und dann kamen die Kaiserlichen wieder. 1632 wurde Rüdenhausen verwüstet; 1635 lebten im Amt Castell nur noch 150 Untertanen, aber die Abgaben wurden weiter verlangt. Felder lagen unbebaut, Dörfer verbrannt, Schlösser zerstört. Das Land war zur Wüste geworden. Unermüdlich waren die Grafen bestrebt, die Lasten zu mildern, zu verhandeln, aber sie selbst waren gänzlich verarmt. Nachdem der Frieden geschlossen war, konnte man den regierenden Grafen auf einem Stuhl an der Dorfstraße sitzen sehen, wo er Vorüberziehende aufforderte, sich in der Grafschaft niederzulassen und das Land wieder zu besiedeln.

Zwischen Bamberg und Marktbreit umfließt der Main in weitem Bogen den Steigerwald, der gegen Westen steil abfällt und zu den Türmen von Kitzingen und Schweinfurt, ja bei klaren Tagen zu den Höhen der Rhön schaut. Hier am Westrand, in der schönen, fruchtbaren Ebene, aus der die Weinberge an den Hängen des Waldgebirges aufsteigen, liegt der Markt Rüdenhausen mit seinem Schloß. Der Ort wird urkundlich erstmalig 1258 genannt, und die Wasserburg wurde fränkischen Adelsgeschlechtern als Lehen vergeben. Erst Graf Georg II. nahm 1544 ständigen Wohnsitz in Schloß Rüdenhausen.

Über die älteste Baugeschichte des Schlosses wissen wir nichts. Die Miniaturansicht auf der Wildbannkarte von 1497 zeigt ein einfaches festes Haus mit zwei Türmen. Größere

Umbauten melden die Jahre 1615 und 1697, vor allem den Bau eines Treppenturms. Das alte Schloß war eine Wasserburg, dessen Graben jetzt ausgefüllt wurde. Vom Bering der alten Burg steht noch die südliche Hälfte. Man betritt den engen, kleinen Hof durch die kreuzgewölbte Torfahrt. Auf der Südseite steht der hohe, überdachte einstige Laufgang, flankiert von gotischen Rundtürmen. Das Erdgeschoß ist in rundbogige Arkaden aufgelöst, über denen ein Inschriftstein mit den Wappen Castell-Limpurg und der Jahreszahl 1573 sitzt.

Den Hauptbau auf der Ostseite betritt man durch den polygonalen Treppenturm. Im ersten Obergeschoß liegt ein Raum mit hübschem Erker mit Rippengewölbe der Spätgotik und den Wappen Castell, Wertheim, Limpurg, Helfenstein, Baden und Reitzenstein. Das Zimmer im Geschoß darüber zeigt um die Fenster Renaissance-Ranken-Bemalung. Es gibt gute Familienbilder im Haus. Ende des 18. Jahrhunderts hielt sich der Erlanger Portrait- und Landschaftsmaler Conrad Geiger ein Jahr lang in Rüdenhausen auf. Er schrieb darüber: «Ich verbrachte in Rüdenhausen schöne, glückliche Tage; endlich war errungen, was ich so heiß ersehnt: Kunst und Freiheit. Mein Aufenthalt dort dehnte sich auf ein ganzes Jahr aus.»

Gegenüber dem winkligen, behaglichen kleinen alten Schloß steht der neue Bau, der 1803/07 von Baudirektor Brocard errichtet und 1873 von Prof. Schulz aus Nürnberg umgebaut worden ist. 1945 war er von amerikanischen Truppen besetzt, die sämtliche Möbel fortführten, dann war er von Flüchtlingen bewohnt, und da eine Instandsetzung außerordentlich kostspielig gewesen wäre, ist er abgebrochen worden. Ringsum liegt ein schöner alter Park, Dohlen schreien von den Türmen, und im Rest des Grabens schnattern Wildenten.

Abb. 210 bis 213

Wiesentheid

Die Herrschaft Wiesentheid wird erstmalig 918 urkundlich erwähnt. Sie befand sich als Lehen der Grafen zu Castell im Besitz der Herren Fuchs von Dornheim, die sie 1547 kauften. 1673 kam sie an die Grafen von Dernbach und 1701 durch Heirat des Grafen Rudolf Franz Erwein von Schönborn mit der Witwe des letzten Dernbach, einer geb. Gräfin von Hatzfeld-Gleichen, an das Haus Schönborn.

Rudolf Franz Erwein war der Neffe des Kurfürsten von Mainz, Lothar Franz von Schönborn, Bruder der Fürstbischöfe Johann Philipp Franz von Würzburg, Friedrich Karl von Würzburg und Bamberg, Kardinal und Fürstbischof Hugo Damian von Speyer und des Kurfürsten Franz Georg von Trier. Er war also ein Mitglied dieser baulustigen, im 18. Jahrhundert außerordentlich einflußreichen Familie, als deren Stammvater der Ritter Eucharius (1118/84) aus Schönborn im Taunus gilt, ein Ministeriale der Grafen von Nassau. Mit dem Kurfürsten Johann Philipp von Mainz traten die Schönborn im 17. Jahrhundert in das Licht der Reichsgeschichte und begannen ihre glänzende Laufbahn. 1665 wurden sie in den Reichsfreiherrn-, 1701 in den Reichsgrafenstand erhoben.

Rudolf Franz Erwein (1677–1754) hatte, wie seine Brüder, eine strenge und gründliche Erziehung genossen. Er studierte am Collegium Germanicum in Rom und in Leyden und wurde 1700 kaiserlicher Kammerherr in Wien. Seine Frau ließ Wiesentheid auf ihn überschreiben, und durch diese reichsunmittelbare Herrschaft gehörte Schönborn zur fränkischen Grafenbank. 1718 starb die Gräfin, sehr betrauert von ihrem Mann, der damals das Gedicht ‹Einsamkeit› schrieb, worin es am Schluß heißt:

> «Laß mich in der Einsamkeit!
> Ich habe es recht wohl bedacht,
> Und den festen Schluß gemacht:
> Reden andre, was sie wollen,
> Sie mich nicht umwenden sollen!
> Einsam sein ist halt mein Freud,
> Laß mich in der Einsamkeit.»

Der Graf zog sich von der Welt zurück, was seinen Onkel Lothar Franz sehr verdroß. Der Bruder Friedrich Karl, damals noch Reichsvizekanzler in Wien, schrieb 1723: «Im übrigen – sit venia verbo – ist das Ding, wie Sie (Rudolf Franz Erwein) es zu nehmen scheinen, gar zu melancholisch. Gott hatte Ew. Exz. Vermögen und Vernunft gegeben. Sie seyn ja Ihr eigner Herr undique können und werden es bleiben, ergo courage ...» Mit der Verwaltung seines Besitzes hatte der Graf so viel Arbeit, daß er für diplomatische Missionen, wie er sie vorher oft auszuführen hatte, keine Zeit mehr fand. Er war nicht nur ein sehr frommer Mann, er war auch ein großer Liebhaber der Gartenkunst und der Musik. Er hatte eine riesige Menge von Musikalienmanuskripten und Druckwerken zeitgenössischer Komponisten hinterlassen, unter denen Namen wie Vivaldi, Corelli, Scarlatti und viele andere vertreten sind. Der Notenbesitz des Wiesentheider Archivs bildet heute eine der größten Privatsammlungen dieser Art. Er selbst spielte Cello, Geige und Flöte. Als die Markgräfin Wilhelmine von Bayreuth einmal bei Fürstbischof Friedrich Karl in Pommersfelden zu Besuch weilte, schrieb sie ihrem königlichen Bruder Friedrich II. von Preußen, daß ihr das Abendkonzert gar nicht gefallen habe. Die Kammermusik am nächsten Abend sagte ihr mehr zu, denn sie schreibt: «Zwei Wiener Sängerinnen waren da, die recht hübsch sangen, der Oboist ist gut, der Cellist unvergleichlich durch die Zartheit seines Spiels. Der Bruder des Fürstbischofs (Rudolf Franz Erwein) ist ein sehr schmucker Mann und großer Musikfreund. Er begleitet sehr hübsch auf dem Cello, und wir haben zusammen musiziert.»

Aber dem ‹Bauwurmb› der Schönborns ist auch Rudolf Franz Erwein verfallen gewesen, wenn er auch nicht so üppig bauen konnte wie seine bischöflichen Brüder und der Onkel Lothar Franz. Er baute das Schloß um (1708/24) und ließ die Wiesentheider Pfarrkirche durch Balthasar Neumann errichten (1727/29), er baute auch andere Kirchen und Schulen. Das Schloß zu Wiesentheid war 1547, als es Valentin Fuchs von Dornheim zu Lehen erhielt, eine sehr bescheidene Anlage mit zwei Türmen und einem Torbau. Fuchs baute um 1550 das Kernstück des heutigen Schlosses, den Fuchsenbau, dessen Giebel im 18. Jahrhundert entfernt wurden. Sein Sohn Hans Fuchs kaufte Gelände hinzu und erweiterte ab 1576 die Anlage, die mit ihren vier Ecktürmen in ihren Grundzügen bis heute erhalten geblieben ist; sie vereinigte alte und neue Gebäude zu einem geschlossenen Komplex. Damals entstand auch der mit prächtigen Volutengiebeln geschmückte Saalbau nördlich vom Fuchsenbau. Im Osttrakt liegt die Einfahrt in den Hof, die dann im 18. Jahrhundert umgestaltet worden ist. Wahrscheinlich führte der Echtersche Baumeister Behringer diesen Schloßbau für Hans Fuchs durch. Er hat auch die Echterschlösser Gaibach und Oberschwarzbach gebaut.

Rudolf Franz Erwein begann 1708 die Verschönerung des Schlosses mit dem Bau einer Kapelle. (Die heutige Kapelle wurde erst 1765 im südlichen Teil des Ballspielsaals eingerichtet.) Als er dann an den Schloßumbau ging, gewann durch Vermittlung des Onkels Lothar Franz der Jesuitenpater Nikolaus Loyson um 1711 stärkeren Einfluß auf den Umbau, ja, er muß dazu wohl die Pläne geliefert haben. Dem Bauherrn lag vor allem daran, den vielgestaltigen Komplex von Gebäuden unter einheitlicher Dachführung zusammenzufassen. 1714 war der erste Bauabschnitt beendet. Der innere Ausbau der Nord- und Ostfront war die nächste Etappe. 1723/25 baute der Werkmeister Johann Georg Seitz das Amtshaus, heute ‹Seehof› genannt; es sind die beiden Flügelbauten der repräsentativen Straßenfront, die das pompöse Portal mit Rundgiebel enthält, in dem die Wappen Schönborn-Hatzfeldt sitzen. Es folgten Brauhaus und ‹Hofbauernhaus› 1725/29. Ab 1724 richtete man die neuen Wohnräume ein.

Mitten im Ort liegt das mächtige Geviert des Schlosses, von runden Ecktürmen unter geschweiften Hauben flankiert. Der Ballspielsaal im Westflügel wurde reich stuckiert von den Bambergern Joh. Kaspar und Joh. Jakob Vogel unter Mitarbeit von Johannes Baerna. Die Malereien schuf der Bamberger Johann Jakob Gebhard. Auch den Kapellengang schmückten die drei Stuckatoren zusammen mit dem Maler Gebhard aus. Die prächtig stuckierte Decke, um 1720, mit Putten, Bandwerk, Muscheln und allegorischen Bildern ist ein schönes Zeugnis ihrer gemeinsamen Arbeit. Besonders hübsch ist das Spiegelkabinett, das um 1730 dekoriert wurde und kostbare Möbel und Bilder enthält. Aber auch die anderen Wohnräume des Schlosses sind mit sehr gutem Mobiliar ausgestattet. Die Kreuzkapelle im Park wurde 1686 von Graf Dernbach gestiftet und von dem Würzburger Hofbaumeister Antonio Petrini 1687/92 gebaut. Ab 1712 ließ ihr Graf Schönborn durch Loyson vier Flügel anfügen. Das Innere gliedern korinthische Säulen; das Deckengemälde – es zeigt ein zusammenstürzendes Gewölbe – malte Giovanni Marchini um 1730.

Rudolf Franz Erweins Hauptvergnügen aber war die Gartenkunst; sie ist ihm eine unversiegliche Quelle der Freude gewesen. Er kannte die Gärten Frankreichs und Wiens und wurde von seinem Onkel Lothar Franz und seinen Brüdern immer wieder wegen des Würzburger Residenzgartens, der Gärten von Pommersfelden, Seehof, Bruchsal und Schönbornlust bei Koblenz zu Rate gezogen. In ausgedehnter Korrespondenz besprachen die Schönborn alle Probleme, Sorgen und Freuden der Gartenkunst. Die Wiesentheider Anlage – sie ist, wie in Pommersfelden, einem englischen Park zum Opfer gefallen – entstand zwischen 1711/20, und Balthasar Neumann hat wohl das Lusthaus oder den Gartensaal entworfen (1718). Kaskaden, Fontänen, Bassins, Statuen und Tierbilder schmückten den Garten, auch «zwei Sphinxe und sieben Nacktärsch». 1826 wurde der Gartensaal abgebrochen, und bis 1860 hatte der neue englische Park seine heutige Ausdehnung erreicht.

Wiesentheid ist eines der stattlichsten Schlösser des unterfränkischen Landes, umweht von der Aura der ‹Schönbornzeiten›. *Abb. 214 bis 220*

Bimbach

In der reizvollen hügeligen Landschaft zu Füßen des Steigerwaldes, nahe bei Gerolzhofen, liegt Bimbach. 1404 erwarb ein Fuchs von Dornheim ein Viertel des Schlosses, und seit 1411 besaß ein Jörg von Fuchs wohl bereits das ganze Gut. Von einem spätmittelalterlichen, 1488 fertiggestellten Schloß ist das Torhaus an der Nordwestecke erhalten, eine Anlage nach Art der Stadttorarchitekturen mit spitzbogiger Durchfahrt. Über dem Torbogen befindet sich das Fuchs'sche Wappen mit Bauinschrift und Jahreszahl 1488. Im Bauernkrieg wurde das Schloß niedergebrannt. Erst 1585/86 ließ Rudolf von Fuchs den Wohnbau von Gilg Vältin neu aufführen oder erweitern – erwähnt wird ein Giebelbau mit gewölbten Räumen.

Um 1700 trat an Stelle dieses Baues ein neues Schloß, bestehend aus zwei dreigeschossigen Flügeln. Das Hauptportal trägt die Jahreszahl 1703. Bauherr war der in den Reichsgrafenstand erhobene Christoph Ernst Fuchs von Bimbach und Dornheim, dessen zweite Frau als Witwe in Wien lebte, wo sie Erzieherin und Obersthofmeisterin der Kaiserin Maria

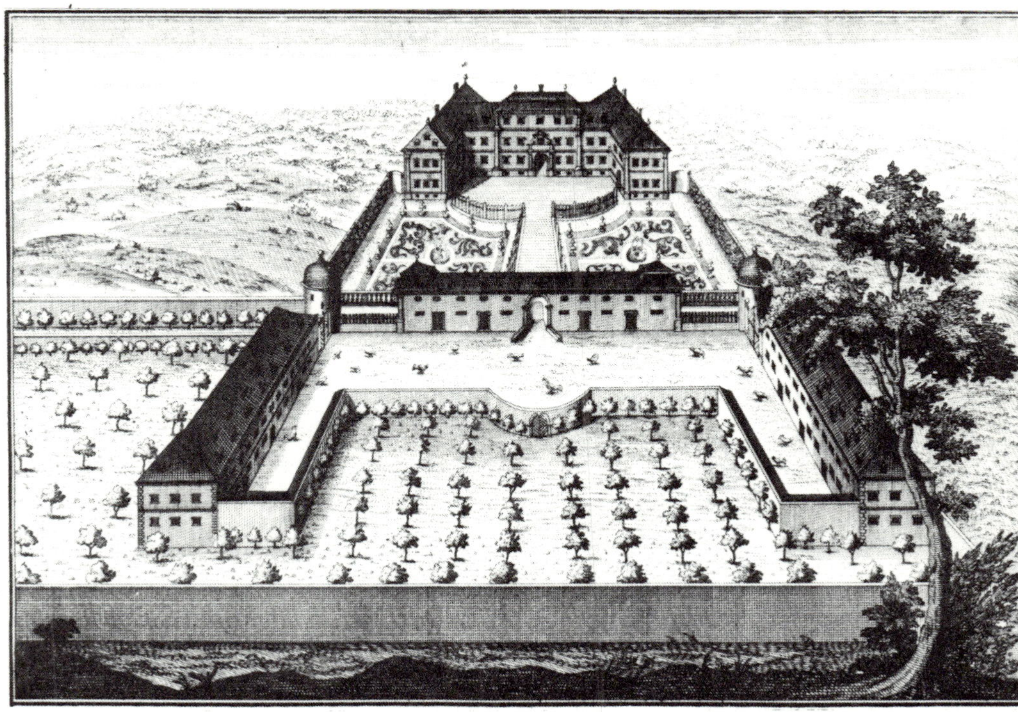

Schloß Sulzheim Kupferstich von J.B. Gutwein und B.P. Lucas Schmitt, um 1740.

Theresia war. Ihr wurde die seltene Ehre zuteil, in der Habsburgischen Grablege, der Kapuzinergruft, beigesetzt zu werden.

Der Hauptflügel ist durch einen Mittelrisalit mit kleinem Dreiecksgiebel und Eckpilastern gegliedert. Auf der Ostseite liegt über der doppelläufigen Freitreppe das Hauptportal mit Giebelstücken, zwischen denen das Fuchswappen sitzt. Das Innere hat durch Belegung im Jahre 1945 erheblich gelitten. *Abb. 221*

Sulzheim

Das nördlich von Gerolzhofen liegende Sulzheim war alter Besitz der Zisterzienserabtei Ebrach, die hier einen Amtshof baute, der 1728 vollendet war. Als Baumeister wird Balthasar Neumann vermutet, und es fällt uns angesichts der hervorragenden Qualität des Baues nicht schwer, daran zu glauben. 1818 kam das Schloß in den Besitz der Fürsten von Thurn und Taxis.

In Proportionen und Gliederung ist Sulzheim ein besonders schöner, wohlgelungener Dreiflügelbau mit überhöhtem Mittelrisalit unter Mansardendach, gegliedert durch Gesimse und Pilaster. Die reich gebildeten Portale liegen in der Mittelachse des Hauptbaus. Über dem Nordportal befindet sich ein Balkon mit schmiedeeisernem Gitter und dem Choronostichon Nos in pace sua Dominus conservet ubique 1728. Die gleiche Jahreszahl mit dem Wappen von Ebrach sitzt über dem Südportal.

Aus dem Vestibül, mit sehr feinem Deckenstuck aus Laub- und Bandwerk und Muscheln, steigt die doppelläufige, im unteren Teil schräg nach außen verlaufende Treppe empor. Das Deckenbild zeigt eine Allegorie auf den Sturz des Mars und den Sieg Merkurs. Aus den Räumen des Erdgeschosses hervorzuheben ist die Kapelle im Ostflügel, mit einem Dekkenbild in kräftigen Farben, Christi Himmelfahrt, Adam und Eva, Moses und Noah, eingeschlossen von einer die ganze Wölbung überspinnenden Stuckierung aus Engelsköpfen, Palmetten, Laub- und Bandwerk. Im Obergeschoß gibt es schöne Türen mit ornamentierten Rokokorahmen und geschnitzten Supraportenrahmungen, darin allegorische Gemälde sitzen. Eines der Bilder zeigt die Jahreszahl 1765. Im Westflügel lag der große Saal, der jetzt aufgeteilt ist; doch sind die Wandgliederungen mit ihren zarten Pilastern und der Deckenstuck aus der Erbauungszeit erhalten, nur das Deckenbild ist zugrunde gegangen. Am besten erhalten ist das Eckzimmer auf der Nordseite dieses Flügels. Die Wände sind hier mit einer reizenden schablonierten Papiertapete, um 1750, Streublumen auf braunem Grund, bespannt, und die Decke ist reich stuckiert mit Bandwerk und Blumen, welche die Reliefs der Verkündigung, Heimsuchung, Geburt und Himmelfahrt Christi umgeben. Der schöne gußeiserne Ofen stammt aus dem Jahre 1729, während die Ofennische um 1750 mit reicher Rocaillemalerei verziert wurde.

Sulzheim ist mehr als ein Amtshof; mit seiner Architektur und Dekoration ist es ein Schloß, wie es nur in jener Zeit in derartiger Vollendung entstehen konnte.

Gaibach

Das Gut Gaibach kam 1580 an Valentin Echter von Mespelbrunn, der dort um die Wende zum 17. Jahrhundert das Schloß als ein befestigtes Wasserschloß erbaute. Architekt ist wahrscheinlich der Volkacher Jobst Pfaff gewesen, denn über dem Eingangsportal befindet sich ein Schild mit den Initialen J. P., die auf ihn bezogen werden könnten. 1650 kaufte Philipp Erwein von Schönborn Gaibach, und Lothar Franz Kurfürst von Mainz baute das Schloß mit Johann Leonhard Dientzenhofer 1694 bis 1710 teilweise um, aber auch Lukas von Hildebrandt und Mainzer Baumeister wurden zu Rate gezogen. 1696/98 entstand der Gartenflügel, 1705 das Stiegenhaus im hinteren Trakt und 1706/09 die Portalanlage. Im frühen 19. Jahrhundert ist die Ausstattung klassizistisch verändert worden, wurde der Garten in einen englischen Park umgewandelt. Von der alten Befestigung blieben nur die beiden mächtigen Kanonentürme der nordöstlichen und südwestlichen Bastionen erhalten.

Gaibach ist eine Vierflügelanlage um einen quadratischen Hof, ihre Straßenfront wird von zwei Rundtürmen flankiert. Zum Hof hin sind die Flügel in Arkaden geöffnet. Der Konstitutionssaal, so benannt zur Erinnerung an die bayerische Konstitution von 1818, ist ein gutes Beispiel klassizistischer Ausstattung um 1820. Sämtliche Möbel und Kunstgegenstände sind nach Wiesentheid gebracht worden, da das Schloß als Internat verpachtet ist.

Im Park stehen, ebenfalls zum Gedächtnis an die bayerische Konstitution errichtet, eine hohe, 1824/28 aufgerichtete Säule, die Leo von Klenze entworfen hat. *Abb. 264*

Zeilitzheim

Zwischen Volkach und Gerolzhofen, nahe den Schlössern Gaibach und Sulzheim, liegt der Ort Zeilitzheim mit seinem schönen Schloß.

1640 fiel das Gut Zeilitzheim an Johann Wolfgang von Wolfsthal, und in den Jahren 1679/89 ließ sich Graf Philipp von Wolfsthal von dem Baumeister Andreas Keßler aus Zeil am Main das neue Schloß bauen. Die Pläne muß Antonio Petrini in Würzburg überarbeitet haben, denn wir erfahren aus den Bauakten im Schönborn-Archiv Wiesentheid, daß die Pläne «Herrn Petrin» vorgelegt wurden. Vom Bauherrn Philipp von Wolfsthal wissen wir nichts, aber er muß ein großer Herr gewesen sein, das beweist die Anlage des Schlosses. Zeilitzheim ist eine stattliche Vierflügelanlage um einen quadratischen Innenhof. Die Ecken des Gebäudes sind rustiziert; eine zweiläufige Freitreppe führt zu dem prächtigen Portal mit einer Wasserjungfrau im Türsturz und mit seitlichen Putten. Zwei Säulen stützen den hohen Architrav, über dem Giebelstücke das große Wappenrelief Wolfsthal-Würtzburg rahmen. Auf der Ost- und Westseite des Hofs verlaufen rundbogige Arkaden auf rustizierten Pfeilern. Aus dem Vestibül, dessen Wände durch Pilaster gegliedert werden, führt die dreiläufige Treppe ins Obergeschoß, wo der große Saal liegt.

Laut Erbvertrag war Zeilitzheim 1713 an die Grafen von Schönborn gefallen, die diesen Saal im Jahre 1736 anläßlich eines Besuchs des Kardinals Hugo Damian von Schönborn hatten ausstatten lassen. Die Sockelzone ist mit Puttenreliefs bemalt, in den Füllungen der von gemalten Pilastern gegliederten Wände sitzen Landschaften, darüber in runden Stuckrahmen gemalte antike Büsten. Der Plafond ist mit einer architektonischen Rahmenmalerei geschmückt und in drei der Ecken sehen wir Mäßigkeit, Gerechtigkeit und Weisheit dargestellt, während die vierte Ecke leer geblieben ist. Die Decke selbst zeigt einen offenen Himmel mit Engeln. Über einer der Türen sitzt das Ehewappen Wolfsthal-Würtzburg, darunter steht die Inschrift ‹Aedificavit›; über dem Mittelfenster sitzt das Wappen des Kardinals, darunter steht ‹Restoravit›, und über der Osttür mit dem Wappen des Würzburger Bischofs Johann Philipp Franz von Schönborn steht die Inschrift ‹Gaudet›. Der Raum ist von vornehmer, festlicher Wirkung.

Schlösser sind für viele ihrer Eigentümer eine schwere Last geworden. Das Bayerische Landesamt für Denkmalspflege führt eine lange Liste von zum Verkauf stehenden Burgen und Schlössern, und dieses Los hat auch Zeilitzheim getroffen.

Mainberg

Hoch über den Weinbergen des Ortes Mainberg liegt das große Schloß, das ein tiefer, breiter, teilweise eingefüllter Graben vom Hinterland trennt. Schon im 13. Jahrhundert stand hier eine Burg, wie das Mauerwerk des Bergfrieds beweist. Sie gehörte den Herren von Wildberg, kam dann an die Herren von Gründlach, welche 1503 ihre Herrschaft an die Grafen von Barby verkauften. Zwei Jahre später erwarben die Grafen von Henneberg Mainberg und schufen sich damit einen Stützpunkt in nächster Nachbarschaft der Reichsstadt Schweinfurt. Im Jahre 1542 aber vertauschten sie Mainberg gegen das thüringische Amt Meiningen an den Würzburger Bischof Konrad von Bibra. Mainberg wurde würzburgischer Amtssitz. Nach der Säkularisierung ging das Schloß durch viele Hände. Es gehört nun der Stadt Schweinfurt.

Der Zugang führt durch den kleinen, im 18. Jahrhundert veränderten Torbau der Vorburg in den äußeren Hof mit seinen Wirtschaftsgebäuden. Das Hauptschloß, eine Vierflügelanlage, wirkt durch die geschlossene Baumasse mit den schönen Staffelgiebeln und dem mittelalterlichen Bergfried sehr imposant. Es stammt in der Hauptsache aus spät- und nachgotischer Zeit. Bestimmend sind die beiden langen Flügel der Nord- und Südseite, die durch kleinere Zwischenbauten zu Seiten des Bergfrieds miteinander verbunden sind. Der Torbau des späten 16. Jahrhunderts mit barockem Tor führt durch die zweischiffige Einfahrt, ‹Hölle› genannt, in den Innenhof. Der spätgotische Südflügel diente als Wohnbau. An der Südwestecke steht ein Rundturm, dessen polygonales Obergeschoß als Erker ausgebildet ist.

Die Wappen am Erdgeschoß der Hofseite sind vermutlich im 19. Jahrhundert hierher versetzt worden. Im Erdgeschoß dieses Flügels liegt die Dürnitz mit Kreuzgratgewölben auf Rundpfeilern. In der Südostecke steht der Treppenturm mit der Jahreszahl 1656 und dem Wappen des Fürstbischofs Konrad von Bibra. Der Nordflügel mit Staffelgiebeln an den Schmalseiten, etwa 1485 erbaut, ist als Saalbau ausgebildet. An der Nordseite springt ein halbrunder turmartiger Ausbau vor, der im ersten Obergeschoß den Kapellenchor enthält. Diese Kapelle trägt ein Netzrippengewölbe, das auf Tartschen mit acht Ahnenwappen der Henneberg ruht. In diesem Raum befinden sich auch drei Steinfiguren, eine Muttergottes, um 1370, eine Magdalena aus der zweiten Hälfte des 14. Jahrhundert (die Jahreszahl 1489 am Sockel kann sich nur auf diesen beziehen); eine hl. Barbara, um 1500. Auf der Hofseite des Nordflügels sitzt das reich gearbeitete Ehewappen Henneberg-Braunschweig mit der Jahreszahl 1485. Dort sehen wir auch eine Marienfigur der Zeit um 1370. Ob alle Steinfiguren zum alten Bestand des Schlosses gehören, ist unbekannt. Sie könnten auch aus der Sammlung des Schweinfurter Fabrikanten Wilhelm Sattler stammen, der ab 1822 Besitzer des Schlosses gewesen ist. Im zweiten Obergeschoß liegt der Hauptsaal mit Flachdecke auf Holzpfeilern und einem Erker, der ebenfalls mit dem Ehewappen Henneberg-Braunschweig, 1487, geschmückt ist.

Der Bergfried stand einst ganz frei. Erst Fürstbischof Julius Echter von Würzburg ließ die sogenannte Reiterstube anbauen. Zu Füßen des Turms gibt es einen schönen Wandbrunnen, in dessen Nische mit Rollwerkdekor, Segmentgiebelverdachung und Wappen des Fürstbischofs Adolf von Ehrenberg (1623-31) eine Herkulesfigur des frühen 17. Jahrhunderts steht.

Obertheres

Bei Haßfurt am Main, zu Füßen der Haßberge, liegt ein stilles, heiteres Weinland. Wir sollten es nicht versäumen, das schöne alte Haßfurt und vor allem seine elegante spätgotische Ritterkapelle zu besuchen. Fahren wir dann durch das westliche Stadttor hinaus und mainabwärts, sehen wir bald zur Rechten zwischen den Bäumen des kleinen Parks die langgestreckte Fassade eines Barockbaues. Wer nicht weiß, daß es sich um die ehemalige Benediktinerabtei Obertheres handelt, denkt: Welch ein prächtiges Schloß, wie schön liegt es über dem Fluß! Fährt der Besucher dann durch den großen Wirtschaftshof ein – Obertheres ist zu besichtigen –, gelangt er in den eigentlichen Schloßhof und wird erst recht denken: Das ist wirklich ein vornehmes fränkisches Landschloß! Denn die Kirche, die einst den vierten Flügel der Anlage bildete, fehlt heute.

Der Name Obertheres erscheint schon am Ende des 8. Jahrhunderts, und die Legende nennt Adalbert von Babenberg als Stifter, der hier am 9. 9. 906 in seiner Burg «castrum tarissa» hingerichtet worden sein soll. Eigentlicher Stifter des Klosters aber war Bischof Suidger von Bamberg, der spätere Papst Clemens II., zwischen 1040/45. Über die ältere Baugeschichte ist nichts bekannt.

Ein neuer Bauabschnitt begann, als im Jahre 1715 ein Mann von echt barockem Charakter an die Spitze des Konvents trat, Abt Gregor II. Fuchs. Der Prälat war von der allgemeinen Leidenschaft jener Zeit ergriffen – er mußte bauen. «Anno 1716 den 6. May ist der Anfang geschehen mit Abbrechen der alten Kirche ...», heißt es im Diarium des Abtes. In diesem Jahr wurde der Grundstein zum Neubau der Kirche gelegt, die 1724 geweiht worden ist. Joseph Greising aus Würzburg (1664–1721) war der Baumeister. Abt Gregor baute auch – wahrscheinlich ebenfalls mit Greising – die Abteigebäude, und zwar 1724 den Konventbau, 1726/43 die Prälatur. 1802 wurde das Stift säkularisiert und kam in den Besitz des Ministers Freiherrn von Kretschmann, der 1809 die Kirche abbrechen ließ. Es folgte 1828 Freiherr von Ditfurth und seit 1856 sind die Freiherren von Swaine Besitzer des Gutes.

Obertheres ist eine Dreiflügelanlage von großzügigen Ausmaßen, deren Hauptportal mit Freitreppe auf der Westseite, deren Schaufront, gegliedert durch Risalite, auf der Südseite liegt. Das Innere ist vielfach verändert, aber noch tragen einige Räume zierlichen Stuck von Agostino Bossi, und der große Ecksaal im Ostflügel eine reiche Stuckdecke von seiner Hand. Man steigt durch das vornehme weite Treppenhaus zu den Wohnräumen hinauf, in denen man nicht mehr die Welt eines geistlichen Stiftes findet, sondern die Atmosphäre eines fränkischen Landschlosses, dessen lange Korridore und große Räume gefüllt sind mit kostbaren Möbeln des 17. bis 19. Jahrhunderts, mit Heerscharen von Familienbildnissen und den kulturhistorisch interessanten Porzellanen, Gläsern, Bronzen und anderen schönen Dingen, die insgesamt von der Familie Swaine gesammelt worden sind.

Besonders amüsant sind die von Ditfurth eingerichteten Räume. Da liegt im Ostflügel der sogenannte Fuchssaal, dessen Wände um 1835/40 mit starkfarbigen Fresken aus der

Geschichte des Reineke Fuchs bemalt worden sind. Sie erinnern an die Illustration Wilhelm Kaulbachs zu Goethes Reineke Fuchs und beziehen sich vermutlich auf die Person des verhaßten kurhessischen Ministers von Hassenpflug, den Ditfurth als kurhessischer General gekannt hat. Im Südflügel gibt es eine Enfilade mit den schönsten Wanddrucktapeten der Firma Zuber im Elsaß, um 1830, und der Firma Dupont aus Paris, wozu die hübschen Supraporten mit griechischen Götterdarstellungen gehören. Den ehemaligen Kapitel-, jetzt Musiksaal, ließ Ditfurth ebenfalls mit Malereien schmücken; sie erzählen Begebenheiten aus der Geschichte seiner Familie, darunter die Aufnahme in den bayerischen Freiherrnstand, 1833. An den Wänden befinden sich Stuckembleme und die überlebensgroßen Stuckbildnisreliefs Ditfurths und seiner Frau in antiker Kleidung.

Die Benediktiner sind gegangen, geblieben ist der Widerschein ihres Wirkens, das Abteigebäude mit seiner klaren Fassadengliederung. In einem Gastzimmer am Ende des langen Südflügels habe ich eine Nacht verbracht, aber der in dem anschließenden Ostflügel spukende letzte Abt von Obertheres ist mir nicht erschienen. Aus dem Fenster sah ich in den kleinen verwilderten Park mit alten Platanen, Kastanien, Linden, Eschen und blühendem Flieder. Wäre nicht das Sausen der Autos gewesen, hätte ich mich in Eichendorffs Zeit zurückversetzt gefühlt, denn die Nachtigall schlug so laut, daß ich nicht einschlafen konnte. *Abb. 276 bis 279*

Oberschwappach

Das jetzige Schloß baute sich Abt Wilhelm Selner (1711/41) von Ebrach als Sommersitz. Als Baumeister des Schlosses galt Leonhard Dientzenhofer, doch wird es neuerdings Joseph Greising zugeschrieben. 1803 kam das Gut in Privatbesitz und gehört jetzt den Freiherren von Dungern. Das Schloß ist eine sehr schöne Dreiflügelanlage, deren Ostflügel umgebaut worden ist. Die Fassaden des Mittelbaus und der Seitenpavillons tragen Eckpilaster und das Portal im Mitteltrakt, mit kreuzgratgewölbter Einfahrtshalle, zeigt im Giebel das Wappen des Abtes. Aus der Einfahrtshalle führen Treppen zu den Wohnräumen empor. In der Mitte des Obergeschosses liegt der Saal mit eleganter, leichter Stuckatur von Bandwerk, um 1720. In den anschließenden Räumen ist der zum Teil gute Stuck wohl erst um 1750 entstanden. Auch die Kapelle ist reich stuckiert, Reliefs der vier Kirchenväter in Band- und Gitterwerk füllen die Kartuschen, während der Deckenspiegel allegorische Figuren in Flachrelief, um 1720/30, zeigt.

Den Schloßhof schließt im Süden eine Mauer mit Pilastern, in deren Mitte sich eine Brunnenanlage mit einem Neptun, um 1720, befindet. An den Hauptbau stoßen im Halbkreis die Wirtschaftsgebäude. Unter der geschweiften Terrasse der Gartenfront des Schlosses liegt der Terrassengarten, der über doppelläufige Treppen erreicht wird.

Oberschwappach ist ein gutes Beispiel eines vornehmen Landsitzes des frühen 18. Jahrhunderts, doch hat das Schloß durch Beschießung in den letzten Kriegstagen 1945 sowie durch Belegung sehr gelitten. Der Eigentümer sieht sich nicht in der Lage, die für eine gründliche Instandsetzung notwendigen Mittel aufzubringen. Oberschwappach gehört also, ähnlich wie Alteglofsheim in der Oberpfalz, zu den sehr gefährdeten Baudenkmälern unseres Landes. *Abb. 263*

Ebelsbach

Bei Ebelsbach sehen wir die ersten Reben und am Rand des Dorfes das Schlößchen, einen Bau wie aus dem Bilderbuch. Die Rotenhan, denen das Gut seit 1321 gehört, haben der ehemaligen Wasserburg – der Graben dient heute als Garten – 1564/68 ihre jetzige Gestalt gegeben.

An einem hellen, lauen Frühjahrstag kam ich durch den hübschen Fachwerktorbau in den geräumigen Wirtschaftshof und stand vor dem Schloß, das noch von der alten Ringmauer umgeben ist. Fachwerk schmückt das Obergeschoß des Wohnbaus, der von Ecktürmen unter reich geschweiften Helmen flankiert wird – ein sehr wirkungsvolles architektonisches Bild. Eine Steinbrücke führt zu dem polygonalen Treppenturm, über dessen Portal die Psalmworte «Der Herr behüte deinen Eingang und Ausgang» stehen. Die Innenräume sind schlicht; sie gruppieren sich um eine große Diele. Der Wirtschaftshof ist eine alte Wehrhofanlage, mit zwei runden Türmchen bewehrt, deren Obergeschosse achteckig überkragen. Im Türsturz des nordwestlichen Turmes lesen wir: «Ich wolt den wissen, wie der hies, der sich Wein und Weiber umb die Nacht nicht betrigen lis. 1568.» Neben dem Torbau liegt die kleine Schloßkirche von 1580, ein heimeliger Raum mit gutem Altar aus der Zeit nach 1700, einer prächtigen Kanzel und ebenso schöner kräftiger Empore von 1688.

Im breiten Graben blühten verschwenderisch Flieder und Goldregen, standen Birken, Weiden und Kastanien in ihrem frischen Grün, alles das ein Bild von Behaglichkeit und Frieden, aber der Schein trügt: Baronin Rotenhan, eine reizende alte Dame, berichtete von den Sorgen, die die Erhaltung von Gebäuden und Mauern macht, das alte Klagelied in einer Zeit, in der es so schwer ist, Schlösser zu unterhalten. *Abb. 274, 275*

Kirchlauter

Im Jahre 1503 erwarb Moritz von Guttenberg den freieigenen Sitz Kirchlauter mit allem Zubehör und trug alles 1511 dem Bischof und Hochstift Würzburg zu Lehen auf. Seit dieser Zeit ist Kirchlauter im Besitz des hier ansässigen Zweigs der Familie geblieben.

Johann Gottfried II. von Guttenberg, Fürstbischof von Würzburg (1684/98) und Herzog von Franken ließ sich 1689 von dem Würzburger Heinrich Zimmer, einem Schüler Petrinis, die neue Zweiflügelanlage des Wasserschlosses erbauen. Zimmer hat auch das Schlößchen im Park von Veitshöchheim errichtet, dem Balthasar Neumann die beiden Flügel anfügte.

Der stattliche Bau mit kräftigen Volutengiebeln ist von einem gefütterten Wassergraben umgeben. Der Bau selbst steht auf einem Rost von 1200 Eichenstämmen; seine Ecken sind rustiziert, die einzelnen Geschosse durch schmale Gesimsbänder unterteilt. Über dem Portal des Ostflügels befindet sich im gebrochenen Giebelfeld das Wappen des fürstbischöflichen Bauherrn. An der Südwestecke liegt eine Terrasse, von der eine Steinbrücke mit Balustergeländer über den Graben führt. Die Eckpfeiler der Grabenbrüstung tragen Vasen, an zwei Pfeilern befinden sich Muschelwerkkartuschen.

Das Innere enthält schön stuckierte Räume; vor allem ist der Stuck des Ahnensaals im ersten Obergeschoß des Ostflügels bemerkenswert. Eine elegante Stuckdekoration überzieht hier Wandflächen und Decke, deren Mitte zwischen Band- und Gitterwerk das Ehewappen Guttenberg-Horneck von Weinheim zeigt. Über den Scheitelpunkten der Wandfelder und über den zum Teil in zwei Reihen übereinander angeordneten, in Stuckrahmen eingelassenen Ahnenbildern sitzen als Bekrönung Stuckaturen des frühen Rokoko (1730 bis 40), die von den Bamberger Stuckatoren Vogel stammen. Der schöne Ofen – gußeisernes Untergeschoß und Aufsatz aus Ton – zeigt am Unterbau das Wappen der Guttenberg, die goldene Rose auf blauem Grund (1761).

Das Haus enthält außer den zahlreichen Familienbildnissen sehr gutes Mobiliar, was das Bild eines vornehmen reichsritterschaftlichen Landsitzes sehr glücklich vervollständigt. Im April 1945 wurde Kirchlauter durch Kriegseinwirkung stark beschädigt, doch konnte der Besitz inzwischen wieder hergestellt werden. Ringsum liegt ein schöner Park mit Orangerie und altem Baumbestand. Im Vorhof des Schlosses steht das malerische Verwalterhaus mit einem Fachwerk-Erker aus dem Jahre 1589. *Abb. 269 bis 273*

Rentweinsdorf

Als Besitzer der Herrschaft Rentweinsdorf erscheint 1231 Ludwig I. von Rotenhan, und seitdem ist es im Besitz dieser alten Familie. Eine Anekdote, die für die ‹Dickschädel› der Rotenhan charakteristisch ist, wird über einen der Rotenhan aus Ebelsbach berichtet: Im 18. Jahrhundert gehörte zu allen großen Häusern ein gewisser Aufwand, und Freiherr Philipp Albrecht von Rotenhan machte keine Ausnahme von diesem Brauch, im Gegenteil, er legte großen Wert auf äußeren Glanz. Wenn er zum Fürstbischof nach Bamberg oder zum Herzog nach Coburg fuhr, so erzählt Julius von Rotenhan, dann «saß er stets in einem mit sechs Pferden bespannten Gallawagen, mit reicher Livrée-Dienerschaft, und in seinem Schlosse war alles reich und stattlich eingerichtet. Diese Glanzentwicklung der Reichsritter gab aber zu häufigem Ärger bei den Fürsten Anlaß, und der Herzog von Coburg verbot sogar, daß jemand außer ihm in seinem Lande mit sechs Pferden fahren dürfe. Als nun Philipp Albrecht einmal wieder nach Coburg zum Herzog fuhr, wurde er an der Landesgrenze angehalten und ihm bedeutet, daß er mit sechs Pferden nicht weiterfahren dürfe. Da ließ er seine Pferde vom Wagen abnehmen, spannte sechs Ochsen davor und fuhr so an die herzogliche Residenz zu Coburg.»

Man findet ganz ausgezeichnete Männer in der Familie. Dazu gehörte beispielsweise der Humanist Sebastian von Rotenhan (1478–1532), dem wir die erste Landkarte Frankens verdanken, dazu gehörte aber auch Freiherr Sigmund I. Johann von Rotenhan (1761–1826), bayerischer und preußischer Kammerherr, Mitglied der Physikalisch-ökonomischen Gesellschaft zu Heidelberg, Schriftsteller und Korrespondent vieler bekannter Männer jener Zeit. Von seinen Söhnen ist Hermann 1848 als Abgeordneter in der Paulskirche gesessen, während der schon oben erwähnte Julius das häusliche Leben seines Vaters sehr hübsch beschrieben hat: «Das Leben meines Vater zu Hause war sehr geregelt. Er stand frühe auf, wo er sich, um keinen Augenblick Zeit zu verlieren, während einer sehr lange dauernden Toilette, die eine Angewohnheit aus der früheren Zopf- und Puderzeit war, stets das Neueste aus der reichen Broschurenliteratur jener Zeit vorlesen ließ, was auch während seines allein auf seinem Zimmer genossenen Frühstückes fortgesetzt wurde. Während dieser Zeit mußten die Kinder ihren Morgengruß bringen, worauf mein Vater, der auch in der Familie eine gewisse Form und Etiquette für durchaus nöthig erachtete, strenge hielt. War Toilette, Frühstück und Vorlesen beendet, so machte mein Vater einen Rundgang durch's Schloß, um jedes Glied der Familie, von der Mutter herab bis zu uns Kindern, mit seinem Morgengruß zu besuchen, und hierbei wurden Hofmeister und Gouvernante genau nach unserem Betragen ausgefragt, und wenn nöthig, ernste Ermahnungen ertheilt, denn bei aller Liebe war seine Kinderzucht eine sehr strenge. Nach diesem Rundgang blieb er bis Mittag in seiner Arbeitsstube, wo ihn Gutsgeschäfte, literarische Arbeiten und Verhandlungen mit den Beamten vollauf beschäftigten, und ein Secretär, den er sich stets hielt, hatte immer viel zu thun. In den Mittagsstunden ward der Oeconomiehof und der Garten besucht, dann wiederum Toilette zum Mittagstisch gemacht, und auch bei diesem, um keine Zeit zu verlieren, vorgelesen. Der Secretär oder Hofmeister mußten da die Zeitungen vorlesen und die Mittagstafel verlängerte sich dadurch gewöhnlich so sehr, daß die weiblichen Glieder der Familie dabei ihre Arbeiten zur Hand nahmen. Nach dem Essen ritt mein Vater gewöhnlich auf's Feld oder auf benachbarte Höfe, brachte dann wieder einige Stunden auf seinem Geschäftszimmer zu und vereinigte sich erst zum Abendessen wieder mit den Seinigen, wo der Abend bis zum Schlafengehen in heiterer Unterhaltung zugebracht wurde ...»

Philipp Albrechts Sohn, Freiherr Johann Friedrich II. (1713/76), Erbunterkämmerer des Bistums Bamberg, kurmainzischer Kammerherr, kaiserlicher Geheimrat, Ritterhauptmann des Kantons Baunach und Generaldirektor der gesamten Reichsritterschaft in Franken, Schwaben und am Rhein, hat Schloß Rentweinsdorf neu gebaut. Dazu entwarf Johann David Steingruber die Pläne. Es erhob sich aber zuvor die Frage, ob das Schloß nur instand gesetzt oder ganz neu gebaut werden sollte. Vor allem wurde Rotenhans Onkel, der kaiserliche Generalfeldmarschall Freiherr von Seckendorff, über alle Planungen unterrichtet und um seine Meinung befragt. Neben Steingruber lieferte auch noch Lorenz Schmidt aus Philippsburg am Rhein Pläne für das neue Schloß. Schließlich entschloß sich Rotenhan für einen Neubau, der 1751 mit dem Nordflügel begann. 1752 griff Johann Michael Küchel aus Bamberg ein, indem er Entwürfe für die Ausstattung der Räume vorlegte. Er trat 1752 an Steingrubers Stelle. In diesem Jahr wurden die Arbeiten am Mitteltrakt in Angriff genommen, denen 1765 der Bau des Südflügels folgte.

Das Schloß liegt am Rand des Dorfes. Eine geschwungene Steintreppe führt zum Haupteingang. Es ist eine der vielen schönen fränkischen Schloßanlagen, ein besonders eleganter Dreiflügelbau, der durchaus dem Können der beiden beteiligten Baumeister entspricht. Von der Terrasse der Gartenfront aus, mit ihrem zierlichen schmiedeeisernen Gitter und dem Rotenhanwappen, öffnet sich der Blick auf eine Parkanlage mit altem Baumbestand, hinweg über einen breiten Graben und anschließenden Wall in eine hügelige Wiesenlandschaft. Der Park war um 1800 in englischer Manier umgestaltet worden. Die ursprüngliche Anlage ist vermutlich von dem fürstbischöflich bambergischen Gärtner in Seehof, Johann Baptist Jakob, konzipiert und von Johann Friedrich Knittelius ausgeführt worden. Die Statuen dafür schuf Johann Georg Moritz aus Bamberg.

Aus der Eingangshalle führt die zweiläufige Treppe, getragen von stuckierten Pfeilern, in die Obergeschosse. Im Erdgeschoß liegt der große Gartensaal, dessen Wände durch Pilaster gegliedert sind und Füllungen aus Delfter Kacheln in rotem Camaieudekor tragen. Lebensgroße Bildnisse des Herzogs Ernst Friedrich von Sachsen-Coburg-Saalfeld (1724 bis 1800) und seiner Gemahlin Sophie Antoinette von Braunschweig-Bevern schmücken eine Wand des Saals. Die Rahmungen dieser Gemälde sowie die der Supraporten und Spiegeln haben die drei Bamberger Stuckateure Bonaventura Joseph Mutschele, Bernhard und Peter Hellmuth sehr fein gearbeitet. Sie waren auch in den übrigen Räumen tätig. In den Obergeschossen liegen Wohnzimmer mit geschnitzter und stuckierter Dekoration, wie das Eckzimmer im rechten Flügel, das elegante Spiegelkonsolen von Joseph Mutschele enthält, und ein heiter stuckierter Raum mit glasiertem Ofen und in Stuckrahmen eingelassenen Ahnenbildern.

Abb. 259 bis 262

Eyrichshof

Im Tal der Baunach, das flache Waldhügel begleiten, liegt Schloß Eyrichshof, wo seit etwa 1330 die Herren, dann Freiherren von Rotenhan sitzen. Das damals erbaute Schloß wurde 1525 im Bauernkrieg zerstört. 1533 begann der Wiederaufbau, der am Ende des Jahrhunderts abgeschlossen war.

Das von einem gepflegten Park umgebene Schloß ist eine außerordentlich malerische Dreiflügelanlage von unterschiedlicher Gebäudehöhe, die sowohl außen wie innen um die Mitte des 19. Jahrhunderts und ab 1800 überarbeitet worden ist. An der Fassade gegen den Park steht auf der Ostseite ein polygonaler Treppenturm mit Fachwerkaufbau. Über der Mittelachse des Südflügels erhebt sich ein mächtiger Staffelgiebel, der, wie auch die vom ersten Obergeschoß in den Garten führende Freitreppe, um 1880 erbaut, beziehungsweise umgebaut wurde.

An die Südseite des Schlosses schließt sich ein niedrigerer Bau mit rundem Treppenturm und Kuppelhaube an. Sein Eingang trägt in reicher Renaissancerahmung die Wappen Rotenhan-Rosenau, um 1530/40. An der Südwestecke des Flügels steht der Eyringsturm, der 1883 den hohen Rundturm verloren und einen Spitzhelm als Abschluß erhalten hatte; 1959 hat er seine ursprüngliche fränkische Haube wieder zurückbekommen. Der polygonale Treppenturm trägt an der Stirnseite in Höhe des zweiten Stockwerks ein Wappenrelief Rotenhan-Riedesel, 1583. Dieser Turm schließt mit einem Fachwerkgeschoß mit Giebelfeld ab, in dem sich die naturalistisch bemalte Holzbüste eines Mannes mit Bart in Renaissancetracht befindet, das sogenannte ‹Bartele von Eyrichshof›.

Der Mitteltrakt enthält in jedem Stockwerk je einen großen Saal mit Balkendecke auf Unterzügen. Im ersten Obergeschoß liegt anschließend an den Saal und den folgenden Salon eine in den achtziger Jahren des 19. Jahrhunderts getäfelte Bibliothek mit angrenzendem Bibliotheksgang. Im Saal des zweiten Obergeschosses befindet sich eine reich gegliederte, mit Intarsien aus gebeizten Hölzern versehene Portalanlage von 1587. Die am oberen Gesims verlaufende Inschrift lautet: Bastian von Rotenhan 1587 Anna Rufina von Rotenhan geborne Rideselin (Riedesel zu Eisenbach). Es ist eine kostbare Brauttür, welche die Braut seinerzeit mit in die Ehe brachte, und die den Einzug der jungen Frau in ihr neues Heim symbolisieren sollte. Außen wird die Tür durch Pilaster mit dazwischenliegenden Nischen, innen durch kannelierte Säulen flankiert, die den Architrav stützen. Die Tür selbst hat eine Zweifelderteilung, ebenfalls mit einer Portalausbildung.

Im Nordflügel, dem sogenannten Gastbau, den Hans Georg von Rotenhan 1735/46 neu erbaute, liegt das Fürstenzimmer, darunter ein Saal, dessen Voute sehr elegante Stuckaturen um 1740 trägt. In die Boiserien sind in ovalen Stuckrahmen Bildnisse von Bamberger und Würzburger Bischöfen eingelassen, die solche Bilder als Gastgeschenke zurückließen. Es sei auch daran erinnert, daß zu Beginn des 18. Jahrhunderts Ferdinand Plitzner (1678–1724) in Eyrichshof seine bedeutende Kunstschreinerwerkstätte eingerichtet hatte.

Südöstlich vom Schloß liegt die einstige Orangerie, eine zweigeschossige, spätbarocke Anlage, die jetzt größtenteils modernisiert ist. Im oberen Stockwerk sind schwere Stuckdecken um 1690 erhalten. Im Schloßhof steht die vor wenigen Jahren restaurierte Pfarr- und Schloßkirche, die von der verwitweten Baronin Elisabeth von Rotenhan, geborene von Erffa, 1685/86 erbaut worden ist. Im reich durchgebildeten Portal sitzen die Wappen Rotenhan-Erffa. Der Innenraum enthält gute Stuckaturen und eine Ausstattung aus der Erbauungszeit. *Abb. 255 bis 258*

Gereuth

Vier Kilometer nördlich von Ebern, also in unmittelbarer Nähe der Schlösser Eyrichshof, Rentweinsdorf, Pfaffendorf und Untermerzbach, liegt Gereuth auf einem Höhenzug zwischen Baunach und Itz. Es war im Besitz verschiedener Familien, kam 1706 durch Kauf an Philipp Franz Freiherrn von Greiffenclau-Vollraths, 1814 an die Freiherren von Guttenberg, die es an Jakob Freiherrn von Hirsch verkauften. Bis 1859 war es im Besitz dieser Familie. Heute gehört das Schloß dem Gutsbesitzer Friedrich Höhn.

Das jetzt als Wirtschaftsgebäude dienende alte Schloß (um 1600), die von Joseph Greising 1714/17 erbaute Pfarrkirche und das neue Schloß bilden zusammen eine prachtvolle Baugruppe. Greiffenclau ließ 1706/14 das neue Schloß als Wasserschloß errichten. Die drei Baukörper dieser noblen spätbarocken Anlage umschließen rechtwinklig einen nach Norden gelegenen Hof. Er wird durch ein schönes Portalgitter gegen den Graben abgeschlossen; an den beiden Ecken stehen achteckige Pavillons mit Kuppeldächern. Alter Baumbestand beschattet die Hoffassade, die durch toskanische Pilaster elegant gegliedert ist. Der Giebel im Mitteltrakt zeigt das Wappen Greiffenclau-Vollraths.

Im Innern des Mitteltraktes verbindet ein zweiläufiges Treppenhaus die einzelnen Geschosse. Die durchlaufenden Korridore sind zum Teil noch mit Portraits von Bischöfen und Ahnen geschmückt. Alte Kreuzgewölbe finden sich im Gang und in der großen Küche im Erdgeschoß. In den Räumen des Obergeschosses sind noch Decken mit Akanthus und Laubwerkstuck vorhanden. *Abb. 265, 266*

Untermerzbach

Ursprünglich saß hier die Familie der Herren von Merzbach, deren Gut im späten 13. oder frühen 14. Jahrhundert an die Rotenhan überging. Heute befinden sich im Schloß das Noviziat, die philosophische Hochschule und das Bildungshaus der Pallottiner.

Vermutlich war es Kunz II. von Rotenhan, der im 16. Jahrhundert ein neues Schloß in Untermerzbach baute, dessen Kern in der heutigen Anlage erhalten ist, denn eine Inschrift meldet, daß Kunz II. das Haus baute und die Jahreszahl 1534. Die Höhe des Hauses sowie die übereck gestellten Ecktürme der Ostseite erinnern an Renaissancebauten, wie etwa Walkershofen bei Uffenheim.

Das jetzige Schloß ist eine Anlage der 2. Hälfte des 18. Jahrhunderts. Besonders schön ist die äußere Treppenanlage an der Ostseite des Schlosses. Über zwei Terrassen führen dort die Treppen mit Balustergeländern und Ziervasen auf den Pfosten zum hochgelegenen Schloß hinauf. Zu diesen Treppen gehört die schöne Gartenanlage mit ihren alten Bäumen. *Abb. 267, 268*

Pfaffendorf

Pfaffendorf, an der Weisach, zehn km nordwestlich von Ebern, war Eigentum der Herren von Stein zum Altenstein. Klaus Ludwig von Stein baute hier in der ersten Hälfte des 16. Jahrhunderts einen Sitz. Im Jahre 1703 siedelte die Familie vom Altenstein nach Pfaffendorf über und baute dann das ansprechende neue Schloß. Heute gehört es den Salesianern des Don Bosco.

Die Salesianer haben die fast wertlosen Wirtschaftsgebäude abgerissen und das eigentliche Schloß mit seinen kunsthistorischen Werten restauriert und es in die Anlage eines Bubendorfes mit einbezogen. Im ehemaligen Park wurden Sportanlagen errichtet und über der Weisach, auf dem früheren Schloßgrund, eine Schule, eine Turn- und Schwimmhalle und acht Lehrerhäuser erstellt.

Das Schloß ist eine schlichte Dreiflügelanlage. Vor der Südfront liegt eine Estrade mit schöner Balusterbrüstung. Das im Ostflügel liegende Treppenhaus hat ein Geländer mit reizvollem Muschelwerkgitter, und die Räume des Obergeschosses tragen an Wänden und Plafonds elegante Rocaille-

Stuckaturen, um 1750. Auch die Türen stammen noch aus jener Zeit und sind teilweise mit hübschen Supraporten geschmückt. Einige Rokoko-Eisengußöfen aus dem Jahre 1763 tragen das Ehewappen Stein/Buseck.

Burgpreppach

Zwischen Hofheim und der Straße, die von Bamberg nach Königshofen führt, liegt Burgpreppach, das seit fast siebenhundert Jahren im Besitz der Freiherren Fuchs von Bimbach ist.

Die Haßberge sind eine Landschaft stiller Abgeschiedenheit, im schönen Gleichmaß von Wald, Acker, Wiesen und Tälern, die im Norden steil zum Grabfeld abfallen, dagegen dem Main zu sanft auslaufen. Es ist ein wahres Schlösserland, und wir finden die Spuren der reichsritterschaftlichen Familien allenthalben, in den Wappenschildern an bäuerlichen Hoftoren, auf den Grabsteinen der Kirchen. Vielen der im Land verstreuten Schlösser sieht man es an, wie schwierig es für die Eigentümer ist, sie zu erhalten. So ist es auch mit Burgpreppach, diesem großen, schönen Schloß, das nach 1716 von Joh. Phil. D. E. Fuchs und seiner Gemahlin Maria Augusta Freiin von Würtzburg erbaut worden ist. Es ist eine sehr vornehme, stattliche Dreiflügelanlage mitten im Dorf, von einem Wassergraben umzogen. Die turmartigen Eckpavillons unter Mansardendächern erinnern an den Vierzehnheiligenpavillon der Neuen Hofhaltung in Bamberg, und man denkt unwillkürlich daran, daß Johann Leonhard Dientzenhofer auch in Burgpreppach seine Hand mit im Spiel gehabt haben könnte. Nach den Baurechnungen war Joseph Greising, Würzburg, an dem Bau beteiligt. Ob aber auch der Entwurf von ihm stammt. ist ungeklärt.

Den Seitenflügeln sind Arkaden angeschlossen, welche die Verbindung zum Torbau herstellen. Dieser besteht aus zwei, die Einfahrt flankierenden Pavillons. Das Erdgeschoß des Hauptbaus enthält ein großes Vestibül mit dorischen Säulen, aus dem die breite Treppe mit Balustergeländer hinaufführt. Die Erdgeschoßräume haben Kreuzgratgewölbe, belegt mit Laub- und Bandwerkstuck, um 1720. Die Wohnräume liegen im Obergeschoß, dessen Mitte der große Saal einnimmt, der ebenfalls mit Laub- und Bandwerk stuckiert ist. Die Wände sind mit gobelinartigen, gemalten Bespannungen verkleidet, die Darstellungen aus der griechischen und römischen Mythologie zeigen. Auch der nordöstliche Eckpavillon hat ein Zimmer mit solchen Gobelinmalereien, um 1740. Hier sitzen die Schäfer- und Bauernszenen in reizenden Stuckrahmungen des frühen Rokoko. Im südöstlichen Eckpavillon wurde um 1780 eine klassizistische Kapelle eingerichtet, in der auf einem Seitenaltar eine schöne spätgotische Madonna (um 1480) steht.

Bettenburg

Das Bistum Bamberg verpfändete 1249 die Burg an Graf Hermann von Henneberg und löste sie nicht wieder aus. Seit 1343 sind die Freiherren Truchseß von Wetzhausen Eigentümer der Bettenburg, die sie jetzt als Hotel bewirtschaften lassen. Im Bauernkrieg wurde die Burg zerstört, aber bald darauf in einer Mischung von Spätgotik und Renaissance wieder aufgebaut. Christian Truchseß legte etwa ab 1790 den englischen Park an, dessen Gartenfiguren zum Teil von dem Weimarer Bildhauer Martin Klauer geschaffen worden sind.

Das Schloß liegt in schönster Landschaft auf einer Anhöhe über den Wäldern der Haßberge und ist ein langgestreckter Bau mit Volutengiebeln an den Schmalseiten, mit Treppenturm und Erker. Am rundbogigen, bossierten Einfahrtstor sind das Ehewappen Truchseß-Wechmar und die Jahreszahl 1627 angebracht. Die Zimmer des zweiten Obergeschosses ließ Baron Christian mit romantischen Wandmalereien schmücken, deren Motive den Werken Goethes, Schillers, Lessings, Wielands und Musäus' entnommen sind. Ein Raum ist mit Wandgrisaillen versehen, welche Büsten bedeutender Männer der Reformationszeit darstellen, darunter als bekannte Vertreter der Reichsritter Ulrich von Hutten, Götz von Berlichingen und Franz von Sickingen. Ein Zimmer zeigt Wandbilder in pompejanischer Manier mit Medaillons aus Wielands ‹Oberon›.

Christian von Truchseß war einer der liebenswürdigsten Herren der Familie, geboren 1755. Goethe, der mit ihm befreundet war, berichtet in seinen ‹Tag- und Jahresheften› (1801) von einem Zusammentreffen in Bad Pyrmont mit ihm: «Erfreulich war uns das Begegnen eines alten teilnehmenden Freundes, Major von Truchseß, der in frühern Jahren durch redliche Tüchtigkeit sich in die Reihe der Götze von Berlichingen zu stellen verdient hatte.»

Truchseß hatte 1786 den Militärdienst quittiert und führte nun auf der Bettenburg das Leben eines tätigen, gastfreien, gebildeten und an den geistigen Strömungen der Zeit interessierten Landedelmannes. Er ließ das Schloß instand setzen und legte den Park an. Zu seinen Freunden gehörten der damals berühmte Anatom Samuel Thomas Sömmering, Prof. Georg Forster, der Historiker Johannes Müller. Die Bettenburg hatte bald den Ruf, ein sehr gastfreies Haus zu sein. Truchseß korrespondierte mit dem Dichter de la Motte Fouqué; zu Besuch kamen Heinrich Voß, Jean Paul Richter, Gustav Schwab, Ludwig Richter, vor allem aber häufig Friedrich Rückert, den der Baron sehr gefördert hat.

Es wird berichtet, daß einmal die Herzogin von Sachsen-Hildburghausen mit ihrer Tochter, der bayerischen Kronprinzessin, Gemahlin Ludwigs I., zu Besuch nach Bettenburg kam. Der Schloßherr empfing die Damen am äußeren Burgtor und bot der Herzogin den Arm. Doch diese zögerte und

Die Bettenburg Stahlstich nach Ludwig Richter, 1837.

sagte, daß die Kronprinzessin den Vortritt haben müsse. Da meinte der alte Herr mit seiner tiefen Stimme: «Euer Durchlaucht, wir stehen hier vor einer alten Ritterburg und in einer solchen hat immer die Mutter den Rang vor der Tochter.»

Friesenhausen

Am Rand des Dorfs steht das große Schloß, das in den Händen verschiedener Familien war, bis es 1729 Eigentum der Freiherren von Dalberg wurde, von denen es die Prinzen zu Salm-Salm erbten. Sie haben es in jüngster Zeit an Wolfgang von Eichborn verkauft.

Um 1563 erscheinen die Marschalk von Ostheim als Eigentümer und unter ihnen dürfte das neue Schloß als eine stattliche Renaissanceanlage gebaut worden sein, bestehend aus zwei im stumpfen Winkel aneinanderstoßenden Flügeln. Das Schloß, ein imposanter Bau und gutes Beispiel fränkischer Renaissance-Architektur, ist durchaus mit Sandsteinquadern verblendet und zeigt schöne Volutengiebel. Am Nordgiebel des Westbaues sitzt das Ehewappen Marschalk von Ostheim-Steinau von Steinrück (?). In Franken gibt es keine ‹reine› Renaissance im ursprünglich gemeinten Sinn, sondern man verwendete den neuen und fremden Zierrat auf eigene Weise, vermischte ihn mit spätgotischen Elementen und ließ die Phantasie walten. Daher sind die vielen Schlösser jener Zeit im fränkischen Land einander zwar ähnlich, aber doch sehr verschieden in der Behandlung des Details.

Die Toranlage zwischen Pfeilern mit Pinienzapfen liegt auf der Südseite. Zu beiden Seiten befinden sich Nebeneingänge, über denen Löwen das Ehewappen Dalberg-Zobel von Giebelstadt halten, um 1730 geschaffen. Gegen Norden springt am Westflügel ein Vorbau vor, und hier liegt der Eingang, ein bossiertes Portal, dessen Architrav die Jahreszahl 1700 trägt. Nachträglich wurde auch hier das Allianzwappen Dalberg-Zobel angebracht. Zu diesem Portal führt eine Brücke über den eingefüllten Graben, flankiert von zwei Reitern, die schwungvoll gegeneinander sprengen, eine gute Arbeit um 1700. Im Innern tragen einige Räume sowie die Gänge und der Vorplatz schöne Stuckaturen des beginnenden 18. Jahrhunderts. *Abb. 240*

Birkenfeld

Birkenfeld, ganz abseits der Welt in einem schmalen Waldtal der Haßberge gelegen, erscheint dem Vorüberfahrenden als gar nichts Besonderes, als ein größerer Gutshof mit langgestreckten Wirtschaftsgebäuden, dessen Zentrum der schlichte ‹Herrschaftliche Pavillon› bildet, ein vornehmer Bau mit Dreiecksgiebel, in dem das Ortenburgwappen sitzt. Birkenfeld war Eigentum der Freiherren von Hutten, eines der uralten Geschlechter der fränkischen Ritterschaft, sattsam bekannt durch Ulrich von Hutten von der Burg Steckelberg. Die Hutten sind nicht weniger baulustig gewesen als ihre Standesgenossen und die großen geistlichen Herren. Sie bauten, als

Christoph Franz von Hutten Fürstbischof von Würzburg war (1724/29), das Schloß Steinbach bei Lohr am Main, und unter Johann Philipp Friedrich von Hutten entstand ab 1741 Birkenfeld. Das Gut kam durch Erbschaft an die Freiherren von Wöllwarth und von diesen wiederum durch Erbschaft in der zweiten Hälfte des 19. Jahrhunderts an die Grafen zu Ortenburg.

Hutten hatte sich als Architekten den Ansbacher Hofbaumeister Johann David Steingruber verschrieben. Eine beträchtliche Schar von Künstlern und Kunsthandwerkern arbeitete an der Ausstattung des Schlößchens. 1741 wurde mit dem Italiener Carlo Daldini aus Vescia ein Akkord auf die Stuckierung einiger Innenräume geschlossen, die vier Jahre später beendet war. Die Räume des zweiten Obergeschosses wurden 1746/48 von Paul Stumbeck mit Rahmenstuck versehen.

1750 holte sich Hutten den Blumen- und Tapetenmaler Franz Joseph Dichtl aus Regensburg für die Ausstattung der Erdgeschoßräume. Er arbeitete noch 1752 im Schloß. Von 1752/55 ist dann der Bildhauer und Stuckator Johann Jakob Berg aus Eichstätt hier beschäftigt gewesen, von ihm stammen die Löwen an der Einfahrt zum Hof sowie Möbelgarnituren, Supraportenrahmen und die Stuckierung des vorderen Eckzimmers. Drei Zimmer malte der Bamberger Heinrich Mitternacht 1758 aus; vier Jahre später schmückte Georg Caspar Clemm vier Räume teils mit Fresken, teils mit Ölmalereien.

Im Jahre 1773 begann erneut eine rege Tätigkeit an der Ausschmückung der Räume unter Leitung des Malers Johann Franz Gout aus Berlin. Die weitere Stuckierung im zweiten Obergeschoß übernahm Bernhard Hellmuth aus Untereßfeld bei Königshofen im Grabfeld, wohl nach Rissen von Gout. Dieser selbst begann 1773 die Zimmer des obersten Geschosses auszumalen und schmückte ein Jahr darauf das Speisezimmer mit Fresken. 1775 endlich war das Haus ganz fertig.

Zu nennen wäre hauptsächlich der Festsaal, dessen Wände unter der üppigen, sehr qualitätvollen Stuckdecke durch stuckierte Felder gegliedert sind, in die Ahnenbilder eingelassen sind; dann das Speisezimmer, dessen Wände durch Pilaster gegliedert werden, zwischen denen vier große Gemälde sitzen: Dädalus und Ikarus, Odysseus und Kalypso, Odysseus und Penelope, Jason und Medea. Über den Türen sehen wir Grisaillen mit mythologischen Szenen. Der Plafond zeigt perspektivisch gemalte Balusterrahmung und Gruppen fliegender Genien.

Hutten hatte sich im Nürnberger Haus des Kaufmanns Feuerlein den Saal angesehen, den Gout vor Birkenfeld ausgemalt hatte. Er gefiel ihm gar nicht und er schrieb seinem Verwalter: «Und wo der meinige nicht besser ausfallen sollte, mögte solchen lieber nicht malen lassen, so dem Gout zu sagen.» Dieser gestand, daß er bei Feuerlein «etwas geschmieret» habe, denn die Bezahlung sei auch danach gewesen. In Birkenfeld aber solle alles viel besser werden. So enthält etwa das Chinesische Zimmer stuckierte Chinoiserien von großem Reiz, einen Ofen mit der Figur eines sitzenden Chinesen – nach Entwürfen von Gout – von Köppe aus Magdeburg ausgeführt, und eine gestickte Seidentapete. Wie die Räume tatsächlich aussahen, kann man den Bauakten entnehmen. Jeder war in anderer Farbe gehalten.

Alles ist noch vorhanden – aber das Haus ist statisch gefährdet und mit ihm sind es die Fresken und der Stuck. Eine Gesamtrestaurierung wäre notwendig, um das sehr bedeutende Interieur wiederherzustellen. Dann aber dürfte Birkenfeld eines der elegantesten, am reichsten ausgestatteten kleinen Schlösser des Landes sein. *Abb. 244 bis 247*

Wetzhausen

Wetzhausen am Sulzbach im Süden der Haßberge ist der Stammsitz der 1442 in den Reichsfreiherrnstand erhobenen Truchseß von Wetzhausen und seit 1346 in ihrem Besitz. Sie bekleideten einst das Truchsessenamt bei den Grafen von Henneberg. Martin Truchseß war von 1477 bis 1489 Hochmeister des Deutschen Ordens.

Die Wasserburg entstand im frühen 14. Jahrhundert, wurde im Bauernkrieg zerstört, aber als große Vierflügelanlage zwischen 1528 und 1589 wieder aufgebaut. Hans Eitel von Truchseß soll während des Baues eine goldene Kette haben einmauern lassen, vielleicht als Glücksbringerin für das neue Haus. Zwei schräggestellte Ecktürme unter Kuppelhauben flankieren den Ostflügel, der einen mit schönen Maßwerkblenden verzierten durchlaufenden Erker trägt, der wohl um 1570 entstanden ist. Die dicken runden Geschütztürme an den Ecken der inneren Grabenmauer – man sieht sie noch auf einer Gouache des 18. Jahrhunderts – sind nicht mehr vorhanden. Das von Beschlagwerk gerahmte Portal am Treppenturm im Hof zeigt das Ehewappen Truchseß von Wetzhausen-Truchseß von Henneberg; am Südflügel sitzt ein Erker mit Vorhangbogenfenstern, Truchseßwappen und Jahreszahl 1528. Im obersten Geschoß liegt ein großer Saal mit schwerer Balkendecke und Freskenresten von Blumen, Kartuschen und Fruchtgehängen aus der Zeit um 1550.

In der Pfarrkirche befindet sich eine prächtige Ahnengalerie in Form von Grabsteinen, die mit dem Jahre 1461 beginnt, darunter das Epitaph Hans Heinrichs von Truchseß, des ‹Brotstifters›, der bestimmt hatte, daß jedem Wetzhausener Kind täglich ein Pfund Brot gereicht werde. Über dreihundert Jahre ist dieses menschenfreundliche Gebot befolgt worden.

Bundorf

An der Straße von Königshofen über Hofheim nach Haßfurt liegt Bundorf mit dem Schloß der Freiherren Truchseß von Wetzhausen. Es ist kein Kirchlauter, kein Reichmannsdorf oder Rentweinsdorf, aber ein hübscher Dreiflügelbau, ein angenehm wirkendes schlichtes Landschloß. 1298 schenkte Graf Konrad von Wildberg das Gut Bundorf dem Bistum Würzburg. In einem Vertrag des 14. Jahrhunderts zwischen Markgräfin Anna von Brandenburg-Ansbach und dem Hochstift wurde beschlossen, Bundorf dem Hause Brandenburg als Lehnen zu überlassen. Die Truchsesse von Wetzhausen sind dann 1343 Eigentümer des Gutes geworden.

Der Südflügel des Schlosses ist um die Mitte des 16. Jahrhunderts errichtet worden; die Ostseite trägt einen geschweiften Giebel; an der Ecke zum Hof erhebt sich ein turmartiger Erker mit Fachwerkobergeschoß unter Kuppelhaube. Über dem von Säulen flankierten Portal sitzt das Ehewappen Truchseß-Bibra mit der Jahreszahl 1543. Das gleiche Wappen mit der Jahreszahl 1563 erscheint innen über dem Aufgang zum zweiten Obergeschoß. Der Nordflügel gehört in seiner heutigen Erscheinung dem späten 17. Jahrhundert an, aber das Mauerwerk der Untergeschosse ist mittelalterlich, und dieser Bau heißt heute noch das ‹Kastell›.

Der Plafond des Stiegenhauses ist mit einem Fresko ‹Heimkehr von der Jagd› geschmückt, das nach 1700 entstanden ist. So ist auch etwas von dem Glanz des 18. Jahrhunderts auf Bundorf gefallen, das in scheinbar biedermeierlichem Behagen seiner Vergangenheit nachzuträumen scheint, dessen Eigentümer jedoch, wie so viele Schloßbesitzer, Mühe hat, sein Haus zu erhalten.

Sternberg

Biegen wir von der Straße Bamberg-Königshofen in Sulzdorf a. d. L. rechts ab, kommen wir alsbald zu dem kleinen Dorf Sternberg, dicht an der thüringischen Grenze. Hoch über dem Dorf liegt das mächtige Schloß, im Volksmund ‹Gralsburg des Grabfelds› genannt. Im 11. Jahrhundert war Sternberg Eigentum der Grafen von Henneberg, und einer der Hennebergischen Söhne nannte sich ‹von Sternberg›. 1254 fiel die Herrschaft an die Hauptlinie zurück und war 1536 im Besitz der Truchsesse von Wetzhausen. 1695 kaufte der Fürstbischof von Würzburg, Johann Gottfried von Guttenberg, das Schloß. Heute ist es Eigentum der ‹Menschenfreundlichen Gesellschaft› in Genf/Schweiz.
Wolff-Dietrich Truchseß von Wetzhausen, vermählt mit Rosina aus dem Hause Schönborn, baute 1667/69 die prächtige, weitläufige Barockanlage, die auf Ost- und Südseite von breitem Graben umgeben ist. Karl Lohmeyer nennt als Architekten den 1681 verstorbenen Kapuzinerpater Matthias von Saarburg, der zwischen 1668/69 den Schönbornhof in Aschaffenburg errichtet hatte. Architektonisch steht Sternberg zwischen der Johannisburg in Aschaffenburg und Schloß Seehof bei Bamberg. Vier Flügel mit kräftigen Ecktürmen unter Zwiebelhauben umstehen den Hof. Gegenüber dem Ostflügel liegt der Haupteingang zwischen Pilastern mit Architrav und Giebelstücken. Den Brückenkopf schmücken barocke Fresken, Athene und Mars. Über dem inneren Hauptportal sitzt die Jahreszahl 1667, über dem äußeren 1669.

Abb. 239

Brennhausen

Biegen wir in Sulzdorf, an der Straße von Bamberg nach Königshofen links ab, kommen wir in ein einsames, hügeliges Acker- und Waldland, in dem eines der interessantesten Burgschlösser des Landes liegt, Brennhausen. 1421 wird ein Truchseß von Brennhausen genannt; in der zweiten Hälfte des 17. Jahrhunderts wurde der Oberamtmann und Festungskommandant von Königshofen, Franz Günter, mit Brennhausen belehnt und geadelt. Sein Sohn Hans Günter von Brennhausen ist auf einer Inschrifttafel von 1663 genannt. 1681 fiel das Lehen an das Bistum Würzburg zurück und wurde nun Hans Kaspar von Bibra übertragen, dessen Nachkommen es noch heute besitzen.

Inmitten von Wiesen liegt das noch heute von Wasser umgebene Schloß, dessen Bering eine mauerumschlossene Terrasse bildet, zu der eine Brücke führt. Das Schloß besteht aus zwei, wohl aus dem 13. Jahrhundert stammenden quadratischen Wohntürmen, die durch einen schmäleren Querflügel verbunden sind. So entsteht ein Hof, der vormals durch eine Mauer geschlossen war. Die Erdgeschoßräume der Türme haben Kreuzgewölbe, die der Obergeschosse Flachdecken mit barockem Rahmenstuck. Eine Freitreppe führt in den Mittelbau, dessen nördlicher Teil ein Fachwerkgeschoß trägt.

Veste Irmelshausen

Das Grabfeld mit dem Hauptort Königshofen, einer ansehnlichen kleinen Stadt und einstigen würzburgischen Festung, ist ein stilles, welliges Ackerland. Acht Kilometer nördlich von Königshofen, dicht an der Grenze zur DDR, liegt Irmelshausen, ein schönes altes Dorf mit einem der reizvollsten Schlösser dieses Gebietes und überhaupt Frankens. Der Ort wird im Jahre 800 zum ersten Mal genannt. In diesem Jahr schenkte Emhild, Äbtissin von Milz, eine Verwandte Karls des Großen, Güter zu Irmelshausen an die Grafen von Henneberg. Durch die Heirat der Gräfin Elisabeth mit Graf Eberhard von Württemberg gelangte Irmelshausen an diesen, der das Dorf 1354 an das Hochstift Würzburg verkaufte. Würzburg veräußerte es zweiundzwanzig Jahre später an Berthold von Bibra. Seitdem, das heißt seit 600 Jahren, ist das Schloß Eigentum der Freiherren von Bibra. In der spätgotischen Pfarrkirche können wir zahlreiche gute Grabsteine der Familie aus dem 16. und 17. Jahrhundert sehen, darunter als einen der schönsten Steine, den des Kaspar von Bibra, gestorben 1520.

Wenn wir von Königshofen nach Irmelshausen fahren, steigt vor uns aus einer Senke der mächtige Kirchturm mit barocker Haube auf und es erscheinen linker Hand die Mauern des Schlosses. Eine erste Steinbrücke mit einer Torbastion über die Milz und eine zweite Brücke über dem weiherartigen Graben, der das Schloß umgibt, führen zur Torfahrt. Über die älteste Baugeschichte des Schlosses unter den Hennebergern läßt sich nichts feststellen, doch ist es durchaus möglich, daß die Zwingeranlage mit den Wehrtürmen auf Süd- und Westseite vor dem 15. Jahrhundert entstanden ist.

Valentin von Bibra baute 1514 den Torbau. Das ältere Schloß umfaßte außer diesem und dem dicken Rundturm nur den östlichen Trakt. Hans von Bibra ließ 1556/61 drei Flügel hinzufügen. An ihn erinnert das Wappen über dem Renaissanceportal im Hof mit der Jahreszahl 1556.

Irmelshausen hat niemals Kriegszerstörungen erlebt und ist daher bis in unsere Zeit so wohlerhalten geblieben. Das Fachwerkobergeschoß der Turmbauten beiderseits der Einfahrt wurde 1808 abgebrochen und 1854 durch Baurat Döbner aus Meiningen um ein Stockwerk niedriger erneuert. Durch die tonnengewölbte, schräg verlaufende Torfahrt gelangen wir in den Innenhof, dessen Grundriß ein unregelmäßiges Fünfeck bildet. Er bietet mit seinen wohlproportionierten Wohnbauten das besonders idyllische Bild einer schlichten Renaissanceanlage. Ebenso schlicht sind auch die Innenräume. Wir finden keine Stuckaturen, keine Fresken, keine Säle von der Üppigkeit anderer fränkischer Schlösser, aber wie behaglich ist dieses Haus mit seiner guten Ausstattung an Möbeln und Gemälden und seinen teilweise noch erhaltenen Balkendecken des 16. Jahrhunderts.

Wir betreten das Haus über eine steinerne Wendeltreppe und kommen in den Saal, der von zwei Seiten viel Licht erhält. An den Wänden hängen Bibrasche Ahnenbilder. Von den Möbeln wären besonders eine Hochzeitstruhe mit den Wappen Bibra-Marschalk von Ostheim und eine Kredenz zu nennen, die die Brüder Diem 1611 anfertigten. Es gibt außerdem ein lustiges Bild von fünf Brüdern Bibra, die mit je einem Bein in einem großen Stiefel stecken. Die Inschrift sagt: «Der Stiefel ist uns nicht zu klein, wenn wir nur stimmen überein» – eine Erinnerung an das Kondominat.

An den Saal schließt sich die Kaminstube mit einem reich ornamentierten, farbig gefaßten Kamin von 1561 an, dessen Sturz auf zwei Balustersäulen ruht. Am Gesims, zu beiden Seiten eines Engelsköpfchens, sitzen je vier Ahnenwappen, im Rundgiebel die Wappen des Hans von Bibra und seiner Ehefrau Cäcilie Marschalk von Ostheim. Zum anschließenden Raum führt ein Portal mit reichem farbigem Sandsteingewände. Die Tür zeigt eine ähnliche Bekrönung wie der Kamin, in der Mitte das Bibrawappen von zwei Wilden Männern flankiert. Hans von Bibra ließ für seine Ehefrau die umlaufende Inschrift in Stein meißeln: KEIN FRIED OHN DICH DAS FREIE ICH MICH» (1558). Daneben liegt ein Salon mit gemalten Boiserien des Rokoko, die sogenannte goldene Stube, mit schönen Möbeln des 18. Jahrhunderts.

Im gleichen Bau liegt die sogenannte lange Stube, die ein zweites Sandsteinportal mit Vorhangbogen, seitlichen Pilastern reich ornamentiert, besitzt. Sie tragen Gesims, Architrav und Rundbogengiebel, die ebenfalls eine Rankenfüllung enthalten, künstlerisch zweifellos eine der besten Renaissanceschöpfungen Frankens. Im zweiten Obergeschoß des westlichen Flügels liegt die ‹Wilde Tierstube›, so genannt nach ihrer Leinwandbespannung aus der 2. Hälfte des 17. Jahrhunderts, die Tierszenen zeigt. Eine ähnlich bemalte Leinwandverkleidung aus dem 18. Jahrhundert befindet sich auch im anschließenden Raum.

Spuren des 19. Jahrhunderts finden wir in der Brückenstube über dem Tor, die um 1850 eine Holzdecke erhielt. Dort sehen wir auch ein Portrait aus der Zeit, drei Brüder Bibra der sogenannten älteren Linie darstellend, von dem Meininger Hofmaler Samuel Friedrich Dietz. Es folgt die Hansenkammer im Turm, die mit neugotischer Wand- und Deckenmalerei geschmückt ist.

Alles dies sah ich, als ich Irmelshausen besuchte, und sofort fühlte ich mich heimisch in der freundlichen Atmosphäre des schönen, gepflegten alten Hauses. Abends wurde ich in eines der Gastzimmer geleitet. Ich schlief im sogenannten Hansenbett, dem Ehebett des Hans von Bibra und der Maria Dorothea von Erffa. Der gemalte Himmel des Bettes zeigt auf einer weißen Säule zwei schnäbelnde Tauben. Aus den vier Ecken blasen Engel ‹Liebeswolken› zur Mitte. Links und rechts des Bettes hängen Bildnisse zweier Töchter aus der Ehe Bibra-Erffa. Der Vater ließ die kleinen Mädchen in Rüstungen malen, mit Speeren in der Hand und großen Schleifen unter dem Kinn. Sie blieben auch weiterhin kriegerisch, die eine heiratete einen Feldmarschall, die andere einen General. Noch andere Bibraportraits hingen an den Wänden, zwei schöne Frauen, ein herzoglich sächsischer Kammerjunker, ein strenger Geheimrat, ein würdiger Fürstabt von Fulda, und alle bewachten sie meinen Schlaf. *Abb. 235 bis 238*

197 – Würzburg. Residenz, Mittelpavillon

198 – Würzburg · Residenz, Südseite *199 – Würzburg · Residenz, Vestibül* *200 – Würzburg Residenz, Treppenhaus*

201 – Würzburg · Residenz, Ausschnitt aus dem Deckengemälde im Treppenhaus ‹Amerika› von Giovanni Battista Tiepolo

202 – Würzburg · Residenz, Gemälde über der südlichen Schmalseite des Kaisersaals ‹Hochzeit Kaiser Barbarossas› von Giovanni Battista Tiepolo

203 – Würzburg
Residenz, Kaisersaal

204 – Würzburg
Festung Marienberg

205 – Würzburg
Festung Marienberg, Echtertor

206 – Schloß Castell

207 – Schloß Castell
Blick vom Schloß auf Garten- und Stallgebäude

208 – Schloß Castell, Kleine Bibliothek

209 – Schloß Castell, Kleiner Salon

210 – Schloß Rüdenhausen

211 – Schloß Rüdenhausen, Sitzecke mit altem Erker

212/213 – Schloß Rüdenhausen, Großer Salon

214 – Schloß Wiesentheid
Ostflügel mit rustiziertem Portalbau

215 – Schloß Wiesentheid
Rokoko-Salon

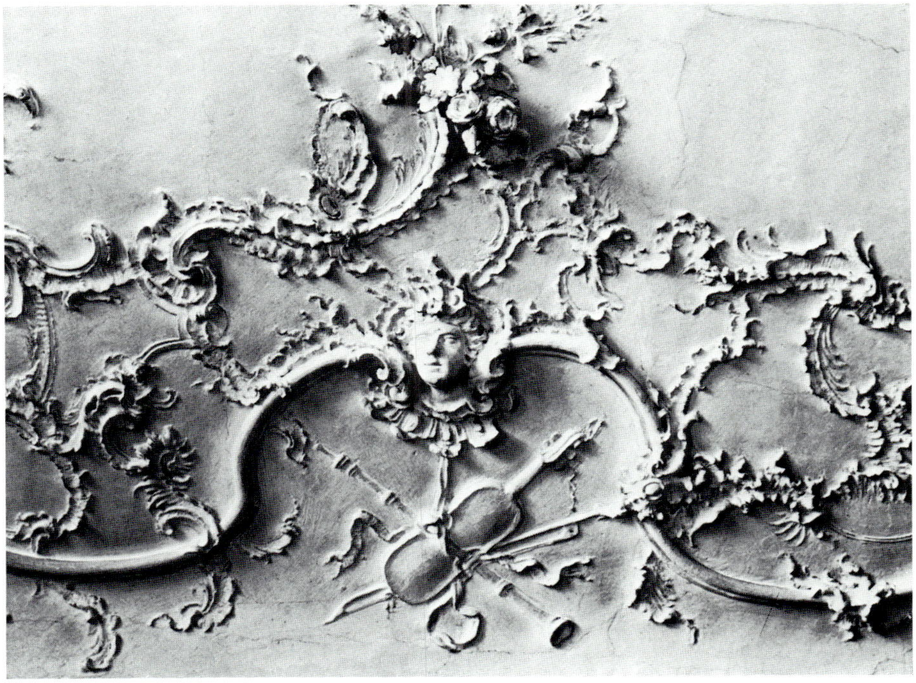

216 bis 218 – Schloß Wiesentheid
Ausschnitte der Stuckdecke im Rokoko-Salon

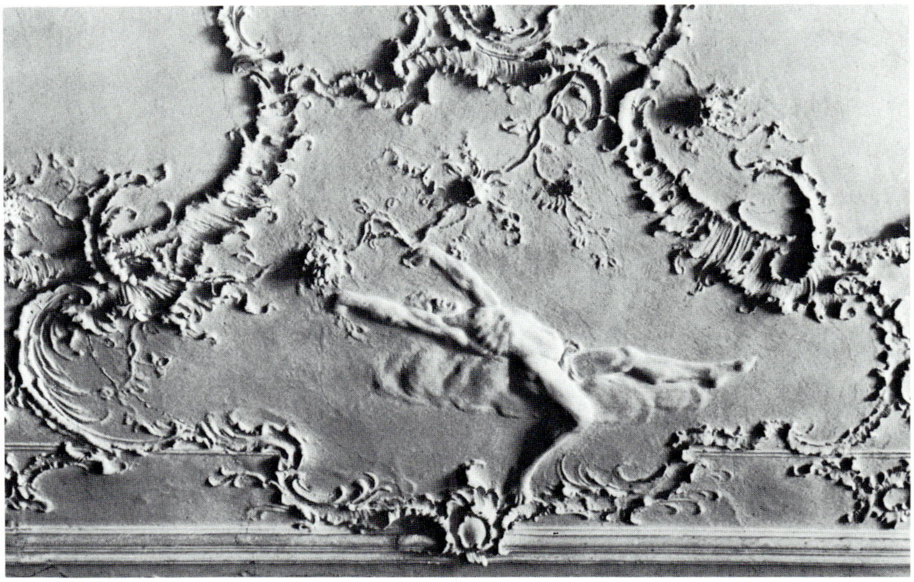

219 – Schloß Wiesentheid
Blick ins Porzellankabinett

220 – Schloß Wiesentheid
Deckendetail im Spiegelkabinett

221 – Schloß Bimbach

222 – Schloß Fröhstockheim

223 bis 226 – Mainstockheim
Gewölbestuck in der profanierten Kapelle des ehemaligen Klosterhofes

227 – Schloß Mainsondheim, Eingangsportal

228 – Schloß Mainsondheim

229 – Schloß Mainsondheim, Arbeitszimmer

230 – Schloß Werneck, Gartenfront

231 – Schloß Werneck, Parkansicht

232 – Schloß Werneck, Ofen aus der Toscana-Zeit

233 – Schloß Werneck · Schloßkirche
Kanzel von Antonio Bossi

234 – Schloß Werneck · Schloßkirche
Stuckengel am Hochaltar

235/236 – Veste Irmelshausen

237 – Veste Irmelshausen, Saal

238 – Veste Irmelshausen, Sandsteinportal in der Kaminstube

239 – Schloß Sternberg, Eingangsportal

240 – Schloß Friesenhausen, Ansicht von Westen

241 – Schloß Aschach
Gedeckte Tafel
im Fürstensaal

242 – Schloß Aschach
Burghof
mit Großem Schloß

243 – Schloß Aschach
Tapetenzimmer

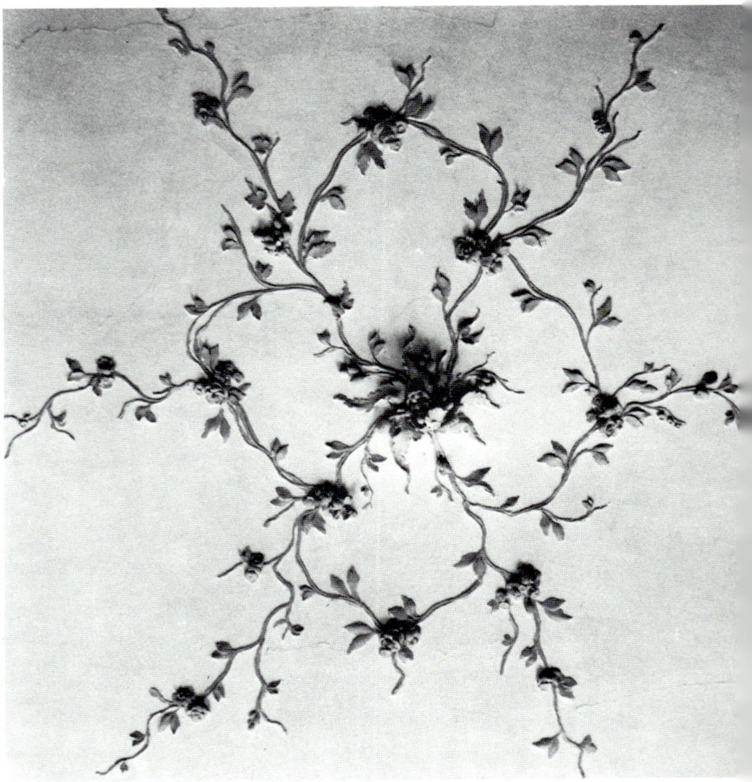

244/245 – Schloß Birkenfeld, Details der Stuckdekoration im Festsaal

246 – Schloß Birkenfeld, Stuckierte Ofennische (Ausschnitt)

247 – Schloß Birkenfeld, Deckenstuck in einem Salon

Kleinbardorf

Die Grafen von Henneberg besaßen im 14. Jahrhundert in Kleinbardorf eine Zollstätte, die 1368 vom Hochstift Würzburg erworben wurde. Von 1368–1602 waren die Herren von Bibra die Lehensträger. Dann zog Fürstbischof Julius Echter das Lehen ein. 1681 saßen dort nochmals die Bibra, 1691 kam es an die Guttenberg.

Das hübsche Wasserschloß, das heute wieder Privatbesitz ist, liegt an der Westseite des Dorfes. Auf der Ostseite des Schlosses führt eine gemauerte, von vier barocken Pfeilern flankierte Brücke über den Graben. Der dreigeschossige, wohlproportionierte Bau besitzt auf der Nordseite einen runden kräftigen Treppenturm mit Haubenabschluß. Zwei schön gegliederte Renaissanceportale am Turm und Pilaster flankieren die Archivolte und stützen den Architrav, der je eine von Voluten und Blattwerk gerahmte und mit einer Muschel bekrönte Inschrifttafel trägt. An der Archivolte des Turmportals ist die Jahreszahl 1589 zu lesen. Über der Tafel sind die Allianzwappen Bibra-Erthal angebracht. An der Ostfassade des Schlosses ist eine Relieftafel mit dem Wappen der Freiherren von Guttenberg eingemauert.

Das Innere ist schlicht und einfach. An der Treppenspindel findet man dasselbe Steinmetzzeichen, das auf dem Taufstein der Kleinbardorfer Kirche zu sehen ist.

Waltershausen

Der Ort Waltershausen mit dem gleichnamigen Schloß, etwa zehn Kilometer von Königshofen entfernt, liegt am Ende des Milztales inmitten herrlicher Waldungen. Schon 857 wird Waltershausen urkundlich als Besitz des Klosters Fulda erwähnt. Zur Zeit der Mongoleneinfälle 1241 legten die im Grabfeld ansässigen Henneberger hier eine burgähnliche Befestigung an. Sie war die Vorgängerin des jetzigen Schlosses, das noch einen gewissen wehrhaften Charakter aufweist. Der Bau, wie er heute von Bäumen umgeben die Ortschaft überragt, wurde unter Georg Philipp Marschalk von Ostheim erbaut. Dieser ließ 1619 die alte Befestigung niederreißen und 1623/27 unter Verwendung älterer Mauerteile das neue Schloß errichten. Es ist eine dreiflügelige Anlage mit nach Westen gerichteten, kurzen Flügelbauten, die einen rechtwinkligen, offenen Hofraum bilden. Die vier an den Ecken stehenden, kraftvollen Rundtürme tragen die typischen fränkischen Hauben.

Etwa hundert Jahre später wurde das Schloß um ein Stockwerk erhöht und erhielt – angeblich durch Balthasar Neumann – einen eleganten Festsaal und anschließende Salons. Dagegen sieht man in den unteren Etagen noch prächtig gewölbte Räume, die vom Beginn des Neubaus datieren. Eine schöne Sandsteintreppe auf zwei Pfeilern ruhend mit Balustergeländer und Kreuzgewölbe führt hinauf in das leichtere Obergeschoß des 18. Jahrhunderts. Der Saal liegt im Mitteltrakt, er ist mit hervorragenden Stuckarbeiten ausgeschmückt. In der oberen Zone der Wandfelder sehen wir stuckierte Musikinstrumente, der Spiegel über dem Kamin wird von einer stuckierten Flammleiste gerahmt. Feine in Weiß gehaltene Rocailleformen heben sich von der türkis getönten Übergangszone zum Deckenspiegel besonders reizvoll ab. Am Plafond erkennt man in den Ecken Embleme der vier Jahreszeiten. Farbige Blüten und Ranken umziehen das Deckengesims; sie werden über den Eckkartuschen von einem Reiherpaar gehalten. Zart stuckierte Decken befinden sich im anschließenden Turmzimmer sowie in anderen Salons.

Dieses gepflegte und mit einigen alten Möbeln und Gemälden ausgestattete Schloß war der Geburtsort von Charlotte von Kalb, der Freundin Schillers, Hölderlins und Jean Pauls. Es wurde 1827 von Hofrat Georg Sartorius, dem einstigen Lehrer König Ludwigs I., als Kronlehen erworben. Als der Besitz 1890 vor dem Konkurs stand, kaufte Rittmeister von Feilitzsch das Schloß und ließ es renovieren.

Die jüngste Instandsetzung fand 1965/68 statt. Sie ist der Deutschen Bundespost zu verdanken, die das Haus 1942 erworben hatte und hier nach dem Zweiten Weltkrieg das erste Posterholungsheim eingerichtet hat. Das Schloß wird in vorbildlicher Weise gehalten und ist für jeden Kunstinteressierten einen Besuch wert.

Salzburg

Salz, eine ehemalige karolingische Pfalz, lag im Tal der Fränkischen Saale bei Bad Neustadt. Das Königsgut wurde im Jahre 1000 dem Hochstift Würzburg zu Lehen gegeben, und die Bischöfe erbauten im 12. Jahrhundert auf der Höhe über dem Fluß die Salzburg als Stützpunkt gegen die Grafschaft Henneberg. Die weitläufige Anlage – man sieht ihre Türme schon von weitem über dem Wald aufragen –, die verschiedene Burgsitze in ihrer Mauer vereinigt, wurde Adelsfamilien zu Lehen gegeben. Sie waren die Ganerben und hatten die Ganerbung, auch Ganerbschaft genannt, mit starker Besatzung zu hüten. Darunter waren die Thüngen, Brende, Steinau von Steinrück, Eberstein und die Voite von Salzburg, die von Anfang an ihren Sitz dort hatten, den sie erst 1795 verkauft haben. Im 19. Jahrhundert gelangte die Salzburg – sie befand sich bereits seit 1550 im Verfall – an die Freiherren von und zu Guttenberg, die noch heute den sogenannten Voitschen Ansitz bewohnen.

Die Burganlage mit gut erhaltenem Bering und Wehrtürmen liegt in einer Länge von vierhundert Metern auf dem Bergrücken, ist also eine der größten Burganlagen Bayerns.

Die Wehrbauten – sie zeigen zum Teil kraftvolles Buckelquaderwerk – entstammen dem 12. und frühen 13. Jahrhundert. Durch den Torturm gelangen wir in den Burgbezirk, wo die zum größten Teil an die Ringmauer angebauten Ganerbensitze mit ihren Nebengebäuden stehen. Der Bergfried wurde im frühen 13. Jahrhundert errichtet; zu seinen Füßen befindet sich ein tiefer Brunnen, der bis in die Talsohle hinabreicht. Neben dem Saalbau im Voitschen Ansitz, der einen Saal des 16. Jahrhunderts enthält, sind der Wohn- oder Geweihturm mit einem frühgotischen Eckkamin sowie der Gefängnisturm zu nennen. Architektonisch bemerkenswert ist der ‹Münze› genannte Palasbau, ein kleiner, fast quadratischer, sehr reizvoller Bau mit Staffelgiebel, um 1250 errichtet. Seine Fassade zeigt eine zweiteilige, spitzbogige Fenstergruppe von je drei Fenstern mit Maßwerkfüllung, darüber ein Gesims mit Ahornblätterfries auf schlanken Säulen mit Knospenkapitellen.

Hier oben soll, so hören wir in einem romantischen Bericht von G. von Heeringen, der die Salzburg um 1840 besuchte, Karl der Große 803 eine Gesandtschaft des Kaisers Nekiphoros empfangen haben, und seither soll der Kaiser Karl immer wieder dort erscheinen. «Abends, wenn der Mond seinen bleichen Glanz über ihre Trümmer ausgießt, da wird es lebendig im Bankettsaal, es summt und schwirrt und tönt und zittert wie silberner und goldener Klang durch die stillen Räume. Die italienischen Sänger Karl's stimmen ihre Harfen, liebliche Klänge erheben sich leise und doch voll schwellender Harmonie, und an der schweren eichenen Tafel, das Haupt auf seine weltbeherrschende Rechte gestützt, erscheint die edle, ernste, majestätische Gestalt des großen Kaisers, der vorzugsweise so gern hier verweilte ... Und auch vom Hof herauf schallt geisterhaft Musik, Cymbeln klingen und die Timbale rollt. Abenteuerliche Gestalten zeigen sich; die Gesandten von Asien kommen auf Kamelen geritten ...»

Kaiser Karl allerdings kann die im 12. Jahrhundert gebaute Salzburg nicht gekannt haben. Vielleicht erscheint er dort, weil seine alte Pfalz unten am Fluß verschwunden ist? Aber es mag auch sein, daß man ihn mit Kaiser Friedrich II. verwechselt, der Deutschland mit italienischen Sängern, orientalischem Gefolge, Kamelen, edlen Araberpferden und Löwen durchzog und damit einen ungeheueren Eindruck machte.

Aschach

Auf einer Anhöhe vor den waldreichen Vorbergen der Rhön liegt über einem weiten, von der fränkischen Saale durchflossenen Wiesental das Schloß, einst Sitz der Grafen von Henneberg, wohl schon aus staufischer Zeit. Bauherr der Burg dürfte jener Graf von Henneberg gewesen sein, der Kaiser Friedrich I. Barbarossa auf seinem Kreuzzug begleitete und 1190 in Kleinasien starb. Dieses Henneberg ältester Sohn, der letzte Burggraf von Würzburg aus Hennebergischem Stamm, Schwager des Landgrafen Ludwig des Heiligen von Thüringen, führte vermutlich den Bau fort. Sicherlich ist sein Bruder, der Minnesänger, der sich nach seiner Burg bei Kissingen Graf von Botenlauben nannte, damals öfters nach Aschach gekommen. Auch seine Lieder sind in der Manesseschen Liederhandschrift gesammelt. 1491 kaufte der Fürstbischof von Würzburg die Burg und richtete dort einen Amtssitz ein, und zwar saß der letzte Graf von Henneberg dort als würzburgischer Amtmann. Fürstbischof Konrad von Thüngen baute die im Bauernkrieg 1525 zerstörte Burg als Schloß wieder auf, doch ging der Sitz wenig später erneut in Flammen auf. Der Neubau, der dann entstand, ist jener langgestreckte viergeschossige Flügelbau mit schönem Erker, der sich bis heute erhalten hat. Damals wurde auf der Hofseite die Altane mit einer Maßwerkbrüstung geschmückt, im Innern unten links ein großer Saal eingerichtet, dessen Decke mit schwerem hölzernem Unterzug eine dicke Säule stützt. Im südlichen Flügel gab es holzgetäfelte Stuben, im Mittelstock die fürstlichen Gemächer, im Oberstock die Gastzimmer. Seit 1802 gehört Aschach zu Bayern und ist langsam verfallen.

Der Industrielle Wilhelm Sattler, der es 1829 kaufte, richtete hier eine Steingutfabrik ein, stattete aber auch einige der Räume neu aus, so ein Zimmer mit dekorativen Grisaille-Tapeten der Pariser Fabrik Dufour, die Szenen aus Napoleons italienischem Feldzug zeigen. Als Sattler das Schloß wieder aufgab, kaufte es 1874 Graf Friedrich Luxburg, Regierungspräsident von Unterfranken, und begann, es im Geschmack der damaligen Zeit instand zu setzen und im Innern teilweise umzubauen. Der Fürstensaal wurde wiederhergestellt, manch einer der übrigen Räume im ‹altdeutschen› Stil eingerichtet, auch ein Festsaal im Stil der deutschen Renaissance ausgestaltet. In allen Räumen fanden die reichen Sammlungen des Schloßherrn Platz: gutes Mobiliar, wie ein Renaissanceschrank aus Nördlingen, ein prächtiger Säulenschrank des unterfränkischen Klosters Bildhausen, ein Rokokoschreibschrank aus Kloster Ebrach, Kommoden aus der Würzburger Residenz, gute Gemälde, viel Kunstgewerbe, darunter chinesisches Porzellan, Silber, Teppiche.

Im Jahre 1955 hat Graf Karl Luxburg, da er keine Erben hatte, das Schloß mit allem Zubehör dem Bezirk Unterfranken als Geschenk übergeben. Es war ihm daran gelegen, die Atmosphäre des Schlosses unangetastet erhalten zu wissen. Behutsam angebrachte Beleuchtung, geschickte Zusammenstellung von Silber und Porzellan, von Möbeln, Gemälden und Skulpturen lassen das Schloß nicht als Museum, sondern als bewohntes, behagliches Haus erscheinen. Graf Luxburg mag bei der Absicht dieser Schenkung des Spruchs gedacht haben, den Sattler rechts vom Haupteingang im ‹Spruchzimmer› anbringen ließ:

Dies Haus ist mein und doch nicht mein.
Der es vor mir besessen,
Der sagte auch, es wäre sein
Und jetzt ist er vergessen.
Man trug ihn hin, ich nahm es ein.
Ein anderer kommt nach mir darein.
Wohl dem, der hier bei seiner Zeit
Des Lebens sich als Weiser freut.

Abb. 241 bis 243

Völkershausen

Wenn wir von Mellrichstadt in Richtung Fladungen fahren, wo sich eines der schönsten bayerischen Heimatmuseen, das Rhönmuseum, befindet, und gleich hinter Stockheim rechts abbiegen, wo vom nördlichen Willmars her kommend die Sulz fließt, führt der Weg durch ein stilles Waldtal nach Völkershausen. Völkershausen liegt in einem der schönsten Waldgebiete Unterfrankens, in den östlichen Ausläufern der Rhön. Das Schloß ist seit 1378 im Besitz der zur fränkischen Reichsritterschaft gehörenden, 1669 in den Reichsfreiherrenstand erhobenen Familie von Stein zu Nord- und Ostheim. Seit dem 13. Jahrhundert sind die Stein in der Rhön, im Grabfeld und an der fränkischen Saale zuhause; sie gehörten zu den einflußreichen Familien, die wie die Tann, Bibra, Truchseß und Thüngen eine bedeutende Rolle in den Domkapiteln von Würzburg und Bamberg spielten, als Offiziere und Diplomaten im Fürstendienst standen und Ritterhauptleute des Kantons Rhön-Werra waren. Bekannt wurde besonders der Doctor legum Hertnid von Stein zu Ostheim (gest. 1491) durch seine dreißigjährige Amtszeit als Bamberger Domdekan. Er stand im Dienst des Kurfürsten Albrecht Achilles von Brandenburg und war ein Förderer des Humanismus. Er ist der Stifter des sogenannten ‹Hertnid-Altars› in der Lorenzkirche in Hof (1470) und des sogenannten ‹Hofer Altars›, den vermutlich 1465 Hans Pleydenwurff gemalt hat, und der 1810 als ein Geschenk der Stadt Hof an König Max I. Joseph nach München gekommen ist (er befindet sich heute in der Alten Pinakothek).

Der Deutschordensritter Carl Freiherr von Stein (1673 bis 1733) ließ 1722/31 Schloß und Kirche Völkershausen erbauen. Er war als Protestant Landkomtur des Deutschen Ordens in Thüringen, Statthalter in Hessen, Oberststallmeister des Hoch- und Deutschmeisters Pfalzgraf Franz Ludwig zu Neuburg, und später dessen Premierminister als Kurfürst von Trier (seit 1729 von Mainz). Er begleitete den Fürsten, der auch Bischof von Breslau und Worms und Oberlandeshauptmann von Schlesien war, auf ausgedehnten Reisen durch das Reich, wobei er sich eine große Kenntnis der Architektur damaliger geistlicher und weltlicher Bauten aneignete.

Das alte Schloß in Völkershausen, kurz vor dem Ausbruch des Dreißigjährigen Krieges erbaut, wurde abgebrochen, als Carl Freiherr von Stein 1722 mit dem Neubau des Schlosses begann. Einen Baumeister gab es nicht. Der Bauherr selbst kümmerte sich genau um die Bauplanung und um jedes Detail. Fast vollständig ist ein Briefwechsel zwischen ihm und seinem Verwalter erhalten. Hieraus sowie aus den Eintragungen in der Baurechnung wird ersichtlich, woher die Vorbilder für Kirche und Schloß genommen wurden. Die Ausführung lag in den Händen heimischer Handwerksmeister aus Fladungen, Ostheim, Mellrichstadt und Römhild. Das Holz stammte aus den eigenen Waldungen, die Steine aus den Brüchen bei Milz und Römhild, der Schiefer aus Lehesten. Zeichnungen für Kamine wurden aus Fulda geliefert. Von Würzburger Rissen ist oft die Rede. Wahrscheinlich hat sie der General Friedrich August von Stein besorgt; auch hat er wohl die Pläne von Völkershausen an Balthasar Neumann gesandt, der sie in einem Brief gutheißt. Besonderen Wert legte der Freiherr von Stein auf den Einbau guter Türschlösser, und er ordnete an, sie «nach dem überschickten Modell zu bestellen». Die Schlösser sollten tief in das Holz eingefügt werden, wie er es in der kurfürstlichen Residenz zu Koblenz gesehen hatte. Das Fensterglas wurde von der Manufaktur in Lohr geliefert. Als Vorbild für das Treppenhaus diente Steins Kommende Griefstedt im nördlichen Thüringen.

1725 stand der Außenbau. Carls Bruder Erdmann von Stein, Oberhofmeister der Kurfürstin von Sachsen und Minister, besichtigte den Bau und beauftragte den Stuckator Martin Anton Flassack aus Schneeberg einen Aufriß für den Saal anzufertigen. Dem Bauherrn gefiel jedoch ein anderer Riß, den er von einem Stuckator in Wien hatte anfertigen lassen, und Flassack versprach diesen auszuführen. 1728 war die Innenausstattung größtenteils vollendet. Man besorgte das damalige Mobilar in Darmstadt, darunter ein ‹fourniertes Contor›. Armstühle, Ruhesessel, Tafelstühle, Eichenstühle und ‹Nußbäumerne› lieferten die Schreiner Johann Caspar Ansorg in Henneberg und Johann Caspar Geiß in Mellrichstadt. Den Fußboden im Saal legte Ansorg 1732.

Völkershausen ist ein vornehmes, wohnliches Haus, dessen Mittelrisalit durch ein Portal und einen Giebel an der Fassadenseite sowie durch gequaderte Lisenen gegliedert ist. Über dem Portal wurde 1734 das Stein-Wappen von dem Bildhauer Valentin Harttmann in Fladungen angebracht. Der Saal im ersten Obergeschoß hat eine Stuckdecke aus Bandelwerk, Putten und Baldachinen. Dort befindet sich auch ein schöner Marmorkamin, dessen Aufsatz in reicher Umrahmung das Monogramm TOR (Teutsch-Ordens-Ritter) zeigt, darüber im Rundgiebel das Stein-Wappen auf dem

Ordenskreuz. Das Gegenstück zu diesem Kamin steht im anschließenden Raum, der früher ein Teil des Saales gewesen ist.

Werneck

Werneck, zwischen Würzburg und Bad Kissingen am Main, war alter bischöflicher Besitz. Hier hatte bereits Fürstbischof Julius Echter von Mespelbrunn im Jahre 1600 ein neues Schloß bauen lassen, da das alte im Bauernkrieg zerstört worden war, aber erst unter Fürstbischof Friedrich Karl von Schönborn entstand der heute noch existierende große Bau. Schönborn, der die an sich reizlose Landschaft am Main liebte, beauftragte Balthasar Neumann, das weitläufige Schloß zu bauen, was zwischen 1734/44 geschah. Die Vollendung der Innenausstattung mußte der Bischof allerdings seinen Nachfolgern überlassen, doch ist kaum etwas davon erhalten geblieben, da 1856 in Werneck ein Nervenkrankenhaus eingezogen ist.

Schon der überaus bewegte Grundriß läßt die reiche Architektur des Schlosses erkennen. An die große Hufeisenanlage schließen sich die Wirtschaftsgebäude an, deren nördliche Frontflügel sich im Halbkreis um den Vorhof legen. Die geschickte Gruppierung der Gebäude steigert die Wirkung des prachtvollen Hauptbaues, dessen vier Ecken durch vorspringende Pavillons betont werden, dessen innerer Hof von je einem den Seitenflügeln vorgesetzten Turm gerahmt wird. Die Gliederung der Fassaden ist ähnlich wie an der Würzburger Residenz. Vom Park her sieht man nur die lange Front des Hauptbaues mit dem hier kräftig vorspringenden Mittelrisalit und den seitlichen Pavillons. Jeder Bauteil hat sein eigenes Dach, so daß eine richtige ‹Dächerlandschaft› entstanden ist, wie Alexander von Reitzenstein schreibt, der Werneck «eine der gelungensten und auch deutschesten Schloßanlagen des reifen 18. Jahrhunderts» nennt.

Nur die Schloßkirche hat ihre alte Ausstattung bewahrt. Sie wurde 1745 stuckiert und bildet fast ein Quadrat, in das die eingestellten Wandpfeiler ein Oval schreiben. Stuck und Schmuck des Hochaltars schuf Antonio Bossi, Seitenaltäre und Kanzel stammen von Materno Bossi um 1786.

Abb. 230 bis 234

Rimpar

Im Norden von Würzburg, ganz nahe der Stadt, liegt im Tal der Pleichach der Markt Rimpar und beherrschend über ihm das wuchtige Burgschloß. Der den Herren von Grumbach gehörende Ort kam 1243 an die Grafen von Rieneck, 1328 an die Herren von Wolfskeel, die sich fortan Grumbach nannten. Im Jahre 1593 kaufte Fürstbischof Julius Echter von Mespelbrunn den Besitz und ließ die Burg wohl in den Jahren 1600/14 als Sommerschloß ausbauen, denn 1614 gab es schon den hohen runden Turm mit seiner umlaufenden steinernen Galerie. Damals entstand auch der Ostflügel. Die Befestigungen auf Nord- und Westseite des Berings steigen unmittelbar von der Talsohle auf. Der spätgotische Südflügel mit Treppengiebel war, unter Benutzung älterer Teile, nach dem Bauernkrieg noch von den Grumbach erbaut worden. Drei turmartige Erker stehen an seiner südlichen Front. Der von Bischof Julius errichtete Ostflügel hat einen Volutengiebel und an der Außenfront drei runde Türme, zwischen denen das Eingangstor liegt. Es ist auf der Hofseite in reiche Rustika-Rahmung gefaßt, bekrönt von vier Kardinaltugenden um das Echterwappen, eine ausgezeichnete Arbeit, die Michael Kern zugeschrieben wird.

Merkwürdigerweise hat der Bischof die Repräsentationsräume nicht in dem von ihm erbauten Ostflügel, sondern im alten Südflügel einrichten und kostbar ausstatten lassen. Da ist zunächst der Hauptsaal mit Kamin und Erker mit Netzgewölbe. Die kassettenartig ausgeführte Gipsdecke ruht auf sechs toskanischen Säulen, welche die Unterzüge tragen. Quadraturstuck füllt die Felder, und oberhalb der Wände verläuft ein breiter Fries, geschmückt mit Wappen zwischen Hermenfiguren; figürliche Szenen, vielleicht der Kampf der Horatier und Curiatier, mit dem Grumbachwappen und die Apotheose des Romulus mit dem Zobelwappen, sind möglicherweise eine Anspielung auf die ‹Grumbachschen Händel›, die von dem geächteten Wilhelm von Grumbach verursachten Unruhen. Auf der Zobelseite sehen wir folgende Wappen: Waldenfels, Sickingen, Rotenhan, Landschadt, Stein, Schwarzenberg, Franckenstein, Altenstein, Rosenberg, Speth, Seckendorff, Velberg, Weiler, Gültlingen, Alfing. Auf der Grumbachschen: Wolfstein, Schaumberg, Hutten, Buchberg, Rüdt, Eych, Thüngen, Rumrodt, Bubenhofen, Rau, Ehingen, Wolfershausen, Halfingen, Treusch von Butlar, Truchseß, also einen guten Teil der fränkischen Reichsritterschaft. Man weiß nicht, nach welchen Gesichtspunkten die Auswahl der Wappen erfolgte. Vielleicht waren ihre Träger in irgendeiner Form an den Grumbachschen Händeln beteiligt, sei es auf Seiten des Bischofs oder gegen ihn. Der große Saal hat drei in Stuck gearbeitete Portale, mit Säulen, Pilastern, Giebeln, geschmückt mit Hermen, Rollwerkkartusche mit Relief des Paris-Urteils, Imperatorenkopf und Laubwerk. Der kleine Saal ist ähnlich ausgestattet. Die Wände tragen polierten Gipsputz und ringsum einen reichen Laubwerkfries, die zwei Portale sind auch hier bemerkenswert. Stuckarbeiten dürften von einem guten Meister stammen, vielleicht auch sie von Michael Kern. Im dritten Saal finden wir eine Decke mit einfachem Rahmenstuck und dem Wappen des Fürstbischofs Johann Philipp von Greiffenclau (1699–1719).

Bischof Julius hatte im Hof einen kleinen Ziergarten anlegen lassen, von dem nur noch ein Wandbrunnen erhalten

Schloß Rimpar
Bleistiftzeichnung von
Fritz Bamberger, um 1845.

ist. Aber auch die Reste dieses einst fürstlich ausgestatteten Schlosses lassen auf die Pracht seiner Einrichtung schließen.

Veitshöchheim

Zur Geschichte Veitshöchheims sei vermerkt, daß dort 1681 im Zusammenhang mit dem fürstbischöflichen Sommerhaus ein Tiergarten eingerichtet wurde. Das bescheidene, hübsch gegliederte Schlößchen haben Heinrich Zimmer und Valentin Bezani 1680/82 gebaut, als eine noble Villeggiatur mit festlicher Wirkung. Das Schloß liegt an der Nordostecke der Gartenanlage und ist von bewegtem Umriß, dank seiner vier Eckrisalite des älteren Kernbaues und der von Balthasar Neumann 1753 angefügten Seitenpavillons. Eine Balustrade läuft um das Schlößchen herum, besetzt mit zwanzig Vasen und ebensovielen Kindergruppen von der Hand Johann Peter Wagners. Marmorfiguren Wagners schmücken auch das Stiegenhaus, durch das wir in die Repräsentationsräume gelangen, die meist aus der Zeit des Rokoko stammen.

Das wichtigste in Veitshöchheim ist aber der Garten. In Franken war wohl der größte Gartenfreund Lothar Franz von Schönborn, Kurfürst von Mainz und Fürstbischof von Bamberg. Maximilian von Welsch, sein Mainzer Hofbaumeister, entwarf für ihn den Garten der Mainzer Favorite, die Gärten von Gaibach und Pommersfelden. Alle diese Anlagen kennen wir nur noch aus Kupferstichen, Akten, Plänen und Reisebeschreibungen, da sie entweder verschwunden oder zu englischen Parks umgewandelt worden sind. Als 1726 Salomon Kleiners Stichwerk der Schönborngärten erschien, schrieb der Verleger: «Obwohl der allmächtige und allweise Schöpfer diesen Weltbau in der schönsten Perfektion dargestellt, so hat doch die Kunst, und zwar immer galanter und glücklicher, der Natur durch Anlegung prächtiger Gebäude und schöner Gärten einige Beihilfe gegeben.»

Lothar Franz bevorzugte den niederländischen Gartentypus, der in Quadrate und Rechtecke aufgeteilte Anlagen zentraler gruppierte als Frankreich oder Italien. Was den Schönborns die Gärten bedeuteten, nicht nur ihnen, sondern allen Schloßherren der damaligen Zeit, zeigen ihre Briefe. Es seien einige Stellen daraus zitiert. Graf Rudolf Franz Erwein von Schönborn, Herr von Wiesentheid und Gaibach, schrieb an seinen Bruder Friedrich Karl: «Den Aufputz Euer Exzellenz Gartenwerk stelle ich mir ganz vor, zumalen die zwei kleine fruchtbare Regen alles haben so bald machen herauskommen... Zu Gaibach haben Ihro Kurfürstl. Gnaden den Garten auch hübsch gefunden, von Tulipanes aber waren noch keine 30 heraus, und ist schon wegen der Rhön etwas winterich er da.» Und im Juni 1720 heißt es: «Ganz still darf man gewiß von dem löblichen Gartenwerk nicht schweigen; hier stehet es gut damit, der Hyazinthen, Tulipanen, Aurikuln, Ranunkulen und Anemonen Flor war und ist recht schön copios gewesen und gehet es jetzo auf die Sommergewachse mit aller Gewalt los.» So könnten sich Gartenfreunde noch heute ihre Sorgen und Freuden mitteilen.

Die Gärten bestanden meist aus dem Parterre mit buchsgesäumten Rabatten in ornamentaler Ordnung beim Schloß. Angefügt waren die schattigen Bosketts, regelmäßig gepflanzte Haine und Heckenwände. Hauptachse war stets eine Allee, von Queralleen gekreuzt, im französischen Garten meist der Kanal mit Kaskaden.

Nachfolger Welschs ist Balthasar Neumann gewesen. Er hat zum Beispiel den Entwurf Welschs für den Würzburger Hofgarten zum Terrassengarten umgestaltet. Sein Garten in Werneck fiel ebenfalls dem englischen Park zum Opfer und seine Pläne für Veitshöchheim sind wegen seines Todes und des Siebenjährigen Krieges nicht ausgeführt worden. Veitshöchheim besitzt einen dem Umfang nach bescheidenen Garten, eingezwängt zwischen Main und Rebhügel, jedoch den berühmtesten und bezauberndsten, denn hier ist die Anlage des Rokoko ganz erhalten. Es ist ein typisch deutscher Garten. Es gibt hier keinen französischen Kanal, keine italienischen Terrassenfolgen. Seinen außerordentlichen Reichtum an Motiven aller Art verdankt er dem Fürstbischof Adam Friedrich Grafen von Seinsheim. Der einstige Tiergarten war durch drei parallele Alleen in drei ungleich große Zonen geteilt. Fast jeder Fürstbischof von Würzburg hat an diesem Garten arbeiten lassen. Unter Fürstbischof Johann Philipp Freiherrn von Greiffenclau wurde 1702/03 die grundlegende Umgestaltung des Gartens durchgeführt. Vor dem Schlößchen entstand ein Parterre, durch Mauern mit zwei Pavillons gegen das zum Main abfallende Gelände abgesetzt. Zwei künstliche Bassins wurden vor dem Schlosse ausgehoben; das dritte Bassin entstand im Baum- und Heckengarten. Wo dessen Mittelachse den unteren Gartenteil erreicht, legte man den ‹Großen See› an, das beherrschende Motiv der Gesamtanlage.

Johann Philipp Franz von Schönborn setzte das Werk fort, indem er südlich vom großen Bassin den ‹Kleinen› oder ‹Balustersee› ausheben ließ, der seinen Namen von der einstigen Einfriedung trug. Unter Fürstbischof Christoph Franz Freiherrn von Hutten begann der Zyklus der Gartenplastik Gestalt anzunehmen. So erhielt der Hofbildhauer Johann Wolfgang van der Auvera den Auftrag für 14 Figuren: Chor der Musen und eine Göttergruppe. Ein zweiter Vertrag mit dem Künstler sah Heroen, Monatsallegorien und Ziervasen vor. Adam Friedrich von Seinsheim ließ 1755 die Greiffenclauschen Pläne für die Ausstattung mit Figuren wieder aufnehmen, und als Auvera 1756 starb, trat Johann Peter Wagner an seine Stelle. 1763 entschloß sich Seinsheim, den Garten ganz neu zu gestalten, denn «er habe mit eigenen Augen wahrzunehmen gehabt, wie sehr das dortige schöne Gartenwerk unter dem Namen einer Fasanerie bishero vernachlässiget worden und wie man vielartige Decorationes besonders an Alleen als die beste Zierde des Gartens größtenteils völlig eingehen lassen.»

Es entstand nun ein durchgebildeter Lustgarten. 1756 begannen die Arbeiten und gingen in den drei Zonen rasch von West nach Ost voran, so daß sie zwei Jahre später fast vollendet waren. Ferdinand Tietz, der schon für den Seehofer Park bei Bamberg gearbeitet hatte, schuf für den Parnaß im Großen See den Pegasus, Apollo und die neun Musen, eine Gruppe, die Seinsheim in Versailles und bei seinem Vetter Schönborn in Schönborn bei Wien gesehen hatte. «Der See nimmt durch dieses «ovidische Bronnenwerk» die Bedeutung der von Jupiter über die Menschheit verhängten Sintflut an, aus der einzig der Parnaß herausragt. Hier erscheint eine neue musische und zum Himmel gerichtete Ordnung, für die Pegasus das Symbol ist» (Walter Tunk). Ein weitgespannter Heckenrahmen birgt in seinen Nischen graziöse antike Götter, Allegorien der Künste und Jahreszeiten als Gefolge Apolls. In der Mittelzone des Gartens mit dem großen Rondell in einem System von Laubengängen sehen wir die besten Figuren von Tietz, wie Erdteile, Tänzer, Schäfer, Putten und anderes mehr, von köstlicher Frische und Ausdruckskraft. Einst sind die Figuren bemalt gewesen, was dem Ganzen einen besonders lustigen und heiteren Charakter gegeben haben muß. Die dritte Partie des Gartens, die Waldzone, enthält ein Heckentheater, Tier- und Figurengruppen von Tietz an schattigen Wegen. Jede der drei Zonen hat ihren besonderen Charakter, dargestellt durch das Figurenprogramm. So versinnbildlicht z. B. das Tänzerpaar in der Mittelzone die gesellige Zusammenkunft der Hofgesellschaft. Man muß diesen Garten selbst durchwandern, um die Atmosphäre eines echten Rokokogartens, den überraschenden Wechsel von verschwiegener Abgeschiedenheit mit großartigen Durchblicken nachempfinden zu können. *Abb. 248 bis 254*

Thüngen

Die Thüngen sind fränkischer Uradel mit gleichnamigem Stammhaus im Werntal, sie waren Erbtruchsesse im Herzogtum Franken und wurden bisher mit den Edelfreien de Dungethi (urkundlich 5.2.1100) in Zusammenhang gebracht; nach neueren Forschungen sind sie aber wohl eines Stammes mit den wappengleichen nach 1420 erloschen Blumelin (urkundlich zuerst 1160 erscheinend). Die Stammreihe des heutigen Hauses beginnt mit Ludwig von Tungedin 1259. Sein Sohn Friedrich wurde 1303 mit Thüngen bei Karlsstadt belehnt, das die Familie im Jahre 1406 als Eigengut erwarb. Seit 1768 sind die Thüngen Reichsfreiherren.

In Franken haben sie eine große Rolle gespielt, da sie über ausgedehnten Grundbesitz verfügten. Zwei Thüngen waren Bischöfe von Würzburg und Bamberg, Konrad, gestorben 1540, und Niedhard, gestorben 1598. Adam Sigmund fiel 1745 als kaiserlicher Feldzeugmeister in der Schlacht bei Hohenfriedberg gegen König Friedrich II. von Preußen; Hans Karl von Thüngen – er wurde 1708 in den Grafenstand erhoben – zeichnete sich als kaiserlicher Generalfeldmarschall aus. König Ludwig I. von Bayern ließ die Büste des Marschalls in der Münchner Ruhmeshalle aufstellen. Johann Sigmund Karl amtierte 1772/77 als Präsident des Reichskammergerichts zu Wetzlar, und viele andere Herren des Hauses standen als Diplomaten, Minister und Offiziere in kaiserlichen und würzburgischen, später auch in bayerischen Diensten.

Kernpunkte der Herrschaft waren die Burgen auf dem Sodenberg und in Thüngen sowie der Reußenberg bei Höllrich. Durch die Heirat des Lutz von Thüngen mit Jutta von Steckelberg im 14. Jahrhundert kam die Familie zu ausgedehntem Besitz im heutigen Landkreis Bad Kissingen um Bad Brückenau, der sogenannten ‹Thüngen'schen Cent› (Gerichtsbezirk), mit den Schlössern Zeitlofs, Weißenbach, Roßbach, Heilsberg und Höllrich.

Hauptsitz des Thüngenschen Hauses ist Weißenbach und Thüngen selbst, diese umfangreiche Anlage hoch über dem Markt, umzogen von einem tiefen Halsgraben. Den Besucher empfängt, wenn er die steinerne Brücke überschritten hat, das Schloß das nach der Zerstörung im Bauernkrieg 1564 als großer Doppelbau neu errichtet worden ist. Innerhalb des Berings steht neben dem Tor der ‹Alte Stock›, ein hoher mittelalterlicher Wohnturm, in dessen oberen Geschossen Reste von Fresken des 16. Jahrhunderts erhalten sind; sie stellen Jakobs Traum und den Sündenfall dar. An der nördlichen Längsseite des Berings liegt der heutige Wohnbau, der langgestreckte Trakt von 1564, mit zwei pavillonartigen Flügeln. An der Westseite befindet sich ein hübscher Erker mit Renaissance-Dekor und Ehewappen Thüngen-Seckendorff. Der östliche Teil ist neugotisch umgebaut worden. Innerhalb des Marktes Thüngen steht das sogenannte Burgsinner Schloß mit hohem Staffelgiebel und Treppenturm, das Andreas von Thüngen im Jahre 1554 gebaut hat. Dort befindet sich ein prächtiger Renaissancesaal mit schöner intarsierter Vertäfelung und mit Fresken.

Philipp Christoph Dietrich von Thüngen erbaute 1741 auf der Gartenterrasse eine Orangerie mit Gartensaal, der guten Rokokostuck enthält. So ist Thüngen ein Sitz, der in jeder Hinsicht der großen Stellung der Familie in der fränkischen Reichsritterschaft entspricht. *Abb. 283 bis 286*

Weißenbach

Die Ortschaft wird erstmals 1167 als Besitz der Grafen von Steckelberg genannt. Durch die ‹Steckelberg'sche Erbschaft› kam sie 1328 an die Herren von Thüngen und ist seitdem ununterbrochen im Rahmen der Thüngen'schen Cent im Besitz der Familie von Thüngen geblieben. Es gibt eine Karte von 1682, die ein gemaltes Bild aller damals zur Thüngen'schen Cent gehörenden Ortschaften zeigt, also auch Weißenbach, wo 1562 Fritz von Thüngen das erste Schloß erbaut hatte; das zweite Schloß entstand unter Johann Friedrich von Thüngen um 1689, während das noch heute bestehende dritte Schloß 1784 von Generalmajor Friedrich Wilhelm von Thüngen errichtet wurde.

Über dem Hauptportal des schlichten, wohlproportionierten Hauses schneidet ein rundbogiger Giebel mit der Jahreszahl 1784 in das barocke Mansarddach ein. Der bemerkenswerte quadratische Saal trägt eine schöne, zurückhaltende Stuckierung, die im Rahmenstuck der Wandfelder, im Girlandenmotiv über den Fenstern, sowie im Dekor der Decke bereits klassizistische Merkmale zeigt. In der Hohlkehle läuft ein Fries aus Akanthusranken, dazwischen sitzen stukkierte Fruchtschalen, und in den Ecken schweben Putten mit Obstkörben. Die Mitte des Plafonds schmückt eine Puttengruppe in großem Blumenkranz; die Ofennische, um deren Bogen sich eine Lorbeerranke legt, ist von Pilastern flankiert. Zur Ausstattung des Hauses gehören gute Biedermeiermöbel sowie einige schöne Familienbildnisse von der Hand Ferdinand von Rayskis aus der ersten Hälfte des 19. Jahrhunderts.

Seit 1912 ist Weißenbach Sitz der Thüngen'schen Hauptverwaltung, die heute unter der Leitung von Wolf-Hartmann Freiherrn von Thüngen steht. *Abb. 280, 281*

Roßbach

Ganz nahe, südlich von Zeitlofs, liegt Schloß Roßbach, das sich seit dem Ende des 14. Jahrhunderts im Besitz der Freiherren von Thüngen befindet. Die Anlage besteht aus zwei im rechten Winkel zueinander liegenden Flügel, verbunden durch einen modernen Zwischenbau. Von Süden her ergibt sich eine dreifach gestaffelte, originelle Ansicht der Bauteile. Der ältere Westtrakt wurde 1615 von Philipp Heinrich von Thüngen errichtet; der Ostflügel entstand zu Beginn des 18. Jahrhunderts unter Sigismund von Thüngen. Dem Westtrakt ist ein oktogonaler Treppenturm unter Kuppelhaube vorgelegt. Über dem Portal sitzt im gesprengten Giebel das Thüngenwappen. Ein Raum des Westtraktes besitzt gute Stuckatur: Thüngen-Wappen und Waffen zwischen Akanthus und Bandwerk, mit der Signatur Johann Martin Hummel und den Jahreszahlen 1730 und 1737.

Unter den Ahnenbildern eines hübsch eingerichteten Salons sehen wir auch das Bildnis des Feldmarschalls Grafen Hans Karl von Thüngen, dessen Grabmal sich in der Roßbacher Pfarrkirche befindet.

Zeitlofs

1406 erwarb Dietz II. von Thüngen den Alleinbesitz des Gutes im Sinntal. Das jetzige Schloß, ein vornehmes Haus, wurde 1782 gebaut. Die stattliche Anlage mit einem Mittelrisalit auf der Gartenseite enthält einen Saal mit klassizistischem Stuckdekor.

Im 17. Jahrhundert gehörte Zeitlofs dem Feldmarschall Grafen Hans Karl von Thüngen. Wenige Tage vor seiner Geburt (1648) soll er im Mutterleib «mit heller Stimme geweint, auch zwei Zähne mit auf die Welt gebracht haben». Er trat in Kriegsdienste des Herzogs von Lothringen, machte rasch Karriere, wurde zum Oberstleutnant des Fränkischen Kreises und 1676 zum Kommandanten der Stadt Würzburg ernannt. Als Generalwachtmeister befehligte er die fränkischen Kreistruppen in den Türkenkriegen und 1688 wurde er zum Feldmarschalleutnant ernannt. Auf allen europäischen Kriegsschauplätzen hat Thüngen sich geschlagen. 1690 ernannte ihn der Kurfürst von Mainz zum Generalfeldzeugmeister, sechs Jahre später war er kaiserlicher Generalfeldmarschall. Zu Beginn des Jahres 1704, im Spanischen Erbfolgekrieg, präsidierte er dem Kriegsgericht in Bregenz, das den Feldmarschall Grafen Arco wegen angeblich übereilter Übergabe der Festung Breisach an die Franzosen zum Tode durch Enthaupten verurteilte. Thüngen berichtete darüber seinem Freund, dem Freiherrn von Stein zu Nordheim: «Ihr seid gewißlich überzeugt, daß ich während der Execution der Richtstätte fern mich gehalten, und doch habe ich Alles, was da vorging, sehen und hören müssen, wie ich es auch noch jede Nacht sehen und hören muß. Es ist mir das eine Qual ohne Gleichen, viel bitterer, als ich sie zu tragen vermag: allein die Hoffnung auf Gottes unendliche Barmherzigkeit hält mich noch aufrecht.»

Der Kaiser erhob Thüngen 1708 in den Reichsgrafenstand, im Oktober 1709 ist er im Feldlager zu Speyer gestorben. Der ‹Rheinische Antiquarius› berichtet, daß der Feldmarschall «in reiferen Jahren ein Mann von der strengsten Sittlichkeit, geordnet in seinem Hauswesen und in allen seinen Handlungen» gewesen, daß er aber in jungen Jahren «ein gar lockerer Geselle» war.

Anfang April 1945 war ich auf dem Heimweg aus dem Krieg. Ich hatte mich bei einem Kameraden in Waltershausen bei Gotha, wo uns die amerikanischen Truppen überrollten, als französischer Kriegsgefangener eingekleidet und wanderte über den Thüringer Wald und durch die Rhön in Richtung Wächtersbach bei Gelnhausen, wo meine Schwiegermutter lebte. Es war ein abenteuerlicher Marsch. Kurz nach Bad Brückenau nahmen mich zwei Franzosen in ihre Mitte und versuchten mich zu bereden, bei ihnen zu bleiben. Zum Glück waren sie angetrunken, so daß ich ihnen entkommen konnte. Vor mir lag Zeitlofs in seinem Park, und ich eilte schnurstracks dorthin. Auf diese Weise lernte ich das Schloß kennen, denn Thüngens nahmen mich freundlich für die Nacht auf. Sie selbst hausten in einer Stube des Verwalterhauses, weil das Schloß geplündert worden war. Wie sah es im Innern aus, ein Trümmerhaufen! Man erzählte mir, daß amerikanische Soldaten das Mobiliar zertrümmert, daß sie der Baronin die Perlen vom Hals gerissen hatten. Auf ihren heftigen Protest, sie war eine energische alte Dame, meinte der Offizier: «Was wollen Sie, wir spielen Deutsche in Polen!» *Abb. 282*

Lohr

Das einstige gräfliche-Rienecksche Amtsschloß in Lohr steht, mit einem Rest der Stadtmauer, am Nordwestende der schönen alten Stadt. Der Mittelbau der Gesamtanlage reicht in spätgotische Zeit zurück, denn unter dem Dachboden an der Ostseite des Mittelbaus befinden sich Freskenreste des 15. Jahrhunderts, ein Ritter zu Pferd, Laubwerk und das Wappen der Grafen von Königstein mit der Jahreszahl 1460. Die runden Ecktürme sind wohl im 16. Jahrhundert hinzugefügt worden. Als nach dem Erlöschen der Grafen von Rieneck im Jahre 1559 Lohr an das Erzbistum Mainz fiel, wurde das Schloß als Amtssitz beibehalten und ab 1561 unter Kurfürst Daniel Brendel von Homburg umgebaut. Die Ausstattung der Innenräume erfolgte unter Kurfürst Johann Schweikard von Kronberg, der das Aschaffenburger Schloß baute. Das Südende des Südflügels wurde im späten 18. oder frühen 19. Jahrhundert verändert. Auf der Ostseite führt über den hier erhaltenen Graben eine Steinbrücke mit dem Wappen Kronbergs.

Die Anlage wird von dem kräftig vorspringenden Mittelbau bestimmt, der einst wohl ein Geschoß höher war, ein Wohnturmbau, mit den beiden schlanken runden Ecktürmen, deren Obergeschosse die Jahreszahl 1600 tragen. An diesen Bau schließen sich in gleicher Flucht zwei Flügel gegen Norden und Süden an. Zwei Treppentürme führen in das Innere, ein polygonaler in der Ecke zwischen Mittelbau und Nordflügel, ein runder an der Südostecke des Südflügels. An den Fenstern findet sich wiederholt das Wappen Brendel von Homburg mit den Jahreszahlen 1561, 1570. Portale sitzen am polygonalen Treppenturm sowie am Nordflügel. Das Mittelportal mit diamantiertem Gewände trägt die Jahreszahl 1599.

Ein großer zweischiffiger Saal nimmt das Erdgeschoß des Mittelbaus ein, in dem heute das Spessartmuseum eingerichtet ist. Der Unterzug des Saales ruht auf drei romanischen Säulen, über deren Herkunft nichts bekannt ist, doch stammen sie vielleicht von einem Bau, der noch vor dem gotischen Wohnturm hier stand.

In den Räumen des ersten Obergeschosses sehen wir noch guten Quadraturstuck aus der Zeit des Kurfürsten Wolfgang von Dalberg (1582–1601); besonders schön ist er im sogenannten Fürstenzimmer im Nordflügel ausgeführt. Hier steht auch ein prächtiger Renaissanceofen aus dem Jahre 1595 mit biblischen Szenen auf den Eisenplatten, mit Imperatoren- und Engelsköpfen sowie Fruchtstücken auf dem schwarz glasierten Oberteil.

Steinbach

Von der Straße aus, die von Würzburg über Gemünden nach Aschaffenburg führt, sehen wir kurz vor Lohr jenseits des Flusses das anmutige Bild eines kleinen Schlosses in seinem Park. Es ist Steinbach, das über die Heirat der Anna Maria von Diemantstein (schwäbischer Uradel) mit dem kk-Kriegsobristen Friedrich von Hutten 1625 in den Besitz des Geschlechts der Hutten (Stolzenberger Linie) gelangte, die als einzige der Hutten-Linien noch heute blüht. Streubesitz der Hutten in Steinbach läßt sich jedoch bereits 1350 urkundlich nachweisen.

Am 5. April 1945 brannte das Schloß infolge von Kriegseinwirkungen nieder, wobei manch kostbares Stück der Einrichtung vernichtet wurde. Es ist wieder aufgebaut worden, und nur die Stuckierung des durch zwei Stockwerke reichenden Saales konnte nicht wiederhergestellt werden.

Man liest, daß ein Meister aus der Umgebung Balthasar Neumanns Steinbach gebaut habe, doch in der Familie Hutten ist man von jeher der Meinung gewesen, Neumann selbst habe den Bauplan entworfen. Christoph Franz von Hutten, als Fürstbischof von Würzburg Nachfolger von Joh. Philipp Franz von Schönborn, ließ das Schloß zwischen 1725 und 1728 für seinen Bruder Franz Ludwig errichten. Da man die hohen Bauausgaben seines Vorgängers heftig kritisiert hatte, soll – so glaubt die Familie Hutten – der Fürst Neumann gebeten haben, die Pläne nicht unter seinem Namen auszufertigen. Si non é vero, é ben trovato. Denn wenn wir die qualitätvolle Architektur, vor allem den außerordentlich geistreichen Grundriß betrachten, fällt es uns nicht schwer, Neumann selbst für den Urheber des Baurisses zu halten. Den Längsbau durchschneiden an beiden Enden Querflügel so, daß sie als Risalite hervortreten. Die inneren Seiten an den Schnittpunkten der Flügel sind ausgerundet, das zweite Obergeschoß ist als Mezzanin ausgebildet und die Gebäudeecken sind mit toskanischen Pilastern belegt. Alles das läßt ein besonders reizvolles, elegantes Architekturbild entstehen. Dem Hof zu, den der kleine Hutten-Brunnen Balthasar Esterbauers schmückt, liegt das schlichte Portal mit dem Ehewappen Hutten-Bicken über doppelläufiger Freitreppe. Steinbach ist eines der wohlgelungensten Landschlößchen in Franken. *Abb. 287, 288*

Kreuzwertheim

Im Markt Kreuzwertheim liegt an der Straße über dem Main die lange Front des Schlosses, einst ein schlichter Bau mit Mansardendach, der – laut Inschrift unter dem Portalwappen Löwenstein-Limpurg – 1736 von Gräfin Amöne Sophie Friederike zu Löwenstein-Wertheim, geb. Gräfin auch Semper-Freyin zu Limpurg, als Witwensitz gebaut wurde. Im späten 19. Jahrhundert nahm Ernst Fürst zu Löwenstein-Wertheim-Freudenberg Umbauten vor, ließ das Mansardendach entfernen, hohe Giebel im Stil der Neu-Renaissance aufrichten und der Straßenfront einen Balkon auf Säulen vorlegen. Zur selben Zeit erhielt das Schloß mit seinen zwei kurzen Flügeln auf der Gartenseite in der Mitte der Fassade einen großen Treppenhausbau. Längs der Gartenfront des Haupttraktes verläuft ein langer Korridor, an dem die Enfilade der Wohnräume liegt.

Die Grafen von Wertheim gehörten zu den ältesten Familien des hohen Adels. Sie entstammen einer Linie der Konradiner, denen Herzog Konrad von Franken (als deutscher König Konrad I., 911/18) angehörte. Der Konradiner Gebhard (gest. 910), ein Ururenkel Karls des Großen im Mannesstamm, war Graf im Kinziggau. Sein Enkel Wolfram nannte sich zum ersten Mal Graf von Wertheim und baute um 1130 die Burg. Wertheim ist nicht aus einer Gaugrafschaft hervorgegangen, sondern war reichsfreies Herrschaftsgebiet, dessen Inhaber den angeborenen Grafentitel führten. Der dichtgedrängte Lehenshof der Grafschaft lag im Tauber-Waldsassen- und Maingau, am Neckar, im Würzburger Umland bis an den Steigerwald und im Nürnberger Raum. Seit 1401 waren die Wertheim Erbkämmerer von Würzburg und 1480 titulierte der Bischof sie als Landesfürsten.

Ludwig II. Graf zu Löwenstein erbte durch seine Frau, Gräfin Anna von Stolberg-Königstein, die Mitherrschaft an Wertheim, denn die Witwe des letzten Grafen von Wertheim hatte 1556 ihrem Vater Stolberg die Grafschaft übergeben. Ludwig II. verstand es geschickt, seine Schwäger, die Grafen von Eberstein und Manderscheid, auszuschalten und alleiniger Herr der Grafschaft zu werden. Er nannte sich von nun an Löwenstein-Wertheim.

Amorbach

«Amorbach gehört gewiß zu den merkwürdigsten Eindrükken für einen Reisenden, der Kunst und Geschichte zu erleben im Sinn hat», schreibt Max H. von Freeden. «Das weitläufige und großartige Denkmal, das die Jünger des heiligen Benedikt hier im Odenwald schufen, und die romantisch verklärte Atmosphäre behaglicher Monumentalität, welche die Duodezresidenz in den letzten Herbsttagen des heiligen Reiches noch schuf – beides vermag ein aufmerksames Auge und ein empfindsames Gemüt heute noch auf mehr als eine Weise zu beschäftigen.»

Im Jahre 734 wurde hier das Kloster gegründet und 1253 erhielt die Siedlung das Stadtrecht. Die Klosterlegende berichtet, daß der heilige Amor, ein Schüler des heiligen Pirmin, der erste Abt des Klosters war. Wie dem auch sei, der ‹Amorsbrunn› stand im Ruf, wunderbare Heilungen zu bewirken, und Amorbach wurde ein berühmter, vielbesuchter Wallfahrtsort.

Als 1734 das große Fest der Tausendjahrfeier der Klostergründung begangen wurde, faßte der Konvent den Entschluß, das alte Gotteshaus durch einen Neubau zu ersetzen, und so baute Maximilian von Welsch, der Mainzer Hofbaumeister, 1742/47 das herrliche Marienmünster. Aber auch die Klostergebäude sollten erneuert werden. Franz Ignaz Michael Neumann, der Sohn des großen Balthasar Neumann, wurde für den Neubau gewonnen, doch wurde von seinem Projekt einer völligen Erneuerung nur der langgestreckte Ostflügel ausgeführt und 1793 im Innern weitgehend vollendet. Es ist die Zeit, da der Mainzer Erzbischof schon in Aschaffenburg residiert, da die Franzosen Mainz besetzt hatten. Es ist die Zeit, da die Odyssee des aus seiner pfälzischen Heimat vertriebenen Fürsten von Leiningen, Nachfolger der Benediktiner in Amorbach, begann und das französische Königspaar auf dem Schafott endete. Trotz der unsicheren und aufgeregten Zeiten wurden in Amorbach die letzten Arbeiten an Bibliotheks- und Musiksaal durchgeführt, und als der Bamberger Joseph Bonaventura Berg die Schnitzereien im Bibliothekssaal vollendete, mußte sich das Reich auf dem Rastatter Kongreß zur Abtretung des linken Rheinufers verstehen.

Amorbach hatte schon zur Zeit des letzten Abtes den Charakter einer kleinen geistlichen Residenz angenommen, und eine Residenz ist es dann unter Leiningen als Hauptstadt des souveränen Fürstentums bis 1806 geblieben. Im gleichen Jahr wurde unter Leitung des berühmten Gartenarchitekten Friedrich Ludwig von Sckell der Seegarten in einen englischen Park verwandelt.

Die Leiningen, denen wir als Landesherren in Amorbach begegnen, entstammen in direkter Linie den Grafen von Saarbrücken, einem alten Dynastengeschlecht, das urkundlich im 11. Jahrhundert erscheint, das 1220 von dem ebenso alten Hause der Grafen von Leiningen dessen Grafschaft erheiratet und seinen Namen annimmt. Weite Gebiete der Rheinpfalz und Landstriche, die sich südlich bis Straßburg und westlich bis Metz erstreckten, bildeten mit der Hauptstadt Dürkheim das Herrschaftsgebiet. Die Leiningen waren verwandt mit den Habsburgern, Lothringern, Wittelsbachern, Zähringern, den Nassauern und vielen anderen großen Familien des Reichs. Aus ihrer Mitte ging der Minnesänger Friedrich I. von Leiningen hervor, der mit Landgraf Ludwig von Thüringen 1190 auf den Kreuzzug zog. Sein Abschiedslied findet sich in der Manesseschen Liederhandschrift. 1779 wurde Leiningen in den Reichsfürstenstand erhoben. Aber 1793 besetzten die Franzosen die Residenz in Dürkheim, die Grafschaft wurde Frankreich einverleibt, und erst nach langen Verhandlungen wurde das Haus Leiningen vom Reich mit kurmainzischen, kurpfälzischen und würzburgischen Ämtern entschädigt, dazu mit der 1803 säkularisierten Abtei Amorbach. Aber es war für den alten Fürsten nicht leicht, das aus vielen Herrschaften zusammengeflickte Gebiet zu einem einheitlichen Ganzen zusammenzufassen.

Rings um die Abtei, das Zentrum Amorbachs, liegt die hübsche alte Stadt, in der geistliche und fürstliche Lebenshaltung nebeneinander wohnen. Auf der Südseite des Marienmünsters stehen die ehemaligen Klostergebäude, deren Westflügel – er stammt aus der Mitte des 17. Jahrhunderts und wurde 1783 verlängert – noch die alten Prälatenzimmer birgt, ausgezeichnete Räume eines guten, konsequenten Klassizismus. 1788/89 stuckierte Andreas Dittmann aus Gernsheim am Rhein im ‹antiquen Gusto› Hauskapelle und Schlafzimmer des Abtes, 1709/90 die Empfangszimmer (heute Kanzleiräume und Arbeitszimmer des Fürsten Leiningen), wofür er auch die Schnitzereien anfertigte. Über den Lambris sind die in Felder geteilten Wänden mit stuckierten Arabesken – Weiß auf Grün – gefüllt, die sich in den Hauptfeldern um kleine Spiegel ranken.

Der ab 1783 gebaute Ostflügel wird durch einen Mittelrisalit und zwei Eckpavillons gegliedert. Dieser Bau enthält zwei prachtvolle Säle. Der Grüne Saal, so genannt wegen der Hauptfarben Grün und Weiß, war ehemals der Konventsaal. Seine Ausstattung ist ein Werk Andreas Dittmanns, 1789/93. Von seinen Helfern werden zwei namentlich genannt: der Wessobrunner Joseph Sporer und der Miltenberger Johann Bettinger. Die Westseite des Saals nimmt eine von hellgrauen Stuckmarmorsäulen getragene Musikempore ein. Die Wände zeigen in vier Hauptfeldern die Allegorien von Kriegskunst, Staatskunst, Wissenschaft und bildender Kunst. Das letztgenannte Bild enthält das Selbstbildnis Dittmanns. Über diesen Allegorien sind die vier Elemente dargestellt. Die beiden Statuen der legendären Gründer der Abtei, Karl Martell und Ruthardt von Frankenberg, aus Stuckmarmor, schuf Sebastian Pfaff aus Mainz.

Im nördlichen Eckpavillon liegt der Bibliothekssaal. Die Stuckaturen im Vorraum sind von Dittmann, von dem auch die meisten Schnitzereien im Saal stammen. 1795/98 vollendete J. B. Berg diese Arbeiten. Das Deckenbild mit den Wissenschaften, die sich um die christlichen Kardinaltugenden Fides,

Spes und Caritas gruppieren, malte Konrad Huber aus Weißenhorn, ein damals vielbeschäftigter Künstler. Die Bücherschränke sind in drei Geschossen um zwei Galerien angeordnet, deren Brüstungen, wie auch die Treppengeländer, von Joseph Bonaventura Berg prachtvoll geschnitzt sind. Noch 1802 malte der Amorbacher Thalheimer Bücherattrappen auf die maskierten Türen, wo kuriose Titel zu lesen sind, wie ‹Beschreibung der Mondinseln› oder ‹Vom Lügenrecht›.

Die fürstliche Familie bewohnt die Prälatur nicht mehr, sondern hat ihren Wohnsitz schon im 19. Jahrhundert in das ehemalige Amtshaus verlegt, das sich der kurmainzische Oberamtmann Graf von Ostein 1724/27 von Anselm Franz Freiherrn von Groenesteyn hatte bauen lassen. Es ist ein vornehmer, ruhiger Bau von eleganten Proportionen, dessen Giebelfeld die Wappen Leiningen-Baden trägt. Die Einrichtung des Palais stammt hauptsächlich noch aus den Jahren 1804/05 und zeichnet sich durch schönes Empiremobiliar aus. *Abb. 289 bis 293*

Kleinheubach

Die Fürsten zu Löwenstein-Wertheim stammen von Kurfürst Friedrich dem Siegreichen, dem sogenannten ‹bösen Fritz von der Pfalz›, und der Klara Tott aus Augsburg ab. Der Kurfürst lernte Klara als Hoffräulein in München am Hofe seines Vetters, des Herzogs, kennen und heiratete sie. Die Kinder aus dieser Ehe, welche die Kurwürde nicht erlangen konnten, erhielten den Namen und die erledigte Grafschaft Löwenstein in Württemberg. Kaiser Maximilian I. bestätigte sie 1494 in dieser Würde. Ludwig II. Graf zu Löwenstein, kaiserlicher Rat, Reichshofratpräsident, Stellvertreter des Kaisers auf vielen Reichstagen – das schöne Bildnis seines Vaters von Hans Baldung gen. Grien befindet sich im Museum Berlin-Dahlem – erbte durch seine Frau, eine Gräfin Stolberg, die Grafschaft Wertheim und nannte sich seitdem Löwenstein-Wertheim.

Maximilian Karl, der erste Reichsfürst (1711), stand in hohem Ansehen bei den Kaisern Leopold, Joseph I. und Karl VI. Während des Spanischen Erbfolgekrieges war er kaiserlicher Gesandter bei den oberrheinischen, schwäbischen und fränkischen Reichskreisen, 1704 Administrator des von den Österreichern besetzten Kurstaates Bayern, später Präsident des Reichstags in Regensburg und schließlich Nachfolger des Prinzen Eugen von Savoyen als Gouverneur und Generalkapitän in Mailand. Der vierte Fürst, Dominik Konstantin, war ein Schulfreund des Herzogs von Talleyrand und versuchte sich mit dessen Hilfe die Nachfolge in Bayern zu sichern, falls die Wittelsbacher aussterben sollten.

Dem Hause Löwenstein gehört eines der vornehmsten Schlösser Frankens, eine wahrhaft fürstliche Sommerresidenz, nämlich Kleinheubach vor den Toren von Miltenberg, an dessen englischem Park der Main vorüberfließt. Fürst Dominik Marquard zu Löwenstein-Wertheim-Rosenberg kaufte 1721 die Herrschaft von den Grafen von Erbach und baute das neue Schloß. 1723 schloß der Fürst einen Vertrag mit Johann Dientzenhofer, dem Erbauer von Pommersfelden, der den Bau nach den bereits vorliegenden Plänen des hessischen Hofbaumeisters Louis Remy de la Fosse mit geringfügigen Abänderungen bis 1732 aufführte. Der ganze Bau zeigt das Bedürfnis des lebensfrohen 18. Jahrhunderts nach Pracht und Glanz. Die ursprüngliche Einrichtung vieler Räume wurde jedoch im frühen 19. Jahrhundert verändert und die schöne Ausstattung der Schloßkirche fiel 1871/72 einer neuromanischen Erneuerung nach Entwürfen des Nazareners Eduard Steinle zum Opfer.

Großzügig und in vornehmer Kühle liegt das Schloß in der Stille des großen Parks. Eleganz und Grazie zeichnen die Fassaden aus, und die schöne Harmonie des Ganzen wird jeden ansprechen, der den Schloßhof betritt. Das Schloß bildet eine Hufeisenanlage, deren Ehrenhof von zwei Seitenpavillons flankiert wird: dem Marstall- und dem Gardistenbau. Ursprünglich umgab ein schmiedeeisernes Gitter den ganzen Vorhof. Der leicht vorgezogene Mittelrisalit ist erhöht, die vier Eckpavillons haben einen leicht betonten Vorsprung und erheben sich nur durch die Dachung über die Gesamtflucht der Anlage. Mittelbau und Eckpavillons sind durch Pilaster gegliedert. Im Dach des Mittelbaus sitzt das Allianzwappen Löwenstein-Hessen. Die Gesamtdisposition der Schloßanlage trägt ausgesprochen französisches Gepräge.

Aus dem dreischiffigen Vestibül, dessen Gewölbe von ionischen Säulen getragen wird, und das sich mit drei Flügeltüren zum Park öffnet, gelangen wir ins Treppenhaus, über das Balthasar Neumann sich ungnädig geäußert hat. Es wurde schließlich 1797 klassizistisch ausgestattet, und Andreas Dittmann schuf die Stuckaturen. Die Treppe setzt einläufig an, um dann doppelläufig weiterzulaufen. Ionische Pilaster gliedern die Wände; über Fenstern und Türen sitzen stukkierte Supraporten mit Masken und Löwen. Im Hauptgeschoß liegt beiderseits des Marmorsaals die Enfilade der Räume. Die Wände des Saals sind durchaus mit grauem Stuckmarmor belegt und durch Pilaster gegliedert. Süd- und Nordwand tragen je einen Marmorkamin, über den Pilastern stehen stuckierte Puttengruppen und in den Ecken sitzen allegorische Gestalten. Die Stuckierung führte Johannes Wicko 1728 aus. Das Mittelbild am Plafond – die Malereien sind von Ambrosius Reith – schildert den Triumph der Tugend über das Laster. Chronos trägt die Tugend zum Himmel empor, ein Engelreigen begleitet sie. Die Nebenbilder zeigen die vier Erdteile, repräsentiert durch die höheren Stände der verschiedenen Rassen.

Den Eingang zum Park auf der Nordwestecke flankieren die Wappentiere des fürstlichen Hauses, geschaffen von dem Aschaffenburger Bildhauer Sommer im Jahre 1819. Der einstige Eiskeller im Park trägt eine monumentale Fassade mit Löwe und Sphinx, um 1820 wohl ebenfalls von Sommer gearbeitet. Die Puttenfiguren auf der Mauer des Küchengartens sind wohl von dem Würzburger Jakob van der Auvera; sie stellen die zwölf Monate dar.

Zu Kleinheubach hielt der Fürst einen glänzenden Hof; hier wurden in Schloß und Garten Feste gefeiert, hier entfalteten sich der Pomp und das Gepränge, die auch an kleinen Höfen nicht fehlen durften. Im Garten, der nach dem Geschmack der Zeit einst mit geschnittenen Hecken, Laubengängen und Statuen geschmückt war, promenierte die Gesellschaft. Die fünfzig Grenadiere, die der Fürst hier unterhielt und die in einem eigenen Gardistenhaus untergebracht waren, haben dabei gewiß nur eine dekorative Rolle gespielt. Zu militärischen Zwecken sind sie kaum verwendet worden, eher für Arbeiten in Haus und Garten.

Ich habe das Schloß noch in vollem Glanz erlebt, doch sind die Zeiten der großen Feste auch hier vorbei, und nur bei besonderen Familienfeiern wird der große Saal wie einst benutzt. Aber ins Erdgeschoß des Schlosses ist inzwischen eine neue Generation der Besitzer eingezogen und erfüllt die weitläufigen Räume mit jungem Leben. *Abb. 294 bis 296*

Laudenbach

Laudenbach war alter Rieneckscher Besitz, den Graf Heinrich von Rieneck 1315 an Götz von Fechenbach verkaufte. Nach dem Erlöschen der Laudenbacher Linie dieser freiherrlichen Familie kam Laudenbach an die Freiherren von Aufseß. Das heutige Schloß, das sich die Witwe des kaiserlichen Generalfeldmarschalleutnants Johann Reichard von Fechenbach, geborene Freiin von Eyb, zwischen 1717 und 1747 im Stil Antonio Petrinis bauen ließ, gehört zu den behaglichen kleinen Landschlössern, wie wir sie allenthalben in Franken antreffen.

Schloß Laudenbach liegt ganz in der Nähe von Kleinheubach über der Landstraße am Main, mit dem Blick über den Fluß auf die Spessarthöhen. Der aus zwei Flügeln bestehende Hauptbau ist durch einen gedeckten Gang mit dem ebenfalls zweiflügeligen Rückgebäude verbunden. Das Portal auf der Hofseite trägt das Allianzwappen Fechenbach-Eyb. Vor der Parkseite des Baues liegt eine breite Terrasse, auf der zu sitzen bei dem starken Autoverkehr nicht mehr so vergnüglich sein dürfte wie einst. In diesem Haus liegen die Wohn- und Repräsentationsräume.

Die Schloßkapelle im Rückgebäude enthält eine schöne Einrichtung aus dem Jahre 1755. Hier mag der letzte regierende Fürstbischof von Würzburg, Georg Carl von Fechenbach, der ‹kleene Fechenbach› wie er genannt wurde, die Messe gelesen haben, wenn er zu Besuch bei seinen Verwandten war. Der Fürstbischof lebte nach der Säkularisierung des Hochstifts erst in dem ihm zugewiesenen Schloß Werneck, dann in Bamberg, als dessen Bischof er 1808 gestorben ist.

Friedrich Karl von Fechenbach (1836–1907) ist in der Zeit beginnender sozialer Kämpfe und Reformen politisch sehr tätig gewesen und hat 1880 in Frankfurt eine sozial-konservative Vereinigung gegründet, der Vertreter beider Konfessionen angehörten, später einen Bauern-, Handwerker- und Arbeiterverein, für den er auch publizistisch unermüdlich tätig war. *Abb. 300 bis 302*

Mespelbrunn

Das Gebiet zwischen Aschaffenburg und Gemünden, zwischen Bad Orb und Wertheim am Main, der Spessart, ist durch besondere landschaftliche Schönheit ausgezeichnet. Riesige Wälder bedecken das Gebirge, in breiten Hängen fallen die Waldberge zum Main ab, schmale Wiesentäler umschließend. Reiher stehen auf den Uferbäumen, und im Herbst dröhnt der Brunftschrei der Hirsche durch die nebeligen Forsten. In der Tiefe des Spessarts, in einem Seitentälchen der Elsawa, liegt das Wasserschloß Mespelbrunn, vielleicht das schönste unter den burgartigen Sitzen des Landes. Hier waren die Freiherren Echter von Mespelbrunn zu Hause, und die Geschichte der Echter und ihres Schlosses ist von Sagen umwoben.

Man erzählt sich, die Echter stammten aus dem Odenwald, wo sie Vasallen der Grafen von Erbach gewesen seien. Eine der Sagen berichtet: Drei Brüder Echter hatten einmal Streit mit den Grafen von Erbach und erschlugen im Verlauf der Fehde einen der Grafen. Daher mußten sie ihren Besitz im Odenwald verlassen. Die Sage erzählt weiter, daß davon der Name Echter käme, weil sie jetzt Geächtete waren. Der Spessart, in dem sie sich verbargen, war damals noch ein dichter Wald ohne jede menschliche Wohnstatt. Die Brüder ernährten sich durch die Jagd und trafen einmal im Monat an einer bestimmten Stelle zusammen. Derjenige, der zuerst kam, rief: Acht! darauf antworteten die anderen wie das Echo: Acht, Acht! Nun mußten ihrer zwei rufen: Zwölf! Rief aber eine dritte Stimme Zwölf herein, so wußten sie, daß ein Fremder da war, und ritten wieder fort. Denn dreimal acht ist zweimal zwölf. Später schlugen sie als Wahrzeichen einen Pfahl in die Erde mit drei Ringen, an welche sie ihre Pferde banden. Das ist der Echterpfahl, von dem sie ihr Wappen nahmen. Einer der drei Brüder soll nun am Mespelborn oder Espelborn ein Haus gebaut haben; er vertrug sich wieder mit den Erbach und ließ sich vom Kurfürsten von Mainz mit neuem Gut im Spessart belehnen.

Die Echter treten im 15. Jahrhundert mehr hervor, zunächst im Dienst von Kurmainz, das 1412 dem Hamann Echter, Forstmeister im Spessart, die Wüstung und Hofstätte, genannt der ‹Espelborn›, schenkte. Hier wurde 1545 Julius Echter geboren, der wohl der größte Bischof von Würzburg geworden ist; hier wurde er von gelehrten Geistlichen erzogen und mit 28 Jahren bestieg er den Würzburger Bischofssitz. Dreiundvierzig Jahre hat er dieses Amt versehen, hat er als strenger und gerechter Regent das abgewirtschaftete, durch Glaubenszwiespalt zerrissene Hochstift neu geordnet, Vergangenes lebendig erneuert und Neues sinnvoll mit alter Tradition verknüpft. Er war ein tieffrommer Mann, der seine Hauptaufgabe in der Durchführung der Gegenreformation sah. Das ganze Hochstift Würzburg ist von seinem Geist geprägt, dessen äußerliche Zeichen die zahlreichen Kirchen im Land sind, deren Architektur – der ‹Echterstil› – Mittelalterliches und Renaissance in meist schlichter, blockhafter Form vereint. Julius hat die Würzburger Universität gegründet und das Juliusspital gebaut, das im 17. und 18. Jahrhundert verändert wurde. Bischof Julius ist 1617 gestorben; 1665 starb die Familie der Echter aus und wurde von den Grafen von Ingelheim beerbt.

Das Schloß geht auf die spätmittelalterliche Anlage zurück, welcher der untere Teil des Bergfrieds und die Untergeschosse der Wohnbauten angehören. Haman I. Echter hat 1419 dort Haus und Hof gebaut, aber noch nicht als Schloß, sondern als kleine Burg. Den hohen runden Bergfried baute erst Haman II. um 1430. Die Anlage des heutigen Schlosses geht größtenteils auf die Bautätigkeit Peter Echters zwischen 1551/69 zurück. Er ist der Vater Bischof Julius' und Adolfs, der den Neubau mit der Errichtung des heute nicht mehr vorhandenen Traktes auf der Westseite vollendete. In der ersten Hälfte des 18. Jahrhunderts bauten die Ingelheim das Obergeschoß des Südflügels, doch wird der Gesamteindruck von den Formen der Renaissance bestimmt.

Mitten im Wald, unmittelbar aus dem kleinen, klaren See wächst die Dreiflügelanlage empor. Über eine Brücke erreichen wir durch die Torfahrt des Südflügels den Innenhof, dessen nördlicher Flügel unten in Lauben geöffnet ist. Kräftige Säulen mit hübsch skulpierten Kapitellen tragen die flachen Bögen. Der Zauber des Schlosses liegt in der unvergleichlichen Stimmungseinheit von Landschaft, Architektur und einer zum Teil außerordentlich wertvollen Inneneinrichtung, der auch verschiedene Veränderungen des 19. Jahrhunderts nichts von ihrem Reiz zu nehmen vermochten. Damals wurde der baufällige Südteil des Westtraktes durch den offenen Bogen zum See ersetzt, und der Münchner Architekt Friedrich Thiersch baute 1905 den Ostgiebel über dem Küchenvorbau neu und brachte darin Bäder und Toiletten unter.

Der Treppenturm im Hof ist mit einem sehr reichen Portal von 1564 geschmückt; es trägt das Wappen Echter-Adelsheim und im Aufsatz die Reliefbüsten Peter Echters und seiner Frau Gertrud von Adelsheim. Der trennende Mittelstreifen ist mit schönem Renaissance-Rankenwerk verziert, die seitlichen Pilaster mit je vier Ahnenwappen: Echter/Habern, Thüngen/Hag, Adelsheim/Ruedt, Schrozberg/Horneck. In der Gebälkzone lesen wir den Spruch:

> «Ehelich Lieb in Got und stete Treu
> Bringt Glück und Segen an alle Reu
> Mit Ernst und Fleiß haben wir in Got vertraudt
> den unsern zu Guet dis Haus gebaudt.»

Im Erdgeschoß des Nordflügels liegt der Rittersaal, geteilt durch zwei auf Säulen ruhenden Unterzügen. Am Sockel erscheinen, anstatt der Eckknollen, Hände, die gleichsam den Säulenschaft stützen, eine für die Phantasie der Renaissance charakteristische Versinnbildlichung des Festhaltens an Grund und Boden. Beim östlichen Unterzug stehen zwei Säulen und zwischen ihnen befindet sich ein Wandbrunnen, der ‹Mispelbrunn›. Eine schöne Kassettendecke überspannt den Saal. Das eine Portal zeigt die knieenden Hausherren mit ihren Wappen, zwischen ihnen Christus am Kreuz, und im Giebelfeld das Echterwappen. Im Gobelinsaal im ersten Obergeschoß befand sich ein Wirkteppich von 1564 (heute im Mainfränkischen Museum in Würzburg), eine gute Arbeit aus niederländischer Wanderwerkstatt, nach deutscher Vorzeichnung gewebt. Er zeigt die Familie Echter, den Diener Michel Vetterer, der mit einem Brief durch das Gartentor tritt, am Rand die Dienerin ‹Critina›. Über den Figuren sitzen das Wappen der Echter und die der Schwiegersöhne und Schwiegertöchter, in der Mitte die Dreifaltigkeit mit Engeln. Ein Spruchband sagt: «Liebe Kinder, das ist mein Gebot, meidet Schandt und forchtet Got». Mit Recht sind die Eigentümer des Schlosses traurig, daß sie aus finanziellen Gründen den schönen Teppich verkaufen mußten. Er gehört nach Mespelbrunn.

Der sich anschließende Ahnensaal ist durch Pilaster gegliedert, im Mittelpfeiler soll die rechte Hand des Bischofs Julius eingelegt worden sein. Die Stelle wird durch ein kleines reiches Steinrelief mit dem Brustbild des Bischofs, 1576 von Hans Mul gearbeitet, verdeckt. Der Chinesische Salon enthält weinrote, goldgepreßte Tapeten, gute Möbel und ostasiatisches Porzellan. Die Schloßkapelle von 1566, mit Sterngewölbe und Malereien in den Zwickeln (Apostel und Evangelisten) enthält einen reichen Alabasteraltar von Michael Kern aus Würzburg, um 1611. Am schönsten ist es hier gegen Abend, wenn sich der Schwarm der Besucher verloren hat, die Omnibusse abgefahren sind. Dann spiegelt sich in der Stille das Schloß im dunklen See, und man hört den Brunnen rauschen.

Abb. 303 bis 306

Weiler

Von der Autobahn Würzburg-Frankfurt aus sehen wir kurz vor Aschaffenburg rechter Hand im Tal ein gelbes Schloß. Es ist Weiler, ein schlichtes zweiflügeliges Haus, das in der schönen Landschaft des Spessarts, im schmalen Aschafftal liegt.

Die Familie der 1286 urkundlich genannten Herren von Weiler erlosch im 17. Jahrhundert; ihr Besitz ging 1648 durch Kauf an die Schönborn über. Sie wären keine Schönborn gewesen, wenn sie nicht sogleich das einstige Wasserschloß – der Graben ist jetzt eingefüllt – etwas verschönert hätten. Sie waren es, die der Anlage mit dem polygonalen Treppenturm in der Mitte die hübschen Volutengiebel an den Schmalseiten gegeben haben, und ihnen ist das Renaissanceportal zu danken, das die Jahreszahl 1667 trägt. Jedoch nimmt sich das prunkvolle Schönbornwappen an der Fassade hier etwas fremd aus und ist wohl erst viel später hierher versetzt worden. Vermutlich war es im 18. Jahrhundert in Würzburg oder Bamberg für eines der Schönbornschlösser bestimmt gewesen.

Die Schönborn haben das Haus erst nach dem letzten Krieg wohnlich gemacht und qualitätvoll eingerichtet. Weiler läßt sich weder mit Pommersfelden noch mit Wiesentheid vergleichen, aber es zeigt trotz der fast unüberwindlichen Schwierigkeiten, ein großes Haus zu erhalten, auch heute noch eine in sich ruhende Welt, dargestellt durch das alte Mobiliar, die Familienbildnisse und alles, was zu einem solchen Haus gehört. Hier wird vor allem der Zusammenhang mit der weitgespannten europäischen Verwandtschaft sichtbar, auch fällt gewiß noch ein leiser Schimmer fürstbischöflicher Zeiten auf das ehemals standesherrliche Haus. Dennoch läßt sich gerade hier der Wandel adligen Lebens erfahren, eine neue wirtschaftliche Struktur, die Veränderung der einst so konservativen Herrenschicht. Private Initiative ist vonnöten, und der Besitzer von Weiler, Rudolf Graf von Schönborn, läßt es daran nicht mangeln, um Haus und Gut für die Familie zu erhalten.

Abb. 297 bis 299

Aschaffenburg / Schloß St. Johannisburg

Es ist durchaus begreiflich, daß im milden Klima der Mainlande, in diesem fruchtbaren, landschaftlich so reizvollen Hügelland zu Füßen des Spessarts schon früh fränkische Siedler ihre Spuren hinterließen, und daß die Erzbischöfe und Kurfürsten von Mainz das Oberstift sehr liebten, zumal ja auch die Jagdgründe des Spessarts vor den Toren der Stadt lagen.

Ascapha, eine alemannische Siedlung des 5. Jahrhunderts, war unter fränkische Botmäßigkeit gekommen und dürfte dann als fränkische ‹Volksburg› das befestigte Rückgrat der Gegend gewesen sein. Durch das Kollegiatstift St. Peter und Alexander und die Burg waren Ansätze zur Stadtentwicklung gegeben, die infolge der Schenkung des Ortes durch Herzog Otto von Schwaben und Bayern an das Erzbistum Mainz im 10. Jahrhundert noch sehr gefördert wurde. Erzbischof Willigis ließ dort um das Jahr 1000 eine Brücke über den Main schlagen, so daß eine rasche Entwicklung des Orts zu Markt und Stadt gesichert war. An der Stelle der alemannischen Siedlung auf dem Hochrücken über dem Fluß, wo schon im Jahre 1122 eine Befestigung erwähnt wird, steht das Schloß, die Keimzelle jener «herrlich alt Reichskantzlei», die wir als Bau mit Türmen und Türmchen von der um 1540 entstandenen Zeichnung des Veit Hirsvogel kennen. Aber erst Ferdinand Kobell malte am Ende des 18. Jahrhunderts das schönste Bild des Aschaffenburger Schlosses St. Johannisburg, das mächtig und herrschaftlich über dem Main liegt, leuchtend im roten Sandstein seiner eindrucksvollen Fassade.

Im Markgräflerkrieg von 1552 ließ Markgraf Albrecht Alcibiades von Brandenburg-Kulmbach die Burg so gründlich zerstören, daß sich das Mainzer Domkapitel erst ein halbes Jahrhundert später dieses Aschaffenburger Sitzes wieder erinnerte. Die Neuwahl des Erzbischofs stand bevor, und so verpflichtete das Kapitel den zukünftigen Kurfürsten Johann Schweikard von Kronberg, das Schloß «zu gelegener Zeit» aufzubauen. Ein Jahr nach seiner Wahl, 1605, ging Kurfürst Johann Schweickard, den Kaiser Ferdinand II. die «feste Stütze des Glaubens und des Reichs» nannte, an den Neubau, der nach Plänen und unter Leitung des Straßburgers Georg Ridinger 1614 vollendet wurde. Vom Bestand der alten Anlage wurden Bergfried und östliche Terrassenmauer übernommen. Im Jahre 1800 wurden für Kurfürst Friedrich Karl Freiherrn von Erthal Veränderungen im Inneren durch Joseph Emanuel d'Herigoyen vorgenommen. Damals erfolgten der Einbau des noblen Treppenhauses im Ostflügel und die Beseitigung der Hofarkaden.

Der letzte Krieg traf das Schloß schwer; von Fliegerbomben getroffen, brannte es vollständig aus, Geschützgranaten rissen ein gewaltiges Loch unter der Balustrade des Westturms und spalteten den Ostturm, der später einstürzte. In mühevoller Arbeit ist die Johannisburg wie der Phönix aus der Asche erstanden und liegt nun wieder wie einst in stolzer Ruhe über dem Fluß, Symbol geistlicher Macht und Würde.

Schloß Johannisburg ist eine der ersten großen deutschen regelmäßig geplanten Schloßanlagen, mit vier Flügeln und vier quadratischen, mächtigen, im Oberteil oktogonalen Ecktürmen unter barocken Hauben. Die Fassaden sind durch Gurtgesimse gegliedert; in den Dachmitten sitzen Volutengiebel. Im Nordflügel liegt die Schloßkirche mit Flachtonne und Rippennetz und dem üppigen, 1618 fertiggestellten Marmor-Alabasteraltar des Hans Juncker. Kurfürst Friedrich Karl von Erthal, Stifter der Mainzer Universität, vom Volk das ‹fromme Herrchen› genannt, führte hier einen glänzenden Hof, und auch der letzte Mainzer Kurfürst, der gebildete

Aschaffenburg / Das Schloß im 16. Jahrhundert. Federzeichnung von Veit Hirsvogel d. J., um 1540.

Karl Theodor Freiherr von Dalberg, der sich von Napoleon zum Fürstprimas des Rheinbunds, dann zum Großherzog von Frankfurt ernennen ließ, hat hier residiert. Das Schloß ist ein Bau von großer Geschlossenheit, der damals ungeheuren Eindruck machte. Der schwedische General Gustav von Wrangel ließ sich westlich von Stockholm am Mälarsee das Schloß Skokloster als schmucklose, kleine Nachbildung des Schlosses Johannisburg errichten.

Heute dient das in alter Pracht wiedererstandene Schloß als Staatsgalerie und Museum. Die Galerie umfaßt die ehemalige erzbischöfliche Bildersammlung und Gemälde der bayerischen Staatssammlungen sowie die schöne Bildersammlung des Mainzer Dompropstes Hugo Franz Grafen zu Eltz. Auch die alte Hof- und Stiftsbibliothek ist dort untergebracht, zu deren Beständen ein Exemplar des ‹Wilhelm Tell› gehört, versehen mit eigenhändiger Widmung Schillers an Dalberg, dessen Bruder Heribert als Intendant des Mannheimer Theaters es gewagt hatte, die ‹Räuber› aufzuführen. Inzwischen sind auch die ehemaligen fürstlichen Wohnräume wieder auf das allerschönste instand gesetzt worden, und in den angrenzenden Räumen hat das neue Schloßmuseum der Stadt mit reichen stadtgeschichtlichen und kunsthandwerklichen Sammlungen seinen Platz gefunden.

Mit dem Park von Schönbusch, mit den Anlagen um das Schloß und dem Pompejanum in seinen Gärten kann Aschaffenburg durchaus den Vergleich mit größeren Residenzen aufnehmen. *Abb. 310 bis 312*

Aschaffenburg / Pompejanum

König Ludwig I. von Bayern, angeregt durch die Ausgrabungen in Pompeji, ließ von Friedrich von Gärtner Pläne für ein Haus am Mainufer, unterhalb des Schlosses Johannisburg, entwerfen. Als Vorbild diente der Grundriß der ausgegrabenen pompejanischen ‹Casa di Castore e Polluce›. 1840/41 begannen die Bauarbeiten, die 1848 abgeschlossen waren. Wir haben einen Musterbau des ‹romantischen Klassizismus› vor uns, der im letzten Krieg zwar beschädigt wurde, inzwischen aber im Außenbau wieder instand gesetzt worden ist. Über einem Weinberg, umgeben von Mandel- und Feigenbäumen, Pappeln, Kiefern und Zedern, liegt diese eigenwillige königliche Schöpfung. Der ursprüngliche Charakter eines römischen Stadthauses, das die Natur nach innen zog, ist hier ins Gegenteil verkehrt, denn der Bau ist als ländliche Villa gedacht, bezogen auf Garten und Landschaft.

Das Haus hat drei Geschosse, dessen oberstes als ‹Königszimmer› ausgebildet ist. Der für die äußere leuchtende Farbgebung verantwortliche Maler Joseph Schlotthauer und der örtliche Bauleiter Prof. Carl Louis wurden nach Pompeji geschickt, um sich Anregungen zu holen. Die Räume sind mit Wandbildern geschmückt, die von Joseph Schwarzmann und Christoph Nilson stammen. Das römische Haus der Antike bestand in der Regel aus zwei Raumgruppen um Innenhöfe: Atrium und Perystil, deren Verbindung das Tablinum war. So ist es auch hier – ein Stück Italien mitten in Franken. *Abb. 313*

Aschaffenburg / Schönbusch

Der vorletzte Kurfürst-Erzbischof von Mainz, Friedrich Karl Freiherr von Erthal, muß ein eigenartiger Mann gewesen sein. 1774 hatte er den Mainzer Stuhl bestiegen. In Frankreich, wo er studiert hatte, nannte man ihn den «Saint Aloyse hypocrite», in Mainz das «fromme Herrchen». Aber der fromme Herr hielt einen überaus glänzenden Hof, an dem seine Nichte, die Gräfin Sophie Coudenhove, geb. Gräfin Hatzfeldt, den Ton angab und insgeheim Aspasia genannt wurde. «Ich sah», heißt es in den ‹Briefen eines reisenden Emigranten› (1798), «den Mainzer Kurfürsten in seiner Loge im Theater von geputzten Damen umringt und ich hörte, daß es lauter Hofdamen wären – Hofdamen des Erzbischofs von Mainz!» Und Rudolf Eickemeyer berichtet: «Nichts übertraf an Geschmack und verfeinertem Luxus die täglichen Soupers, wobei, außer den fürstlichen Anverwandten, den Favoritinnen und Günstlingen, auch Dichter, berühmte Maler, Tonkünstler und witzige Köpfe Zutritt hatten. Solche Abendessen dauerten gewöhnlich bis spät in die Nacht.»

Dieser üppige Herr ließ vor den Toren von Aschaffenburg den großen Park von Schönbusch anlegen. Mit der Umwandlung des Nilkheimer Wäldchens in einen Landschaftsgarten war aber schon vorher begonnen worden. Noch 1764 sollte der alte Wildpark die Form eines französischen Gartens erhalten. Erst als 1775 Graf Wilhelm von Sickingen aus Wien als Minister nach Mainz berufen wurde, war er es, der mit der Umgestaltung in einen Landschaftsgarten begann. 1776 wurde der ‹Untere See› ausgehoben, dann, bereits unter dem Kurfürsten Friedrich Karl, 1778/82 das Schlößchen gebaut und in ein System von Fernblicken eingegliedert.

Vom Balkon des Schlößchens sieht man über See und Insel hinweg auf das Aschaffenburger Schloß und die Mainhöhen. Es ist ein reizender kleiner Bau mit einem flachen, von einer Attika verdeckten Dach, mit geschmackvoll eingerichteten Räumen, deren Wände mit Chintz oder Kattun bespannt sind. Die Möbel sind zum großen Teil von den Schreinern Heinrich Hennemann und Ludwig Hermann gearbeitet, als Stuckatoren wirkten Johann Peter Metz und Josef Wahler. Im Vestibül hängen zwei Gemälde von Ferdinand Kobell, die den ursprünglichen, teilweise nicht mehr vorhandenen Zustand des Schönbusch zeigen.

Das Vorzimmer ist um 1780 ausgestattet worden. Die Wandbespannung besteht aus weißem gemustertem Chintz und Louis XVI Möbeln von Hennemann und Hermann. Die Supraporten und Deckenbilder im Saal malte vielleicht Edmund Seeland. Bei geöffneter Balkontür spiegelt sich das Aschaffenburger Schloß im Spiegel über dem Kamin, so daß die Gartenvedute durch diesen Kunstgriff zu einem Bestandteil der Innendekoration wird.

Das Schloß und die Architekturen im Garten, die bis zur Jahrhundertwende fertiggestellt waren, sind nach Entwürfen Joseph Emmanuel d'Herigoyens entstanden. Sickingen blieb nur bis 1782 in kurmainzischen Diensten und drei Jahre später hat der große Gartenarchitekt Friedrich Ludwig von Sckell in Schönbusch seine Tätigkeit aufgenommen. Ein zweiter See, der ‹Obere See›, wird angelegt, der ‹Untere See› zu einer Flußlandschaft erweitert und bis unmittelbar an den Main geführt. Sckell wollte das ganze Mainknie in den Park einbeziehen, doch wurde dieser Plan nur fragmentarisch ausgeführt. Vor allem legte Sckell Wert auf weite Wiesengründe, kleine Haine und Baumgruppen. 1951 gingen Teile des Gutes Nilkheim, einstige mainzische Meierei, in Staatsbesitz über. Diese Meierei war 1782 nach Plänen von Herigoyen vergrößert worden. Nun ist beabsichtigt, den Nilkheimer Park von 1811 mit Schönbusch zu vereinigen, wodurch Sckells Absicht einer Ausweitung der Anlage verwirklicht würde.

Weder künstliche noch historische Staffagen sind im Park zu finden, sondern nur die ‹natürliche› oder ‹ideale› Gartenarchitektur, der ein Programm zugrunde liegt: man widmete die wichtigsten Architekturen den christlichen oder philosophischen Tugenden oder dem ‹einfachen Leben› und den ‹erziehlichen Spielen›. Diese Gebäude stehen überall im Park verteilt. Noch vor 1788 entstanden die Hirtenhäuser und der Speisesaal, 1788 das Dörfchen, die Gewächshäuser, 1792 das Salettchen als kleiner Salon mit zwei kleinen, farbig reizvollen Vorräumen und einem Sälchen mit illusionistischer Deckenmalerei von J. A. Köhler. Um die Jahrhundertwende entstanden der Freundschaftstempel, das Philosophenhaus und der Tanzsaal.

Der Freundschaftstempel mit Säulenportikus wurde 1799 bis 1802 nach Plänen von Herigoyen gebaut, als achteckiger Kuppelraum mit Wandnischen. Dem Thema Freundschaft sind die Stuckreliefs und die weißgefaßten Holzfiguren Weisheit, Treue, Liebe, Einigkeit gewidmet, von dem Mainzer Bildhauer Georg Scholl gearbeitet. Das Philosophenhaus, ein nüchterner Bau mit vier Giebelrisaliten, liegt einsam im Wald. Es enthält die Stuckmarmorstatue des ‹Schicksals›, an den Seitenwänden vier Stuckbüsten antiker Philosophen: Demokrit, Aristoteles, Sokrates, Plato (?). Die Statue des Schicksals schuf vermutlich Philipp Sommer, die Büsten Georg Scholl. Das Stuckrelief über dem Kamin stellt die vier christlichen und die Kardinaltugenden dar, die der Religion huldigen.

Abb. 314 bis 319

248 – Schloß Veitshöchheim, Ansicht von Westen

249 – *Schloß Veitshöchheim*
Sphinx an der südlichen Treppe zum Schloßparterre

250 – *Schloß Veitshöchheim*
Menuett-tanzendes Kind

253 – Schloß Veitshöchheim, Gobelinzimmer

254 – Schloß Veitshöchheim, Retirade des Fürstbischofs

251/252 – Schloß Veitshöchheim
Putten im Schloßpark

255 – *Schloß Eyrichshof, Südseite*

256 – *Schloß Eyrichshof, Bibliothek*

257 – *Schloß Eyrichshof*
‹Brauttüre›

258 – *Schloß Eyrichshof*
Renaissancesaal

259 – Schloß Rentweinsdorf
Hofansicht

260 – Schloß Rentweinsdorf
Rotenhan-Wappen
am Gitter der Gartenterrasse

261 – Schloß Rentweinsdorf, Ahnensaal

262 – Schloß Rentweinsdorf, Spiegelkonsole im Ecksalon

267 – Schloß Untermerzbach

268 – Schloß Untermerzbach Schloßterrasse

263 – Schloß Oberschwappach, Mittelrisalit

264 – Schloß Gaibach, Kanonenturm an der Südwestecke des Schlosses

265 – Schloß Gereuth, Gartenansicht

266 – Schloß Gereuth mit Pfarrkirche

269 – Schloß Kirchlauter
Parkanlage mit Terrassen

270 – Schloß Kirchlauter
Ahnensaal

271 – Schloß Kirchlauter
Eingangsportal

272 – Schloß Kirchlauter
Ansicht von Südwesten

273 – Schloß Kirchlauter
Blauer Salon

274 – Schloß Ebelsbach

275 – Schloß Ebelsbach, Große Diele

276 – Schloß Obertheres

277 – Schloß Obertheres Treppenhaus

278/279 – Schloß Obertheres Fresken im Fuchssaal

280 – Schloß Weißenbach, Salon

281 – Schloß Weißenbach, Westseite

282 – Schloß Zeitlofs, Ansicht von Osten

283 bis 285 – Schloß Thüngen, Renaissancesaal im ‹Burgsinner Schloß›

286 – *Schloß Thüngen, Salon*

287 – Schloß Steinbach

288 – Schloß Steinbach, Treppenhaus

289/290 – Amorbach
Ehemalige Benediktinerabtei
Grüner Saal

291 – Amorbach
Ehemalige Benediktinerabtei
Bibliotheksaal

292 – Amorbach
Ehemalige Abteikirche
Deckengemälde im Chor

293 – Amorbach
Ehemalige Abteikirche
Ausschnitt des Kanzelgeländers

294 – Schloß Kleinheubach. Marmorsaal, Teil des Deckengemäldes

295 – Schloß Kleinheubach, Mittelpavillon der Schloßfassade

296 – Schloß Kleinheubach, Marmorsaal

297 – Schloß Weiler

300 – Schloß Laudenbach

298 – Schloß Weiler, Speisezimmer

299 – Schloß Weiler, Ecke im Salon

301 – Schloß Laudenbach, Schloßhof

302 – Schloß Laudenbach, Speisezimmer

303 – Schloß Mespelbrunn
Westansicht

304 – Schloß Mespelbrunn
Hof mit Arkadenreihe

305 – Schloß Mespelbrunn
Portal des Treppenturms

306 – Schloß Mespelbrunn
Ehemaliger Gobelinsaal

307 – Schloß Mespelbrunn
Ahnensaal

308 – Schloß Mespelbrunn
Ostecke des Rittersaals

309 – Schloß Mespelbrunn
Chinesischer Salon

310 – Aschaffenburg · Schloß Johannisburg

311 – Aschaffenburg · Schloß Johannisburg
Empfangszimmer

312 – Aschaffenburg · Schloß Johannisburg
Gewölbe der südwestlichen Wendeltreppe

313 – Aschaffenburg, Pompejanum

314 – Schloß Schönbusch bei Aschaffenburg

315 – Park Schönbusch, Freundschaftstempel

316 – Park Schönbusch
Illusionistische Kuppelmalerei
im Speisesaal

317/318 – Park Schönbusch
Zwei Wandgemälde im Speisesaal

319 – Schloß Schönbusch bei Aschaffenburg, Saal

Anhang

Unentbehrliche Quellen zu diesem Buch waren die Schriften von Dr. Heinrich Kreisel und Professor Dr. Max H. von Freeden über fränkische Schlösser sowie Hanns Hubert Hofmanns Untersuchungen zur Geschichte des fränkischen Adels. Ferner sind die vom Bayerischen Landesamt für Denkmalpflege herausgegebenen ‹Kunstdenkmäler von Bayern› und die dort geführten Kurzinventare zu Rate gezogen worden. Auch die von Professor Dr. Erich Bachmann bearbeiteten amtlichen Führer der Bayerischen Verwaltung der Staatlichen Schlösser, Gärten und Seen waren willkommene Arbeitshilfen.

Bilderläuterungen

Alle Aufnahmen ohne Photovermerk sind von Emmanuel Boudot-Lamotte.

1 – Nürnberg. Blick vom Fünfeckturm auf die Kaiserburg. Links im Bild der Heidenturm mit anschließender Kaiserkapelle, Palas und Kemenate.

2 – Nürnberg. Kaiserburg, Unterkapelle St. Margareten. Der zweigeschossige Sandsteinquaderbau wurde um 1170/80 als Doppelkapelle unter Kaiser Barbarossa errichtet. Dekorative Plastiken wie stilisierte Köpfe, Flechtbänder, Akanthus und Palmetten schmücken Kapitelle und Deckplatten der Rundpfeiler.

3 – Nürnberg. Kaiserburg, Oberkapelle St. Ottmar. An der Chorbogenwand steht ein aus Trautskirchen/Mittelfranken stammender Flügelaltar mit einer stehenden Muttergottes im Strahlenkranz um 1500, eine Leihgabe des Germanischen Nationalmuseums. Der Hauptaltar zeigt ein bemerkenswertes Kruzifix, eine Arbeit aus dem Umkreis des Veit Stoß um 1520.

4 – Nürnberg, Tucherschloß. Es wurde 1533/40 wahrscheinlich nach den Plänen Peter Flötners erbaut. Der turmartige Vorbau beherbergt das Treppenhaus. Seit 1969 ist es als Museum eingerichtet.

5 – Nürnberg, Schoppershof. Ansicht der Haupt- und Seitenfassade mit hübschem gestuften Giebelschluß. Nach einer Zerstörung wurde es 1591 wieder aufgebaut. *(Privataufnahme)*

6 – Schloß Neunhof bei Kraftshof. Der Ende des 15. Jahrhunderts als Jagdschloß erbaute Herrensitz mit den Zwerchgiebel-Dächern von 1508 ist ein charakteristischer Bau des Nürnberger Baustils. Das Schloß wurde an das Germanische Nationalmuseum verpachtet, das hier seine Jagdsammlungen ausstellt.

7 – Lauf, Wenzelschloß mit Eingangstor und Brücke über die Pegnitz. Der Neubau der nach dem hl. Wenzel benannten Burg erfolgte zwischen 1350/60 unter Kaiser Karl IV.

8 – Heroldsberg, Blick vom Terrassengarten auf das sogenannte Rote Schloß, das 1487 erbaut, und nach einem Brand 1589 erneuert wurde. Links im Hintergrund der markante Kirchturm der gotischen Pfarrkirche.

9 – Stein bei Nürnberg. Teilansicht des 1903 im neoromanischen Stil erbauten Neuen Schlosses für Friedr. Loth. Alexander Graf von Faber-Castell.

10 – Stein bei Nürnberg. Marmorner Wandbrunnen mit Flußgottmaske und Eidechsen im Vogelzimmer des Neuen Schlosses.

11 – Stein bei Nürnberg, Speisesaal im Neuen Schloß mit Wandpaneelen und Supraporten. Die umlaufenden Leinwandgemälde, die verschiedene Lebensalter darstellen, stammen von Professor Karl von Marr.

12 – Stein bei Nürnberg, Musikempore im Musik- oder Ballsaal. Der über der Empore angebrachte Fries zeigt musizierende Engel und Putten.

13 – Stein bei Nürnberg. Ausschnitt der in Band- und Wellenmotiven stuckierten Jugendstildecke.

14 – Schloß Neunhof bei Lauf, Weißer Saal. Der Raum besitzt eine elegante Stuckdecke mit rahmendem Früchtekranz um die ovalen Gemälde des Italieners Donato Polli, um 1700. *(Foto Bayer. Landesamt f. Denkmalpflege, J. Sowieja).*

15 – Schloß Neunhof bei Lauf, Blick in die Durchfahrtshalle mit massiver Balkendecke und verschiedenen Jagdtrophäen. *(Foto Bayer. Landesamt f. Denkmalpflege, J. Sowieja)*

16 – Schloß Neunhof bei Lauf, Teilansicht der ‹Götterstube›. Die Wände sind mit gemalten Leinwandtapeten verkleidet, die Szenen aus der griechischen Mythologie zeigen. *(Foto Bayer. Landesamt f. Denkmalpflege, J. Sowieja)*

17 – Schloß Reichenschwand bei Hersbruck. Parkansicht mit Schloßweiher. Das Schloß stammt aus dem 16. Jahrhundert. 1832 wurde es im neugotischen Stil durch Carl Alexander von Heideloff umgebaut. Die Abbildung zeigt einen der angebauten Runderkertürme.

18 – Eschenbach, Südansicht des Schlosses. Die eigentliche Wasserburg der Freiherren Ebner von Eschenbach war nach einer Zerstörung 1554 wieder aufgebaut worden, sie hat sich bis heute nahezu unverändert erhalten.

19 – Simmelsdorf. Im Vordergrund steht das Hauptschloß, ein ehemaliges Weiherschloß, dessen Ursprung auf das 14. und 15. Jahrhundert zurückgeht. 1848 wurde es im gotischen Stil nach den Plänen des Nürnberger Stadtbauinspektors L. Schmidtner umgebaut, wobei das Fachwerkgeschoß aufgesetzt wurde. Rechts davon steht das 1781 erbaute neue Herrenhaus, das 1808 als Vogt- und Amtshaus umgebaut wurde. Eine weitere Umgestaltung erfolgte 1844/47; 1877 wurde der Treppengiebel hinzugefügt.

20 – Schloß Kirchensittenbach, Nordostansicht. Jobst Friedrich Tetzel ließ 1595 das Schloß nach den Entwürfen des Nürnberger Ratsbaumeisters Wolf Jakob Stromer errichten.

21 – Schloß Rammersdorf. Der jetzige Bau wurde unter Albrecht Ludwig von Eyb 1712/13 von Johann Georg Schmidt aus Ansbach erbaut.

22 – Schloß Mörlach. Das Schloß wurde 1775 unter Carl Adam Christoph von Imhof errichtet. Der Bau wird durch geschwungene Zwischenbauten mit den niedrigen Seitenflügeln verbunden.

23 – Roth am Sand. Schloß Ratibor, Nordostecke im Schloßhof. Im Bilde sichtbar ist der Nordostturm, der sogenannte Kaiserturm. Der Schloßbau war 1537 vollendet. Baumeister war vielleicht Sixt Kornberger, der Baumeister des Markgrafen in Ansbach war. Die Türme wurden jedoch erst 1585 von dem Festungsbaumeister Gideon Bacher aus Ulm errichtet. Das Schloß findet heute als Heimatmuseum Verwendung. *(Foto Bayer. Landesamt für Denkmalpflege)*

24 – Das Topplerschlößchen, genannt Kaiserstuhl, wurde 1388 von dem Bürgermeister Heinrich Toppler als Sommersitz und zum Schutz seines Landgutes erbaut. *(Foto Bayer. Landesamt f. Denkmalpflege)*

25 – Schloß Schwarzenbruck b. Ochenbruck. Luftaufnahme des Schlosses mit Vorhof und den wohlerhaltenen, ehemaligen Gesindehäusern im Vor-

dergrund. *(Bertram-Luftbild, München-Riem, Freig. Reg. v. Obb. G 4/4186 (f. Sc 133/52))*

26 – Schloß Frankenberg, Ostflügel mit dem Portal von 1593.

27 – Schloß Frankenberg, Blick vom Innenhof auf den Ostflügel mit Torweg.

28 – Schloß Frankenberg, Luftaufnahme der gesamten Anlage. Das Hauptschloß im Vordergrund war um 1530 erbaut worden, während die Vorburg dahinter 1590 völlig erneuert wurde. *(Bertram-Luftbild, München-Riem, Freig. Reg. v. Obb. G 4/284 (f. Fr 2/5))*

29 – Schloß Schillingsfürst, Treppenhaus, identisch in beiden Schloßflügeln angelegt. Die Blockstiegen aus Eiche – sogenannte ‹Kaiserstiegen› – führen zwei Stockwerke empor. Die Stuckaturen der Wände sind Arbeiten des Stuckateurs Steinbrecher und stellen Reliefbüsten römischer Kaiser dar, 1730/40. Das schmiedeeiserne Bandelwerk-Geländer ist französische Arbeit und wurde von Fürst Chlodwig zu Hohenlohe während seiner Botschafterzeit in Paris erworben.

30 – Schloß Schillingfürst, Roter Salon. Die Dekkenstuckaturen stammen von Gabriel und Francesco de Gabrieli. Der Salon wurde 1860 von Fürst Chlodwig zu Hohenlohe-Schillingsfürst und seiner Gemahlin, einer geborenen Prinzessin Marie Sayn-Wittgenstein-Berleburg, eingerichtet. Die Spiegel mit den schweren, vergoldeten Barockrahmen sind Geschenke des Kardinals Gustav zu Hohenlohe-Schillingsfürst und stammen aus Rom. Die Gemälde stellen dar: rechts der Tür die Großmutter des Reichskanzlers Chlodwig Fürst zu Hohenlohe-Schillingsfürst, eine geborene Freiin Judith von Rewitzky, rechts des Spiegels in der Ecke des Salons ihren Mann, den Fürsten Karl-Albrecht II. zu Hohenlohe-Schillingsfürst.

31 – Schloß Schillingsfürst, Gobelin-Saal. Die Dekke besitzt Bandelwerk-Stuck um 1730. Die flämische Tapisserie rechts im Bild um 1719, zeigt Ceres auf dem Löwenwagen, die zusammen mit einer Stadtgöttin das Wappen Hohenlohe-Öttingen hält. Das große Gemälde am Ende des Salons stellt Prinzessin Marie zu Sayn-Wittgenstein-Berleburg dar, die spätere Gemahlin des Reichskanzlers Chlodwig Fürst zu Hohenlohe-Schillingsfürst. Es wurde von Wilhelm Kaulbach gemalt. Das Einlegeparkett mit Bandelwerkmotiven aus verschiedenfarbigen Hölzern stammt von K. M. Mattern, vor 1740.

32 – Schloß Weingartsgreuth, Eingangsseite mit Schloßhof. Das Schloß war als Wasserschloß 1574 errichtet worden, 1728 wurde es umgebaut und mit Anbauten versehen.

33 – Schloß Rügland, Rückansicht. Im Vordergrund das sogenannte Alte Schloß von 1611 mit einem Fachwerkobergeschoß. Dahinter der Südflügel des Neuen Schlosses von 1713. *(Foto Bayer. Landesamt f. Denkmalpflege)*

34 – Schloß Rügland, großer Mittelsaal mit Wandfeldergliederung und Supraporten mit Ölgemälden (Schäferszenen). Das Gemälde über dem Kamin mit Stuckaufsatz stellt Kaiser Karl VI. (1685–1740) dar. Die beiden Gemälde an der Längswand zeigen: links Markgraf Karl Wilhelm Friedrich von Ansbach, genannt der ‹Wilde Markgraf›; rechts seine Gemahlin Markgräfin Friederike Luise, Schwester Friedrichs des Großen. Die Gemälde sind im Stil des Antoine Pesne gemalt.

35 – Schloß Rügland, Ausschnitt aus dem großen Deckengemälde des Mittelsaals: Göttervater Zeus mit dem Adler. Der Maler des Gemäldes ist nicht bekannt.

36 – Ansbach. Residenz, Spiegelkabinett 1739/40. Die Spiegelrahmen stammen von dem in München geschulten Johann Kaspar Wetzlar, das Deckengemälde malte J. A. Biarelle. Der Konsoltisch ist ansbachischer Herkunft um 1745. Die Porzellanfiguren sind vorwiegend Meißener Provenienz, die beiden Potpourrivasen ‹Erde› und ‹Wasser› auf dem Tisch stammen von J. J. Kändler, 1747/48.

37 – Ansbach. Residenz, Marmorkabinett. Die Ausstattung datiert aus der Zeit um 1740. Auf Stuckmarmor wurden in die Wandfelder Leinwandgemälde von J. A. Biarelle eingelassen, die eine 1736 erschienene Folge von Ornamentstichen des Franzosen Jacques de la Joue wiederholen.

38 – Ansbach. Residenz, Fassade des Gabrielibaus. Der ursprüngliche dynamische Entwurf Gabrielis (vor 1709) mit Risalitbetonung durch Pilasterwechsel wurde zwanzig Jahre später von Leopold Retti gering aber deutlich zugunsten der Achsenreihung abgeändert.

39 – Ansbach. Residenz, Großer Saal mit dem Dekkengemälde des Carlo Carlone. Das Bildprogramm zeigt die Verherrlichung des absolutistischen markgräflichen Fürstentums. Die Ausstattung folgt im wesentlichen dem Entwurf von Leopold Retti, der Stuck wurde von Diego Carlone geschaffen.

40 – Ansbach. Residenz, Galerie. Sie bestand ursprünglich aus drei Räumen. Die Umgestaltung zur Galerie erfolgte 1771 unter der Leitung des Bayreuther Oberstbaudirektors Carl Ernst Friedrich Freiherrn von Reitzenstein. Die Neuausstattung wurde von Bayreuther Künstlern geschaffen. Die acht Fensterpfeiler und das Mittelfeld der südlichen Schmalseiten sind mit hohen Spiegeln in geschnitzten Rahmen besetzt. Die Decke zeigt drei allegorische Gemälde. An der Fensterwand stehen reich geschnitzte Konsoltische mit grauen Marmorplatten, die aus einem Block geschnitten sind. An der gegenüberliegenden Längswand hängen Bildnisse aus dem Besitz König Karls XII. von Schweden und Friedrich Augusts II. von Sachsen, König von Polen.

41 – Ansbach. Residenz, Audienzzimmer der Markgräfin (Paradezimmer Serenissimae): Kartusche des Deckenspiegels. Die Kartusche wird von drei Putten eingerahmt. In der Mitte verkündet ‹Fama› (Gold auf blauem Grund) den Ruhm des Markgrafenpaares, dessen Initialen CWF (Carl Wilhelm Friedrich) und FL (Friederike Luise) die kleinen seitlichen Felder zeigen.

42 – Ansbach. Residenz, Marmorkabinett: stukkiertes Wandfeld (untere Rahmenzone eines in den Stuckmarmor eingelassenen Gemäldes). Die vergoldeten Stuckaturen mit einem Chinesenkopf und zwei Füllhörnern voller Früchte heben sich von einem hellen Untergrund in rosafarbenen und zart grauen Tönen ab. Den Stuckmarmor schuf Johann Schell von «Wisenbronn im Bayerischen».

43 – Ansbach. Residenz, zweites Vorzimmer der Markgräfin oder Gobelinzimmer. Der Deckenstuck wurde nach 1740 geschaffen. Die Wandbespannung besteht aus drei gewirkten Wandteppichen, die die Elemente Erde, Wasser und Luft darstellen. Hergestellt wurden sie nach Cartons von Charles Lebrun in der Pariser Gobelinmanufaktur, um 1700. Der in der Ecke stehende Ofen mit einem Unterbau aus gußeisernen Platten, datiert 1771. Der Schreibtisch aus Ebenholz mit schönen Beschlägen wurde um 1730 in Paris gearbeitet.

44 – Schloß Schwarzenberg, Südostfassade mit dem dominierenden ‹Schwarzen Turm›. Das Schloß wurde im 16. und 17. Jahrhundert erbaut. Als Baumeister waren Elias Holl aus Augsburg, Jakob Wolff aus Nürnberg und dessen Sohn gleichen Namens hier tätig. Im Schloß ist heute die Mathilde-Zimmer-Stiftung untergebracht.

45 – Schloß Sommersdorf, Blick auf den Südflügel und die Umfassungsmauern, im Hindergrund der hochgebaute Nordflügel und der Bergfried. Die Anlage wurde um 1400 erbaut.

46 – Schloß Ellingen, Süd- und Hauptfassade, 1715/20 von Franz Keller erbaut. Die Statuen Mars und Minerva, die auf den Voluten unterhalb des Balkons stehen, wurden von Johann Friedrich Maucher geschaffen, von dem auch der Giebelschmuck mit den Figuren der Religion, Gerechtigkeit und Caritas stammt.

47 – Schloß Ellingen, Hofansicht gegen Nordosten. Links im Bild die Schloßkirche.

48 – Schloß Ellingen, Fassade der Schloßkirche, 1746 von Franz Joseph Roth erbaut. Die Marienfigur an der Mittelachse stammt von Johann Wagner aus Ellingen. Die Statuen St. Georg und St. Elisabeth sowie das Landkomturwappen arbeitete Joh. Friedrich Maucher.

49 – Schloß Ellingen, Treppenhaus von Franz Keller. Das Deckengemälde von Johann Anton Pinck zeigt den Kampf der Götter gegen die Titanen,

1721. Der umrahmende Schmuck besteht aus Bandwerkkompositionen und Gitterfeldern, Blumenkörben und Masken. Der Stuckaturenschmuck wurde von Franz Joseph Roth, 1719, geschaffen. Die Südwand, dem Aufgang gegenüber, gliedern Hermenpilaster in fünf Felder. An den Schmalseiten stehen zwei Frauengestalten unter einem Baldachin, von denen eine auf der Abbildung sichtbar ist. Die beiden Figuren könnten ‹Macht› und ‹Frieden› darstellen.

50 – Schloß Ellingen, Saal im zweiten Obergeschoß mit reich stuckierter Decke und einem Deckengemälde von J. A. Pinck. Die Wände wurden um 1820 mit einer Pilastergliederung im klassizistischen Stil versehen.

51 – Schloß Altenmuhr, ehemaliges Wasserschloß mit aus dem 12. Jahrhundert stammendem Bergfried.

52/53 – Schloß Altenmuhr. Die französischen Grisailletapeten im sogenannten Sommersalon wurden vermutlich 1810/15 von der Pariser Firma Jaquemard et Renard hergestellt. Sie stellen russische Soldaten während des Feldzugs des russischen Fürsten Suwarow in Italien in einer Phantasielandschaft dar. Friedrich Carl Freiherr von Danckelmann brachte sie aus Petersburg nach Bayern mit. *(Privataufnahmen)*

54 – Schloß Ullstadt. Der Bau wurde von Johann Dientzenhofer errichtet und war 1725 vollendet. Die wappenhaltenden Sandsteinlöwen auf den Portalpfosten wurden in unserer Zeit nach altem Vorbild erneuert.

55 – Seitenansicht von Schloß Ullstadt mit Schloßweiher.

56 – Schloß Ullstadt, Seitenflügel. Die beiden Seitenflügel und ihre Fassaden mit den hohen Figurennischen wurden von Michael Küchel geschaffen. Die allegorischen Figuren wurden 1750 von Ferdinand Tietz gefertigt. Dieser war von J. Philipp Anton von Franckenstein (1746–1753) nach Ullstadt geschickt worden.

57/58 – Schloß Ullstadt, Details des Deckenstucks im Saal: ‹Diana mit Jagdhunden› und ‹Merkur in einer Wolke›. Die Stuckaturen wurden von Sebastian Pinckert geschaffen, einem Schüler des Bamberger Stuckators Vogel.

59 – Schloß Inching am linken Altmühlufer. Es wurde Ende des 17. oder Anfang des 18. Jahrhunderts von Jakob Engel erbaut und war Sommersitz der Eichstätter Domherren.

60 – Schloß Syburg, Hof mit Schloßeingang vom Torhaus gesehen. Sein heutiges Aussehen erhielt das aus dem 11. Jahrhundert stammende Wasserschloß in der ersten Hälfte des 18. Jahrhunderts durch den Baumeister Hans Georg Richter.

61 – Schloß Syburg, Deckenstuck eines Salons im zweiten Obergeschoß: Putten, die einen Blätterkranz tragen.

62 – Schloß Syburg, Deckenstuck eines Salons im ersten Obergeschoß: Ein geharnischter Putto schwebt auf einem Wolkenfeld von Rocailleformen umgeben.

63 – Schloß Syburg, Speisezimmer. Der Raum ist mit Möbeln im Stil der Florentiner Renaissance eingerichtet.

64 – Schloß Dennenlohe, Festsaal im ersten Obergeschoß. In der Ecknische steht ein eleganter Ofen mit gekacheltem Aufsatz.

65 – Schloß Dennenlohe, Süddeutscher Renaissanceschrank.

66 – Schloß Dennenlohe, Hoffassade. Das Schloß war als Jagdschloß von Leopold Retti 1734/35 erbaut worden. Im Giebelfeld über dem Eingang sitzt das Wappen der Freiherren Eichler von Auritz.

67 – Schloß Dennenlohe, Gartensaal im Erdgeschoß. Die Wände wurden im 19. Jahrhundert mit verschiedenen Jagdszenen bemalt.

68 – Schloß Pappenheim, Südwestansicht mit Mittelrisalit des 1819/20 von Leo von Klenze erbauten Schlosses. Bauherr war Theodor Friedrich Graf von Pappenheim.

69 – Schloß Pappenheim. Die Sandsteinfigur im Park mit einem Pfau zu Füßen stellt vielleicht die Göttin Venus dar. Der Spiegel, den die Göttin in der rechten Hand trug, ging verloren.

70 – Schloß Pappenheim. Der große Speisesaal wurde von dem Maler Anton Schönherr aus München mit pompejanischen Malereien geschmückt.

71 – Schloß Pappenheim, Blick in das Treppenhaus, das hinter dem Mittelrisalit liegt.

72 – Schloß Pappenheim. Die Decke des Billiardzimmers wurde ebenfalls von Anton Schönherr gemalt.

73 – Schloß Pappenheim, ein mit Grotesken bemaltes Kassettenfeld von der Stuckdecke des Festsaals.

74 – Schloß Pappenheim, ein weiteres Kassettenfeld von der Stuckdecke des Festsaals, das mit Waffenemblemen bemalt ist.

75 – Schloß Pappenheim, Ansicht des Festsaals. Die Stuckarbeiten im Saal schuf Pierre Viotti, die Malereien in den Feldern und an den Wänden stammen wiederum von Anton Schönherr, beide aus München. Die Grisaillen in der oberen Wandzone behandeln die Pappenheimer Geschichte und stellen Begebenheiten der Reichserbmarschälle dar. Der Empireofen wurde nach einer Zeichnung von Johann Metivier (bez.) in Pappenheim hergestellt.

76 – Eichstätt. Mittelrisalit an der Südseite der ehemaligen fürstbischöflichen Residenz. Der Bau wurde unter dem letzten Fürstbischof Joseph Graf von Stubenberg 1791 im klassizistischen Stil ausgeführt. Baumeister war Maurizio Pedetti.

77 – Eichstätt. Das Treppenhaus in der ehem. fürstbischöflichen Residenz ist eine Schöpfung Maurizio Pedettis. Die Treppe ist in den beiden unteren Geschossen doppelarmig, vereinigt sich dann auf einem Zwischenpodest zu einem Arm. In jedem der Geschosse entsteht ein großer Vorplatz, zu dem sich das Treppenhaus mit fünf ungleich hohen Arkaden auf ionischen Säulen öffnet. Das schöne Eisengeländer zeigt Muschelwerkformen und wurde von dem Hofschlosser Sebastian Barthlmes ausgeführt.

78 – Eichstätt. Ehem. fürstbischöfliche Residenz, Zimmer neben dem Südsaal, dessen Wände mit seltenen figürlichen Grisailletapeten aus der Leuchtenbergzeit, um 1820, geschmückt sind. Der Ausschnitt zeigt eine ‹Nymphengrotte›, am oberen Rand AUX NYMPHES bezeichnet.

79 – Eichstätt. Ehem. fürstbischöfliche Residenz, Zimmer neben dem Südsaal mit klassizistischen Grisailletapeten um 1820. Der Bildausschnitt stellt eine ‹Opferung zu Füßen der Göttin Athene› dar.

80 – Eichstätt. Ehemalige fürstbischöfliche Residenz, Spiegelsaal (vollendet 1768). Die Wände werden durch rötliche Stuckmarmorpilaster mit vergoldeten Kompositkapitellen gegliedert. Die breiteren Wandfelder sind als Blendnischen ausgebildet und mit vergoldetem Stuckgitterwerk auf hellgrünem Grund geschmückt. In der Mittelnische der Nordwand steht ein origineller Ofen auf goldenen Bronzedelphinen. Der Feuerbehälter ist kugelförmig, darüber erhebt sich ein Zylinder, auf dem ein Taubenpaar steht.

81 – Eichstätt. Ehem. fürstbischöfliche Residenz, Spiegelsaal. Die Spiegel an den Längswänden sind mit Stuckmarmor belegt und zeigen bildhafte Darstellungen. Das hier abgebildete Spiegelfeld zeigt drei Putten mit Insignien der Künste.

82 – Eichstätt. Ehem. fürstbischöfliche Residenz, Spiegelsaal. Der Spiegel links neben dem Ofen stellt den jugendlichen Gott Bacchus auf einem Triumphwagen mit musizierenden und weintrinkenden Begleitern dar.

83 – Eichstätt. Ehem. fürstbischöfliche Residenz, Deckengemälde im Spiegelsaal. Der Ausschnitt des Gemäldes: «Allegorien, Friede und Gerechtigkeit», zeigt in der unteren Ecke: Die Dämonen der Zwietracht werden verjagt, bez. Joh. Mich. Franz Pinx: 1768.

84 – Eichstätt. Ehem. Sommerresidenz, Muschelpavillon mit Springbrunnen im Hofgarten. Der Pavillon wurde 1736 von Gabriel de Gabrieli erbaut, 1779/81 von Maurizio Pedetti in der jetzigen Form verändert.

85 – Eichstätt. Ansicht der Willibaldsburg von Südwesten. Im Vordergrund der Gemmingenbau. Die Westfassade erhebt sich über den mächtigen vorgelagerten Bastionen. Der Gemmingenbau wurde nach den Plänen des Ausburgers Elias Holl durch den Graubündner Hans Alberthaler ausgeführt, der 1610 und 1615 in Eichstätt tätig war. Der Bau wurde auch von Holl selbst überwacht, der verschiedene Male von Augsburg nach Eichstätt reiste.

86 – Bamberg. Neue Residenz, erbaut 1697–1705 von Leonhard Dientzenhofer unter Fürstbischof Lothar Franz von Schönborn. Dabei wurden die Nordhälfte des Eingangsflügels und die hier abgebildete Westhälfte des Ost- oder Vierzehnheiligenflügels zuerst errichtet.

87 – Bamberg. Neue Residenz, Stuckdetail aus dem Speisesaal der fürstbischöflichen Wohnräume. Der Ausschnitt stammt von der Decke des Speisesaales, dessen spätbarocke Stuckaturen Johann Jakob Vogel schuf. Das Stuckrelief zeigt den mit Weinlaub bekränzten Bacchus mit einem Weinpokal in der linken Hand. Er wird flankiert von zwei Begleitern, die eine Weingirlande halten.

88 – Bamberg. Neue Residenz, Speisesaal (Nordwestecke). Die spätbarocken Stuckaturen stammen von Johann Jakob Vogel. Das mittlere Ölgemälde am Deckenspiegel zeigt die Götter des Olymp von Sebastian Reinhard. Die Hafenlandschaften in den oblongen Feldern malte J. J. Gebhard. Der Fayence-Ofen stammt ebenfalls aus der Rokoko-Zeit. Entlang der Wände stehen geschnitzte vergoldete Konsoltische mit weißen Marmorplatten, um 1770/80 entstanden. Zwei Marinestücke von Mathias von Plattenberg, um 1650, hängen an der Längswand. Die beiden Lüster sind vermutlich böhmisch, 2. Drittel 18. Jahrhundert.

89 – Bamberg. Neue Residenz, Kaisersaal. Das eingelassene Ölgemälde im Deckenspiegel von Sebastian Reinhard ist eine Verherrlichung Kaiser Josefs I. Die spätbarocke Stuckdecke schuf J. J. Vogel, die Supraporten schnitzte Georg Mutschele 1730. Der eingelegte Fußboden stammt aus der ersten Ausstattungszeit um 1705. Die Eingangsseite (Schmalseite) zeigt ein Säulenmonument, das die vom Kreuz gekrönte Weltkugel trägt. *(Foto Bayer. Landesamt f. Denkmalpflege, J. Sowieja)*

90 – Bamberg. Neue Residenz, Kaiserzimmer um 1710 mit Stuckarbeiten von Johann Jakob Vogel. Die Seccomalereien der Rondos und der oblongen Felder schuf J. J. Gebhard. Der Raum enthält zwei französische Wandteppiche aus der Großmogul-Serie, Beauvais um 1730. Zur Einrichtung gehört ein Schreibtisch aus Ebenholz mit vergoldeten Beschlägen, französisch um 1730. Die Sitzmöbel, geschnitzt und vergoldet, sind fränkisch, um 1740. Der Lüster mit Kristallprismen vielleicht böhmisch, 2. Drittel 18. Jahrhundert. Der Kachelofen zeigt Rokoko- und Louis-seize-Formen.

91 – Bamberg. Neue Residenz, Ausschnitt von der Decke des Grünen Salons des Kaiser-Appartements. Die Stuckaturen stammen von Johann Jakob Vogel, die Malereien von Johann Jakob Gebhard. Die Eckrondos in Secco-Technik stellen Allegorien der Jahreszeiten dar; die Abbildung zeigt den ‹Winter›.

92 – Bamberg. Neue Residenz, Weißer Saal in der fürstbischöflichen Wohnung. Die Stuckaturen über dunkelgrauem Marmorsockel wurden 1773 von Materno Bossi vollendet. Die Sitzgarnitur hat noch die alten Aubussonbezüge. Links im Bild eine Deckelvase mit kalter Bemalung, Ansbach, 1. Hälfte 18. Jahrhundert; rechts eine Marmorstele vom Ende des 19. Jahrhunderts.

93 – Bamberg. Neue Residenz, Gesellschaftszimmer. Den Deckenstuck arbeitete Johann Jakob Vogel, der Stuck in der Hohlkehle stammt von seinem Sohn Franz Jakob Vogel. In der Mitte des Raumes steht ein Rollschreibtisch des Fürstbischofs Franz Ludwig von Erthal mit Rankenmarketerie und seinen Initialen, F. L., Würzburg, um 1780. Die Sitzgarnitur hat alte Bezüge, französisch, um 1770. An der Wand steht eine Kommode mit Würfelmarketerie, Bamberg um 1760/70.

94 – Altenburg bei Bamberg. Der untere Teil des Bergfrieds reicht in die Zeit nach 1251 zurück, während der obere Teil nach 1400 entstanden ist. Der Torbau stammt aus der Spätgotik, das Obergeschoß mit Giebel wurde nach 1554 aufgesetzt. An den Torbau wurde im 19. Jahrhundert eine neugotische Kapelle von Carl Alexander von Heideloff angebaut.

95 – Burgwindheim, ehemaliges Amtsschloß des Zisterzienserklosters Ebrach. Das Schloß wurde 1720/28 über sumpfigem Gelände auf einer Terrasse mit hübschen Balustradengeländern errichtet. Die Aufnahme zeigt die eigentliche Schauseite des Schlosses, während der Haupteingang an der Schmalseite des Gebäudes liegt.

96 – Schloß Seehof mit Kaskade und Gartenplastiken. Im Hintergrund sieht man einen der vier kräftigen Ecktürme des Schlosses. Die Kaskade wird zu beiden Seiten von Treppen begleitet, an deren Rändern Vasen, Putten und Rocaillekartuschen stehen. Auf dem Schloßparterre steht die Heraklesgruppe, die wie die anderen Figuren von Ferdinand Tietz und seiner Werkstatt um 1750 geschaffen, 1780 jedoch von Michael Trautmann überarbeitet wurden.

97 – Schloß Seehof, abgestürzter Titan von der Gruppe des Titanensturzes von Ferdinand Tietz, ebenfalls von Michael Trautmann im Aussehen verändert.

98 – Ehemaliges Zisterzienserkloster Ebrach (heute Jugendstrafanstalt). Saalbau am Cour d'honneur, 1716/17 von Josef Greising erbaut. Charakteristisch für den Stil des Vorarlbergers Greising ist hier die Fassade. Kolossalpilaster erheben sich über der Sockelzone, die Gesimse sind reich verkröpft. Die fünf Mittelachsen treten etwas hervor. Im Hauptgeschoß wechseln Segmentbogen- mit Dreiecksbogenformen der Fenstergiebel ab.

99 – Schloß Aschbach, Hauptflügel mit Eingangsportal und Treppe. Über dem Portal ist das Allianzwappen des Erbauers Hieronymus Christoph Freiherrn von Pölnitz angebracht, der das Schloß laut Inschrift 1672 neu erbaut hatte.

100 – Schloß Aschbach, Salon eines typisch fränkischen Landsitzes.

101 – Schloß Aschbach, Schloßbibliothek. Sie enthält unter anderem alte juristische Bücher, Bambergensia, Franconia u. ä.

102 – Schloß Reichmannsdorf. Die hufeisenförmige Anlage mit Ehrenhof und abschließendem Gitter wurde 1714/19 von dem fürstbischöflich bambergischen Hofbaumeister Johann Dientzenhofer vermutlich nach den Bauplänen seines Vaters Leonhard errichtet. Einziges Dokument hierfür ist ein in Schloß Ullstadt befindlicher Brief Leonhard Dientzenhofers, in dem er schreibt, daß er von Pommersfelden schnell einmal nach Reichmannsdorf müsse. – Die Mitte der Hofseite wird von zwei durchlaufenden Pilastern akzentuiert, die den mit dem Wappen des Bauherrn Wolf Philipp Freiherrn von Schrottenberg geschmückten Giebel tragen. Dieser wird auf beiden Seiten von Vasen, auf der Giebelspitze von der Figur der Ceres bekrönt. *(Foto Bayer. Landesamt f. Denkmalpflege, J. Sowieja)*

103/104 – Schloß Reichmannsdorf. Auf den Podesten des Balustradengeländers stehen vier Putten, die die Jahreszeiten symbolisieren, vielleicht von G. T. Mutschele geschaffen.

105 – Schloß Reichmannsdorf. Blick auf das Treppenhaus im ersten Obergeschoß. Die prächtige Stuckdecke wurde 1720/22 von Johann Jakob Vogel geschaffen. Das große Fresko von Johann Jakob Gebhard ist eine allegorische Darstellung der vier Kardinaltugenden sowie der christlichen Liebe, der Caritas in Form eines Pelikans.

106 – Schloß Reichmannsdorf, Saal mit reichem Deckenstuck mit Bandwerkfiguration und teilweise figuraler Stuckdekoration über dem Kamin von Johann Jakob Vogel. Das Deckenfresko zeigt Neptun im Meereswagen, das Medaillon über dem Kamin stellt den Eid des Mutius Scaevola dar, alle von Johann Jakob Gebhard geschaffen. *(Foto Ingeborg Limmer, Bamberg)*

107 – Schloß Reichmannsdorf, Deckenausschnitt aus dem Marszimmer. Hier malte Johann Jakob Gebhard in Form eines Medaillons eine reizende Ansicht von Reichmannsdorf mit einem Balustradengeländer, darüber die Schrift: Hic est partus laborum.

108/109 – Schloß Reichmannsdorf. Die Aufnahmen zeigen Stuck- und Gemäldeausschnitte von der Deckendekoration des Saales.

110 – Pommersfelden. Schloß Weißenstein, Corps de logis – Hofseite. Der Bau wurde nach Plänen von Johann Dientzenhofer 1711 begonnen, und war 1716 vollendet. Die allegorischen Figurengruppen seitlich des Eingangs, links Gerechtigkeit und Sieg, rechts Wachsamkeit und Wahrheit, wurden 1718/20 von Burkhard Zamels geschaffen.

111 – Pommersfelden. Schloß Weißenstein, Treppenhaus. Es wurde 1715/19 nach einer Idee des Kurfürsten Lothar Franz von Schönborn von Johann Lukas von Hildebrandt mit doppelläufiger Treppe und zwei Arkadengeschossen erbaut. Die Stuckfigur der Urania sowie die Puttengruppen und Ziervasen stammen von Burkhard Zamels. Das Deckengemälde, die Vier Erdteile, schuf der Schweizer Johann Rudolf Byß.

112 – Pommersfelden. Schloß Weißenstein, Große Galerie. Die große Galerie erhielt ihre Ausstattung 1713/15. Die Decke wurde 1714 von Daniel Schenk stuckiert. Die Pommersfeldener Galerie enthält eine bedeutende Sammlung verschiedener Malschulen des italienischen Spätbarock.

113 – Pommersfelden. Schloß Weißenstein, Marmorsaal. Der Saal hieß ursprünglich Kaisersaal in Bezugnahme auf Kaiser Leopold I. Die Ausstattung erfolgte 1715/18. Der rechteckige Saal wird durch rote Stuckmarmor Säulen, die den Wänden paarweise vorgestellt sind, gegliedert. Der Deckenstuck stammt von Daniel Schenk. Das Deckenfresko – die Weisheit und das gute Gewissen triumphieren über das Laster – wurde von J. M. Rottmayr, 1717, gemalt. *(Foto Karlheinz Bauer, Bamberg)*

114 – Pommersfelden. Schloß Weißenstein, Östlicher Nebensaal der Sala Terrena. Das Gewölbefresko, das ein einstürzendes Gebäude in architektonischer Genauigkeit plastisch wiedergibt, wurde 1716/18 von Giovanni Francesco Marchini gemalt.

115 – Schloß Thurn, Portalbau (ehemaliger Turm). Der Hauptbau (Torturm und Ostflügel) wurde 1728 barockisiert. 1756 erhielt der Torturm seinen jetzigen Abschluß. Zur gleichen Zeit wurden die beiden anstoßenden Gebäudeteile errichtet.

116 – Schloß Thurn, Kupferstichkabinett.

117 – Schloß Thurn, Gartenssal von Johann Jakob Michael Küchel erbaut (1766). In den vier abgerundeten Ecken des Saales stehen Stuckfiguren des Paris, der Athena, Hera und Aphrodite. Die Abbildung zeigt die Göttin Aphrodite.

118 – Schloß Thurn, Gartenpavillon im Schloßpark von Johann Jakob Michael Küchel, 1766, errichtet. Der risalitartig vortretende Mittelteil beherbergt einen kleinen Saal (Abb. 117), seitlich liegen je ein kleines Kabinett. Küchels Gartenhäuser im Rosengarten der Bamberger Residenz und in Thurn zählen zu den reizvollsten Schöpfungen des Barock in Mittelfranken. Anregend für den Thurner Pavillon mag die Amalienburg in München gewesen sein, die Küchel 1737 auf einer Reise besucht hatte.

119 – Schloß Hundshaupten, Innenhof. Nordost- und Südwesttrakt wurden um 1600 ausgebaut. Nach dem Erwerb des Schlosses durch die Freiherren von Pölnitz 1661, erhielten die Hofseiten Rundbogenarkaden, was eine Seltenheit in der Fränkischen Schweiz ist. Der ehemalige Ziehbrunnen im Hof, dreißig Meter tief, wurde aus Sicherheitsgründen zugeschüttet.

120 – Schloß Hundshaupten, Salon mit altem Mobiliar.

121 – Schloß Hundshaupten, Gästezimmer.

122 – Schloß Hundshaupten, Speisezimmer. Über dem Eßtisch mit barocken Stühlen hängt ein gotischer Gelbgußleuchter. Auf der Anrichte und an der Wand barocke Fayencen.

123 – Schloß Wiesenthau. Die spätmittelalterliche Anlage wurde zwischen 1560 und 1566 erweitert und in ein festes Schloß umgebaut.

124 – Schloß Kunreuth mit Torbauten und Wassergraben, der das Schloß auf drei Seiten umgibt. Über die steinerne Brücke gelangt man vom Vorhof zum Torbau der Kernburg.

125 – Schloß Egloffstein mit der Pfarrkirche St. Bartholomäus, die anstelle der einstigen Schloßkapelle 1750/52 von J. D. Steingruber erbaut wurde. Schloß und Dorf Egloffstein werden ringsum von der Fränkischen Alb umgeben.

126 – Schloß Greifenstein, Südwestansicht. Der Bergfried ist mittelalterlich, während die zweigeschossigen Wohnbauten 1619/93 errichtet und 1723 umgebaut wurden. Das Schloß liegt auf einem bewaldeten Berg über dem Leinleitertal.

127 – Schloß Greifenstein, Wappensaal. Im Fußboden ist in dunklen Hölzern das Wappen des Fürstbischofs Marquardt von Stauffenberg eingelegt, um 1690. An der Wand steht ein eingeschossiger Schrank thüringischer Provenienz, um 1600. Er besitzt intarsierte Säulen und figürliche Einlagen in den oberen Türfeldern. Charakteristisch für die Thüringer Herkunft ist seine helle Farbigkeit. Der Schrank gehört stilistisch in den Bereich des thüringischen Frankens, des ehemaligen hennebergischen und des Meininger Territoriums.

128/129 – Schloß Greifenstein. Ausschnitte des Renaissance-Schranks im Wappensaal. Die Intarsienfelder zeigen eine Verkündigung und eine Mondsichelmadonna.

130 – Schloß Greifenstein. Die üppig geschnitzte barocke Türumrahmung im Ostflügel des Schlosses befand sich ursprünglich in der Ritterkapelle in Haßfurt.

131 – Schloß Greifenstein. Der lange Gang im Nordflügel des Schlosses enthält eine Geweihsammlung mit kunstvoll geschnitzten barocken Hirschköpfen. Der Schnitzer dieser Köpfe, die alle einen unterschiedlichen Ausdruck zeigen, ist nicht bekannt. Max Freiherr von Aufseß hat diese Sammlung in seinem heiteren Buch über die Witwe Hirsch festgehalten.

132 – Schloß Greifenstein. Die Kommode mit Aufsatzschränkchen im kleinen Salon ist fränkisch und um die Mitte des 18. Jahrhunderts entstanden. Dieser Möbeltypus findet sich häufig in Franken (Wiesentheid, Würzburg, Pommersfelden), ist aber auch in Augsburg zuhause.

133 – Schloß Unteraufseß. Blick vom Burghof auf den Treppenturm, rechts der Südflügel (Ottos Kemenate), links der Ostflügel.

134 – Schloß Unteraufseß. Studierzimmer des Hans von Aufseß (1802–1872) im Meingotzhaus. Die einfache Einrichtung stammt aus der Zeit des großen Gelehrten.

135 – Schloß Trockau, Ansicht des 1769/79 unter Verwendung alter Bauteile umgebauten Schlosses. Zwei durchlaufende Pilaster akzentuieren den dreiachsigen Mittelteil des Gebäudes, der von einem Dreiecksgiebel abgeschlossen wird. Im Giebelfeld befindet sich eine Rocaillekartusche mit den verschlungenen Initialen CL des Bauherrn Carl Ludwig Groß von Trockau. Eine Vase krönt die Giebelspitze. Dem Schloß vorgelagert ist die zugehörige Schloßkapelle St. Oswald, die 1603 in der jetzigen Form umgebaut worden war. Der innere Hof wird an den vier Ecken von Rundtürmen aus Sandstein mit fränkischen Hauben begrenzt, wobei der Nordwestturm nur noch in seinen Fundamenten steht. Der an die Kapelle angrenzende Turm findet heute als Sakristei Verwendung. *(Foto Bayer. Landesamt f. Denkmalpflege)*

136 – Schloß Trockau. Nordöstliches Eckzimmer, ehemaliges Schlafzimmer, heute Speisezimmer. Der gefaßte, elegante Deckenstuck in der Hohlkehle und über den Fenstern stammt vermutlich von dem Bayreuther Rudolf Albini, der 1777 auch in der Schloßkapelle gearbeitet hat. Unterhalb der Fenster sind gefelderte Boiserien angebracht. Die einzelnen Wandfelder sind über einem schlichten Holzsockel

mit bemalter Wandbespannung (Öl auf Leinwand) versehen, die verschiedene Parkprospekte darstellen. Unsere Aufnahme gibt ein in naiver Manier gemaltes Gewächshaus wieder.

137 – Bayreuth. Neues Schloß mit Markgrafenbrunnen. Das Neue Schloß wurde 1753 von Joseph Saint-Pierre begonnen und 1757 durch Karl Philipp von Gontard erweitert.
Der Markgrafenbrunnen ist das Hauptwerk des Bayreuther Hofbildhauers Elias Räntz, das dieser um 1700 angeblich nach einem Entwurf Leonhard Dientzenhofers errichtet hatte. Der Markgrafenbrunnen zeigt das Reiterbild des Markgrafen Christian Ernst, den ein Hofzwerg mit dem Wahlspruch begleitet: Pietas ad omnia utilis. Die vier Reitergruppen sind zugleich Allegorien der Erdteile und der vier im Fichtelgebirge entspringenden Flüsse: Saale-Europa, Eger-Asien, Naab-Afrika, Main-Amerika. Der Sockel zeigt eine Inschriftkartusche und Kriegstrophäen, eine Anspielung auf die Beteiligung des Markgrafen an den Türkenkriegen.

138 – Bayreuth. Neues Schloß, Erstes Gobelinzimmer. Der Raum, der im 18. Jahrhundert ‹Cedernzimmer› hieß, war vermutlich mit jenem Zedernholz vertäfelt, das Friedrich der Große seinem Schwager Markgraf Friedrich von Bayreuth geschenkt hatte. An der Wand (rechts im Bild) steht eine bemerkenswerte Kommode mit Rautenmarketerie und belgischer Marmorplatte, Bayreuth (?), um 1740. Die Sitzmöbel stammen aus Bayreuth, um 1750. Die Nische enthält eine Büste des Bauherrn Markgraf Friedrich von Bayreuth auf marmoriertem Holzsockel, deutsch um 1760.
Von den insgesamt vier Wirkteppichen dieses Raumes, die Arbeiten einer Brüsseler Manufaktur um 1670 sind, zeigen drei Szenen aus einer Oper von Philippe Quinault (1635/98) nach dem mittelalterlichen Ritterroman ‹Amadis und Oriane›. Rechte Wand: ‹Florestan führt Amadis vor Oriane›, linke Wand: ‹Der Zauberer Arcalaus verwehrt Amadis den Zutritt zur Brücke›. Dritter Teppich nicht im Bild: ‹Amadis überbringt Oriane erbeutete Waffen›.

139 – Bayreuth. Neues Schloß, Altes Musikzimmer. Im Neuen Schloß gibt es zwei Räume dieser Art. Charakteristisch für die Musikzimmer der Markgräfin Wilhelmine sind die in die Stuckwände eingelassenen Portraits. Die Bildnisse sind in losen Gruppen dekorativ über die Wände verteilt. Die vergoldeten Stuckaturen stammen wahrscheinlich von G. B. Pedrozzi. In der Hohlkehle sind Musikinstrumente (Flöten, Jagdhörner, Violinen, Gamben, Celli, Trompeten, Lauten und Trommeln) plastisch abgebildet. 1798 hingen statt der heutigen achtzehn noch 29 Pastelle in dem Raum. Es handelt sich dabei um Portraits von Sängern und Sängerinnen der italienischen Oper, Schauspieler der französischen Komödie, Tänzern und Instrumentalisten. Drei Bildnisse malte Alexander Roslin, die anderen Pastelle stammen entweder von der Markgräfin selbst, die sich seit 1746 mit Pastellmalerei beschäftigte, oder von einem unbekannten «Nürnberger Pinsler», den Wilhelmine 1747 in einem Brief an Friedrich d. Großen erwähnt.

140 – Bayreuth. Neues Schloß, Japanisches Zimmer oder auch Spalierzimmer genannt. Es ist charakteristisch für den Spätstil des Bayreuther Rokoko. Die Dekoration bildet täuschend ähnlich einen Treillagenpavillon nach. Die Dekoration schuf J. B. Pedrozzi nach einem Entwurf des Bayreuther Hofbauinspektors Rudolf Heinrich Richter. Ledertapeten auf den Wandfeldern zwischen den Treillagen öffnen die Rückwand zu einer gemalten Küstenlandschaft mit Felsen, Blütenzweigen und Vögeln. Die geschnitzte Sitzgarnitur stammt aus Bayreuth um 1764, vielleicht von J. Fr. Spindler. Der Raum besitzt einen bemerkenswerten Parkettboden eingelegt mit Vierpässen, wahrscheinlich auch von J. Fr. Spindler nach 1757.

141 – Bayreuth. Neues Schloß, Zedernzimmer (Speisesaal). Wände und Fensterpfeiler wurden nach 1755 mit Nußbaummaser vertäfelt. Der Raum wurde daher auch ‹Nußbaumgalerie› genannt. Zwischen den vertäfelten Flachnischen der Wände und an den Fensterpfeilern stehen Palmenbäume mit freihängenden vergoldeten Laubkronen und Früchten. Die Sockel sind mit vergoldeten Rankenschnitzereien von Johann Georg Schleuning dekoriert. Die Decke zeigt einen blauen Himmel mit Drachen, Reihern und ostasiatischen Phantasievögeln. Die Stuckaturen stammen vermutlich von J. B. Pedrozzi, Vertäfelung und Fußboden vermutlich von J. Fr. Spindler nach 1757. Die Stühle sind geschnitzt, braun mit Gold gefaßt, Bayreuth um 1670, vielleicht ebenfalls von J. Fr. Spindler stammend.

142 – Bayreuth. Neues Schloß, Japanisches Zimmer gegen 1758. Der Raum zeigt die mittlere Stufe des Bayreuther Rokokos. Hier treten abstrakte Rokokoformen, Chinoiserien, naturalistisch bunte Ranken und exotische Pflanzen zusammen auf. Die Stuckaturen wurden um 1900 erneuert, stammen aber ursprünglich von J. B. Pedrozzi. Tisch und Rokoko-Paravent wurden von dem Bayreuther Hofmaler Johann Christian Jucht um 1750 mit Chinoiserien bemalt. Die Sitzmöbel stammen aus Bayreuth, um 1760.

143 – Bayreuth. Neues Schloß, Gobelinsaal. Der Raum ist ausgestattet mit sechs Wirkteppichen, die Szenen aus den Metamorphosen des Ovid zeigen, hergestellt in einer französischen oder englischen Manufaktur um 1730. Der Deckenstuck sowie die Vertäfelungen wurden im 19. Jahrhundert verändert und neu gefaßt. Die Sitzgarnitur ist geschnitzt, Bayreuth um 1765. Der Lüster ist vielleicht böhmisch und stammt aus dem zweiten Drittel des 18. Jahrhunderts.

144 – Bayreuth. Eremitage, Altes Schloß, Japanisches Kabinett gegen 1758 entstanden. Es wurde mit Chinoiserien nach Ideen und unter eigenhändiger Mitarbeit der Markgräfin ausgestattet. An den Wänden sind auf einem Grund von ‹punktiertem Gold› Flachreliefs angebracht, von denen nur vier originale ostasiatische Arbeiten sind, die Friedrich d. Große seiner Schwester geschenkt hatte. Die Reliefs wurden um 1750 von J. B. Pedrozzi überarbeitet.

145 – Bayreuth. Eremitage, Altes Schloß, Musikzimmer. Die vergoldeten Wandstuckaturen stammen von C. D. Bossi, die Deckenstuckaturen wurden 1750 von J. B. Pedrozzi ergänzt. In den hellgrauen Stuckmarmorwänden sitzen blaugraue Felder mit musikalischen Emblemen und eingelassenen Portraits eigenhändiger oder Werkstattarbeiten von Antoine Pesne. Es handelt sich um Bildnisse von Vertrauten der Markgräfin. Im Musikzimmer standen das Spinett und alle übrigen Musikinstrumente der Markgräfin. Über dem Kamin hängt das Bildnis der Dorothea Luise von Wittenhorst-Sonnfeld, einer Hofdame der Markgräfin Wilhelmine, von Antoine Pesne 1715 bez.

146 – Bayreuth. Eremitage, Altes Schloß, 1715/18 von Joh. David Räntz errichtet. Über dem Hauptportal in gebrochenem Giebelfeld ist das Wappen des Markgrafen Georg Wilhelm zwischen den Statuen des Herkules und des Pan angebracht. Das Schloß enthält im Innern den Marmorsaal.

147 – Bayreuth. Eremitage, Neues Schloß, Sonnentempel. Das Neue Schloß wurde wahrscheinlich nach einer Idee der Markgräfin Wilhelmine von einem französischen Künstler Nicolas entworfen und von Saint-Pierre und Ph. Chr. Gontard 1749/53 errichtet. Im Scheitel der Anlage steht der sogenannte Sonnentempel, flankiert von Zirkelbauten, die sich mit Arkaden zum Parterre öffnen. Der Zentralbau, der dem Kult des Apoll gewidmet war, wurde von einem Sonnenwagen bekrönt. Der Wagen war unverhältnismäßig groß, da er sich auf die gesamte Anlage bezog. Er war von J. B. Pedrozzi angefertigt worden. 1758 oder 1765 mußte die zu schwere Apollogruppe heruntergeholt und durch eine hölzerne ersetzt werden, die J. Bonaventura Mutschele und Franz Peter Schuh gearbeitet hatten. Heute ist eine Nachbildung aufgestellt.

148 – Burg Zwernitz, romanischer Bergfried mit hoher Mauer und einem Teil des Wehrgangs.

149 – Sanspareil, Morgenländischer Bau. Der aus künstlichem Ruinengestein 1746/47 von Saint-Pierre erstellte Bau beinhaltet einen achteckigen Speisesaal, über dem sich eine ebenfalls achteckige Kuppel erhebt. Dieser Bau ist der einzige noch erhaltene von allen Baulichkeiten in Sanspareil, die für den Aufenthalt des Bayreuther Hofes bestimmt waren.

150 – Schloß Thurnau, Karl-Maximilians-Bau. Der Trakt besitzt ein schönes Portal von Pilastern flankiert, und einer Kartusche mit Bauinschrift und den Jahreszahlen 1729 und 1731 zwischen den Giebelschenkeln. Über den drei Mittelachsen dieses

Traktes erhebt sich ein hübscher geschwungener Giebel mit seitlichen Vasenbekrönungen. Im Hof steht ein Brunnen aus dem Jahre 1755, dessen Mittelschaft eine Vase in Rocailleformen bekrönt.

151 – Schloß Thurnau, Unteres Schloß. Das Schloß gruppiert sich um den unteren Hof. Vor der Fassade steht ein Treppenturm von 1583.

152 – Schloß Thurnau, Evang. luth. Pfarrkirche St. Lorenz: Herrenstand. Der Herrenstand wurde um 1706 von Elias Räntz in die Westemporen eingebaut. Er ist wie die Emporen doppelgeschossig und für die beiden Thurnauer Herrschaften Giech und Künsberg bestimmt. Das vergoldete Schnitzwerk auf schwarzem Untergrund zeigt reichen Formendekor: Akanthus, Festons, Voluten und Engelsköpfe. Am unteren Geschoß des mittleren Brüstungsfeldes findet sich eine Stifterinschrift (L. B. v. Künsberg), seitlich das Monogramm LBVK.

153 – Schloß Wernstein. Das Obere Schloß liegt auf einer Bergkuppe umgeben von Wald und Feldern. Unterhalb liegt das sogenannte Untere Schloß mit den ehemals befestigten Wirtschaftsgebäuden.

154 – Kulmbach. Plassenburg, Christiansportal im Kasernenhof. Markgraf Christian ließ 1607/08 den Ausbau der ‹Hohen Bastey›, auch ‹Christianin› gegenannt, durch den böhmischen Festungsbaumeister Albrecht von Haberland betreiben. Diesem Bau wurde ein prächtiges Portal vorgeblendet. Den Gesamtentwurf hierzu sowie den Skulpturenschmuck schuf der aus Bamberg nach Nürnberg ausgewanderte Bildhauer Hans Werner.

155 – Kulmbach. Plassenburg, ‹Schöner Hof›. Unter Caspar Vischer, einem der bedeutendsten Architekten der deutschen Renaissance wurde die Hochburg um das Doppelte erweitert und der ‹Schöne Hof› errichtet. Bei seinem Tode 1579 war der Hof vollendet. Daniel Engelhard sind vermutlich die Bildhauerarbeiten im Hof zuzuschreiben, wobei vielleicht auch der in Kulmbach von 1563–1568 nachweisbare Bildhauer und Maler Wolff Kelner beteiligt war. An den Brüstungen der Galerien sind in Medaillons Bildnisköpfe der Hohenzollern dargestellt, außerdem reicher plastischer Dekor.

156 – Kulmbach. Plassenburg, Fürstenzimmer (Beratungszimmer). Der Raum enthält zwei Wirkteppiche: Kains Flucht und Kain erschlägt Abel. Sie gehören zu einer Folge von fünf Teppichen, die aus der Brüsseler Manufaktur des Jan von Tiegen um 1560 stammen.

157 – Kulmbach. Plassenburg, Drittes Markgrafenzimmer, im Ostflügel gelegen. Der Raum enthält einen prächtigen Sandsteinkamin in strengen Renaissanceformen.

158 – Kulmbach. Plassenburg, Prunkbett des Markgrafen Christian von Brandenburg-Bayreuth (1603–1655) im Schlafzimmer. Das Bett ist eine Kulmbacher Arbeit, um 1630 entstanden. Es ist das einzige erhaltene Möbel der ursprünglichen Ausstattung der Plassenburg.

159 – Schloß Guttenberg, Bibliothek. Auf dem Kaminsims stehen drei Evangelistenfiguren aus der Meißener Porzellanmanufaktur von Johann Joachim Kändler (1706–1775).

160 – Schloß Guttenberg, Waffenhalle. Die Halle hat ein starkes Kreuzrippengewölbe, das 1911 in der alten Weise rekonstruiert worden ist.

161 – Schloß Guttenberg, ‹Großer Saal›, auch Ahnensaal genannt. Er besitzt eine Vielzahl von Ahnenbildnissen der Familie Guttenberg. Den Plafond bildet eine Holzbalkendecke auf Unterzug.

162 – Schloß Guttenberg, ‹Kleiner Saal›, ebenfalls mit einer Balkendecke versehen. Er besitzt einen herrlichen Rhön-Ofen mit figürlicher Dekoration.

163/164 – Schloß Erkersreuth, Empfangshalle. Die Abbildung 163 zeigt eine große Landkarte mit davorstehenden schwedischen Leitern, sowie eine moderne Sitzgruppe. Auf der Abbildung 164 sieht man in den Fensternischen riesige Druckstöcke von HAP Grieshaber, deren Abdrucke die Fensterwand schmücken. *(Fotos Werner Neumeister, München)*

165 – Schloß Erkersreuth. In den Gewölben des Kellers befindet sich ein Schwimmbad, das indirekt beleuchtet wird. *(Foto Werner Neumeister, München)*

166 – Schloß Erkersreuth, Gartenseite. Über dem Portal des Mittelrisalits ist das Wappen des ersten Bauherrn Johann Christian von Lindenfels zu sehen. *(Foto Werner Neumeister, München)*

167 – Schloß Erkersreuth. Bilderzimmer. Die bemalte Wandbespannung, die aus dem ehemaligen Frühstückszimmer stammt, stellt eine Kaffeegesellschaft in einem Salon dar, vermutlich die Familie Lindenfels. Die ursprüngliche Stuckdekoration der Decke wird vermutlich in der Werkstatt J. B. Pedrozzis entstanden sein. *(Foto Werner Neumeister, München)*

168 – Schloß Weißdorf. Der dreigeschossige Bau mit Walmdach besitzt ein rundbogiges Portal mit Säulenrahmung und Giebelbekrönung im Stil der Neurenaissance.

169 – Schloß Heinersreuth, Neues Schloß. Es liegt zusammen mit dem Alten Schloß in einem großen Park mit altem Baumbestand. Das Äußere wird durch vier Gesimsstreifen gegliedert. Der Bau wurde 1827 von Georg Moller aus Darmstadt ausgeführt.

170 – Schloß Röthenbach, Ansicht vom Hof aus. Das Schloß besteht aus zwei Flügeln, in deren Schnittpunkt der Treppenturm steht. Die Treppengiebel an Schloß und Erker wurden im 19. Jahrhundert hinzugefügt.

171 – Schloß Oberlangenstadt, Rückwärtige Gartenfront. Im Norden ist dem Bau ein 35 m hoher Turm vorgestellt. Die Fenster sind teilweise gekoppelt und haben Vorhangbögen. Schloß und Türme werden von einer mit Zinnen verzierten Attika und kleinen Türmchen bekrönt.

172 – Schloß Oberlangenstadt, Maurisches Eßzimmer im nordwestlichen Eckturm. Der Deckenstuck sowie die Vertäfelung der Wände sind farbig gefaßt. Zusätzliche Wandspiegel vervollständigen die Dekoration.

173 – Schloß Oberlangenstadt, Mittelsalon.

174 – Küps. Neues Schloß, Eingangsseite. Die Hofseite schmückt ein Portal mit gesprengtem Giebel. Im Giebelfeld ist ein Sandsteinrelief mit den Wappen des Carl Sigmund von Redwitz und den seiner beiden Ehefrauen Künsberg und Guttenberg zu sehen. Im Bild links steht der sogenannte Eisturm, der Seitenflügel rechts ist der älteste Teil der Anlage. *(Privataufnahme)*

175 – Küps. Neues Schloß, Jagdsaal. Er dient heute dem Textilrestaurator Detlef Lehmann als Ausstellungsraum.

176/177 – Küps. Neues Schloß, Details von den Ecken der Stuckdecke im östlichen Eckzimmer des ersten Obergeschosses wohl von Johann Jakob Vogel. Abbildung 176 zeigt die Reliefbüste des Frühlings, 177 die des Winters über verschlungenem Bandwerkdekor.

178/179 – Küps. Neues Schloß, Stuckfiguren von der Decke des Jagdsaals. Die Abbildungen zeigen einen Hornbläser und einen Falkner, über beiden stuckiertes Gitterwerk. Die Arbeiten dürften ebenfalls von Johann Jakob und dessen Sohn Jakob Franz Vogel stammen.

180 – Schloß Mitwitz, vielleicht von Daniel Engelhardt 1596/98 ausgebaut. Es ist das schönste Wasserschloß der Renaissance in Oberfranken. Der Vierflügelbau wird von vier Ecktürmen flankiert. Den kleinen Innenhof erreicht man über eine barocke Steinbrücke durch ein rundbogiges Portal. Daneben tritt der Treppenturm mit drei Seiten eines Achtecks aus der Fassade heraus.

181 – Schloß Ahorn, Himmelbett des Wilhelm von Streitberg, vor 1621 entstanden. Es zeigt das Allianzwappen Streitberg-Henneberg. Außerdem ist es mit vegetabilen und figürlichen Malereien in rustikalem Stil bemalt.

182/183 – Schloß Ahorn, Zwei der allegorischen Darstellungen an der Decke des oberen Saales. Die kleinen Bildfelder gruppieren sich um ein großes

Gemälde im Mittelfeld. Es sind Kinder oder Putten, die mit den Attributen der einzelnen Jahreszeiten ausgerüstet sind. Die Abbildung 182 zeigt den Sommer, Abbildung 183 den Herbst.

184 – Schloß Untersiemau. Die ältesten Mauerteile stammen aus dem 13. Jahrhundert. Ausbesserungen und Veränderungen erfolgten nach dem Bauernkrieg 1425 und nach dem Dreißigjährigen Krieg.

185 – Schloß Niederfüllbach. In den sechziger Jahren unseres Jahrhunderts wurde das Schloß unter Wahrung der Bausubstanz in vorbildlicher Weise durch den Architekten Clodt Dankwart von Pezold restauriert.

186 – Schloß Tambach, ehemalige Abtei des Klosters Langheim. Die Fassade der Dreiflügelanlage wird durch einen Mittelrisalit betont, der durch Pilaster gegliedert ist. Der Risalit schließt mit einem Giebel ab, den eine allegorische Figur, Licht des Glaubens, krönt. *(Foto Gundermann, Würzburg)*

187 – Schloß Tambach, Frühklassizistisches Treppenhaus im Mittelbau des Schlosses. Das durchbrochene Stiegengeländer wird auf den einzelnen Absätzen von dekorativen Deckelvasen geschmückt.

188 – Schloß Tambach, Salon mit bemerkenswerter Stuckdecke. An einer Wand wurde bei dem ab 1892 erfolgten Umbau eine Tür im Jugendstil eingebaut. Die Einrichtung gehört zum Ortenburgischen Inventar, das durch die Sammlungen des Vaters und Großvaters des Besitzers noch vergrößert worden ist.

189 – Coburg. Schloß Ehrenburg, Riesensaal (Westflügel). Der Festsaal wurde seit 1690 im zweiten Obergeschoß des Hofkirchentraktes errichtet. Der Stuck wurde 1697/99 von Carlo Domenico und Bartolomeo Luchese geschaffen. Den Namen erhielt der Saal auf Grund der achtundzwanzig Atlanten, die das Gebälk tragen. Jede Figur hält in vorgestreckter Hand einen Riesenleuchter. Über den Köpfen der Atlanten kröpft sich das mit Ranken verzierte Gebälk. Darüber angebrachte Voluten stellen die Verbindung zur Decke her. Zwischen ihnen ist die Hohlkehle mit sechsundfünfzig Wappenfeldern ehemaliger Besitzungen des Hauses Wettin besetzt. Laub- und Blütengirlanden zerlegen die Decke in Bildfelder. Die Freskomalerei der äußeren Bildfelder stellt Allegorien auf Künste und Wissenschaften dar (nach 1700). Die großen Felder wurden im 19. Jahrhundert mit Wolken und darin schwebendem Adler geschmückt. Der gegitterte Parkettboden stammt aus dem frühen 19. Jahrhundert.

190 – Coburg. Schloß Ehrenburg, Thronsaal. Der Saal wurde 1822 von André Marie Renié-Grétry entworfen. Die Ausführung erfolgte 1831. Der schwere Deckenstuck stammt von Johannes Hoffmann. In der Hohlkehle befinden sich zwischen Putten, Girlanden und Ölzweigen die Titularwappen des Coburger Herzogs. Die Wandfelder sind mit rotem Samt bespannt, ebenso der Thronbaldachin, der von einer geschnitzten Krone mit Reiherfedern bekrönt wird.

191 – Coburg. Schloß Ehrenburg, Gobelinzimmer. Das Gobelinzimmer ist das ehemalige Schlafzimmer der Herzogin Susanne Elisabeth, das sie bis zum Tode ihres Gemahls Herzog Albrecht 1699 bewohnte. Die Deckenstuckatur arbeitete 1632 Carlo Tagliata. Der stark plastische Rahmenschmuck um die Deckengemälde wurde mit Hilfe von Holz, Draht und Blech erstellt. Die Bilder schuf Domenico Cardorata, eventuell wurden sie von Antonio Servi begonnen. Das Mittelbild zeigt die Götterversammlung. 1816/20 wurde der Raum umgeändert, und im Hinblick auf die wertvollen Wandteppiche neu disponiert. Es handelt sich dabei um drei Gobelins aus der Serie der ‹Nouveaux Indes›, die nach den Cartons von Alexander François Desportes 1736/41 in der Wirkerei des Etienne Claude Le Blond hergestellt worden sind. Die Teppiche sind nach 1786 entstanden und wurden 1816 in Paris gekauft.

192 – Coburg. Veste Coburg, Speisesaal im Fürstenbau. Die Vertäfelung stammt aus der Zeit um 1600. Die fast weiße Holzvertäfelung mit farbiger Schablonenmalerei wurde nach dem ersten Befund durch den Burgenbauer Bodo Ebhardt unter späteren Anstrichen (1898–1924) festgestellt und erneuert.

193 – Coburg. Veste Coburg, ‹Hornstube›. Das Intarsien-Jagdzimmer mit reicher Kassettendecke wurde 1632 vollendet. Es ist eine thüringisch-fränkische Meisterarbeit. Mit seinen in Holzintarsien geschilderten Jagdszenen ist es eines der schönsten Täfelungen der deutschen Spätrenaissance. In der Zimmerecke steht ein Nürnberger Kachelofen aus der ersten Hälfte des 16. Jahrhunderts.

194 – Coburg. Veste Coburg, Cranachzimmer im Fürstenbau. Das Cranachzimmer ist das Nachbarzimmer des Salons der Herzogin. Das Mobiliar, mit dem der Raum eingerichtet ist, stammt aus verschiedenen Zeiten. Die hier befindlichen Portraits Lucas Cranach d. Ä. (1472–1553), das Ecce-homo-Bild von 1531 und die beiden Aposteltafeln von 1515 gaben dem Zimmer seinen Namen. Um 1500 und in den Jahren 1508/09 weilte Lucas Cranach d. Ä., seit 1505 Hofmaler des sächsischen Kurfürsten Friedrich d. Weisen, wiederholt auf der Veste. Er hat dort umfangreiche Wandmalereien, auch in der großen Hornstube ausgeführt, die jedoch nicht mehr erhalten sind.

195 – Coburg. Veste Coburg, Salon der Herzogin. Der Salon ist ausgestattet mit vorzüglichen Möbeln, Standuhr, Schreibtisch und Toilettentisch, um 1785 von David Roentgen.

196 – Schloß Rosenau bei Coburg. Sein jetziges Äußeres erhielt das Schlößchen durch einen Umbau im Jahre 1820. Dabei wurde der Stufengiebel hinzugefügt, der Turm bekam einen Zinnenkranz, und die Fenster wurden mit neugotischen Zierformen versehen. Zur Zeit des Umbaus wurde auch der schöne Landschaftspark angelegt. *(Foto Dorothea Hildebrand, Coburg)*

197 – Würzburg. Residenz, Kaisersaalpavillon an der Gartenfront. Der achteckige Mittelpavillon besteht aus drei Geschossen. Im Untergeschoß tragen Säulen den etwas vorkragenden Balkon des ersten Obergeschosses, hinter dessen drei Türen der Kaisersaal liegt. Darüber erhebt sich ein Mezzaningeschoß, dessen Fenster durch Hermenpilaster getrennt sind. Hier wird der Einfluß Lukas von Hildebrandts deutlich. Das eingeschnürte Mezzanindach Balthasar Neumanns bildet den Abschluß. Die Bauplastik stammt von Johann Wolfgang van der Auvera und von Claude Curé. *(Foto Gundermann, Würzburg)*

198 – Würzburg. Residenz, Südseite mit Ovalrisalit. Die Seitenfassaden der Residenz werden durch zwei Ovalrisalite akzentuiert. Sie gehen in ihrem Entwurf auf Maximilian von Welsch zurück. Die plastische Gruppe vor dem Oval ‹Raub der Europa› arbeitete Johann Peter Wagner gegen 1780.

199 – Würzburg. Residenz, Vestibül. Die überkuppelte Einfahrtshalle auf toskanischen Säulenpaaren ruhend, geht auf Balthasar Neumann zurück. Die Ausstattung erfolgte erst zwölf Jahre nach seinem Tod. Sie wurde 1765 in frühklassizistischem Stil von Ludovico Bossi ausgeführt. Die Atlanten stammen jedoch aus der Erbauungszeit, und sind 1749 von Johann Wolfgang van der Auvera geschaffen worden.

200 – Würzburg. Residenz, Treppenhaus gegen Süden – östlicher Treppenlauf. Das Treppenhaus, das zunächst einläufig beginnt, und dann zweiläufig emporsteigt, ist eine der großartigsten Konzeptionen Balthasar Neumanns. Es schließt mit einem riesigen Muldengewölbe ohne weitere Stützen ab. Die Raumdekoration im Zopfstil schuf Ludovico Bossi, 1765. Architekt war der Bauamtmann Philipp Geigel, der die Wände durch strenge Pilasterordnung rechteckig einteilte. Die Marmorstatuen auf dem Treppengeländer schuf 1771/77 Johann Peter Wagner. Das Deckengemälde von G. B. Tiepolo (1752/53), zeigt im südlichen Abschnitt ‹Europa›; von einem Fama-Engel begleitet sieht man in einem Medaillonrahmen das Bildnis des Fürstbischofs Carl Philipp von Greiffenclau. In der Bildmitte über der Attikazone ist auf Stufen lagernd Balthasar Neumann in der Uniform eines Obersts der Kreisartillerie mit seinem Hund portraithaft dargestellt, rechts davon stehend Antonio Bossi.

201 – Würzburg. Residenz, Treppenhaus, Ausschnitt aus dem Deckengemälde von G. B. Tiepolo ‹Amerika›, 1752/53 entstanden. Das Thema des Gemäldes ist die Darstellung der vier Erdteile, dar-

über der Kosmos, bildhaft gemacht durch Apoll als Sonne und die olympischen Götter als Planeten. Amerika wird als weibliche Gestalt mit Federschmuck und Armbrust auf einem riesigen Krokodil reitend, dargestellt. Rechts davon trägt ein Mann ein weißes Krokodil über der Schulter. Besonders graziös ist daneben eine Indianerin gemalt, die eine Korbvase auf dem Kopf trägt.

202 – Würzburg. Residenz, Deckengemälde an der südlichen Schmalseite des Kaisersaals, 1751/52. Man blickt in einen Kirchenraum, in dem die Trauung Kaiser Barbarossas mit Beatrix von Burgund durch den Würzburger Bischof vollzogen wird. Das Kaiserpaar kniet auf den Stufen des Altars, hinter ihm steht der Reichskanzler mit einem Schwert, dahinter römische Standarten und Fahnen mit dem Reichsadler, daneben ein Page mit der Kaiserkrone, es folgt der Marschall von Franken mit dem Herzogsschwert. Der zelebrierende Bischof trägt die Züge des damals regierenden Fürstbischofs C. Ph. von Greiffenclau. Künstlerisch reizvoll ist die Empore seitlich des Altares, von der Zuschauer sowie Musikanten die Zeremonie beobachteten. Das Gemälde stammt ebenfalls von G. B. Tiepolo.

203 – Würzburg. Residenz, Kaisersaal. Der Saal im Mittelpavillon gelegen, war 1741 im Rohbau fertig, wurde aber erst 1749/53 ausgestaltet. Balthasar Neumann schuf einen achteckigen Raum, darüber tiefe Stichkappen, über denen ein Spiegelgewölbe abschließt. Die Wände bestehen aus poliertem weißem Stuck. Die vorgelegten kannelierten Säulen aus rotem Stuckmarmor stehen auf Messingbasen, ihre Kapitelle sind vergoldet. Die Stuckdekoration sowie die Stuckfiguren in den Nischen stammen von Antonio Bossi. Das Gemälde G. B. Tiepolos über der Nordwand zeigt die Bestätigung des Würzburger Bischofs als Herzog von Franken durch Kaiser Barbarossa im Jahre 1168.

204 – Würzburg. Festung Marienburg, Südseite. An der Südostecke steht der Sonnenturm, der aus dem frühen 14. Jahrhundert stammt. Der östliche Teil des Südflügels wurde 1578 errichtet. Im Bilde rechts nicht mehr sichtbar ist die alte Mainbrücke.

205 – Würzburg. Festung Marienberg. Tor der Echterbastei, 1607. Das Portal zeigt schwere Renaissanceformen und wird von der Figur des Hl. Michael von Michael Kern (Kopie) bekrönt.

206 – Schloß Castell, Gartenansicht. Das Schloß wurde 1686/91 von Peter Sommer erbaut.

207 – Schloß Castell, Blick vom Schloß auf den Park mit Garten- und Stallgebäuden, die 1961 erbaut wurden.

208 – Schloß Castell, Kleine Bibliothek. Sie zeigt ebenso wie die anliegenden Salons den wohnlichen Stil des Hauses.

209 – Schloß Castell, Kleiner Salon. An der linken Wand eine Reihe Casteller Familien-Portraits, gemalt von J. L. Kreul (1765–1840). An der Wand rechts das Bild der Prinzessin Bathildis zu Schaumburg-Lippe, Prinzessin von Anhalt-Dessau (1837 bis 1902), gemalt von C. Sohn. Sie ist die Urgroßmutter der Marie-Louise Fürstin zu Castell-Castell geb. Prinzessin zu Waldeck und Pyrmont.

210 – Schloß Rüdenhausen, Altes Schloß. Von der ursprünglichen Anlage steht heute nur noch die südliche Hälfte. Das zweigeschossige Wohngebäude mit Fachwerkgiebel wird rechter Hand von einem Rundturm begrenzt, der einstmals ein Gefängnis enthielt. Daran schließt sich im rechten Winkel ein überdachter, hoher Laufgang an, der ebenfalls von einem Rundturm flankiert wird.

211 – Schloß Rüdenhausen, Salon mit kleinem Erker. Man kann hier deutlich die Mauerstärke des Alten Schlosses sehen.

212/213 – Schloß Rüdenhausen, Großer Salon mit Balkendecke auf Unterzug und eingebauter Treppe.

214 – Schloß Wiesentheid. Der langgestreckte, zweigeschossige Ostflügel an der Straßenseite mit Rundtürmen unter fränkischen Hauben besitzt in der Mittelachse einen kräftigen, rustizierten Portalbau mit Durchfahrt in den Hof. Das rundbogige Tor wird von Pilastern eingerahmt und schließt mit einem zurückgekröpften Rundgiebel ab. Im Giebel ist das gekrönte Sandstein-Allianzwappen Schönborn-Hatzfeld zu sehen.

215 – Schloß Wiesentheid, Rokoko-Salon. Der Salon enthält einen Wandspiegel mit eingelegter und teilweise vergoldeter Holzumrahmung. Der Dekkenstuck zeigt Rocailleschmuck, um 1750.

216 bis 218 – Schloß Wiesentheid, Details der Stuckdecke aus dem Rokoko-Salon im Stil Antonio Bossis, um 1750: Blütendekor, Musikinstrumente und figürliche Motive von Rocaillen umgeben.

219 – Schloß Wiesentheid, Porzellankabinett mit Wandvitrine.

220 – Schloß Wiesentheid, Detail von der Decke des Spiegelkabinetts. Das Schnitzwerk der Spiegel stammt von Ferdinand Plitzner und Gabriel Schmied, um 1710.

221 – Schloß Bimbach mit Schloßweiher. Der stattliche Zweiflügelbau wurde ab 1710 errichtet.

222 – Schloß Fröhstockheim. Das Wasserschloß ist eine Anlage der Spätrenaissance mit vier Rundtürmen unter eingeschnürten Hauben und einem Mansardendach. Die Ostseite mit dem rundbogigen Portal bildet die Eingangsseite. Dahinter erhebt sich der Kirchturm der nachgotischen Pfarrkirche. *(Foto Gundermann, Würzburg)*

223 bis 226 – Mainstockheim. Die profanierte Kapelle des ehemaligen Ebracher Klosterhofes wurde 1624 mit figürlichen Stuckreliefs geschmückt. Die Abbildungen 223/224 zeigen Engel mit den Leidenswerkzeugen, 225/226 die Jungfrau Maria mit dem Verkündigungsengel. Unterhalb des Engels steht die Jahreszahl 1792, in diesem Jahr wurden die Gewölbe vermutlich restauriert.

227 – Schloß Mainsondheim. Das um 1727 entstandene Portal an der Westseite von zwei freistehenden, kannelierten Säulen begrenzt und mit einem gebrochenen Giebel endend, wird von dem Wappen der Mauchenheim, genannt Bechtoldsheim, bekrönt.

228 – Schloß Mainsondheim. Der Ostflügel der spätgotischen Anlage wird von zwei halbrunden Türmen unter Haubendächern flankiert.

229 – Schloß Mainsondheim. Das jetzige Arbeitszimmer besitz eine schwere Stuckdecke. Im Mittelfeld sind von einem Kranz umgeben die sehr plastischen Wappen der Fuchs und Wiesenthau angebracht. Die vier Kardinaltugenden: Temperantia, Justitia, Fortitudo und Prudentia sind als allegorische Gestalten außerhalb des Kranzes sichtbar. In einer breiten Rahmenzone sind in Stuckmedaillons die vier weiteren Tugenden, ebenfalls sehr stark hervortretend, abgebildet: Fides, Spes, Charitas und Patientia. Auf die Datierung weist die Jahreszahl 1628 an der Stuckdecke des anschließenden Turmzimmers hin, die mit den Stuckarbeiten im Arbeitszimmer sehr verwandt ist. *(Foto Gundermann, Würzburg)*

230 – Schloß Werneck. Die Südfassade mit Terrasse und anschließendem Park wird durch drei Pavillons akzentuiert. Hinter der Fassade des Mittelpavillons liegt der Gartensaal. Der Pavillon schließt mit einem geschweiften Giebel, in dem das Wappen des fürstbischöflichen Bauherrn, Friedrich Karl von Schönborn, sitzt. Der Grundriß für Schloß Werneck wurde von Balthasar Neumann 1733 signiert. Der Bau zählt mit seinen eleganten Fassaden zu den gelungensten Schloßbauten Neumanns.

231 – Schloß Werneck. Vor dem Schloß befindet sich eine leicht abfallende Doppelterrasse, auf deren Rand je vier Statuen von Ferdinand Tietz stehen, die 1771 nach Werneck gelangten.

232 – Schloß Werneck, Ofennische. Die Umgestaltung der Haupträume erfolgte Anfang des 19. Jahrhunderts unter Großherzog Ferdinand von Toscana, der Werneck nach der Säkularisation als Sommersitz bewohnt und im Empire-Stil eingerichtet hat.

233 – Schloß Werneck. Die Kanzel der ehemaligen Schloßkirche ist eine Stuckmarmorarbeit des Klassizismus um 1790 im Stil Materno Bossis. An der Kanzel ist ein flaches Stuckrelief angebracht, das die vier Evangelisten darstellt. Den Schalldeckel

bekrönen zwei Putten mit den Symbolen des Alten (Tafeln der Zehn Gebote) und des Neuen Testamentes (Kelch und Kreuz).

234 – Schloß Werneck, Ehemalige Schloßkirche. Der große Stuckengel am linken Chorpfeiler des Hauptaltars auf einer Wolke schwebend, wurde um 1750 von Antonio Bossi geschaffen.

235/236 – Veste Irmelshausen. Zwischen den beiden Türmen liegt der Torbau, der 1514 von Valentin von Bibra erbaut wurde. Eine steinerne Brücke führt über den das Schloß umgebenden Weiher zur Torfahrt.

237 – Veste Irmelshausen. Der Saal ist mit altem Mobiliar eingerichtet. Im Hintergrund steht eine in Deutschland seltene Kredenz, die 1611 von den Brüdern Diem gearbeitet wurde. *(Foto Gundermann, Würzburg)*

238 – Veste Irmelshausen. Das Portal mit farbigem Sandsteingewände in der Kaminstube wird von zwei Wilden Männern mit dem Bibra-Wappen bekrönt. Dazu ließ Hans von Bibra folgende Inschrift für seine Ehefrau einmeißeln: KEIN FREID ON DICH DAS FREI ICH MICH (1558). Unter dem Türsturz über einem Vorhangbogen liest man die Schrift: HERR GOTT BEHUT DIS HAUS ALLE DIE DARIN GEHEN EIN UND AUS!

239 – Schloß Sternberg. Das äußere Schloßportal von 1669 wird von Pilastern flankiert, zwischen den beiden Giebelschenkeln sitzt das Wappen des Erbauers Wolff-Dietrich Truchseß von Wetzhausen, dahinter erneuerte Fassadenmalerei.

240 – Schloß Friesenhausen, um 1563 erbaut. Am Westflügel springt ein Vorbau mit dreiteiligen Fenstergruppen, Muschelnischen und abschließendem Renaissancegiebel hervor. Über dem Portal befindet sich das später eingesetzte Doppelwappen Dalberg-Zobel. Den Zugang zur Schloßbrücke flankieren zwei Reiter, die ursprünglich Lanzen trugen. *(Foto Gundermann, Würzburg)*

241 – Schloß Aschach. Der Fürstensaal im Nordflügel des Schlosses wurde Anfang des 19. Jahrhunderts als erster von Anton Sattler neu eingerichtet. Am Schlußstein des Fensters liest man noch die Jahreszahl 1571. Im Hintergrund steht ein Renaissanceschrank mit reicher Architekturfassade, um 1610 in Nördlingen entstanden.

242 – Schloß Aschach. Der viergeschossige Schloßbau besitzt auf der Hofseite eine Altane mit schöner Maßwerkbrüstung an der Freitreppe. Das Schloß ist aus unverputzten Bruchsteinen mit Treppengiebeln an den Stirnseiten um 1570 erbaut.

243 – Schloß Aschach, Tapetenzimmer. Der Raum enthält verschiedene Tapeten aus einer Pariser Serie von 1829, die die Feldzüge Napoleons in Italien darstellt. Die lebendig gemalten Grisailletapeten stammen aus der Fabrik Dufour in Paris.

244/245 – Schloß Birkenfeld. Die Stuckdetails im Festsaal zeigen zwei Symbole der vier Elemente, Wasser und Luft. Stuckator war Bernhard Hellmuth aus Untereßfeld. Die Risse stammen vermutlich von dem Maler Johann Franz Gout (Baurechnung von 1773/74).

246 – Schloß Birkenfeld, Oberer Abschluß einer Ofennische mit elegantem Rocaillestuck.

247 – Schloß Birkenfeld, Stuckierte Streublumen in symmetrischer Anordnung als Deckenschmuck in einem der Salons.

248 – Schloß Veitshöchheim, Hauptfassade. Das 1680/82 von Heinrich Zimmer errichtete ‹Sommerhaus› wurde 1749/53 nach den Plänen Balthasar Neumanns für Fürstbischof Carl Philipp von Greiffenclau durch 2 Pavillons erweitert. Die beiden jüngeren Eckbauten heben sich von den schmaleren älteren durch größere architektonische Einfachheit ab.

249 – Schloß Veitshöchheim, Sphinx. Durch einen Beschluß des Fürstbischofs Adam Friedrich von Seinsheim erhielt der bambergische Hofbildhauer Ferdinand Tietz 1765/68 den Auftrag für eine plastische Ausgestaltung des Parks und der Alleen. Die Figur der Sphinx mit der eleganten Büste einer Rokokodame entstand gegen 1768.

250 – Schloß Veitshöchheim, Menuett tanzendes Kind (als Gegenstück zu einem Kavalier). Das Paar wurde 1765/66 von Ferdinand Tietz geschaffen.

251/252 – Schloß Veitshöchheim. Der Knabe, der einen Stern hält, sowie der kauernde Knabe mit einem Köcher, zu dessen Füßen ein Hund sitzt (Rückenansicht) gehört zu den vierundzwanzig Kinderfiguren, die auf der Schloßbalustrade stehen. Sie wurden 1775/77 von Johann Peter Wagner geschaffen, sind jedoch heute durch Kopien ersetzt. Die Originalplastiken zählen mit den Putten im Hofgarten zu Würzburg zu den wertvollsten Kinderdarstellungen der deutschen Kunst.

253 – Schloß Veitshöchheim, Gobelinzimmer (ehemaliges Vorzimmer). Es ist mit altem grünen Seidendamast bespannt. Der Wandteppich mit dem Wappen des Fürstbischofs Carl Philipp von Greiffenclau stellt einen Maskenzug auf dem Markusplatz dar. Er stammt aus der Würzburger Gobelinmanufaktur des Andreas Pirot, 1749/50, und wurde nach einem Karton von Rudolf Byß angefertigt. Der Schreibtisch mit vergoldeten Bronzebeschlägen aus Palisanderholz stammt aus Frankreich, Mitte 18. Jahrhunderts. Auf der Konsole rechts steht eine Marmorgruppe eines liegenden Knaben mit Hund von Peter Wagner, um 1775.

254 – Schloß Veitshöchheim, Kurfürstliche Retirade. Sie liegt an der Nordwand des Schlafzimmers und ist mit einer Papiertapete aus der Toscanazeit, 1807/08, verkleidet. In der Fensternische ist ein Tapetenbild mit einer italienischen Landschaft zu sehen.

255 – Schloß Eyrichshof, Gartenfassade mit fünfgeschossigem Rundturm unter fränkischer Haube. Ein zweigeschossiger Erker ziert die Gartenfassade. Der Bau schließt mit einem Stufengiebel ab, der ebenso wie die vom ersten Stock in den Garten führende Freitreppe aus dem 19. Jahrhundert stammt. Zwei Wappenschilde an der Fassade nennen die Baudaten: Erbaut 1530 bis 1584, renoviert 1847 bis 1883.

256 – Schloß Eyrichshof. Die Bibliothek mit angrenzendem Bibliotheksgang wurde in den achtziger Jahren des 19. Jahrhunderts eingebaut.

257 – Schloß Eyrichshof. Die ‹Brauttüre› mit schönen Einlegearbeiten ist in Form eines Triumphbogens angelegt. Über dem Abschlußgesims steht folgende Inschrift: BASTIAN VON ROTENHAN 1587 ANNA RUFINA VON ROTENHAN GEBORENE RIDESELIN, darunter in einer Rundbogenumrahmung das Allianzwappen. Die Tür wurde der Anna Rufina Riedesel als Hochzeitsgeschenk mitgegeben. Der Saal besitzt eine Balkendecke mit Unterzügen und alten Holzstützen, sowie Bildnisse der Familie.

258 – Schloß Eyrichshof. Der Saal wurde in der Renaissancezeit ausgestattet. Er besitzt eine Balkendecke auf Unterzügen und erneuerte Stützen.

259 – Schloß Rentweinsdorf. Das Schloß ist eine Dreiflügelanlage mit kleinem Ehrenhof. Die Seitenflügel stoßen in Form eines Trapezes in stumpfem Winkel an den Mittelbau. Dieser wird durch zwei Pilaster und einen einmal gebrochenen Giebel betont.

260 – Schloß Rentweinsdorf. Zum Garten hin schließt sich an das Schloß eine Terrasse mit Brüstungsmauer und einem hübschen schmiedeeisernen Gitter mit dem Wappen der Rotenhan an.

261 – Schloß Rentweinsdorf. Der Ahnensaal enthält Gemälde der Familie, die in Stuckrahmen eingelassen sind. Die Stuckarbeiten stammen von B. J. Mutschele, Bernhard und Peter Hellmuth.

262 – Schloß Rentweinsdorf. Der an den Ahnensaal anstoßende Ecksalon besitzt eine Spiegelkonsole, vermutlich von B. J. Mutschele.

263 – Oberschwappach, Ehemalige Sommerresidenz der Ebracher Äbte. Im Giebelfeld des Mittelfensters über dem Portal am Mittelrisalit ist das Wappen des Erbauers, des Abtes Wilhelm Selner, zu sehen. *(Foto Gundermann, Würzburg)*

264 – Schloß Gaibach. Der Kanonenturm an der Südwestecke des Schlosses, sowie der analoge Turm an der nordöstlichen Seite des Schlosses,

entstammt dem beginnenden 17. Jahrhundert. Die Türme, die in allen Geschossen Kanonenscharten besitzen, hatten ursprünglich einen pyramidalen Abschluß.

265 – Schloß Gereuth, Gartenansicht. Das dreigeschossige Gebäude wurde 1706/1714 für Fürstbischof Philipp von Greiffenclau erbaut, der das Gut 1706 gekauft hatte. Es ist eine mächtige spätbarocke Anlage.

266 – Schloß Gereuth mit der Kirche St. Philipp. Die Pfarrkirche wurde etwa gleichzeitig mit dem Schloß zwischen 1706 und 1714 unter Fürstbischof Johann Philipp von Greiffenclau errichtet. Die Pläne für den Kirchenbau stammen vermutlich von Joseph Greising. Die Südfassade mit halb eingezogenem Mittelturm steht über einer wenig erhöhten Terrasse.

267 – Schloß Untermerzbach. Die dreigeschossige, rechteckige Anlage mit schräg vorkragenden Ecktürmen wurde unter Verwendung alter Mauern des älteren, 1534 erbauten Schlosses in der zweiten Hälfte des 18. Jahrhunderts zu dem heutigen Bau verändert. Ein großer Park mit altem Baumbestand gehört zum Schloßareal.

268 – Schloß Untermerzbach. Dem stark erhöht liegenden Schloß sind zwei Terrassen vorgelagert. Man erreicht das Schloß, abgesehen von der Auffahrtsstraße, über eine zweiflügelige Treppe zur ersten Terrasse, von der eine parallele, zweiflügelige Treppe auf die zweite Schloßterrasse führt. Treppen und Terrassen besitzen schönes Balustergeländer mit Vasen. Die elegante Anlage wurde 1760 angelegt.

269 – Schloß Kirchlauter. Zu der zweiflügeligen Schloßanlage gehört ein gepflegter Park mit Steinterrassen und hübschem Wasserbecken im Vordergrund.

270 – Schloß Kirchlauter. Der Ahnensaal zeigt an den Wänden und an der Decke eleganten Stuck, um 1730/40 von den Brüdern Vogel aus Bamberg geschaffen. Er enthält in Stuckrahmen eingelassene Bildnisse der Familie Guttenberg, vor allem ein großes Bildnis des fürstbischöflichen Bauherrn Johann Gottfried von Guttenberg.

271 – Schloß Kirchlauter. Das Eingangsportal an der Westseite wird von zwei ionischen Säulen flankiert, und von dem Wappen des Fürstbischofs Johann Gottfried von Guttenberg (reg. 1684/98) über einer Laubwerkgirlande bekrönt. Zwei Putten, die auf den geschweiften Giebelstücken sitzen, halten das Wappen.

272 – Schloß Kirchlauter. Die Ansicht zeigt den Westflügel der Zweiflügelanlage mit zweigeschossigem Giebel, besetzt mit Eckvoluten und Obelisken. Im Vordergrund wird die über den Wassergraben führende Steinbrücke mit Balustergeländer und Eckpfeilern sichtbar. Im Hintergrund etwas erhöht steht die Pfarrkirche.

273 – Schloß Kirchlauter, Blauer Salon.

274 – Schloß Ebelsbach. Die Anlage mit dem polygonalen Treppenturm wurde zwischen 1564 und 1569 erbaut. Im Vordergrund befindet sich ein kreisförmiger Ausbau in der Umfassungsmauer.

275 – Schloß Ebelsbach. Die große Diele im ersten Obergeschoß besitzt eine Flachdecke auf Unterzug von einer Mittelsäule gestützt. Von hier aus gehen die Türen zu den einzelnen Räumen ab.

276 – Schloß Obertheres, Ehemalige Benediktinerabtei. Das Portal schließt mit einem Segmentgiebel, in dem ein Chronostichon mit der verschlüsselten Jahreszahl 1724 enthalten ist.

277 – Schloß Obertheres. Das Treppenhaus im Innern ruht auf vier Eckpfeilern. Es wird von einem kräftigen Geländer aus Balustersäulen begleitet. *(Privataufnahme)*

278/279 – Schloß Obertheres, Fresken im sogenannten Fuchssaal im Ostflügel des Schlosses, 1835/40. Sie zeigen Szenen zur Geschichte des Reineke Fuchs in stark leuchtenden Farben und spielen vielleicht auf den unbeliebten kurhessischen Minister von Hassenpflug an *(Privataufnahmen)*

280 – Schloß Weißenbach, erbaut 1784. Aus dieser Zeit stammt auch die frühklassizistische Stuckdekoration des Saales. Die Wandfelder zeigen Medaillons an Bändern aufgehängt, dazwischen Girlanden, alles typisch klassizistische Motive. In der Hohlkehle ist der ‹Laufende Hund› aus Akanthusgirlanden zu sehen, über der Mittelachse der Längswand eine Taube in einem Lorbeerkranz, in der Ecke ein Fruchtkorb. Den Deckenspiegel schmückt ein ovaler Raum mit Blumengirlanden, in dem allegorische Puttengruppen zu sehen sind.

281 – Schloß Weißenbach. Der 1784 erbaute, zweigeschossige Bau besitzt elf Fensterachsen an der Längsseite, fünf an der Schmalseite. Er schließt mit einem Mansardendach ab.

282 – Schloß Zeitlofs. Das Schloß liegt am Ende eines im englischen Stil angelegten Parks. Das Gebäude zeigt an der Längs- sowie an der Schmalseite einen leicht vorspringenden Mittelrisalit. Unter der Dachausschweifung sitzt das Wappen der Thüngen.

283 bis 285 – Schloß Thüngen. Im ‹Burgsinner Schloß›, 1554 erbaut, liegt ein großer Renaissancesaal mit Balkendecke und Wandvertäfelungen. Besonders prächtig ist ein Portal (Abb. 283), flankiert von jeweils zwei kannelierten Säulen, die einen Architrav tragen. Die Türfelder wie die Rundbogen darüber zeigen Architekturbilder in Intarsienarbeit. Abb. 284 zeigt eine weitere Tür mit Giebelabschluß sowie eine Wandnische mit turmartigem Aufbau. Abb. 285 zeigt eine sehr reizvolle Groteskenmalerei unterhalb der Decke und in den Fensterlaibungen. Die Malereien gehören zu den seltenen profanen, noch erhaltenen Renaissancemalereien.

286 – Schloß Thüngen, Großer Salon. Die Flachdecke mit Unterzug wird von einer hohen Säule mit korinthischem Kapitell gestützt.

287 – Schloß Steinbach. Das ursprüngliche Schloß wurde 1725/28 nach Plänen Balthasar Neumanns errichtet. Der Grundriß besteht aus einem rechteckigen Bau, der von zwei Quertrakten seitlich durchschnitten wird. Die Ecken der Schnittpunkte sind abgerundet. Eine zweiläufige Treppe mit Balusterprüfung führt zum Eingang, darüber liegt ein kleiner Balkon mit hübschem Eisengitter. Nach der Zerstörung im Zweiten Weltkrieg wurde es nach altem Vorbild wieder aufgebaut. Vor dem Schloß steht ein kleiner Brunnen, der am Postament das Huttenwappen zeigt, am Aufsatz Helmschmuck und Zierde der Hutten. Er ist um 1728 entstanden und eine Arbeit Balthasar Esterbauers.

288 – Schloß Steinbach, Treppenhaus. Die Disposition der Innenräume erfolgte ebenfalls nach Plänen Balthasar Neumanns. Nach der Zerstörung im Zweiten Weltkrieg wurde das Innere in der alten Form wieder hergestellt.

289/290 – Amorbach, Ehemalige Benediktinerabtei. Der Grüne Saal im Südpavillon des Konventbaus wurde 1792/93 von Andreas Dittmann mit Stuckaturen versehen. Unterhalb der Musikempore (Abb. 289) stehen in den Ecknischen gußeiserne Öfen, die 1792 auf der Frankfurter Herbstmesse erworben wurden. In den Nischen der gegenüberliegenden Seite stehen die Standbilder Karl Martells und des Gaugrafen Ruthardt von Frankenberg, als die vermeintlichen Klostergründer. Es sind Arbeiten des Mainzer Bildhauers Sebastian Pfaff.

291 – Amorbach, Ehemalige Benediktinerabtei. Korrespondierend zum Grünen Saal liegt im nördlichen Pavillon des Konventbaus der Bibliotheksaal. Das Deckenfresko stellt eine Allegorie der Wissenschaften dar, und wurde 1789 von Konrad Huber aus Weißenhorn in Bayerisch-Schwaben gemalt. Der Saal wurde noch unter Dittmann (bis 1795) begonnen. Die obere Balustrade der umlaufenden Galerie gehen auf ihn zurück. Sein Nachfolger, Bonaventura Berg, schuf die Treppenaufgänge in der Bibliothek. Der Saal wurde 1797/98 vollendet.

292 – Amorbach, Ehemalige Abteikirche. Das Deckenfresko im Chor stellt das apokalyptische Lamm dar. Am unteren Bildrand sieht man König David, inmitten der vierundzwanzig Ältesten. Das Gemälde malte der Augsburger Freskant Matthäus Günther, der 1744 mit den Arbeiten in der Abteikirche begann. Die Fresken Günthers, die

in hellen, heiteren Farben gehalten sind, bestimmen den Charakter des Kirchenraums.

293 – Amorbach, Ehemalige Abteikirche. Die prächtige Rokokokanzel wurde von dem Würzburger Hofbildhauer Johann van der Auvera in seiner Werkstatt gearbeitet, 1752 in der Abteikirche aufgestellt und dort von Anton Friedel vergoldet. 1766 erhielt sie ihren endgültigen Anstrich. Durch die Fülle der Ornamente von Rocaillen, Gitterwerk und Portraitköpfen ist die Grundgestalt der Kanzel kaum mehr zu erkennen. Sie gibt der Rokokoausstattung den letzten triumphalen Akzent.

294 – Schloß Kleinheubach, Ausschnitt des Dekkengemäldes im Marmorsaal. Das Gemälde stellt den Triumph der Tugend über das Laster dar. Der geflügelte Chronos trägt die Tugend empor, begleitet von Putten. In der rechten Bildecke sieht man Justitia, in deren Beisein zwei Putten den Dämon des Lasters bekämpfen. In der linken Ecke sitzt ein Wassergott, an dessen Ruderende ein Kreuz zu sehen ist. Darüber schwebt eine weibliche Gestalt mit Dolch und Fackel, vielleicht die Allegorie der Wahrheit. Das kleine Gemälde darunter soll die vier Erdteile symbolisieren. Der Maler ist Ambrosius Reith, der das Gemälde 1729 vollendete.

295 – Schloß Kleinheubach, erbaut 1726 von Johann Dientzenhofer. Der dreiachsige Hauptpavillon durch Pilaster gegliedert, zeigt über dem Dachgesims in der Mittelachse ein von Löwen gehaltenes Wappenemblem, von Johann Wolfgang van der Auvera gearbeitet. Von den darin enthaltenen Doppelwappen fehlt das Wappen des Erbauers; ausgeführt wurde nur das Wappen seiner Gemahlin Fürstin Christina aus dem Hause Hessen.

296 – Schloß Kleinheubach. Der Marmorsaal liegt im Mittelpavillon des Schlosses. Er wurde 1728 von Johann Wicko ausgestattet. An den Schmalseiten befinden sich Marmorkamine. Die Wände sind mit grauem Stuckmarmor verkleidet. In der Mezzaninzone stehen auf den hier endenden Pilastern Puttengruppen aus weißem Stuck. Entsprechend den Ovalfenstern an den Außenseiten zeigen die Nord- und Südwand Gemälde in ovaler Rahmung.

297 – Schloß Weiler. Die zweiflügelige Anlage mit Volutengiebeln wurde um 1653/67 erbaut.

298 – Schloß Weiler. Das Speisezimmer besitzt eine Stuckdecke mit Rahmenwerkdekor.

299 – Schloß Weiler. Ein Salon, dessen Decke ebenfalls Rahmenstuck zeigt.

300 – Schloß Laudenbach. Die Zweiflügelanlage stammt aus dem frühen 18. Jahrhundert.

301 – Schloß Laudenbach. Die Aufnahme zeigt einen Durchblick in den Schloßhof auf das Portal am Nordflügel. Im Segmentgiebel sitzt das Allianzwappen Fechenbach-Eyb.

302 – Schloß Laudenbach. Das Speisezimmer besitzt eine Decke mit schönem Quadraturstuck.

303 – Schloß Mespelbrunn. Die Westansicht zeigt den zweigeschossigen Kapellenturm links, und den hohen Bergfried rechts, der in seinem unteren Teil aus der Zeit um 1430 stammt.

304 – Schloß Mespelbrunn, Innenhof. Der nördliche Schloßflügel besitzt eine ebenerdige Laube mit vier weitgespannten Bogen. Die Akanthuslaubkapitelle sind mit Rosetten, Engelsköpfen und Masken verziert. Über dem mittleren Säulenkapitell befindet sich das Allianzwappen Echter-Adelsheim mit der eingemeißelten Jahreszahl 1564.

305 – Schloß Mespelbrunn, Portal am Treppenturm. Über der Tür ist die Zahl 1564 eingemeißelt. Der reiche Portalaufbau zeigt in zwei Rundbogenfeldern die Portraitbüsten des Peter Echter und seiner Gemahlin, der Gertraudt Echteryn geb. Adelsheim. Darunter sind ihre Wappen und an den begrenzenden Pilastern vier weitere Ahnenwappen zu sehen. Den Abschluß bildet ein Giebel mit der Jahreszahl 1569 mit Akanthusvoluten und drei Kugeln bekrönt.

306 – Schloß Mespelbrunn, Ehemaliger Gobelinsaal. Er ist nach dem großen Echterteppich aus dem Jahre 1564 benannt, der die Familie Echter in spanischem Kostüm darstellt, und vermutlich in den Niederlanden angefertigt worden war. Einstmals befand er sich in diesem Raum, heute ist er im Mainfränkischen Museum in Würzburg zu sehen. Der Raum enthält außerdem das Vortragschwert des Fürstbischofs Julius, sowie Hellebarden des späten 17. Jahrhunderts, die dem Mainzer Kurfürsten Anselm Franz von Ingelheim gehörten.

307 – Schloß Mespelbrunn, Ahnensaal mit Steinportal. In der rundbogigen Bekrönung des Portals sieht man eine Verkündigung als Relief gearbeitet. Noch vorhandene Steinmetzzeichen am Portal weisen auf heimische Künstler. Der Raum enthält eine Vielzahl von Ahnenbildnissen, darunter auch das Portrait Anselm Franz von Ingelheims, der 1675 bis 1695 Kurfürst von Mainz war.

108 – Schloß Mespelbrunn, Rittersaal. Das Steinportal wird von zwei Säulen in Kandelaberform eingefaßt. Über dem Türsturz sehen wir ein Kruzifix, seitlich davon Peter Echter III. und seine Gemahlin mit ihren Wappen. Im Giebelfeld sitzt das große Echterwappen zwischen Engelsköpfchen, außerdem die Jahreszahl 1564. Der Wappenfries, der sich unterhalb der Kassettendecke entlangzog, ist leider nicht mehr sichtbar.

309 – Schloß Mespelbrunn, Chinesischer Salon. Die Aufnahme zeigt das Bildnis des Karl Joseph, Reichsgrafen zu Ingelheim-Mespelbrunn als Pagen in Ganzfigur. Das Bild wurde von Kaspar Schneider aus Mainz gemalt. Es ist eine qualitätvolle Arbeit vom Ende des 18. Jahrhunderts. Außerdem besitzt der Salon eine Sammlung von ostasiatischem Porzellan.

310 – Aschaffenburg, Schloß St. Johannisburg. Das Schloß wurde in der heutigen Form als Vierflügelanlage mit vier Ecktürmen um einen großen Innenhof unter Erzbischof Johann Schweickard von Kronberg (1604/1626) von dem Architekten Georg Ridinger erbaut. Das Schloß gehört zusammen mit der Münchner Residenz in Bezug auf die umfassende Programmatik zu den bedeutenden Schloßbauten um 1600 in Deutschland. In seiner strengen Symmetrie sind sicherlich die Renaissanceschlösser Frankreichs Vorbild gewesen.

311 – Aschaffenburg, Schloß St. Johannisburg. Die Wandbespannungen des Empfangszimmers wurden nach der Zerstörung im Zweiten Weltkrieg erneuert. Die Sitzgarnitur zeigt französische Gobelinbezüge, vermutlich Aubusson um 1820. Das Gemälde über der Sitzgarnitur stammt von Heinrich Füger, um 1780 und zeigt den Kurfürsten und Erzbischof von Mainz, Friedrich Carl von Erthal (1774–1802). Über der französischen Stückuhr um 1780 hängt eine Flußlandschaft mit Ruinen, um 1780 von Christian Georg Schütz gemalt.

312 – Aschaffenburg, Schloß St. Johannisburg, Sternförmiges Gewölbe über der Wendeltreppe im südwestlichen Treppenturm. Die Wendeltreppe ruht auf drei Diensten, die im Obergeschoß einen geflochtenen Kranz tragen.

313 – Aschaffenburg, Pompejanum. Das Pompejanum wurde im Auftrag Ludwig I. 1840/48 nach den Plänen Friedrich von Gärtners erbaut. Vorbild war das Haus des Castor und Pollux in Pompeji. Die Idee zu dieser Villa stammt vom König selbst. Es ist ein typischer Bau des romantischen Klassizismus. Um den Bau herum wurde eine mediterrane Vegetation angepflanzt. Das Mainufer war somit als südliche Landschaft gedacht und durch das Pompejanum ins Klassische erhöht worden.

314 – Schloß Schönbusch bei Aschaffenburg. 1776 ließ Erzbischof Friedrich Carl von Erthal eine halbe Stunde südlich von Aschaffenburg auf der linken Mainseite ein Sommerschlößchen in einem großen Park erbauen. Das Schlößchen ist ein zweigeschossiger Bau mit flachem Dach, das von einer hohen Attika fast verdeckt wird. Den leicht betonten Mittelrisalit mit einer Freitreppe krönt ein Ovalmedaillon mit dem Kurhut und den Initialen des Bauherrn Friedrich Carl von Erthal. Der Entwurf des Schlosses wird dem Portugiesen Joseph Emmanuel d'Herigoyen zugeschrieben. Bei der Planung waren außerdem der Bauherr selbst sowie sein Minister Wilhelm Reichsgraf von Sickingen beteiligt. Die Pläne für den Park lieferte der Schwetzinger Hofgärtner Friedrich Ludwig Skell.

315 – Park Schönbusch, Freundschaftstempel. Der klassizistische Tempel mit ionischem Säulenportikus und achteckiger Kuppel wurde 1799–1802 nach

den Plänen Joseph Emmanuel d'Herigoyens erbaut. Im Giebelfeld befindet sich ein Dreigesicht, über dem Portal liest man die Inschrift FREUNDSCHAFT.

316 – Park Schönbusch, Speisesaal. Der Speisesaal wurde 1792 als ‹Salle de Compagnie et de Festin› für Gesellschaften und Bälle nach den Plänen Joseph Emmanuel d'Herigoyens errichtet. Er gehört zu seinen glücklichsten Architekturschöpfungen. Der Grundriß stellt ein Quadrat mit vier Konchen dar, was auf die frühchristliche Architektur zurückgeht. Die Deckenmalerei ist bezeichnet von Edmund Seeland, 1792, und gibt Ausblick in einen freien Himmel, der von einer gemalten Balustrade mit Büsten und Vasen eingefaßt wird.

317/318 – Park Schönbusch, Speisesaal. Im Innern des Speisesaals öffnet sich jede Konche zu drei Fenstertüren, die Ecken des Quadrats bilden große Nischen, die durch gemalte Flußlandschaften zu illusionistischen Ausblicken in den Park geöffnet sind. Als Maler kommen die Mainzer Georg und Kaspar Schneider in Frage.

319 – Schloß Schönbusch, bei Aschaffenburg, Saal. Der Saal wird durch seine zahlreichen Spiegeleffekte geprägt. Bei geöffneten Balkontüren sieht man das Spiegelbild des Aschaffenburger Schlosses im Spiegel über dem Kamin wieder. Die Türen besitzen eingesetzte Spiegel, außerdem sind in der Hohlkehle der Decke Spiegel eingelassen. Die Fassung der Stuckaturen wurde erneuert. Die Supraporten sowie die Deckenrondos malte vermutlich Edmund Seeland.

Quellenverweise zu den Textabbildungen

S. 22. Die Kaiserburg zu Nürnberg. Aquarellierte Zeichnung von J. G. Erasmus, 1677. Stadtmuseum Fembohaus, Nürnberg. – S. 27. ‹Das Kirchdorf› (Heroldsberg). Federzeichnung von Albrecht Dürer, 1510. Sammlung Bonnat, Bayonne. – S. 29. Schloß Neunhof bei Lauf. Ausschnitt aus einem Kupferstich von G. D. Heumann, um 1730. Stadtbibliothek, Nürnberg. – S. 34. Schloß Kugelhammer. Ausschnitt aus einem Kupferstich nach dem Gemälde von Wilhelm von Bemmel, um 1680. Archiv Schloß Kugelhammer. – S. 39. Schloß Weingartsgreuth. Gouache eines unbekannten Malers, 1851. Archiv Schloß Weingartsgreuth. – S. 66. Schloß Schillingsfürst. Kupferstich von Matthäus Merian, 1648. Bayerische Staatsbibliothek, München. – S. 79. Eichstätt und die Willibaldsburg. Ausschnitt aus dem Kupferstich von Matthäus Merian, 1648. Bayerische Staatsbibliothek, München. – S. 105. Die Alte Hofhaltung zu Bamberg. Ausschnitt aus einer Radierung von F. C. Rupprecht. Staatliche Graphische Sammlung, München. – S. 107. Kloster Ebrach. Kupferstich von Johann Balthasar Gutwein und R. P. Lucas Schmitt, um 1740. Staatsbibliothek, Bamberg. – S. 117. Die Pfalz von Forchheim mit Martinskirche und Marienkapelle. Zeichnung unbekannter Herkunft, um 1800. Staatsbibliothek, Bamberg. – S. 118. Triton mit Teufelsgeige. Wandmalerei im zweiten Obergeschoß der Pfalz zu Forchheim (Südraum in der Fensterlaibung), 1392. Foto Bayerisches Landesamt für Denkmalpflege, München. – S. 146. Unteraufseß. Stahlstich von H. Fincke, nach einer Zeichnung von Ludwig Richter, um 1837. (Aus Heeringen ‹Wanderungen in Franken›.) Germanisches Nationalmuseum, Nürnberg. – S. 159. Schmölz. Entwurf des Architekten Jakob Schmitt-Friedrich für den (nicht ausgeführten) Neubau des Schlosses. Historisches Museum, Bamberg (Foto Emil Bauer). – S. 163. Ahorn und die Veste Coburg. Bleistiftzeichnung von Karl Koch, 1845. Kunstsammlungen der Veste Coburg. – S. 209. Die Festung Marienberg. Getuschte Bleistiftzeichnung von Johann Adam Klein, 1839. Staatliche Graphische Sammlung, München. – S. 225. Schloß Sulzheim. Kupferstich von Johann Balthasar Gutwein und B. P. Lucas Schmitt, um 1740. – S. 233. Die Bettenburg. Stahlstich nach Ludwig Richter, 1837. Antiquariat Erwin und Rolf Kistner, Nürnberg. – S. 265. Schloß Rimpar. Bleistiftzeichnung von Fritz Bamberger, um 1845. Mainfränkisches Museum, Würzburg (Foto Alfred Burkholz, Würzburg). – S. 275. Aschaffenburg. Das Schloß im 16. Jahrhundert. Federzeichnung von Veit Hirsvogel d. J., um 1540. Staatsbibliothek, Bamberg.

Verzeichnis der Künstler und Kunsthandwerker

A = Architekt, Baumeister; B = Bildhauer, Bildschnitzer, Bronzebildner; F = Freskant; GA = Gartenarchitekt; KS = Kunstschmied, Schlosser; M = Maler, Zeichner; Ste = Stecher, Radierer; Stu = Stuckator; T = Kunstschreiner

Verzeichnis der Namen

ohne Künstler und Kunsthandwerker

Verzeichnis der Orte

Karte

Die Kartographie besorgte Alfred Beron, Graphisches Atelier, München

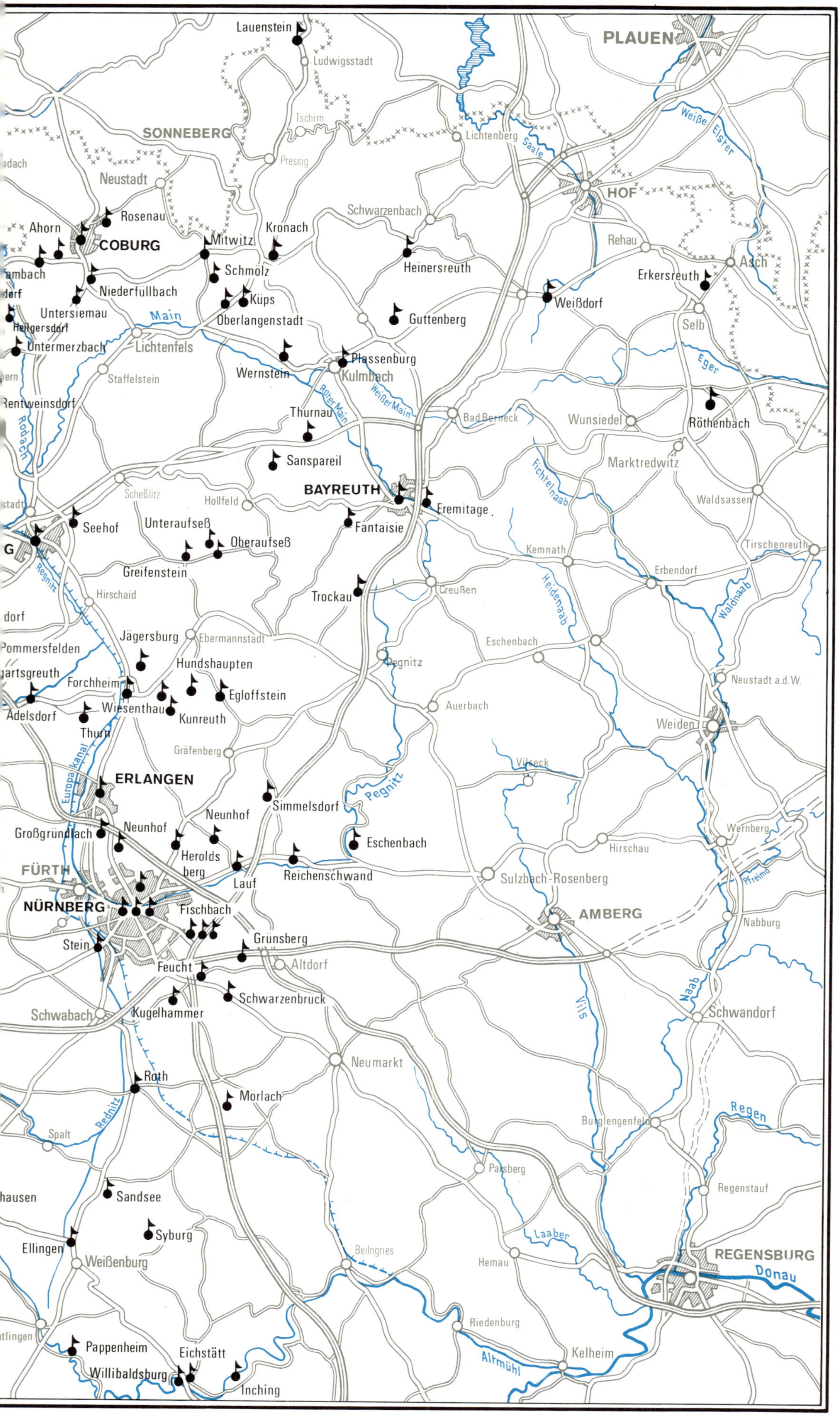

PLAUEN
Lauenstein
Ludwigsstadt
Tschirn
SONNEBERG
Pressig
Lichtenberg
Saale
Weiße Elster
Neustadt
HOF
Rosenau
Ahorn
COBURG
Mitwitz
Kronach
Schwarzenbach
Rehau
Asch
Erkersreuth
Heinersreuth
Schmölz
Niederfüllbach
Untersiemau
Heilgersdorf
Küps
Oberlangenstadt
Main
Weißdorf
Guttenberg
Selb
Untermerzbach
Lichtenfels
Staffelstein
Plassenburg
Kulmbach
Wernstein
Eger
Rentweinsdorf
Rodach
Roter Main
Weißer Main
Thurnau
Bad Berneck
Wunsiedel
Röthenbach
Marktredwitz
Sanspareil
Fichtelnaab
BAYREUTH
Eremitage
Scheßlitz
Hollfeld
Waldsassen
Seehof
Unteraufseß
Oberaufseß
Fantaisie
Kemnath
Tirschenreuth
Greifenstein
Erbendorf
Regnitz
Hirschaid
Creußen
Heidenaab
Waldnaab
Trockau
Jägersburg
Ebermannstadt
Eschenbach
Pommersfelden
Hundshaupten
Pegnitz
Neustadt a.d.W.
Forchheim
Egloffstein
Adelsdorf
Wiesenthau
Kunreuth
Auerbach
Thurn
Weiden
Gräfenberg
Europakanal
Vilseck
ERLANGEN
Simmelsdorf
Neunhof
Großgründlach
Eschenbach
Wernberg
Hirschau
FÜRTH
Herolds berg
Reichenschwand
Lauf
Sulzbach-Rosenberg
Pfreimd
NÜRNBERG
Fischbach
AMBERG
Nabburg
Grünsberg
Stein
Feucht
Altdorf
Naab
Vils
Schwarzenbruck
Schwabach
Kugelhammer
Schwandorf
Neumarkt
Roth
Mörlach
Rednitz
Burglengenfeld
Regen
Spalt
Parsberg
Regenstauf
Sandsee
Syburg
Laaber
REGENSBURG
Ellingen
Beilngries
Hemau
Donau
Weißenburg
Riedenburg
Pappenheim
Eichstätt
Kelheim
Altmühl
Willibaldsburg
Inching

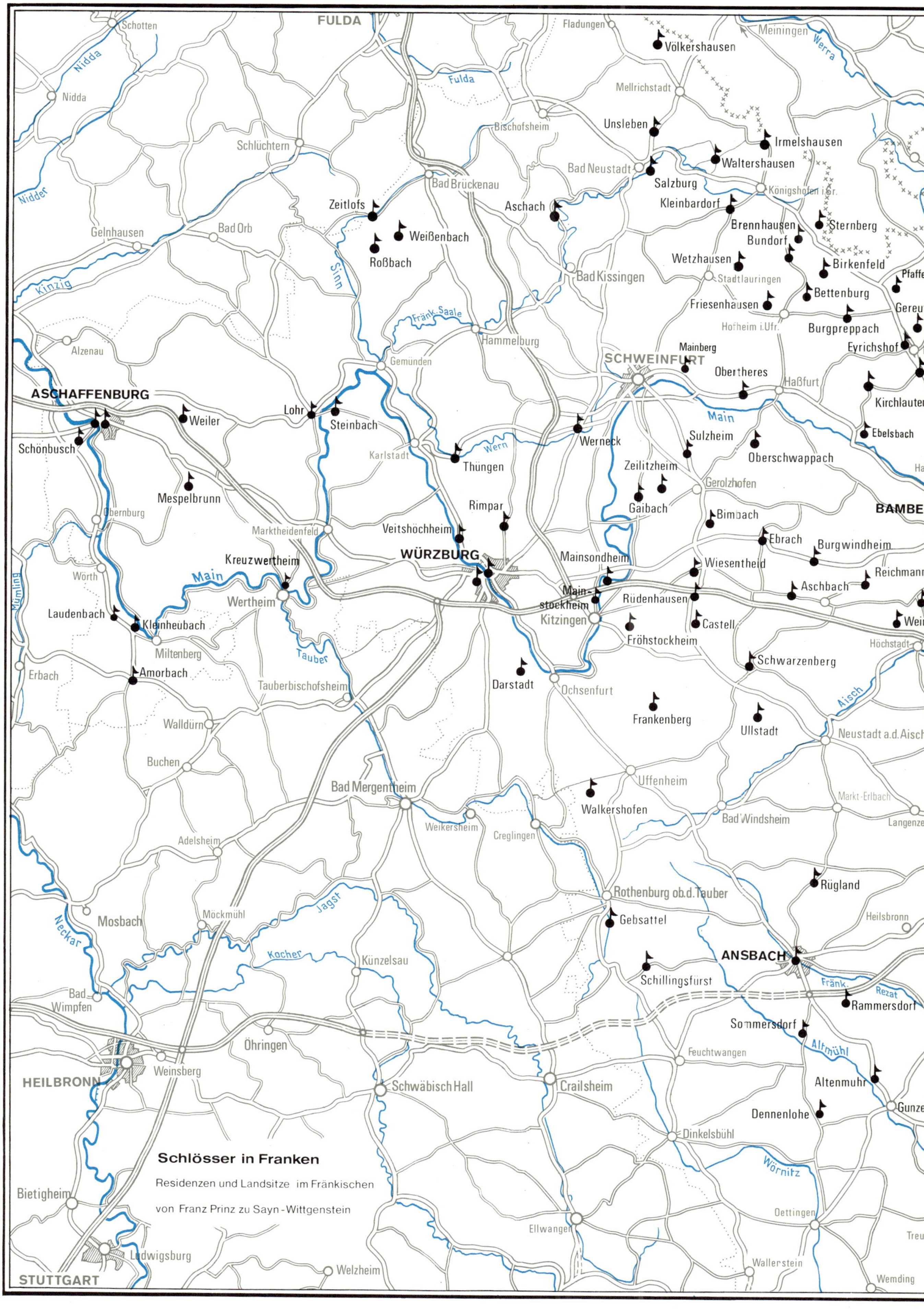
Schlösser in Franken
Residenzen und Landsitze im Fränkischen
von Franz Prinz zu Sayn-Wittgenstein
FULDA
Schotten
Nidda
Nidda
Nidder
Fladungen
Völkershausen
Meiningen
Werra
Fulda
Mellrichstadt
Bischofsheim
Unsleben
Irmelshausen
Waltershausen
Schlüchtern
Bad Neustadt
Salzburg
Bad Brückenau
Königshofen i. Gr.
Aschach
Kleinbardorf
Zeitlofs
Sternberg
Brennhausen
Weißenbach
Bundorf
Roßbach
Gelnhausen
Bad Orb
Wetzhausen
Birkenfeld
Bad Kissingen
Stadtlauringen
Pfaffen
Kinzig
Sinn
Bettenburg
Friesenhausen
Gereut
Fränk. Saale
Hofheim i. Ufr.
Burgpreppach
Alzenau
Hammelburg
Eyrichshof
Mainberg
SCHWEINFURT
Gemünden
Obertheres
ASCHAFFENBURG
Haßfurt
Kirchlauter
Weiler
Lohr
Steinbach
Main
Schönbusch
Werneck
Sulzheim
Ebelsbach
Karlstadt
Wern
Oberschwappach
Thüngen
Zeilitzheim
Mespelbrunn
Gerolzhofen
Rimpar
Gaibach
Obernburg
BAMBE
Bimbach
Marktheidenfeld
Veitshöchheim
Ebrach
Burgwindheim
WÜRZBURG
Mainsondheim
Kreuzwertheim
Wiesentheid
Reichmann
Wörth
Main
Aschbach
Mümling
Wertheim
Main-stockheim
Rüdenhausen
Laudenbach
Kitzingen
Castell
Wein
Kleinheubach
Fröhstockheim
Miltenberg
Höchstadt
Tauber
Schwarzenberg
Amorbach
Erbach
Darstadt
Ochsenfurt
Tauberbischofsheim
Aisch
Frankenberg
Walldürn
Ullstadt
Neustadt a. d. Aisch
Buchen
Uffenheim
Bad Mergentheim
Walkershofen
Markt-Erlbach
Bad Windsheim
Weikersheim
Creglingen
Langenzer
Adelsheim
Rügland
Rothenburg ob. d. Tauber
Mosbach
Möckmühl
Jagst
Gebsattel
Heilsbronn
Neckar
Kocher
ANSBACH
Künzelsau
Schillingsfürst
Fränk. Rezat
Bad Wimpfen
Rammersdorf
Sommersdorf
Öhringen
Altmühl
Feuchtwangen
Weinsberg
HEILBRONN
Schwäbisch Hall
Crailsheim
Altenmuhr
Gunze
Dennenlohe
Dinkelsbühl
Wörnitz
Bietigheim
Oettingen
Ellwangen
Treuc
Ludwigsburg
Wallerstein
Welzheim
STUTTGART
Wemding